Wenn ein Staat auf dem rechten Wege ist, dann kann jeder in den Worten offen und in den Handlungen mutig sein. Ist ein Staat nicht auf dem rechten Wege, dann kann zwar jeder in den Handlungen mutig sein, die Worte müssen jedoch sehr vorsichtig gewählt werden.

Kung-fu-tse, um 500 v. Chr.

Inhaltsverzeichnis

7   Vorbemerkung der Herausgeber
8   Hermann Stresaus Vorwort zur Erstausgabe seiner Tagebücher

11 Das Jahr 1933
165 Das Jahr 1934
195 Das Jahr 1935
235 Das Jahr 1936
277 Das Jahr 1937
313 Das Jahr 1938
347 Das Jahr 1939

    Anhang
366 Nachwort
382 Anmerkungen
432 Biographie
435 Editorische Notiz
439 Quellennachweise

Das Frontispiz zeigt den Tagebuch-Autor Hermann Stresau.

Klett-Cotta
www.klett-cotta.de
© 2021 by J. G. Cotta'sche Buchhandlung
Nachfolger GmbH, gegr. 1659, Stuttgart
Alle Rechte vorbehalten
Printed in Germany
Cover: Rothfos & Gabler, Hamburg
unter Verwendung eines Fotos von
© AKG-Images, Bridgeman Images
Gesetzt von C.H.Beck.Media.Solutions, Nördlingen
Gedruckt und gebunden von CPI – Clausen & Bosse, Leck
ISBN 978-3-608-98329-6

Hermann Stresau

Von den Nazis trennt mich eine Welt

Tagebücher aus der inneren Emigration
1933–1945

Herausgegeben und kommentiert
von Peter Graf und Ulrich Faure

Klett-Cotta

Vorbemerkung der Herausgeber

Im Jahr 1948 erschien im Berliner Minerva Verlag unter dem Titel *Von Jahr zu Jahr* eine von Hermann Stresau edierte Auswahl seiner zwischen 1933 und 1945 entstandenen Tagebuchaufzeichnungen. In seinem Vorwort, das auch dieser Wiederveröffentlichung vorangestellt ist, verweist Stresau darauf, daß er aus Platzgründen Kürzungen vorgenommen habe. Darüber hinaus hat er für das Buch zahlreiche Originaltagebucheinträge stilistisch überarbeitet.

Gerade letzteres erforderte eine Entscheidung der Herausgeber, wie dem in einer Neuedition Rechnung zu tragen sei. Da es sich bei Hermann Stresaus Änderungen ausschließlich um stilistische Überarbeitungen handelt, wurden diese im Sinne einer Ausgabe letzter Hand aus der 1948er-Ausgabe übernommen. Größere von Stresau vorgenommene Kürzungen haben wir an den entsprechenden Stellen ergänzt. Zudem wurden alle fehlenden Tagebucheinträge in diese Neuausgabe überführt (siehe auch die editorische Notiz).

In sehr seltenen Fällen war es nicht möglich, den Wortlaut getreu zu rekonstruieren; die Originalaufzeichnungen wurden von Hand verfaßt, einige Wörter blieben unentzifferbar. Wo dies der Fall ist, haben wir es vermerkt. Hermann Stresau hat in *Von Jahr zu Jahr* mit Namenskürzeln gearbeitet. Wir haben, soweit uns das möglich war, im Fließtext alle Kürzel durch die Klarnamen ersetzt und weiterführende biographische Angaben zu den Personen in die Endnoten aufgenommen.

Peter Graf, Ulrich Faure

Hermann Stresaus Vorwort zur Erstausgabe seiner Tagebücher

Von dem Tage an, als ich aus einer Berliner Bibliothek[1] politischer Gründe halber entlassen wurde, bis zum Einmarsch der Amerikaner in Göttingen, also vom April 1933 bis zum April 1945, habe ich mit geringen Unterbrechungen Tagebuch geführt[2], um Eindrücke, Erlebnisse und Gedanken festzuhalten. Der Leser erwarte keine Sensationen: ich war nicht im KZ, mit der Gestapo machte ich nur einmal eine harmlos ablaufende Bekanntschaft, ich bin nicht einmal Soldat gewesen. Mein persönliches Schicksal, so weit es in diesen Aufzeichnungen erscheint, war eins von Tausenden, und nicht sehr interessant. Immerhin gehörte es zu denjenigen, die lieber die Nachteile ihres Unglaubens trugen als die Vorteile der Illusion. Ich suchte mir meine Freiheit zu wahren; daß dies möglich war, kann man als Glück oder Zufall ansehen. Leicht war es nicht. Auch als »freier« Schriftsteller mußte man mit einer dem Zufall anheimgegebenen Existenz rechnen, wenn man bewußt jeder Begünstigung durch die herrschenden Mächte aus dem Wege ging. Es war dies freilich nur dadurch möglich, daß man bei ähnlich Gesinnten Verständnis und freundschaftliche Beziehungen fand.

Es war vor allem nicht leicht, inmitten eines grandios aufgeblähten Machtsystems zu leben, inmitten eines geistigen Terrors, einer phantastischen Lügenhaftigkeit, innerlich abseits, bemüht, sich nicht blenden zu lassen, auch nicht von scheinbaren Vorzügen und Erfolgen. Es war schwerer, als man diesen Aufzeichnungen anmerken wird, die vieles Persönliche übergehen, was mit dem Ganzen nur indirekt zusammenhängen mochte. Aus Raumgründen mußte überdies eine Menge gestrichen werden, und so fiel fast alles weg, was nicht zur Sache gehörte: der dauernden Auseinandersetzung mit dem politischen Sinn des Vorgangs. Das Tagebuch war ja fast die einzige Möglichkeit, mich ungehindert und frei mit den Dingen auseinanderzusetzen.

Es liegt in der Natur eines Tagebuches, daß manche Reaktion aus dem Augenblick erfolgt, zumal, wenn dem Verfasser keine anderen Quellen zur Verfügung stehen als Zeitungen, deren Wahrheitswert bekanntlich sehr gering war. Manche Betrachtungen und vor allem manches Urteil mag daher überholt sein. So habe ich z. B. Hitler in mancher Hinsicht wohl für naiver oder triebhafter gehalten, als er in Wirklichkeit war. Aber der Leser wird und soll eines gewahr werden, und darauf kommt es an: die wachsende Einsicht in eine Anarchie der menschlichen Werte, wie sie in der Geschichte nur selten erschienen ist, und deren gänzlicher Zusammenbruch, man möchte fast sagen: eine logische Konsequenz darstellt.

Es ist erstaunlich zu sehen, wie vielen Zeitgenossen, wie vielen Deutschen vor allem diese Tatsache auch heute nicht in den Blick gekommen ist. Sie sehen die äußeren Zerstörungen und sehen nicht, daß diese nur die Illustration der inneren Zerstörung sind. Denn die Anarchie der Werte hat bis ins Mark des Volkes gegriffen. Diese Anarchie ist es eigentlich, deren diese Aufzeichnungen Herr zu werden suchen in verzweifelter Bemühung. Auch der Gegner des Regimes hat erst nach dem Zusammenbruch die Größe, den Umfang der anarchischen Vernichtung begriffen, die ja mit dem Zusammenbruch der zügellosen Despotie keineswegs aufgehoben war; wie manche früher vermeinten, daß nach dem Ende des Nationalsozialismus das Bessere oder gar das Gute einfach wieder seinen Platz einzunehmen brauchte: es ist längst klar, daß das Bessere erst wieder geschaffen werden muß. Und das setzt voraus, daß man überhaupt daran glaubt.

Nun, diese Blätter hier, die eine reichlich subjektiv gefärbte Geschichte der 12 Jahre des Dritten Reichs enthalten, beruhen immerhin auf der Grundanschauung gewisser Werte, die, wie ich glaube, menschlichem Leben erst Haltbarkeit, Sinn und Hoffnung verleihen können. Diese müssen in der Tat empfunden werden, als objektive Werte, um an eine Heilung des scheinbar Heillosen zu glauben. Die Heilung kann nur aus dem Geist und der Wahrheit kommen, niemals aus Illusionen –, auch der außerdeutsche Leser, falls er dies zu Gesicht bekommt, mag vielleicht einiges daraus lernen. Schließlich sollte ein Volk nicht ganz vergeblich seinen größten Irrtum mit einer Niederlage bezahlt haben, die einer Tragödie gleichkommt.

1933

Die Leute hier sind schlicht und ordentlich.

Schönwalde[1], den 6.4.33

Am Montag, dem 3. April, sind wir aus Berlin hierhergezogen. Der Hausbau auf unserem Grundstück in der Siedlung ist nicht fertig geworden: Vollmann[2] und Genossen haben uns, wahrscheinlich betrügerischerweise, im Stich gelassen. Wir haben auf die bestimmten Versicherungen des Architekten[3] hin die Stadtwohnung aufgegeben, und nun steht der Rohbau unseres Häuschens da, unbewohnbar, das Geld ist zu Ende, und die ganze Baukolonne, die sich beim Umschwung als Parteigenossen der Nazis entpuppte, läßt nichts von sich hören und sehen. In letzter Minute fanden wir diese Unterkunft, eine Art Sommerlaube, Holzanbau am Anwesen des Dorfbäckers Hinz. Mußten viel Hausrat abstoßen, Rest einer früheren 7-Zimmerwohnung, um in einem einzigen Wohnraum mit angrenzender Küche unterzukommen; das meiste steht verpackt auf dem Boden über der Backstube, immer noch zuviel Ballast für zwei Personen.

Der Umzug war scheußlich, kaltes Regenwetter. Ich fuhr mit der ersten Ladung heraus, am Abend kam Grete[4] mit dem Hund. Es war schon finster, als ich sie abholte. Vorher war ich zur Baustelle unseres Unglückshauses gegangen, es sah trostlos aus. Ich ging über die nassen Felder, mit einem Gefühl, als sei dicke Luft, wie im vorigen Kriege.

Am Dienstag in aller Frühe, wir hatten uns noch nicht eingerichtet, kam Erich Müller[5] anmarschiert und brachte die »Hiobspost« meiner Kündigung. Wir unterhielten uns beim Frühstück über die Sachlage, die mich im Grunde wenig aufregte; auch Grete war nicht gerade erschüttert. Wir hatten zu oft von der Wahrscheinlichkeit dieses Falles gesprochen. Wochenlang hatte ich das erwartet, obgleich ich dienstlich keinen Anlaß gegeben hatte. Nach all dem Hin und Her mit meinem Chef, Dr. Wieser[6], hatte ich diesem schließlich erklärt, daß ich der NSDAP mit starken Vorbehalten zusähe und die Koalition Hitler-Papen bedenklich fände. Im Grunde war das alles müßig …

Ging mit Müller, bei sehr windigem, kühlem Wetter, zu Fuß nach Spandau, Grete in einem Chaos ungeordneter Kisten und Möbel zurücklassend. Müller riet sehr richtig, keine Scene zu machen, wenn wir Dr. Wieser anträfen, von dessen Hauptschuld an meiner Entlassung wir beide überzeugt waren.

In Spandau, wo sich Müller von mir trennte, traf ich vor dem Eingang des Rathauses Dr. Wieser, der mir zum ersten Mal seit Wochen die Hand gab und einiges von der Kündigung erzählte. Er selbst sei nicht schuld daran, versicherte er wiederholt, worauf ich erwiderte, ich hätte das ja auch noch nicht behauptet. Die Kündigung sei vom Angestelltenrat ausgegangen, sagte er. Ich soll irgendwo geäußert haben, die Verbots-Aktion (bezüglich der Volksbüchereien und der marxistischen Literatur) beweise die innere Schwäche der Hitlerleute. Dr. Wieser versuchte, beruhigende Zusicherungen abzugeben; offenbar erregte ihn die Geschichte mehr als mich. Es sei eine bloße Denunziation, meinte er. Im Dienstzimmer der Bücherei trafen wir außer Schöningh[7] noch Herrn Dr. Herrmann[8], der aus Halle[9] herübergekommen war, mir vom Hörensagen bekannt. Dr. Wieser beteuerte mehrmals, er sei nicht schuld daran. Dr. Herrmann entwickelte seine Ansichten und wollte mir optimistisch befriedigende Lösungen in Aussicht stellen, eventuell sogar ein »die Treppe Hinauffallen«.

Dr. Herrmann, Ende Zwanzig, klein, scharf, überschätzt sich vielleicht, scheint aber diplomatische Fähigkeiten zu entwickeln. Im geistigen Typus müßte er zu Goebbels passen. Er erzählte, daß Gerhard Hermann[10] in Friedrichshain sich »salviert« habe. Aus diesem Sich-Salvieren scheint zur Zeit die Haupttätigkeit dieser Leute zu bestehen.

Oben Phrasen – unten der alte Betrieb: Intrigen, Stellenjägerei, Politik, Politik. Ganz unten das Volk: Bauern, Arbeiter, SA-Leute und Kommunisten, der ahnungslose Mittelstand: dieses Volk frißt die Suppe aus.

Ging zu Fuß zurück. Die Wohnung sah, als ich heimkehrte, schon wie ein Heim aus, was Grete ganz allein bewerkstelligt hatte. Morgen muß ich wieder zum Dienst. Da die Kündigung die Vierteljahresfrist einhält, muß ich noch weitermachen. Ein Telegramm kam von Dr. Wieser mit der Aufforderung, gegen die Kündigung Berufung einzulegen.

8.4.33 (Sonnabend)
Den Einspruch gegen die Kündigung habe ich persönlich dem Betriebsrat überreicht, der ihn schon zu erwarten schien. Es sieht fast aus, als liefe das Ganze auf eine Formalität hinaus, jedenfalls ist es würdelos, wie es auch ausgeht. Ich soll mich nun für Friedrichshain oder Reinickendorf entscheiden, aber ich glaube nicht recht an diese Manöver, und im Grunde fehlt mir unter diesen Umständen jede Lust dazu. Dr. Herrmann tippte bei mir an, ob ich nicht wenigstens in den Stahlhelm eintreten wollte. Ich lehnte das ab.

Unser Haus wird wohl so bald nicht fertig werden. Auch Vollmann ist nicht ehrlich. In unserem jetzigen Domizil gefällt es uns einstweilen recht gut. Jackie, der Neufundländer, freut sich am meisten: das Tier lebt geradezu auf, benimmt sich dabei aber ganz ordentlich.

Mit dem Rade fahre ich in 40 Min. nach Spandau. Der Weg ist schön, Rückweg bequem für Radfahrer. Die Witterung ist noch sehr frisch, meist wolkig, heute zum ersten Mal etwas Sonne.

Der erste Mai, las man gestern, ist zum Nationalfeiertag erhoben. Er fällt dieses Jahr auf einen Montag.

11.4.33

Görings Rede[11], bemerkenswert durch ihre unreaktionäre Haltung, lasen wir in der Wirtschaft des Bahnhofs Spandau-West. Waren morgens um 7 Uhr weggefahren; Grete zu Kurtchens Grab[12], ich zum Fachdienst.

Als Soldat hatte man gelernt, auf Reden nicht viel zu geben und zu achten. Die Wirklichkeit ist immer etwas anderes; sie hat ihre eigene Logik.

Mittags noch einmal eine große Auseinandersetzung mit Dr. Wieser in Gegenwart von Dr. Engelhardt[13] (von der Berliner Stadtbibliothek) und Dr. Herrmann. Die Miene des Letzteren drückte während Wiesers Philippika ein Gemisch von Amüsement und Peinlichkeit aus. Wieser, gestärkten Bewußtseins, hielt mir meine »selbstverschuldete« Lage vor; es war außerordentlich taktlos, und selten erschien mir ein Mann so verächtlich, so wenig Mann und aufrichtig, so wenig deutsch. Er sagte rundheraus, er hätte mich mit strafender Absicht wochenlang geschnitten, nachdem ich so offen gewesen war. Ich hielt mit meiner Meinung über seine Handlungsweise nicht zurück; Dr. Herrmann, hinter Wiesers Rücken, legte einige Male den Finger auf den Mund, aber ich konnte die Gelegenheit, dieser minderwertigen Kreatur vor Zeugen ins Gesicht zu sagen, was ich von ihm dächte, nicht vorbeigehen lassen. Schließlich, nach einem betretenen Schweigen, meinte Dr. Engelhardt, der in diesem sauberen Triumvirat offenbar die Rolle des Lepidus[14] spielt, nun könne ja eine Versöhnung angebahnt werden. Dr. Wieser hat so wenig Empfindung für die Hinterhältigkeit dieses Verfahrens, daß er die sogenannte Versöhnung mit Handschlag dem Beleidigten gegenüber leichtnimmt. Diese Gesellen sind kommissarisch beauftragt, die Berliner Büchereien zu reorganisieren; dabei sind mindestens zwei von ihnen so geartet, daß sie sich nicht lange vertragen werden.

Nach dem Beamtengesetz[15] muß jeder seine arische Abstammung bis zu den Großeltern einschließlich nachweisen. Eine jüdische Urgroßmutter macht also nichts aus. Erich Müller vertraute mir an, daß er eine jüdische Großmutter gehabt habe. Der Junge ist der ehrlichste Deutsche, den man sich denken kann, und nun dieser »Makel« in seinem Vorleben!

Es eröffnet sich eine herrliche Aussicht auf ein reiches Feld geistiger und seelischer Korruption, schlimmer als das bißchen materielle Versumpfung der vergangenen Jahre, zumal jede selbständige Kontrolle und Kritik unterbunden wird. Wenn nicht aus den ehrlichen Nationalsozialisten, deren es etliche zu geben scheint, sich allmählich der sozusagen protestantische Gegenstoß entwickelt, so verfällt Deutschland auf lange Zeit einem inneren Schwächezustand, der durch immer neue Kraftreden und Schaustellungen betüncht wird und sich gerade dadurch immer mehr enthüllt.

Es ist warm geworden. Stare pfeifen und schnalzen in den Birken vor unserem Haus.

Die Leute hier sind schlicht und ordentlich. Was sich in Berlin tut in unseren Kreisen, scheint mir wenig interessant dagegen. Doch Leute, die mit dem »Volk« zu tun haben wollen, als Volksbildner, leben in einer anderen Welt. Das praktische Tun an Holz und Stein und Brot schafft Wirklichkeit. Was anderes ist ein völlig entarteter »Geist«, wild gewordener Intellekt, der bestenfalls einen Schrebergarten als Quelle »heiliger« Mutterschaft ausgibt und sich nur noch lächerlich macht. Man soll ehrlich genug sein, als Geistiger einzusehen, wie es mit einem steht. Nämlich sehr schlecht.

Lawrence[16] ist deswegen so bedeutend, weil er [unleserliche Passage] den Mut besaß auszusprechen, was diese verlogene Bildung nicht auszusprechen wagt, die mehr und mehr nur noch Verräter erzeugt. Die Lendenlahmheit dieser Apostaten steht in direktem Verhältnis zur spanisch-katholischen Rolle, [unleserliche Passage] Intellekt spielt.

15.4.33

Mein Einspruch gegen die Kündigung ist abgelehnt worden. Ich sprach mit einem Mitglied des Betriebsrats, der bekümmerte Auskunft gab. Es scheint sicher zu sein, daß jemand aus unserem Personal sich bereit gefunden hat, mich anzugeben, sei es aus Dummheit, sei es aus Wichtigtuerei, wahrscheinlich aus beidem.

Alle haben einen bestimmten Verdacht, der auf den Chef abzielt. Ich sagte in Dr. Wiesers Gegenwart zu Schöningh: wenn jemand aus Übelwollen hingeht und von Ihnen etwas behauptet, was Ihnen das Genick brechen kann, so ist es ja ganz gleichgültig, ob es wahr ist oder nicht. Denn Sie werden ja nicht gehört, und man sagt Ihnen auch nicht, wer Sie belastet. Der national gesonnenste Mensch kann dabei rausfliegen, von Anständigkeit ganz zu schweigen. Dr. Wieser machte einen etwas kleinlauten Eindruck. »Das will Göring nicht«, sagte er. Das mag sein, aber selbst wenn er das nicht »will«, wie will er das verhindern? Durch Erlasse? Durch Appell an die Anständigkeit? Irgendwie sieht man durch diesen schmutzigen Knäuel privater Erfahrung ins Allgemeine, und zwar auf die schwache Stelle: der Appell an den Idealismus hat nur dort Erfolg, wo die Voraussetzungen dazu gegeben sind. Wo aber so viel Voraussetzung zur Streberei, zu Schein-Idealismus und gar Gemeinheit gegeben ist, da sollte man statt an den Idealismus an die Furcht appellieren. Das ist die einzige Waffe, die den Gemeinen wirklich trifft. –

Wir gingen gestern abend durchs Dorf und ein Stück die Landstraße nach Velten entlang; dann am Waldrande zurück. In dem klaren Licht breitete sich das Land friedvoll aus.

Sahen die ersten Schwalben und ein Storchenpaar, das im Dorfe nistet. Jackie spürte Kaninchen, neugierig grunzend. Die Tierchen huschten vom Saatfeld in der Dämmerung schattenhaft wie Gnome in das an jener Stelle sehr dichte Holz. Am Horizont das Licht des Berliner Funkturms.

Der Wildreichtum, 15 km von der Weltstadt, ist beträchtlich. In der Dämmerung lief mir neulich ein Reh vors Rad, so daß ich's beinahe überfahren hätte. –

Bekam gestern zufällig meinen *Heiligen Hain*[17] in die Hand, der fast 10 Jahre alt ist. Und bemerkte verblüfft, daß er, vom Schwulst und bloßer Kling-Klang-Lyrik abgesehen, gerade heute mancherlei Aktuelles hat. Mich freut's doch zu sehen, daß ich damals manches richtig empfand. Grete meint, ich soll versuchen, ihn anzubringen. Warum nicht?

Mir fiel der Anlaß wieder ein, der dem Stück vorausging: die Geschichte der *Indischen Sagen* von Holtzmann[18], von dem König und den zwei Söhnen. Die Idee des Opfers um des Opfers willen, die im Drama gefordert sind: zu leben, wo Leben wichtiger ist als Sterben. Es war im Grunde sehr revolutionär, dies allzu wolkige Drama. Entsprach jedenfalls in keiner Weise damals beliebten Vorstellungen vom Verhältnis in den einzelnen zum Ganzen.

Eine Umarbeitung wäre nötig. Das orientalische Milieu ändern.

Blätterte in Entwürfen. Voland, Esther! Nordisch das eine, jüdisch das andere. Wie zeitgemäß!

17.4.33

Gestern – Ostersonntag – waren Hans und Gerda Hennecke[19] bei uns, bei trübem, windigem Wetter. Mit Hans längere Unterhaltung, am Waldrand auf- und abwandelnd. Er hegt große Befürchtungen, daß der »Geist« geknebelt, kollektiviert werde – »was wird aus Hofmannsthal, aus Rilke?«. Ich weiß es auch nicht. Ich glaube nur, man braucht um diesen irgendwie jenseitigen Geist nicht allzu besorgt zu sein, wenn es auch jetzt schlimm mit ihm steht. Aber es stand auch vorher schlimm mit ihm. Mir fiel dabei die Rilke-Totenfeier in München ein, im Staatstheater, dies Arrangement von Gesellschaft, Literatentum und falschem Weihrauch[20]. Was man Geist nennt, jedenfalls das, was Hans Hennecke darunter versteht, das hat im allgemeinen nur feststellen können, schriftstellerisch formulieren, gut formulieren. Nur zu einem war er außerstande: zu führen. Ganz Seltene wie Rilke etwa werden unter jedem Regime und gegen jedes Regime leben. Und wenn sie nicht laut werden können, so ist der Verlust nicht einmal groß angesichts der Gesamtnot. Diese jetzt anhebende Periode der Zackigkeit, die so oft mit einer fetten oder halbseidenen Existenz verbunden ist und meist Substanzlosigkeit erweist, wird vorübergehen. So was hält sich nicht.

Menschen sind wichtiger als das Geschriebene und Gedachte. Ich traue dem gesunden Sinn der Deutschen doch noch so viel zu, daß ihnen auf die Dauer eine geistige Autarkie über werden wird. Wir haben nicht so viele vitale Kraftreserven wie die Russen, daher pumpt man das sogenannte Volkliche bald leer, wenn man es dauernd zu Geist destillieren will. –

Ging abends vom Schwanenkrug, wohin ich Henneckes begleitet hatte, über die Felder heimwärts. Es war eigentlich schon tiefe Nacht, der Jahreszeit entsprechend. Der Orion war am Untergehen. Hier und da von fern aufblinkende Lichter, und der »Wind voller Weltraum«[21].

27.4.33

Ein Taxator hat heute das Grundstück und den Bau besichtigt. Ein nach Alkohol duftender Mann, macht aber einen ruhigen und vernünftigen Eindruck, dabei optimistisch wie anscheinend alle Bauleute.

Der Bücherei-Ausschuß hat ein Autodafé[22] beschlossen für den 10. Mai. Auf dem Platz vor dem Staatstheater sollen also mehrere hundert Bücher von etwa 20 Autoren verbrannt werden, an den Schandpfahl genagelt usw. Unter den Autoren befinden sich Heinrich Mann, Feuchtwanger, Glaeser, Stefan und Arnold Zweig; hauptsächlich Juden.

Die Universitätsbehörden waren nicht imstande, einen Anschlag der Studentenschaft am Schwarzen Brett zu verhindern, in dem u. a. die Forderung erhoben wurde, die Werke jüdischer Autoren als »Übersetzung aus dem Hebräischen« zu kennzeichnen. Als Studentenulk auf der Bierbude wäre das geschmacklos, als öffentliche Kundgebung ist das überhaupt nicht zu qualifizieren. Die Deutschen werden bald ernstere Sorgen kriegen als solche Kindereien.

Rückfall ins Mittelalter? Auf der anderen Seite sieht man zuweilen Erfreuliches, ab und zu in der Erscheinung wirklich neue Zeit. Aber fast nie in dem, was rednerisch zutage kommt. Die Redelust der Verantwortlichen ist allem Anschein nach unhemmbar, auch die Feierei nimmt kein Ende. Riesenfeuerwerk in Tempelhof am 1. Mai; Vorspiel zu einem anderen Feuerwerk, das mit freiem Eintritt und nachträglicher Bezahlung der Kosten in Scene gehen wird.

Man mag nicht schwarzsehen, man möchte lieber mithelfen an dem, was wirklich Wert haben und Zukunft schaffen kann, und wie schön wäre es, mitfeiern zu können in einem einig Volk von Brüdern. Aber es ist verdammt schwer, im Grunde unmöglich. Die ablehnende Haltung so mancher

Leute führt, das sieht man klar, zu unfruchtbarer Nörgelei, besonders wenn diese Leute jung sind. –

War vor einigen Tagen bei Rudat, dem Vorsitzenden des Betriebsrats, der mir gekündigt hat. Ich verlangte zu wissen, wessen ich beschuldigt sei. »Sie haben sich marxistisch betätigt«, war schließlich die Antwort. Die späteren und ziemlich spärlichen Antworten auf meine erregten Vorhaltungen klangen wenig deutlich und überzeugt. »Von verschiedenen Seiten« sei angegeben worden, wie ich gesonnen sei, unter anderem sei ich als »Salonbolschewist« bezeichnet worden. Wer die »verschiedenen Seiten« eigentlich waren, wurde nicht verraten, nicht einmal angedeutet. Die Leute hatten an sich ganz recht, mich hinauszuwerfen, nur treffen ihre Gründe völlig daneben, und die Methode, so ausschließlich unter Wasser zu schießen, spricht für sich selbst.

Zufällig war ein gewisser Kusian, Hörer meines Volkshochschulkurses, anwesend gewesen, ehe die Herren geruhten, sich mit mir zu befassen. Er begrüßte mich und bedauerte lebhaft, daß der Kurs nicht fortgesetzt wird. Kusian verließ mit Hitler-Gruß das Zimmer. Ich wies darauf hin, und auf die doch recht ehrenden Angebote des Ausschusses. Dumpfes Schweigen darob. Dem Mann in SA-Uniform schien es einzuleuchten, daß da ein Mißgriff begangen worden ist, dessen Eigentümlichkeit ihm freilich nicht aufgeht, zu seinem Glück, kann man sagen, denn sonst wäre er nicht SA-Mann.

Man kann mit Kompliziertheiten nicht die Volksbewegung leiten, und man kann sich auch nicht mit Kompliziertheiten ihr anschließen. Im Krieg war das so ganz eindeutig. Aber ist es so kompliziert, sich ganz und fraglos und vorbehaltlos als Deutscher zu fühlen? Die bloße Vorstellung, irgendwo anders als in Deutschland zu leben, hat für mich eine überaus abschreckende Wirkung.

1.5.33

Der »Tag der nationalen Arbeit«[1] fängt bei gutem Wetter an. Es ist angenehm warm, einige Bewegung in der Luft läßt die gestrige Schwüle vergessen. Aus dem Hause des Lehrers schallt seit dem frühen Morgen der Lautsprecher, Militärmärsche schmetternd.

Gestern waren Erich Müller und seine Braut hier. Er war sehr pessimistisch auf Grund seiner Informationen. Auch ohne Informationen: dieses Festefeiern wirkt unheimlich angesichts der außenpolitischen Situation Deutschlands, die noch nie so isoliert war.

Früher hieß es: erst die Arbeit, dann das Vergnügen. Dies propagandistische Geschlecht feiert die Feste vor der Arbeit. Es wirkt im Moment ungeheuer im Sinne der Propaganda. Aber man sollte die Deutschen genug kennen, um zu wissen, daß sie eigentlich kein Volk der Begeisterung sind, vielmehr ein Volk nüchterner Stille. So wird nach außen hin ein Anschein erweckt, der über die Tatsachen weit hinausgeht.

Auch unser Dorf hat seinen Festzug; wir werden ihn uns ansehen.

Abends

Mittags kam Mama[2] mit dem Autobus. Wir aßen in Eile und gingen dann zum Dorfplatz, wo sich vor Schützes Gasthof bereits die Leute versammelten. Die Feuerwehr, zu der auch unser Wirt, der Bäcker Hinz, gehört, in blauen Sonntags-Uniformen; dann kam die Mannschaft des Arbeitslagers Schwanenkrug in grauen Uniformen. Der weibliche Anhang unseres Bäckers kam. Alles machte einen zwanglosen, friedlichen Eindruck. Der Förster trug seinen besternten und bebänderten grünen Bauch vor sich her. Einige ältere Männer mit Bratenröcken und Zylindern. Brausend kamen zwei Lastautos aus

Hennigsdorf mit SA-Leuten. Vier SA-Männer zu Pferde. Schließlich trat alles an, wobei vom militärischen Standpunkt aus der Arbeitsdienst noch den besten Eindruck machte. Die SA-Leute sahen mehr aus wie ein kostümierter Verein, die Haltung teilweise salopp. Karree-Bildung durch die SA, Feuerwehr, Hitler-Jugend, Arbeitsdienst, letzterer mit der Front zum Lokal, vor dessen Tür jetzt der Pfarrer Aufstellung nahm. Man sang *Wir treten zum Beten*[3], dessen Strophen der Pfarrer zur Gedächtnisstärkung vorsprach; es folgten eine spruchartige Einleitung und das Vaterunser, sodann eine Rede über den Einbau des Arbeiters in das Volk, so wie vordem der revolutionäre Bürgerstand eingebaut worden sei. Also die bekannte Aufrückungs-Theorie, die nunmehr, im Gegensatz zu Ernst Jüngers Geschichtsbild[4], Platz gegriffen hat. Der Pfarrer war noch jung; glattes, etwas käsig bleiches Gesicht, Sohn »besserer« Stände mit deutlichen Zeichen des Akademikertums. Es war eine mehr deutsch-nationale als nationalsozialistische Kundgebung. Die Beteiligung am Gesang schwach. Auf den Gesichtern der Arbeitsdienstleute malte sich der von früher her bekannte Mannschafts-Stumpfsinn, der das Unvermeidliche und im Grunde höchst Gleichgültige mit Langeweile über sich ergehen läßt. Zudem ist das dörfliche Milieu zu ruhig, zu natürlich für Ekstase, die im großstädtischen Bereich mehr Nahrung findet. Hier bildet sich nicht die Masse. Das ist sympathisch und zugleich die Verzweiflung des Redners, der damit rechnen muß, gegen Kindergeschrei in Konkurrenz zu treten. Hier enthüllen sich nichtssagende Worte eben deutlicher als anderswo.

Nach der Feier, die mit *Nun danket alle Gott*[5] abschloß, formierten sich die Züge zum Marsch. Voran die vier Reiter, die am vergnügtesten schienen, sodann der Herr Lehrer[6] mit seinen Kleinen – Kinder nehmen sich bei jedem Fest am nettesten aus –, ferner ein Trupp luisenbündlerischer Mädchen[7] in Kornblumenblau, ein kleinerer Trupp Hitler-Mädels in Braun. Man zog durchs ganze Dorf, das glücklicherweise kein Haufen-, sondern ein Straßendorf ist mit zwei Anhängseln, von dem Herrenhaus abgesehen, das durch Gärten und Wassergraben vom Übrigen gesondert lebt. Hier begrüßte man Herrn v. Risselmann[8], der nur wenige Worte gesagt haben soll, dieweil er kein Redner ist.

Wir erlebten dies nicht mehr mit, da wir nach Hause gegangen waren, um uns mit Kaffee zu stärken; erst als der Zug an unser Dorfende kam, gingen wir mit Mama und Jackie vor die Tür, damit die beiden auch ihr Teil zu sehen bekamen. Jackie bellte laut auf beim Paukenschlag.

Das Wetter war herrlich. Wir gingen abends den Weg nach Wansdorf zu. Die Wiesen und grünen Saaten, frisch nach dem gestrigen Regen, dehnten sich weit zwischen den Wäldern; zartes Grün der Birken und Weiden, das Gelb-Grün der Ahornblüten. Im Graben blühten Sumpfdotterblumen kräftig. Wir sahen viele Rehe, ein außerordentlicher Wildbestand ist hier, direkt vor Berlin. Der Wald ungemein abwechslungsreich durch die Lichtungen, viel dichtes Holz, des Wildes wegen, das der alte v. Risselmann, der Onkel des jetzigen Inhabers, sehr gehegt und gepflegt haben soll. Unser Hund kann nur am Würger durch den Wald geführt werden, das Jagdfieber sitzt ihm in allen Nerven. Er würde ein vorzüglicher Spurensucher sein, hart und ausdauernd. –

Man konnte von hier aus das Feuerwerk von Tempelhof sehen, das danach riesige Ausmaße gehabt haben muß.

2.5.33

Am Vormittag feierliche Eröffnung der Bibliotheksschule in der Berliner Stadtbibliothek. Der Ausschuß, bestehend aus meinem Chef Dr. Wieser, dem kleinen Dr. Wolfgang Herrmann und dem Lepidus Dr. Engelhardt, hat es tatsächlich fertiggebracht, ohne jedes Zutun meinerseits, mich schwarzes Schaf in den Lehrkörper dieser Schule einzuverleiben, was im grotesken Widerspruch zu meiner Kündigung stehen dürfte, denn hier, als Dozent, kann ich am Nachwuchs viel mehr »marxistisches« Unheil anrichten als in der Bücherei. Zu verdanken habe ich das anscheinend Dr. Herrmanns übertrieben hoher Meinung, die er von mir hegt, seinem Bestreben, mich für den Beruf zu retten, und nicht zuletzt Dr. Wiesers Wunsche, mich auf halbwegs anständige Weise loszuwerden. Denn daß er mich loswerden will, und sei es mit Hilfe einer Beförderung, ist nach allem Vorangegangenen außer Zweifel. Ich habe den Mann mit meiner konsequenten Ablehnung seines Herman-Wirth-Komplexes[9], an den er in letzter Minute den nationalsozialistischen anhängte, zu sehr vor den Kopf gestoßen. Das Gespräch vom vorigen Sommer kommt mir wieder in den Sinn, als ich ihn, der kurz vorher noch seinen Abgott Wirth beschworen hatte, sich vom Nationalsozialismus so weit wie möglich zu distanzieren, plötzlich nach meiner Urlaubsreise als einen Bekenner der NS-Ideologie wiederfand. Ich hatte ihn, nachdem er mir in längeren Ausführungen seinen Standpunkt dargelegt, einfach gefragt, warum er nicht in die Partei eintrete, was er sichtlich betreten und in wachsender Unruhe ablehnte: er könne das nicht. Ich erwiderte ihm, das verstünde ich nicht: wenn ich dermaßen überzeugt wäre, wie er mir soeben versichert, so könnte nichts mich abhalten, mich offen zu der Sache zu bekennen. Überdies liefe er ja keine Gefahr mehr, da das Gesetz, das den Beamten verbot, der NSDAP beizutreten[10], aufgehoben war. Er könne es nicht, sagte er – er hat es bis heute nicht »gekonnt«, Gott weiß, aus welcher trüben Mischung der Motive heraus.

Die Sitzung verlief nicht gerade sehr feierlich. Das Auditorium, ein Haufen von etwa zwanzig Mädels und drei oder vier jungen Männern, scheint kritisch veranlagt. Dr. Herrmann, auf den Zehenspitzen hinter dem Pult balancierend, gab die Richtlinien bekannt, der Gleichschaltung natürlich. Dr. Wieser, der nach ihm sprach, kam wieder mit einer seiner Lieblingsideen zum Vorschein: wenn er junge Mädchen vor sich hat, spricht er seit einiger Zeit nur von Hausputz, Kochen, Gemüsegärten und Kinderkriegen: »Wenn man im Garten gegraben hat, vergißt man einfach alles, aber auch alles!« Die Mädels staunten ihn an ...

Fuhr mit Schöningh zurück, der über Volkskunde unterrichten wird und wie ich morgen anfängt.

Begrüßte alte Bekannte: Wilkens, Dr. Trensch, Dr. Richter, Frl. Negt/Heye[11].

Die Gleichschaltung der Gewerkschaften[12] ist erfolgt. Die Arbeiter werden sich ausschweigen. Umgekehrt wird die NSBO[13] viel tun, sie für sich zu gewinnen. Die NSDAP ist in dergleichen und in ihrer Kunst der Massenbehandlung gegen alle früheren Parteien, die KPD nicht ausgenommen, ein Meister. Sie hat vor allen Dingen erfaßt, daß eine demokratisch organisierte Masse überaus leicht zu überwinden ist, sobald man die Führung abkappt, zumal wenn diese eben keine »Führung«, sondern eher eine bloß funktionierende Verwaltung ist. Man kann jedenfalls viel daraus lernen. Der springende Punkt ist die Politik, auf die wird es auch bei geschicktester Massenwirkung zuletzt doch ankommen. Im übrigen wird wirklich »geführt«, wenigstens sieht es so aus, und in mancher Beziehung weht ein frischer Wind. Aber das Ideelle ist bedenklich, d.h. eben das Politische. Diese Fahrten nach Rom ...

Aus Rußland kommen merkwürdige Gerüchte[14]. Man weiß nicht, woran man ist. Man spricht von politischen Stimmungs-Rückwirkungen von seiten Deutschlands auf die UdSSR. Dabei befindet sich Deutschland in einer Isolierung wie noch nie. Die natürliche Interessengemeinschaft mit den proletarisierten Nationen ist so gut wie illusorisch.

4.5.33

Ich blieb heute zu Hause, Grete meldete mich für heute und morgen »krank«, und wir freuen uns des Beisammenseins. Allerdings fühle ich mich, nach vielen Tagen besten Wohlbefindens, plötzlich wie erledigt, totale Abspannung, einen Kollaps wie voriges Jahr in Graal.

Den ganzen Tag verbracht in herrlichstem Maiwetter, sehr warm, mit leichtem Dunst über der Landschaft. Waren nachmittags, gegen Abend, im Walde, sahen viele Rehe, ein unbeschreiblicher Friede über allem.

Las nachmittags etwas in Bauers[15] *Ein Mann zog in die Stadt*. Scheint gut angefaßt zu sein. Aber ab und zu schielt Bauer nach der Seite schriftstellerischen Ehrgeizes und vergreift sich im Ausdruck, spricht z.B. von Taschen, die das »Gesicht des Marktplatzes mit ihren Schnäbeln verletzen«. Wenn der Mann sich solche albernen Manieren abgewöhnt, kann was aus ihm werden. Jetzt ist er noch unsicher, er weiß manchmal nicht, aus welchem Blickpunkt er schildert. Er ist imstande, den Blickpunkt innerhalb eines Satzes zu wechseln, und dann sieht's nach was aus, ist aber nur Unbescheidenheit. Man sollte sicher mehr aufs Handwerkliche sehen, das bei den Talentiertesten oft zur Routine wird, die jeder Friseurlehrling nachmachen kann. Bei Ehrlichen, wie Bauer, wird leicht der

Stil verdorben, wenn er aus der Natur mehr machen will als da ist, in der Meinung, man »sähe« sonst zu wenig oder nicht deutlich genug. Das ist ein ganz falscher Ehrgeiz. Die zünftige literarische Kritik hat in dieser Hinsicht die ganze Schriftstellerei verludert, und es fragt sich, ob die Autoren, dergestalt verwöhnt, überhaupt noch einen Tadel vertragen können, ehe sie gutes Deutsch gelernt haben. Daß der jetzt auf den Index gesetzte Tucholsky, der wie sein geistiger Vorfahr Heine in politischer Hinsicht nichts taugt, es wagt, Größen wie Zweig[16] und Thiess[17] einmal ihre Sprachsünden vorzuhalten, ist eine Seltenheit. Ein Mann wie Stefan Zweig hat freilich verheerend gewirkt, und Frank Thiess mit seinem starken Einfluß auf die Jugend ist nicht besser einzuschätzen, besonders wo er »philosophisch« wird. Da kommt eitel Unsinn heraus. Wenn schon verboten werden soll, so würde ich ihn wie z. B. auch Flake[18] ebenso auf die schwarze Liste setzen wie die hebräischen Kollegen der beiden; denn ihre neudeutsche Art, die Wirklichkeit zu einer Art geistigen Schönheitskonkurrenz auftreten zu lassen wie Autos oder Damen, ist ebenso unerträglich wie die geistige Inzucht anderer, über die jetzt großes Geschrei erhoben wird. Es ist nur mit einem Wort zu bezeichnen, für das es freilich kein deutsches gibt: Snobismus.

Es gibt freilich auch einen Snobismus der Barbarei, und man weiß nicht, was schlimmer ist. Aber das eine ruft ja das andere hervor, während man bei einiger Geduld gewiß sein kann, daß alles, was im Volke tüchtig und gut ist, sich weder um das eine noch um das andere kümmert, und daß Namen, die eine Zeitlang in aller Munde sind, später oft zu Recht vergessen werden. Im Feldzug der Nazis gegen das »Literatentum« steckt ein gut Teil naiver Überschätzung des Geistes, der sich ja eben dadurch auszeichnet, daß er zwar Einfluß, aber keine Führung besitzt und im Gegenteil von weit realeren

Mächten benutzt und vorgespannt wird. Er ist durchaus zu ancilla, zur Magd der politischen Theologie, geworden und wird es heute erst recht bei denjenigen werden, die die zur Zeit ganz folgerichtige Erfüllung dieser Theologie herzustellen sich anschicken. Es geschieht dem »Geiste« sozusagen recht, denn er hat gegen sich selbst gesündigt, wie der Stand des Adels vor der französischen Revolution. Man sieht das sogar an Ehrlichen wie Niekisch[19] und Petras[20], dem gewesenen Pfarrer, und man sieht es an Ernst Jünger, dem gewesenen Krieger. Es weht eine viel sauberere Luft bei ihnen, aber die Miasmen des krank gewordenen Geistes sind auch bei ihnen nicht ganz ausgeschieden.

Mit anderen Worten: auch sie sind nicht ganz fähig, die Wirklichkeit im Geiste und der Wahrheit zu formen. Irgendwie schleicht sich immer, vielleicht unvermeidlicherweise, das ein, was zur Sektenbildung verführen kann, irgendwie sind auch bei den Fähigsten die Dinge noch Literatur. Und Literatur wird, auch bei bester Ausführung – unwillkürlich kommt mir dieser Ausdruck –, zur Konfektionsware, zum Fertigfabrikat, in seiner Wirkung wenigstens. Solche Ware trägt sich schnell auf und wird durch vielen Gebrauch fadenscheinig. Das ist unausbleiblich. Freilich liegt der Grund tiefer als in den Autoren selbst; er liegt in der Gesamtverfassung unserer modernen Welt.

Dagegen mögen Männer wie Hitler und Goebbels, vor allem ersterer, als die »genialeren« wirken. Man muß das unbedingt einräumen. Wie diese Zeit nun einmal ist, muß ein Mensch wie Hitler als ein solcher angesehen werden, der ihr mit richtigem Instinkt diejenige Seite abgesehen hat, die sich formen läßt, und das kann man in einer bestimmten Beziehung genial nennen. Wenn dieses Genie verhängnisvoll werden wird, so nur darum, weil er eine verhängnisvolle Zeit außerordentlich gut in seiner Person offenbart. Er hat tatsächlich alles erfaßt, was in dieser Zeit an »Bedürfnis« vorliegt, und er drückt es in einer Weise aus, die die Massen verstehen können. Daß das keiner so kann wie er, verleiht ihm die Überlegenheit. Ein Mann wie Niekisch kümmert sich nicht um Bedürfnisse, sondern um politische Notwendigkeiten, und das Ergebnis ist, daß ihm niemand zujubelt. Leute wie er und Ernst Jünger mögen zu Propheten, zu Visionären werden, aber Propheten haben noch immer das Schicksal gehabt, daß man sie bestenfalls mit frostiger Achtung anhörte, und wenn sie zehnmal recht hatten. –

Gestern meine erste Stunde in der Bibliotheksschule. Verlief ganz gut. Obgleich dies verlockend erscheint, möchte ich am liebsten den ganzen Bettel hinwerfen.

Die Aussichten des Triumvirats, maßgeblichen Einfluß auf die Stellenbesetzung in Berlin auszuüben, sind stark geschmälert worden. So einfach, wie Dr. Herrmann sich das gedacht hat, geht es allem Anschein nach doch nicht. Die Bezirke wahren ihre Selbständigkeit, und es ist mehr oder weniger der Findigkeit und Wendigkeit der Interessenten selbst überlassen, sich was zu ergattern. Selbst der kleine Dr. Herrmann mit all seiner Betriebsamkeit hat noch nichts Sicheres; alles ist vage und dem Konto »Vielleicht« zu übertragen, und auf jeden Fall geht vieles wieder durch die unterirdischen Kanäle, die anscheinend von keiner Revolution verstopft werden können.

7.5.33

Am Vormittag war der Himmel wie durchsichtige Seide. Kleine Wölkchen schwebten darin. Gestern abend waren Heinz und Ilona[21] gekommen, heute vormittag kamen Walter[22] und Gertrud anmarschiert, mit Rollie; alle sind gestern mit dem Boot bis zum Kanal gefahren. Nachmittags gingen wir wieder zurück. Ein Gewitter zog auf, und es regnete tüchtig. In der kühlen und frischen Luft gingen wir abends noch ein paar Schritte spazieren.

Gestern erschien Dr. Herrmann in Spandau und fragte mich wegen des Zentralinstituts. Ich schlug vor, ihn dort aufzusuchen, nachdem er es übernommen hat. Es hängt aber alles in der Schwebe, ungewisser denn je.

Immer wieder gelange ich zu der Wahrscheinlichkeit, daß ich meine Kündigung, direkt oder indirekt, Wieser zu verdanken habe. Er behandelt die Sache jetzt dilatorisch, sie ist ihm sichtlich unangenehm.

Der Kontrast: diese stille offene Landschaft mit weitem Blick, und die Leute in der Stadt mit ihrer Jagd nach dem guten Posten, der sich meist als Chimäre entpuppt – dieser Kontrast ist ungeheuer. Von hier aus gesehen erscheint mir der Betrieb da drinnen halb lächerlich, halb gespensterhaft, wie ein Untergang in Wahnwitz. Ein Kartoffelhaufen hat mehr Wirklichkeit als jener ganze Steinhaufen, und doch leben dort Millionen von Menschen. In diesem Augenblick mag da drinnen tausend Male das Geschäft der Zeugung vor sich gehen. Auch das wirkt gespensterhaft, unwirklich: alles wirkt irgendwie, als geschähe es überlaut, unter akustischer Vergrößerung, was im Grunde stille sein sollte.

Es ist keine Romantik, der wir uns da hingeben, sondern es ist die nüchterne Feststellung und Abmessung der Kluft, die Kultur und Zivilisation voneinander trennt. Kultur, das ist die vom Menschen geordnete Landschaft, die geregelte und befriedete Natur – denn die sich selbst überlassene Natur ist offenbarungslos und greulich, unmenschlich, man könnte fast sagen: gottlos. Das Schillersche »Die Natur ist vollkommen überall, wo der Mensch nicht hinkommt mit seiner Qual«[23] verrät nur, daß Schiller von der Natur, wie sie ohne menschlichen Eingriff ist, keine Ahnung hatte. Ganz so war's wahrscheinlich nicht gemeint, aber eine falsche Vorstellung steckt doch darin.

Es ist wiederum paradox, daß diese Riesenstädte ihrerseits als Kehrseite dessen erscheinen, was sich aus menschlicher Überanhäufung und Übertätigkeit ergibt, als eine Art Urwald menschlicher Organisation. Dieser Urwald müßte einmal gerodet werden, genau wie die natürlichen Urwälder.

12.5.33

Die Hintergründe meiner Kündigung sind etwas deutlicher hervorgetreten. Der eigentliche Drahtzieher war in der Tat mein Chef, der geschickt ein doppeltes Spiel trieb und jetzt noch treibt. Meine Eingabe hatte eine Unterhaltung zwischen jenem und dem Bürgermeister Stritte[24] zur Folge, außerdem eine Unterredung zwischen dem letzteren und mir. Der Bürgermeister riet zu einer Beschwerde beim Polizeipräsidium. Aus allem kann ich schließen, daß Dr. Wieser mich als eine Art Nationalbolschewiken ausgegeben hat und daß untergeordnetere Leute die für den Betriebsrat passendere Version »marxistische Betätigung« aufbrachten, ob mit oder ohne Wissen Dr. Wiesers, bleibe dahingestellt. Wahrscheinlich mit seinem halben Wissen. Halb fiel's ihm zu, halb half er mit, und seine Eingabe für mich tat das Übrige, denn darin stand, daß er monatelang mit mir »gerungen« habe, um mich zum Nationalsozialismus zu bekehren, leider vergebens; was der Kommissar denn auch mit einem Ausrufungszeichen versehen hat.

Dr. Wiesers Verlogenheit blüht jetzt herrlich auf. Denn mit meiner Existenz hat er sich die eigene Weste reingewaschen.

14.5.33

Regnerischer Sonntag, gutes Kartoffelwetter. Wir waren gestern in Berlin bei Hans Hennecke und Gerda, die auch in einem sonderbaren Schwebezustand leben und nicht wissen, was aus ihnen wird. Erst mal wollen sie heiraten. Früher konnten sie es nicht, aus wirtschaftlichen Gründen, weil Gerda sonst entlassen worden wäre. Jetzt verliert sie womöglich ihre Stellung, wenn sie weiter mit Hans lebt, ohne mit ihm verheiratet zu sein, oder, wie ihr zuständiger Referent, ein neugebackener junger Beamter, sich ausdrückte, im »Kombinat« lebt. Wir lachten sehr über diese vorzügliche Wortschöpfung. Es ist jedenfalls möglich, daß der gute Hans jetzt zu was kommt, als Journalist oder so. Er hat ein Sonett über Wagner an den *Völkischen Beobachter* geschickt. Anstatt mit Sieg Heil unterschrieb er mit vorzüglicher Hochachtung, der Gute, und das war wohl verkehrt. –

Die Mausefalle, die ich gestern kaufte, hat sich durchschlagend bewährt. An einem Abend guillotinierte sie nacheinander in kurzen Abständen drei Mäuse, deren fetter Zustand beweist, daß sie vor ihrem Hinscheiden noch herrliche Zeiten verlebt hatten. Die Falle hat den Vorzug, den Tierchen mit einem kurzen Schnappen unnütze Quälerei zu ersparen. Nun wird die nächtliche Raspelei wohl ein Ende haben. Die Betriebsamkeit wurde schon zu arg. –

Diese Revolution ist, das sieht man an solchen Kleinigkeiten, in typisch deutscher Weise eine Viertels-Revolution mit seiner »katholischen« Gleichschaltung, die innerlich sehr wenig besagt und eine Ausrichtung vortäuscht, die in Wirklichkeit nicht besteht. Diese Revolution zeigt in ihrem offiziellen Gebaren alles, was bei einer deutschen Revolution, wie sie nötig wäre, Nebensache, Zurückweichen oder bestenfalls späteres Resultat sein dürfte. Die Kräfte von oben und die von unten sind rein äußerlich gleichgeschaltet, und im einzelnen nicht mal das. Von unten geschieht allerlei, was wie wirkliche revolutionäre Haltung aussieht und Sinn haben kann. Von oben ist nichts davon zu spüren. Nur Macht, Macht. Eben die Macht wird eines Tages auf tönernen Füßen stehen und steht jetzt schon auf solchen: außenpolitisch eine verzweifelte Situation, innenpolitisch das Fehlen solcher Maßnahmen, die eine wirkliche Ausrichtung auf ein sozialistisches Ziel bedeuten, zur Aufhebung des Privateigentums. Und es wird bei der phrasenerzeugenden Verschwommenheit auch nicht dazu kommen. Statt dessen Persönlichkeitsanbetung und kostspielige Kollektivierung am falschen Platz, im Arbeitsdienst z. B.

Infolgedessen weiß keiner, der nicht einfach trunken oder urteilslos ist, woran er glauben soll. Dem Bourgeois schwillt die Brust, und zugleich ist ihm bänglich zumute und er muß sich anbiedern, wo er kann, um nur ja in Sicherheit zu sein.

Ich sah neulich eine Kompanie Reichswehr, junge Burschen durchweg, von einer Geländeübung heimkehrend. Alle sangen kräftig und forsch, voran ein Leutnant, kaum älter als seine Leute, von ihnen überhaupt nicht zu unterscheiden außer durch seine Abzeichen, aus vollem Halse singend, ein Kerl, der zuerst in den Dreck greift, damit er ein gutes männliches Beispiel sei. Es war ein Anblick, bei dem man nur Freude empfinden konnte und der sonderbar, man könnte sagen, »bolschewistisch« abstach gegen die geschniegelte und durch deutliche Eleganz betonte Unterschiedlichkeit vieler SA-Offiziere.

Käme ein Auferstandener des Weltkrieges in das neue Deutschland, so würde er in dieser und hoffentlich vielen, allen Reichswehr-Kompanien seine Nachkommen und Erben entdecken; wenn er die SA sähe, würde er zumindest fragen, ob Deutschland von Italienern besetzt sei oder von der Fremdenlegion.

Unter der Kollegenschaft herrscht einige Betretenheit angesichts der nationalsozialistischen Anforderungen, die jetzt deutlicher werden. Die Ausrichtung aufs Volksganze macht ernsthafte Ansprüche, die auch denen unangenehm werden, die das neue Regime von Herzen begrüßten oder, sagen wir, es mit Wohlwollen betrachteten. Das Klassenbewußtsein meldet sich von oben und weigert sich, in Betriebsversammlungen jedem Beliebigen die Hand zu schütteln. Tja, es ist nicht so leicht, ein »Volk« zu werden von Brüdern, und die entsprechenden »Schwestern« bilden nicht das leichteste Hindernis auf diesem Wege. Männer finden sich eher darein. Damen erleben innere Kämpfe, über die man zur Tagesordnung übergehen könnte, wenn die Damen vermöge ihres zähen und ebenso unpolitischen Charakters nicht immer wieder aus der Front brächen. Gespräche vor dem Umbruch: 1. mit einer Kollegin von ausgesprochen bürgerlicher, ungefähr deutschnationaler Prägung mit liberalem Einschlag. »Warum wählen Sie die Nazis?« – »Weil ich von ihnen hoffe, daß sie den Kommunismus an die Wand drücken werden, und überhaupt all diesen Mischmasch von Sozialisten. Wissen Sie, ich will wieder das Gefühl haben, daß ich das bin, was ich bin –« – »Das heißt«, unterbreche ich, »die Dame der guten Gesellschaft, die im Urlaub nach Abbazia[25] fährt.« – »Ganz recht, ich will, daß es wird, wie es früher war!« – »Sie haben«, bemerke ich dazu, »ein klares Klassenbewußtsein.« – »Gewiß«, sagt sie unbefangen, »wenn ich Arbeiterin in einer Seifenfabrik in Berlin NO wäre, würde ich wohl Teddy Thälmann wählen, dann wäre ich Kommunistin«. – – »Sie wären sogar eine ziemlich rabiate Kommunistin«, sage ich, und sie nickt dazu. Ich betrachte sie einen Moment lang; sie war immer eine vorzügliche Kollegin, wir verstehen uns freundschaftlich gut. »Denken Sie zehn Jahre später an mich«, sage ich ernsthaft.

»Möglich«, meint sie und zuckt die Achseln, »aber es ist eine Chance.« Gespräch Nr. 2 mit einer anderen Kollegin, die aus kleineren, halb ländlichen Verhältnissen stammt, allerseits sehr beliebt ist, obgleich sie eine leichte Neigung zum Exaltierten hat. Auch wir verstehen uns gut miteinander. »Na, was werden Sie wählen?« frage ich sie eines Tages. »Ach, Herr Stresau«, sagt sie und ringt die Hände, »was soll ich wählen? Wenn ich meine Jungen in der Seeburger Straße sehe, bin ich begeistert für den Kommunismus.« – In der Seeburger Straße wohnen eine Menge Jungkommunisten, z.T. prächtige Kerls, ich kenne einige von ihnen. »Nun, dann wählen Sie doch entsprechend!« – »Ja, aber« – – »Was aber?« frage ich und muß innerlich lachen. »Ach, ich weiß immer noch nicht!« sagt sie, »ich schwanke eben zwischen Sowjetstern und Hakenkreuz!« Zwei Tage später: »Gestern abend war ich auf der Nazi-Versammlung im Stadion«, erzählt sie, »das hätten Sie doch sehen sollen: wie das alles klappte, und so straff und stramm, die Jungens!« – »Also werden Sie Hitler wählen?« frage ich. »Ja, wenn ich das so sehe, Herr Stresau, dann kann ich doch nicht anders!« Wieder später: »Was haben Sie gewählt?« frage ich. Sie sieht mich einen Augenblick etwas verlegen, aber doch mit offenen blauen Augen an. »Ich habe Hitler gewählt«, sagt sie, »sind Sie sehr böse?« Ich schüttele nur den Kopf, im übrigen kann man drastisch mit ihr sprechen. »Da habe ich mir nun monatelang die Schnauze fusselig geredet«, halte ich ihr vor, »und das kommt dabei heraus.« – »Tja, wir Weiber!« seufzt sie ...

15.5.33

Immer wieder liest man von Kundgebungen der Regierungsstellen, z.B. soeben vom Justizministerium, daß die Revolution nicht »kleinlich« sein wolle in der Verfolgung der

Andersdenkenden. In Wirklichkeit lassen sich solche Kleinlichkeiten, wie die Menschen nun einmal beschaffen sind, nicht vermeiden, und das wäre nicht einmal so erheblich, wenn nicht durch die keinerlei Kritik vertragende Atmosphäre gewissen »Kleinlichkeiten« kräftig Vorschub geleistet würde. Es »soll« kein Zwang ausgeübt werden; in Wirklichkeit übt hier eine einzige Partei einen Zwang aus, der die letzten Reste protestantischer Regungen auszulöschen droht. Zugleich freilich, wie alles in Deutschland in verworrenen Gegensätzen geschieht, bemüht sich die Führung sichtlich, den von unten kommenden Druck einzudämmen, der wohl teilweise sehr realistischer Natur ist und weder mit nordisch, noch germanisch, noch mit sonstigen naturfrommen Schlagworten zu tun hat, sondern einfach eine Art bolschewistischen Atmosphärendrucks darstellen dürfte. »Übergriffe« der NSBO in Betrieben, die sogar zur Stillegung führten, wie angedeutet wurde – das klingt vielsagend.

Immer aber war es bisher in Deutschland so, daß die eigentlich revolutionäre Substanz, das ist der Anspruch protestantischer Freiheit, durch die Führung ins Dogmatische abgebogen wurde, in die Autorität der »Obrigkeit«, und dies mit Hilfe eines bestimmten Wort-Fetischismus. So erging es den Bauern mit Luther, so erging es den Arbeitern mit Ebert und Noske, und Gott weiß, wie es weiterhin gehen wird. Die Welt ist in arger Bedrängnis, und man sieht ein zweites 17. Jahrhundert kommen. Das Jahrhundert des 30jährigen Krieges ...

Die Rundfunkteilnehmer haben ihre Wünsche laut werden lassen. Sie wünschen sich heitere Unterhaltung, möglichst viel Musik, Tanzmusik.

Goebbels gab in »goldenen Worten« bekannt, daß das Theater neben einer heroischen, unsentimentalen Pathetik die heitere Unterhaltung pflegen müsse, sonst ginge kein Mensch mehr hinein. Heroische Pathetik und Operette also.

Der Kommissar in Spandau hat mir die »Nebenbeschäftigung«, die Dozentur also, in der Bibliotheksschule nicht gestattet. Unsere Lage wird brenzlig. Ich kann dieses Gesindel bald nicht mehr sehen.

Wir waren im Garten, in »unserem« Garten, der uns ja noch gar nicht gehört und vermöge dieser unhaltbaren Auffassung des Privateigentums Herrn v. Risselmann »gehört«, obgleich es ihm persönlich ganz gleichgültig ist, ob wir oder sonstwer den Zaun darum ziehen. Wir betrachteten mit Zweifel einige Eichen, deren Knospen auf sich warten lassen.

Diese ganze Grundstück- und Hausangelegenheit hat mir einen Eindruck gemacht, daß, wer immer nur in die Nähe von Geld gerät, zum Betrüger wird. Man sieht auf einmal keinen ehrlichen Menschen mehr.

Da macht doch dieser Herr Vollmann, Parteigenosse dieser Zinsknechtschaft-Brecher, den Vorschlag einer »Hypothek« von 5000,– RM zu 6 3/4% bei 98 v. H. Auszahlung, zu keinem anderen Zwecke, als sich zu sanieren. Und der PG Helgen wird sich beeilen, dem zuzustimmen und weitere Geschäfte zu machen.

17.5.33

Hielt heute, trotz des Verbots, meinen Kurs in der Bibliotheksschule weiter. Nach der Stunde Rücksprache mit Prof. Fritz[26], der ratlos war, wie gewöhnlich. Dann erschien Dr. Herrmann und legte, im Dozenten-Zimmer der Bibliotheksschule, gleich los, bis zum Rand geladen mit Wut über Wieser, der die Dummheit begangen hat, nun auch Herrmann hinter dessen Rücken anzuschwärzen, und zwar als »Nationalkommunisten«. Ferner hat Wieser, Herrmanns Vernehmen zufolge, auch andere Kollegen, darunter Schuster[27], in intriganter Art verdächtigt. Herrmann belegte Wieser mit denkbar scharfen Ausdrücken, worunter »Schädling« noch der objektivste und im übrigen durchaus zutreffende war. Dazu kommt die Klage der Bibliotheks-Schüler über Wiesers Unterricht. Und wenn ich wollte, so könnte ich noch hübschere Ergänzungen liefern. Aber das ist nicht nötig, die Tatsache, daß Wieser gegen Herrmann intrigiert, genügt allein, um diesen in Harnisch zu bringen, und Wieser mag sich vorsehen. An diesem kleinen scharfen Kerl hat er einen Gegner, der ihm an Klugheit und Energie gewachsen ist. Das Gefährliche für Herrmann indessen ist die Möglichkeit, daß er sich zu stark exponiert, und dann Wiesers Instinktschlauheit, die man nicht berechnen kann. Herrmanns ganze Chance liegt eigentlich in Wiesers Neigung zur Hemmungslosigkeit. Herrmann will offenbar verschiedene Instanzen mobil machen; er ist jedenfalls entschlossen, den Mann »zur Strecke zu bringen«.

Man sieht heute schon voraus: aus diesen Nazis, die im Grunde Nationaldemokraten sind und die Rolle der SPD nach dem Krieg spielen, wird sich ein radikaler Kern abschälen, der in seinem Verhältnis zu den Nationaldemokraten die Rolle der KPD gegenüber dem Mehrheits-Sozialismus spielen wird. Der Gegensatz wird womöglich noch schärfer sein und die Aufgabe schwieriger, weil sich die NSDAP im Besitze einer Macht befindet, welche die SPD nie hatte, und wenn sie sie gehabt hätte, nicht ausgenutzt hätte. Die Exponenten dieses Gegensatzes werden sein die Regierungs-Nazis in enger Tuchfühlung mit Reaktionären, und die Reaktionäre selbst, vor allem die Kirche; auf der anderen Seite Teile der SA und SS, ehemalige Kommunisten, Nationalbolschewiken und – großes Fragezeichen! – Reichswehr. Der revolutionär gesonnene Teil der Nazis ist vorläufig der wichtigste, soweit er führende Intelligenz aufzuweisen hat. Die Kommunisten werden aus ihren früheren Dummheiten demokratischer Observanz lernen müssen.

Ein Riesendenkmal der »Arbeit« soll in Berlin errichtet werden[28]. Die Arbeit soll ja erst anfangen. Das ist die Demokratie in ihrer äußersten Entartung.

18.5.33

Der ganze Tag ging mit Regenschauern hin. Grete und ich fuhren heute morgen zusammen in die Stadt, gingen zu Zuntz[29], wo wir Mama trafen. Mittags fuhr Grete nach Berlin, um Heinz und Ilona zu treffen.

Wieser beschäftigte sich heute nachmittag mit mir, sah Listen mit mir durch und richtete seine Aufmerksamkeit auf altmodischen Kitsch. Dann sprach er in dunklen und irgendwie besessenen Andeutungen von schweren Kämpfen, geistigen Krämpfen natürlich, »mit Rom«.

In der Liste – es war die Bücherliste des Krankenbaues – fand sich ein unbekannter Autor namens Rust, *Der Weg ins Dunkel* hieß das Buch, offenbar ein Roman. Auf eine scherzhafte Bemerkung, ob dies der Kultusminister[30] sei, nickte Wieser vor sich hin und sagte ominös: ja, ja, der Weg nach Rom. Das Schauerliche dabei ist, daß sich Wieser antirömisch gebärdet, aber nicht aus Protestantismus, sondern aus »nordischem« Sektierertum, aus einer Romantik, die wie die meisten geistigen Bewegungen heutzutage den Stempel des Eklektizismus trägt. Eben darum aber ist sie so heftig und zelotisch, weil ihr eigentliche Lebenskraft fehlt, die ja in jeder Romantik einigermaßen zweifelhaft ist. Dafür besitzt echte Romantik Geist, oder sie entsteht aus echten Bindungen, aus Volklichem und Landschaftlichem. Das ist bei diesen Nord-Besessenen aber gar nicht der Fall: sie vermögen im Wirklichen keine Bindung mehr zu finden und suchen sie irgendwo im Unkontrollierbaren, sei es im Vorgeschichtlichen oder im Nur-Seelischen, und das eine ist naturgemäß so blutleer wie das andere. Wenn die Leute kein Blut, keine Zeugungskraft mehr haben (geistige oder leibliche oder beides), dann machen sie aus Blut eine Metaphysik. Aber selbst die Feinfühligkeit, die Wackenroder[31] wenigstens besaß, ist weg und wird ersetzt durch Fanatismus. Das Derwischhafte solcher Leute wie Wieser, Wirth und Konsorten wirkt äußerst abstoßend.

Von dem eben verstorbenen Paul Ernst[32] ist der *Heilige Crispin* im Staatstheater aufgeführt worden. Das hätte der Alte noch erleben dürfen, obgleich es mehr als ein Achtungs- und Respektserfolg nicht sein konnte. Hier rettete sich einer mit seinem Mangel an schöpferischem Saft in die klassische »Form«, und das ist immer etwas Anständiges, obwohl damit nicht mehr geschieht als eine Ehrenrettung.

Großer Tag der Hitler-Rede[33]. Sie zieht aus der Lage, wie sie nun mal ist, maßvolle Konsequenzen. Anzeichen dafür, wie gefährlich die Lage Deutschlands ist. Den Versailler Vertrag anerkannt, aber Gleichberechtigung. Da es im Spiel der Nationen nicht um Gerechtigkeit, sondern um Interessen geht, so bleibt dieses Rede-Duell einigermaßen akademisch, und die Linie der früheren Politik wird rein fortgeführt. Etwas anderes bleibt im Augenblick auch nicht übrig; quod erat demonstrandum.

21.5.33

Sonntag ... Am Freitag schwänzte ich den Dienst; wir machten einen weiten Spaziergang und genossen den Tag ausgiebig. Ich habe sehr oft das dringende Bedürfnis, mich auszulüften. Vom 1. Juli ab werde ich wohl Dauer-Urlaub »genießen«, wenn nicht eine unvermutete Wendung Überraschungen bringt. Im Grunde wäre ich froh, wenn diese Wendung ausbliebe; die Frage ist dann nur die, wovon wir leben sollen. Es ist ein Gesetz herausgekommen über das Denunziantentum[34], das sich bei wissentlich falscher Beschuldigung strafbar macht. Die Dinge sind völlig anarchisch ausgeartet, jeder sucht den Nebenmann wegzubeißen.

Wieser sucht Herrmann zu verdrängen, dieser möchte Wieser am liebsten köpfen. Andere Kreise, wie die Buchhändler z. B., greifen beide zugleich an. Dem Buchhandel geht es schlecht. Das »undeutsche« Geistesgut steht tief im Kurs, und das deutsche, oder was sich so nennt, kauft keiner. Über Dr. Wieser erschien in einer österreichischen linksorientierten Zeitung ein Artikel, der ihn sehr treffend als Wendehals charakterisierte. Über Dr. Herrmann wiederum regte sich ein nationalsozialistisches Blatt auf, weil er mal Hitler schlechtgemacht hat. In der Tat hatte er einmal in einer Sammelbesprechung politischer Bücher Hitlers *Mein Kampf*[35] als ein Buch bezeichnet, in welchem nicht ein einziger origineller Gedanke zu finden sei. Dr. Wieser geistert in einer apokalyptischen Stimmung umher und sagte gestern, es würde ihm am Ende so wie mir gehen. Offensichtlich hat er Angst. Ja, wer andern eine Grube gräbt ...

Man hat den Eindruck eines Veitstanzes derer, die erst in dem letzten Jahr ihr deutsches Herz entdeckten. Statt geschlossen bei der Stange zu bleiben, arbeiten sie gegeneinander, diese Verwalter der Volksbildung. Tatsache ist ja, daß die gesamte Volksbildung, wenigstens in ihren leitenden Köpfen, in den ganzen Jahren keine Spur von dem Geiste zeigte, der heute vonnöten ist. Die Volksbildnerei hing ja auch in der Luft und besaß keine Rechtfertigung aus dem Glauben, konnte auch keine besitzen, ihrer Tradition nach. Das war ein Mangel, der nicht ihm, sondern dem Ganzen des Gesamtzustandes zuzuschreiben war, und da das Geistige nicht eben Sache der nationalen Bewegung war, so hatte die Volksbildung noch Fühlung mit den »linken« Kräften des Volkes. Vor Toresschluß besann sie sich auf die Möglichkeit des Ausschlusses (s. W. Hofmann und Dr. Beer[36]), aber es ist durchaus möglich, daß die gesamte Volksbildnerei von dem Strudel verschluckt wird und einfach untergeht. Die frühere Form ist keinesfalls aufrechtzuerhalten, und eine neue ist noch nicht da.

Ich hatte gleich anfangs, als ich eintrat, das Gefühl, daß da etwas nicht stimme, stieß aber bei gelegentlichen Andeutungen stets auf Widerspruch oder verwundertes Achselzucken. Die Älteren hatten gar keinen Sinn dafür, sie hatten einfach keine Empfindung für das Vacuum, in dem sie sich befanden. Es kam auf die persönliche Kultur oder, wie in den Grenzgebieten, auf eine natürliche Kampfstellung an, wenn Gedeihliches wirken sollte. Aber der undefinierbare und unsichtbare Kontakt fehlte, da eine über das Fachmännische hinausgehende Bindung den einzelnen und eine ideelle Führung durch das Ganze erlaubt und gefordert hätte. Die Jüngeren spürten das wohl, und sie bewegten sich in Diskussionen, die anfangs fruchtbar waren und sich dann im Sande verliefen, während die organisatorisch tüchtige W. Hofmann-Gruppe sich in nichtssagenden Redensarten (Wichtigsein a. d. Phrase) kundtat.

Wieser bietet jetzt, da ihm ein persönliches Risiko zu drohen scheint, einen beinahe bemitleidenswerten Anblick. Als ich ihm im vorigen Juli oder August die Frage vorlegte, warum er nicht in die Partei einträte, lehnte er das betroffen, aber energisch ab. Es wäre eine natürliche Folgerung gewesen, er konnte es damals und wäre heute sicher. In die Partei einzutreten, dazu reicht es bei ihm heute weniger denn je, obwohl er doch für Hitler Propaganda machte, wie kein Nazi es besser gekonnt hätte, oder vielmehr gewollt, denn mit dem Können haperte es aus Gründen, die mit seiner Scheu vor endgültiger

Bindung zu tun haben. Jetzt ist er nahe daran, in eine Art von gänzlich anarchischer Opposition zu stürzen, womit er sich freilich endgültig außer Gefecht setzen würde. Er ist eine anarchische Natur, er wirkt wie Unkraut. Wie viele mögen so wirken ...

23.5.33

Der Tag verlief ziemlich ereignislos, bis auf einen Besuch bei dem Rechtsanwalt Legart[37], dem noch jungen Sohn des Baurats, dessen Kupfernase so beängstigenden Eindruck macht, in meiner Bausache. Aber besser ein erheblicher Kupferkolben als die entfleischte Vornehmheit des Herrn Helgen, mit dessen Nase man sich rasieren könnte, nicht ohne heimtückische Schnitte abzubekommen. Legart und sein Kompagnon, ein weißhaariger Jurist vom Senatorentypus, wollen die Sache mit diesen Gaunern, dem Architekten und dem Unternehmer, in die Wege leiten, damit wir von diesen Bankerotteuren loskommen.

Infolgedessen ist Grete wieder hoffnungsvoll, trotz unserer eigentlich hochbrenzlichen Lage. Die beiden Strohhalme, Dr. Herrmann und Dr. Wieser, an die ich meine Taue knüpfen soll, können über Nacht geknickt werden. Die Partei zeigt jetzt Mißtrauen gegen die massenhaft auftretenden Zuläufer, und damit hat sie von sich aus recht. Goebbels drückte sich darüber recht drastisch aus, sprach von »wildgewordenen Spießern« und dergleichen, womit der Sachverhalt gut charakterisiert ist. Er kehrt jetzt das »Revolutionäre« wieder stärker hervor, während Hugenberg sich über das Steigen der Butterpreise[38] freut. In München sind indessen 220 Ladeninhaber wegen Preiswuchers verhaftet worden.

Draußen ziehen Trupps mit Trommeln vorbei. In Kiel hat Hitler wieder unsere Friedensliebe[39] beteuert, und man möchte annehmen, daß er sagt, was er meint, einfach darum, weil er es nötig hat, seine Friedensliebe zu beteuern.

Die Franzosen indessen erklären die Abrüstungsvorschläge für unannehmbar. Der Viermächtepakt[40] gefällt der Kleinen Entente[41] nicht, und infolgedessen hat er auch für Frankreich seine Schattenseiten. –

Politik und das Wirkliche: es sind zwei fast gegensätzliche Faktoren. Das Wirkliche der Völker wird ja irgendwie in seinen Führern repräsentiert – aber eben nur repräsentiert, und das genügt nicht.

25.5.33

Gestern, zu Mamas 70. Geburtstag, war die ganze Familie versammelt. Dabei ergab sich ein Gespräch, das ins Politische geriet oder abirrte – ich sage abirrte, weil im Hinblick auf Onkel Ernst eigentlich die Parole ausgegeben war, Politisches zu vermeiden, damit Onkel nicht in die Gefahr kommt, vor Ärger zu platzen. Die Abirrung hatte denn auch den zu erwartenden Erfolg: Onkel Ernst platzte zwar nicht, aber er war nicht weit davon entfernt, und er selbst beugte dann vor, indem er eine Äußerung persönlich auffaßte und sich jede Achtungsverletzung seiner Person verbat. Darauf eine Weile betretenen Schweigens, dann ging man zu harmloseren Gesprächsstoffen über, die freilich durch ihre Unergiebigkeit langweilten und ermüdeten wie ein sandiger Weg auf Ödland bei schwüler Witterung.

Onkel Ernst gehört zu den Leuten der Rechtsparteien, die Hitler eine »Chance« geben möchten und glauben, daß der Führer entweder in der schwierigen Kunst des Regierens sich die Hörner abstößt oder per Schiffbruch seine Unfähigkeit erweist, wonach man dann wieder zur Tagesordnung übergehen könnte.

Grete und ich ließen den letzten Autobus, der um 7 Uhr abends nach Schönwalde fährt, ohne uns wegfahren und gingen lieber vom Johannesstift zu Fuß. Die Nacht war ziemlich hell, es ging sich anfangs gut. Grete war schon um 10 Uhr morgens nach Spandau gefahren.

Ich war erst mittags mit dem Rade nach Spandau gefahren; bis dahin ärgerte mich das Geräusch einer schlecht gespielten Ziehharmonika, bedient von einem Hitlerjungen, der mit einer Gruppe von Altersgenossen am Dorfteich lagerte und stundenlang auf seinem Instrument herumfingerte. Er spielte die Marschlieder seiner Partei, sodann das uralte *Puppchen, du bist mein Augenstern*[42]. Einmal, ich traute meinen Ohren nicht, erscholl die Marseillaise, und das bot mit allem anderen ein treffendes Bild des Durcheinanders, in dem wir leben. –

Wieser erschien heute morgen in der Bibliothek mit dem Gesicht eines, der seine baldige Hinrichtung erwartet; teils Angst, teils resignierte Erschöpfung, teils Duldermiene. Er tat mir fast leid. –

In der Ausleihe erschien ein Schüler in der Uniform der Hitlerjugend, ein überaus prachtvoller Junge, frisch, gesund und von jener Ehrlichkeit im Auge, die so unerfahren wie echt ist und durch völlige Unschuld entwaffnet. Ihm war zum Aufsatzthema gesetzt, einen Vergleich zu ziehen zwischen irgendeinem Werk von Thomas Mann oder Gerhart Hauptmann einerseits und Goethes *Götz* andererseits. Die Absicht der Pädagogen war durchsichtig: auf Grund der altbewährtesten »Vergleichs«-Technik die beiden lebenden Männer schlechtzumachen. Aber was ist Thomas Mann für einen Sechzehnjährigen! Ich gab ihm Hauptmanns *Florian Geyer*.

28.5.33

Gestern erzählte mir ein Bibliotheksschüler, daß Prof. Fritz am Freitag bekanntmachte, der Kurs über Schöne Literatur könne von mir nicht fortgeführt werden, er selbst werde ihn übernehmen. Mir ist amtlich noch nichts darüber mitgeteilt worden, auch Wieser, der bestimmt darüber orientiert ist, hat mir nichts gesagt. Bin neugierig, wann man es für nötig befindet, mir davon Mitteilung zu machen. Mir hängt das Ganze zum Halse heraus.

Im übrigen sieht es so aus, als ob das ganze Volksbildungswesen in die Luft fliegen wird, das ja nun freilich – der Natur der Sache nach – »vorbelastet« ist.

Insofern also mag mein Fall nur vorwegnehmen, was allen passieren kann. Bildung ist Luxus, konsequenterweise taucht das Gerücht auf, die Büchereien sollen auf politische Literatur beschränkt werden, alles andere werde Sache des Buchhandels und der Leihbüchereien sein. Der Buchhandel spielt im Kampfbund eine beträchtliche Rolle und hat ein privatkapitalistisches Interesse daran, die öffentlichen Büchereien zu erdrosseln. Nun, mögen sie ihre Schmarren behalten.

Hans Heinz Ewers mit seinem Horst-Wessel-Buch[43] läßt nicht locker und kämpft um Verdienst, indem er die Mutter Horst Wessels vorschiebt. Sogar die *Neue Literatur*[44] hat sich über diesen Konjunkturjäger in sehr scharfer Form ausgesprochen. Herrn Walter Bloem[45] bescheinigte die N.L. seinen Konjunktursinn mit der Entschuldigung, das sei mit seiner »geistigen Taprigkeit« in Verbindung zu bringen. Überhaupt zeigt die N.L. des Herrn Will Vesper[46] bei aller Intransigenz und eigener »Taprigkeit« immerhin so etwas wie Anstand und Mut, was heutzutage selten geworden ist.

Heute nachmittag kommen meine Kollegen heraus. Heinz und Ilona erwarten wir ebenfalls.

29.5.33

Der gestrige Sonntag-Nachmittag verlief angenehm, allerdings ohne Heinz und Ilona, die wohl mit Walter segelten. Müller sah aus wie ein Blatt Papier auf Grund innerer Unruhen in seinem Asketen-Leibe. Es ist höchste Zeit, daß der Junge zu Reck kommt, der ihn hoffentlich auffüttern wird.

Von der Bibliotheksschule immer noch keine Nachricht. Auch Wieser sagte nichts. Mein präsumptiver Nachfolger erschien heute, Herr Dr. Müller, bisher Adlatus bei Herman Wirth. Er sieht durchaus nicht nordisch aus, hat etwas Tückisches im Blick.

Bei einer Rücksprache im Personalbüro eröffnete sich mir die Aussicht, dort noch eine Beschwerde loszulassen. Da ich nichts mehr zu verlieren und keine Rücksichten zu nehmen habe, werde ich das tun. Viel wird dabei nicht herauskommen.

30.5.33

Heute gegen Abend kam Erik Wilkens[47] mit der Nachricht, Herr Prof. Fritz hätte mich nun doch wieder angekündigt für morgen. Hier geiht he he, dor geiht he hen. Ich bin über den Zustand hinaus, in welchem man sich ärgert oder gar aufregt.

Ich gab heute meine Beschwerde im Personalbüro bei Utesch ab, der sie aufmerksam durchstudierte und weiterzuleiten versprach.

Mit Wilkens unterhielt ich mich des längeren. Er ist ein gescheiter Junge, besonnen und gelehrig, mit Humor und einer gewissen menschlichen Tiefe und Reife.

Wieser fängt wieder an, sich von mir zurückzuziehen. Es ist also wieder etwas im Gange. Oder er ist präokkupiert genug mit sich selbst. Der neue Volontär, Dr. Müller, paßt gut zu ihm. Vertrauenswürdig sieht er nicht aus.

Am Sonntag hab ich den I. Akt von *Götter und Menschen* beendet; las die 3. Scene abends vor. Bis jetzt ist das Ding gut. Aber Grete meint, das Stück würde nicht aufgeführt, unter den heutigen Voraussetzungen. Das kann mir vorläufig gleich sein.

4.6.33 – Pfingstsonntag

Ein strahlendes Pfingstwetter wie seit langem nicht, fast über's Maß herrlich anzuschauen, Hoffnungen erweckend und, was dasselbe ist, über alles Bedenkliche hinwegtäuschend.

Dabei kam, um nur ja einen Dämpfer aufzusetzen, gestern ein Zahlungsbefehl, den der edle Herr Valentin erwirkt hatte, über 200,– Mk, binnen 3 Tagen. Dank dem heiligen Geiste, der zwei Tage lang ausgegossen wird, verlängert sich die Frist bis zum 8.6. Man kommt von der Gemeinheit dieses Gesindels nicht los. Gegen Bauschwindler, Wucherjuden und diese ganze tief eingefressene Entartung gibt es nur ein Mittel: Aufhebung des Privateigentums, Ausschaltung der Privat-Konkurrenz und Ausschaltung des Händlergeistes mit diesen Maßnahmen.

Unsere Hausbau-Banditen mitsamt dem Architekten sind zwar alle in der Partei, verkörpern aber in Wirklichkeit alles das, wogegen die Partei in ihrer Wahlpropaganda mit Verheißungen auftrat. Jetzt sind die Banditen unangreifbar, weil sie sich rechtzeitig das Hakenkreuz angeheftet haben. Ich merke das nur allzu deutlich aus dem vorsichtigen Verhalten meiner Rechtsanwälte (»Rechtsunsicherheit – das können wir nicht sagen, das dürfen wir nicht sagen, aber dennoch« – darauf ein Achselzucken!), die mir abraten, mich allzu fest auf mein Recht zu verlassen.

Die Deutschen haben wieder mal den Stier am Schwanze angefaßt anstatt bei den Hörnern. Vielleicht geht es nicht anders. Ungeheuer stark der Eindruck, daß im Völkerleben der Geist, die Erkenntnis, die Wahrheit sehr wenig zu sagen haben, daß dagegen die Macht sogenannter Tatsachen sich in einem unaufhaltsamen Fortrollen bewegt, blind und mit der Wucht der Verantwortungslosigkeit.

Wie zwei Betrunkene heute morgen, von einer Hochzeit kommend, die rechte Tür verfehlten und nebenan den Herrn Lehrer heimsuchten, in gehobenster Stimmung, und erst auf Umwegen zur richtigen Tür hereingelotst werden mußten – so spielt sich alles ab.

Wir waren gestern den ganzen Nachmittag auf unserm Grundstück. Ich habe Laub zusammengefegt und zu einem Komposthaufen geschichtet. Ungewohnte Arbeit strengt an, auch wenn es leichte Arbeit ist, und tut wohl. Wenn wir nur in Ordnung wären mit allem!

5.6.33

Wir haben vier stille und ruhige Tage hinter uns, dankbar dafür, ununterbrochen zusammensein zu dürfen. Für mich war es eine große Entspannung, die freilich ihre Gefahren hat: Die nämlich eines Zusammenrutsches. Das ist mehr seelisch bedingt als körperlich. Die Ablenkung durch Gartenarbeit, die so nützlich ist, richtet noch nichts aus, weil sie neu und ungewohnt ist, auch unsicher wie alles, was mit dem Grundstück zusammenhängt. Überdies bring ich dem Ding keine Eigentumsinstinkte entgegen. Es war zu viel Mißliches und Anwiderndes dabei, wie denn die ganze Siedlung in ihrer albernen Aufmachung eine Menge Ärgernis erregte. In der Luft die Miasmen der Spekulation, von der die mit Grund und Boden die verrückteste ist, und dazu das innerlich wenig Seßhafte einer solchen Siedlung, all das erregt Widerstände.

Eigentumsinstinkt ist wohl sonst eine Sache von Generationen. Ein Bauernhof, eine Firma kann das erzeugen, und auch dann nicht für immer. Die Zeit ist reif für eine allgemeine Aufhebung des Privateigentums, auch des bäuerlichen, und für das Eigentumsrecht des Staates, d. h. des Volkes, in der Form eines modernisierten Lehens etwa. Wie jedermann Recht auf Arbeit hat, so sollte jedermann Recht auf Grund und Boden haben, aber nicht in Form des bürgerlichen Privateigentums. Bis jetzt ist in dieser »Revolution« noch keine Spur davon zu sehen. Es ist eine ausgesprochen politische, aber keine soziale Revolution, obgleich große Teile des Volkes darauf warten.

Gewisse und zentrale Vorstellungen des Marxismus sind in der Tat überholt. Dafür sind wir in einen Zustand geraten, der die Spaltung im Volk noch tiefer treiben wird. –

Wiecherts Jedermann[1] gelesen. Ein, man kann wohl sagen, defätistischer Kriegsroman, gegen den Remarque ein wahrer Heldenverehrer ist, trotz dem Leutnant Perez, den seine Leute, wie die Goten ihren König, über den Rhein tragen. Dichterisch, ja, aber mit der heute so oft zu bemerkenden Schwäche des dichterischen Geistes gegenüber dem Wirklichen.

Es wird zu viel Garn gesponnen und der Leser zu deutlich aufgefordert, sich die einzelnen Fäden genau anzusehen. Wie Schatten oder nebelhafte Schwaden erscheinen die Dinge, und die Menschen bewegen sich hinter Wasserschleiern wie Blumen hinter einem Schaufenster, das berieselt wird und Leben vortäuscht. Die Melancholie dieses Vorgangs ist schon echt. Aber der Roman dieser Art verrät zu deutlich, daß er keine Formkraft mehr besitzt, und wenn dies noch der Fall ist, nichts mehr zu »sagen« hat. Was soll eine Zeit mit diesen fast unerträglichen Spannungen noch mit Romanen wie der *Magd des Jürgen Doskocil*[2] und tausend anderen. Jedenfalls sind sie Narkotika.

Vielleicht kann man der Wirklichkeit noch eher im Drama habhaft werden. Aber auch da sieht die Lage trübe aus. Eine »große« Form existiert keinesfalls, und nur Oberlehrer oder

Literaturprofessoren können dies den Dichtern in die Schuhe schieben, die nun einmal nicht anders können. Und doch ist dieser Mangel verwunderlich.

8.6.33

Ich schwänze heute wieder, nachdem ich mich gestern in der Bücherei blicken ließ. Wieser selbst riet zu dieser Technik, er war ausnehmend freundschaftlich, so daß ich es sekundenweise für unmöglich hielt, daß dieser Mann auch nur indirekten Verrat üben könnte. Dann kommt etwas Kindlich-Harmloses aus ihm heraus, das völlig echt anmutet und es wahrscheinlich auch ist. In solchen Momenten hat man ihn geradezu gern. Die Zwiespältigkeit seiner Seele, in der unvermittelt zwei Schichten liegen: eine kindlich-friedliche Harmlosigkeit und eine verschlagene knechtische Gemeinheit – dies überträgt sich in seiner Wirkung auf das Gegenüber. Es ist abstoßend und anziehend im Wechsel seiner Wirkung, ein lebendes Paradox und wahrscheinlich sehr deutsch. Paradox ist auch seine innere Unfruchtbarkeit, das anarchisch Wesenlose im Verein mit der Tatsache, daß dieser Mann irgendwie Gewicht hat, das sich in schwacher Weise spürbar macht. Es ist unmöglich, ihn zu übersehen, und respektvolle Naturen, wie unser Schöningh z. B., von den Damen zu schweigen, beherrscht er auch dann noch, wenn sie innerlich gegen ihn sind.

Freilich ist dieses Gewicht nicht ganz sein Eigentum. Die anarchistische Zeit begünstigt solche Naturen und gewährt ihnen einen Spielraum, den sie in gebundeneren Verfassungen schwerlich erhielten.

Dr. Wieser berichtete gestern, sehr aufgeräumt, von einem nordischen »thing«, das in Bremen unter dem Protektorat des Kaffee-HAG-Fabrikanten Roselius[3], des Schöpfers der Böttcher-Straße, stattfand. Für Roselius ist das eine luxuriöse Nebenbeschäftigung, wie etwa ein Aquarium, und eine gute Reklame dazu. Die ganze Böttcher-Straße ist ein einziges Kabinett musealer Liebhaberei, ein seltsames Stilgemisch, das hier und da sogar an Aztekisches erinnert, total überflüssig und ungeheuer kostspielig. Aber die Finanzierung solcher Tendenzen wie »germanischer« Urwissenschaft muß sich für einen Großkonzern wohl lohnen, einfach dadurch, daß sie die Politisierung ablenkt und der Romantik eine Schleuse öffnet. Daß es eine soziale Schweinerei ist, in dieser Aufmachung für ca. 50 000,– RM ein »thing« zu inszenieren, das eine verzweifelte Ähnlichkeit mit den Diskursen zwischen Settembrini und Naphta aufweist, dies kommt keinem der Teilnehmer ins nordische Gehirn. Nebenbei fiel es sogar Dr. Wieser auf, daß Herr Roselius, der Inaugurator des Ganzen, seinem Bilde nach alles andere als ein nordischer Typus ist.

Um was geht es? Gelehrte und Halbgelehrte zanken sich um den Standpunkt, wobei in erheiternder Weise selbst bei flüchtigem Hinhören klar wird, in welch haltloser Weise man da mit Begriffen jongliert. Die nordische Erbmasse läuft wie eine Maus bald hierhin, bald dorthin, und diese Pickwickier sind fleißig im Aufstellen von Fallen, in denen die Maus sich bisweilen fängt.

Dem Ganzen liegt etwas Bemerkenswertes zugrunde: die innere Ablösung von Glaubensformen, die nicht mehr zu halten sind. Insofern könnte da ein richtiger Instinkt den Antrieb bilden, wenn er nicht abgebogen wäre ins Pickwickierhafte, in eine spätbürgerliche, kleinbürgerliche Botanisier-Leidenschaft. Zweifellos wird sogar einiges zutage gefördert, was der Betrachtung wert sein könnte: zumeist alte Steine, deren Bedeutung den Großvätern, die sich mit Schiller und Goethe zufriedengaben, absolut unklar sein dürfte. Welch ein Gewinn, nun über diese jahrtausendealten Klötze Bescheid zu wissen, die ihr Geheimnis nun einem neuen Glauben entschleiern! So wenig Geheimnis, wenigstens im Sinne dieser Totengräber, um diese Dolmen, Malkreuze, Gräber und Kultstätten im Grunde schwebt, um so mehr machen sie daraus, als könnten sie die geistige Lage jener Perioden aus Kaffee-HAG-Einkünften reproduzieren. Was wirklich an Geheimnis bleibt, das ist eben das, was wir nicht mehr verstehen können und wohl auch nicht mehr sollen.

Aber die Neugier des europäischen, speziell des deutschen Spätbürgers ist seit seiner geistigen Entwurzelung unersättlich geworden. Es wäre noch gut, ja begrüßenswert, wenn sie sich auf wissenschaftliche Forschung beschränkte. Aber er bildet sich, wie etwa Herman Wirth, auch noch ein, er könne verstehen, was er da findet: Malkreuz, Hakenkreuz, Queste[4] usw., oder vielmehr, es sei Geist aus seinem Geiste, der diese Dinge hervorbrachte. Er setzt die forschende Anthropologie, die sich bisher auf Naturvölker Afrikas und Polynesiens erstreckte, sozusagen am eigenen Embryo fort, und das macht einen irgendwie inzestuösen Eindruck.

Die Griechen brachten ihren Ödipus hervor. Die Deutschen, am Historismus erkrankt, versammeln sich zum thing – und ein sehr unnordisch aussehender Kaffeekönig finanziert das Kränzchen. –

Müller erzählte gestern, daß in Berlin vier SA-Stürme aufgelöst worden seien wegen Meuterei[5]. Die Leute erwarteten vergebens sozialistische Maßnahmen, wie Verstaatlichung der Banken, Sozialisierung der Bergwerke und dergleichen unzeitgemäße Verrichtungen. Enttäuscht verweigerten sie den Glauben an Hitlers Nationalsozialismus. Man mag zu gegebener Zeit mit Hilfe des Reichstagsbrand-Prozesses[6] für Aufpulverung sorgen, aber das wird auf die Dauer nicht viel helfen. Das Gesetz, nach dem man angetreten, läßt sich nicht spotten.

Dieser Prozeß kann zweierlei Wirkung haben, wobei es ziemlich gleichgültig ist, wer die wirklichen Täter waren. Er kann wirkungslos verpuffen, und er kann eine akute Beunruhigung drinnen und draußen hervorrufen. Ein drittes ist möglich: daß er den Erfolg hat, den er haben will, nämlich im Innern selbst bei den bisher Ungläubigen den Eindruck zu erwecken, als seien die Kommunisten wirklich so wahnsinnig und einer so enormen Dummheit fähig gewesen; und im Ausland den Eindruck, daß die Nazis, selbst wenn sie selber den Reichstag in Brand steckten, in jedem Fall als Bollwerk gegen den Bolschewismus dastünden. Es kommt dabei weniger auf die Wahrheit als auf den politischen Moment an, in welchem man den Prozeß inszeniert, und wie man ihn inszeniert. Er gehört zu den letzten außenpolitischen Aktivposten der Nazis, aber er ist mehr als fragwürdig und wird durch gewisse Passiva reichlich kompensiert. Und eines Tages kann diese Angelegenheit mit zu den schwersten Passivposten des Herrn Göring gehören.

10.6.33
Gestern war Henneckes Hochzeit, die von morgens bis abends eine ununterbrochene Vogel-Hochzeit war in Hinsicht idyllischer Stimmung und einer geradezu gegenwartsfernen Vergnüglichkeit. Ich mußte schon früh aufbrechen, da ich als Trauzeuge geladen war, mit Hansens Tante Lorde. Vorher sprach ich kurz Paul Bongart[7] im Hotel, der sich von Frankfurt zufällig angemeldet hatte. Grete sollte am Vormittag nachkommen. Die Übernachtungsfrage war ein Problem, Ilo stellte ihr Zimmer zur Verfügung.

Ich fand das »junge Paar« in aufgeregter Verfassung. Hans (niemals war er so sehr »Hans« als gestern) würdevoll ernst und zugleich ungeheuer zerstreut, Gerda war lachlustig und gab zu Besorgnissen Anlaß, wenigstens bei Hans, der sich Mühe gab, dem »Ernst« der Handlung empfindungsgemäß Ausdruck zu geben. Zum Standesamt fuhren wir mit dem Auto, in welchem Gerda wieder in nervöse Lachlust verfiel und Hans zu Ermahnungen anregte. Sie sah übrigens gut aus wie lange nicht, sie war offensichtlich glücklich. Auf dem Standesamt fanden wir Tante Lorde vor, mit Blumen. Die Trauung war kurz und schmerzlos, mit Strichen von Komik; hinterher sagte der Standesbeamte »auf Wiedersehen«, was Tante Lorde entrüstet abwehrte. Auf dem Gang sagte sie zu mir etwas des Inhalts, nun würden wir erst recht wie bisher über das Glück der beiden wachen – ich kam mir vor wie ein Großvater oder mindestens Onkel, der einen jungen und noch sehr unbedarften Neffen einer wohlwollenden Überwachung unterzieht. Das Paar sah übrigens aus wie dem Jean Paul entsprungen: *Quintus Fixlein*. Dabei stehen sie vor dem Nichts.

Grete kam mit großer Verspätung, wobei Hans meine Beunruhigung nachfühlte, wir liefen auf und ab, den Mittagessen bereitenden Damen im Wege, und als unnütze Mannsbilder Gedichte lesend: neun Übersetzungen von Hans, von denen eine besonders gut war. Gretes Verspätung erklärte sich sehr einfach dadurch, daß sie sich bei Ilona hatte hinlegen und ausruhen müssen. Inzwischen war Rascher erschienen, ein famoser blonder Junge mit riesigen Händen, eine Helfer-Natur, männlich und offen.

Zwischendurch eine Bankdirektorsgattin von melancholischer und schwer umdüsterter Gemütsart, die einen gut 20 Pfund schweren Korb mit Wein und Viktualien eigenhändig 3 Treppen hochgeschleppt hatte.

Beim Mittagessen schlossen wir vier Bruderschaft, was innerlich lange fällig war, und fuhren später zur Krummen Lanke[8]. Hans sah miserabel aus, der Gute, vielleicht deshalb, weil er maßlos aufgeregt war, irgendwie erschüttert und überaus froh zugleich. Er faßte mich einmal an den Armen und schüttelte mich vor Freude.

Abends waren mehr Gäste da. Ich holte auf Hansens Einladung Paul aus dem Hotel, Rascher kam wieder, eine Freundin Gerdas, die sich als eine meiner Bibliotheksschülerinnen entpuppte, und später noch Heinz und Ilona. Nicht zu vergessen Frau Perl, die aus dem »Sanatorium« entlassen war.

Soziologisch übrigens eine interessante Gruppierung: Ein Lektor und Schriftsteller (Hans), ein Garagenbesitzer (Paul), ein Arzt (Heinz), ein Arbeiter (Rascher), ein Bibliothekar (ich). Eine Gelehrtentochter (Grete), eine Kaufmannstochter (Gerda), eine berufslose gutbürgerliche Rentiere (Tante Lorde), eine ehemals ebenfalls guten Kreisen entstammende Frau, die sich ihr Brot als Zugehfrau verdient (die stille Frau Siebrecht), eine offenbar wohlhabende, jüdischen Kreisen entstammende Intellektuelle (Frl. Mosheim), dazu Heinz und Ilona, von denen die letztere auch nicht viel mehr aufweisen kann als ihr im Grunde gutes Herz. Von allen war Paul wohl der einzige, der über Kreditfähigkeit in größerem Ausmaß verfügte. Alle anderen praktisch genauso besitzlos und auf proletarischer Lebensstufe befindlich, wenn ich unseren paradoxen Zustand als Grund- und Hauseigentümer, die nicht wissen, wie sie durchkommen werden, miteinbegreife.

Aber es herrschte völlige Gleichschaltung, die unter anderem von Hansens Person ausgeht, von seiner irgendwie Jean Paulschen Natur. Das Gefühl, unter freundlich gesonnenen Menschen zu sitzen, alle von selbst angehalten, vergnügt zu sein und harmlos, war überaus wohltuend, wo draußen eine Pest der Gemüts- und Charaktervergiftung alle zugrunderichtet, und wenn nicht zugrunderichtet, so doch auf Jahrzehnte schweren Schaden bringt. Diese Gemeinsamkeit ohne Fanfarengeschmetter – nun, es war eine Vogelhochzeit, unbürgerlich und von harmloser Vergnüglichkeit mit dem heute seltenen Gefühl: du brauchst deinen Nachbarn nicht mißtrauisch ansehen, ob er dir nicht nach deiner Existenz trachtet. Aber keiner hatte ja eigentlich eine Existenz! Meinem Vater wäre diese Festivität ein glattes Rätsel geblieben. Und Hansens Vater hatte denn auch brieflich den entsprechenden Kommentar dazu geliefert, ein Dokument grotesker und zugleich trüber Entfremdung.

13.6.33

Erhielt heute mein vorletztes Gehalt. Eigentlich fange ich an, die Tage bis zum endgültigen Austritt zu zählen, es geht nicht schnell genug, dem Gefühl nach, obwohl mich nichts zur Eile drängen dürfte als eben das Gefühl, 200 Mk weniger zu haben, mit diesem Zirkus nichts mehr zu tun haben zu wollen. Aber ich stehe schon mit einem Fuß außerhalb, möchte im Garten arbeiten, vor allem mein Drama[9] beenden und *Freiheit und Bindung* in Angriff nehmen.

Dr. Herrmann rief mich an und versicherte, sie (wer: sie?) würden alles tun, um mich dem Beruf zu erhalten. Das klingt ja recht schön. Wenn nur der Beruf als solcher erhalten bliebe. Ich wäre zufrieden mit einer Dozentur in der Bibliotheksschule; aber die Schule wird mit der Zeit auch zum Zirkus werden, fürchte ich. Jetzt pfuscht mir noch keiner in den Kram herein, trotz »Gleichschaltung«, aber Dr. Wieser bemüht sich nach dem, was ich über seinen Kurs höre, nach Kräften, den jungen Leuten statt Kenntnissen Theorien à la Herman Wirth beizubringen.

Dr. Herrmann schimpfte weidlich über die Zustände. Er könne sich diese Denunziationen gar nicht erklären, sagte er, sie widersprächen ja offen dem Führerprinzip. Dem konnte ich nur zustimmen, d.h. dem Letzteren, meinte ich; was die Denunziationsseuche anlange, so wüßte ich wohl eine Erklärung, eine soziologische nämlich, worauf er lachte und etwas von »Kleinbürger« sagte.

Prof. Fritz ist beurlaubt. Bei Beamten heißt der Rausschmiß Beurlaubung. Man beschuldigt ihn, beim Ankauf einer Bibliothek, der des Dr. Pniower[10] nämlich vom Märkischen Museum, eine Schätzung in Höhe von 25 000,– RM abgegeben zu haben[11], wogegen diejenigen, die ihn zu Fall brachten, eine Schätzung von 6 000,– RM in Vorschlag brachten. Selbst wenn man annimmt, daß Fritz sich vertaxiert hätte, bleibt die Differenz doch groß genug, um eine Größe mit demagogischem Effekt zu erzielen. Schmutzig wie alles …

Unsere beamteten Kollegen und Kolleginnen müssen jetzt den berühmten Fragebogen ausfüllen. Binnen 14 Tagen müssen sie die Personalien ihrer Eltern und Großeltern geklärt haben. Man sollte einen solchen Wahnsinn nicht für möglich halten.[12]

Was uns recht ist, ist den anderen billig: in Österreich wird es sehr unruhig. Die dortigen Nazis beanspruchen ein Recht gegenüber den Schwarzgelben[13], wohingegen die Letzteren die Brücke bilden zu Mussolinis Freundschaft mit der deutschen Regierung. Eine paradoxe Lage. Österreich wird zum Krisenpunkt Mitteleuropas, eben nachdem der Viererpakt geschlossen worden ist, dieser Pakt, der die Außenpolitik der früheren Jahre fortsetzt und innenpolitisch die entsprechenden Wirkungen haben wird. Zunächst Konsolidierung, scheinbare Zunahme der »Sicherheit«, noch stärkere innere Gleichschaltung Deutschlands. Deutschland entzieht sich für eine Weile noch einmal dem vorgezeichneten Schicksal, zur revolutionären Vormacht Europas zu werden. Mit welchen Unausweichlichkeiten sich das abspielt!

16.6.33

Begegnete gestern Herrn Dr. C.[14], dem seinerzeit auch gekündigt wurde, »aus demselben Grunde wie Duesterberg«[15], wie er damals flüsternd erklärte. Er erinnert an gewisse Bilder von George Grosz, das Gesicht der herrschenden Klasse[16] (die freilich nicht mehr die herrschende ist) ist ihm aufgeprägt; nur gutmütiger. Der Mann ist an sich widerlich, den Juden sieht man ihm auf zehn Schritt Entfernung an, vom unangenehmen Typus mit feisten Wangen und Specknacken. Er hat Berufung eingelegt, weil die Kgl. Preußische Armee ihn »der Ehre für würdig hielt, Achselstücke zu tragen«. Offenbar war er Etappenoffizier in Polen gewesen, früheren Erzählungen nach zu schließen. Sein Sohn mußte, wie er angibt, einmal sogar wegen nationaler Betätigung auf der Schule sitzenbleiben. Hilft ihm alles nichts. Gestern erzählte er, er hätte schon was anderes, offenbar Kaufmännisches, im übrigen aber war sein Optimismus auf Null gesunken. Nationale, aber als arbeiterfeindlich angesehene Direktoren seien verhaftet worden ... »Bolschewismus!« sagte er mit einer Geste, die unterstreichen sollte, wie recht er hatte. »Dann kann ich auch nach Rußland gehen«, schloß er verachtungsvoll.

Der Mann hat dabei nicht ganz unrecht. Dies Land fängt an, sich in manchen Symptomen zu bolschewisieren. Sieht man bestimmte Typen der Jugend, der organisierten besonders, und den Durchschnitts-Zuschnitt an Kleidung und Haltung, so sieht man die langsame Verwandlung des Gesichts. Es ist das »bolschewistische« Gesicht, östliche Prägung, jedenfalls müßte es dem heutigen Engländer oder Franzosen auffallen. Es ist etwas Unbestimmtes, Fließendes darin, Ausdruck der Unsicherheit einer Strömung, von der niemand weiß, wohin sie führt. Dabei aber nicht der Ausdruck irgendwelcher Angst; den findet man nur bei den Alten, Eingeschüchterten, oder bei Herrn Dr. C. Vielmehr liegt das »Fließende«, »Unbestimmte« in dem Gesicht, weil es unindividuell ist, entindividualisiert, kollektiv, wenn man will. Es kann durchaus das Gepräge der Festigkeit dabei haben, aber es ist die Festigkeit einer unterirdischen Dynamik. Das Gesicht ist sich dieser Dynamik irgendwie bewußt, es will diese Dynamik und bejaht sie, sie ist das Lebenselement, von dem es seinen Ausdruck her hat.

Im Unterschied zum Expressionismus: der wurde vom Individuum getragen und zerriß. Daher seine Kurzlebigkeit. Er nahm gefühlsmäßig manches vorweg, aber er war mehr Ausdruck als Inhalt, und diese Verwandlung, die wir heute erleben, ist dabei, sich anzufüllen mit Inhalt, um eines Tages zu explodieren, sich zu entladen. Das Führerproblem und das Prinzip, das heute verkündet wird, ist undeutlich und in Wirklichkeit noch nicht vorhanden. Hitler zieht sich den Frack an und besucht Backhaus-Konzerte[17], warum sollte er übrigens nicht? Er sitzt zwischen Exzellenzen und Fürstlichkeiten, während der gemeine, aber unendlich erfahrenere Mann aus dem »Volke« seiner Fähigkeit, die Arbeitslosigkeit binnen 4 Jahren zu beseitigen, völligen Unglauben entgegenbringt.

Weiß diese Schicht von »Führern«, daß sie auf schwankendem Boden steht? Wie sieht diese Führerschicht selbst aus? In ihren Reden fast ganz substanzlos, in ihren Taten abhängig und bei aller Machtfülle nach außen und innen gegen Wände stoßend, gegen die unerbittliche Logik der Folgen.

19.6.33

Morgen ist »Güteverhandlung« in Sachen Valentin/Stresau. Der Kerl wird seiner Sache ziemlich sicher sein, und ich habe nur schwache Waffen, es sei denn, es gelingt mir, Herrn Valentin als das offenbar zu machen, was er ist: ein zweifelhafter Geschäftemacher. Wollen sehen, wie das ausgeht.

Es ist kühler geworden, nach schwülen Tagen. Gestern machten wir einen Spaziergang zu der Dallgower Siedlung am Kanal, einer ziemlich verlorenen Siedlung von Sommerhäuschen, am Waldrand gelegen des Spandauer Stadtforstes. Der ist dort allerdings von außergewöhnlich wuchtiger Erscheinung, alle paar Schritte ein Baumriese, Eiche oder Kiefer, über dichtem Unterholz, eine kolossale, urwaldähnliche Wand von kompakter Blättermasse, wie wir solche selten gesehen. Von da aus der weite Blick über Wiesen, endlos, von Wäldern begrenzt und unterbrochen.

Jackie stank am Abend nach Moor. Besuchte heute gegen Abend Mama, der es wieder besser geht, und Tante G. Beide saßen in Tantens Laube, ein Bild des Stifte-Friedens, obwohl der Friede zwischen ihnen beiden recht unbeständiger Natur ist.

Mein Aufsatz über Hermann Hesse wurde heute fertig.

Der Spandauer Stadtforst steht unter Aufsicht eines Försters, der ein ungewöhnlich ordnungsliebender Mann sein muß. Wir, d.h. Grete, ich und der Hund gingen eines Tages zu Fuß nach Spandau, auf einem Wege, der viel von Radfahrern benutzt wird, aber nicht ausdrücklich als Radfahrweg gekennzeichnet ist. Wir gingen plaudernd den hübschen Weg entlang, ich hatte mir eine Pfeife angesteckt, Jackie trabte brav an meiner Seite, ohne Leine, denn er geht »bei Fuß«, wenn es ihm befohlen ist und nicht gerade ein Reh seinen Weg kreuzt. Plötzlich, wie aus den Lüften herabgestiegen, erschien der Förster, per Rad von hinten kommend, sprang ab und postierte sich vor uns hin, nach Atem ringend vor Entsetzen. »Sie gehen auf einem Radfahrweg, der für Fußgänger verboten ist«, sagte er endlich und fuhr mit erweiterten Augen fort: »Sie lassen Ihren Hund frei laufen, und Sie rauchen! Das Letztere kostet Sie allein schon 25,– RM!«[18] Er war ganz überwältigt von so viel Gesetzwidrigkeiten. Es gelang uns, den Unglücklichen zu beruhigen ...

22.6.33

Die Verhandlung gegen Valentin war kurz. Ich traf ihn im Korridor, er begrüßte mich, als sei zwischen uns alles in Ordnung, und erging sich in Schimpfereien über Helgen, mit dem er offenbar mehrere Hühnchen zu pflücken hatte. Wahrscheinlich bestanden zwischen den beiden Gaunern engere Beziehungen, als sie damals im Januar vorgaben. Valentin redete mir zu, Helgen auf Schadenersatz zu verklagen, er stünde mir zur Verfügung. Ich lehnte das ab, und ein paar Minuten später traten wir an, wie zum Turnier. Keiner stach den anderen aus, der Richter schlichtete die Sache mit 75,– RM, zahlbar in drei monatlichen Raten. –

Gestern war in Spandau einige Erregung zu spüren auf Grund der nationalsozialistischen Aktion gegen den deutschnationalen Kampfring[19]. Eine neue Phase ist eingetreten: Auflösung aller Organisationen nicht-nationalsozialistischer Tendenz. Die NSDAP will dieses Feld allein beherrschen. Aber ob sie sich dadurch nicht eine Opposition schafft, die eben infolge Stummheit und latenten Daseins einen größeren Hemmschuh abgibt, als wenn sie sich betätigen dürfte? Die NSDAP wird alles beiseite drängen, bzw. aufzusaugen suchen. Das Letztere widerspräche der revolutionären Praxis, eine herrschende Minderheit von unzuverlässigen Elementen rein zu halten. Ob dies überhaupt möglich ist, scheint eine Frage für sich. Wie dem auch sei: die NSDAP ist im Begriff, sich Gegner über Gegner statt Anhänger zu schaffen. Es ist ein gewagtes Spiel, das für eine Weile gelingen mag. Das Sozialrevolutionäre wird z.Zt. stark in den Vordergrund geschoben, aber was will das schon heißen. Es ist ja alles nur Taktik.

Immerhin werden die beiden Komponenten der Bewegung sichtbarer. Die Dynamik ist empfindungsmäßig sozialistisch und bekommt ihre Physiognomie in den Arbeitslagern, in der Jugend mit einem Wort. Aber die politische Praxis liegt in Bindungen oder steht vor Hindernissen, welche z. B. die *Vossische Zeitung* zu beruhigenden Erklärungen veranlassen, dahin lautend, daß man vor Experimenten sozialistischer Art, und welcher Art auch immer, sicher sein könne. Tatsächlich verlangt der deutsche Wirtschaftskörper eine Geschicklichkeit ohnegleichen, wenn man auf die Erfüllung sozialistischer Verheißungen bedacht sein will. Dieses Ziel wiederum wird nicht erreicht werden, wenn nicht eines Tages entscheidende Schritte unternommen werden, die das gesamte Ausland gegen uns auf die Beine bringen. Um diese Gefahrenecke kommt Deutschland nicht herum, man mag die Sache drehen wie man will.

Die Schritte, die Deutschland bisher zu seiner Einigung getan hat, waren kriegerischer Art, und der letzte Schritt wird auch ein solcher sein, wenn die Führung nicht eine fast unwahrscheinliche Weitsicht und Geduld besitzt. Hier stehen wir auf Messers Schneide. Wie soll ein solcher Schritt getan werden? Zur Zeit kann die deutsche Machthaberschaft zwangsläufig nichts Besseres tun, als Zugeständnisse machen, die ihrer eigenen Wahlpropaganda widersprechen, um nur ja den Frieden zu erhalten, was immer auf Kosten der deutschen Freiheit geht, wiederum im Widerspruch zur Wahlpropaganda – »vom Young-Joch[20] willst befreit du sein? Wähl Goebbels Liste Nr. Neun!« Wobei man freilich geneigt war, die Wähler zu fragen, was sie wohl vom Young-Joch für Kenntnisse hatten. Jetzt beeilte sich der nationalsozialistische Kommissar in Danzig[21], Polen seiner vollen Loyalität zu versichern.

Kein Krieg in Zukunft kann von uns allein geführt werden.

Aber wo werden die Bündnismöglichkeiten sein? Deutschlands Gesicht ist außenpolitisch nach dem Westen gewandt, der sozialrevolutionäre Maßnahmen mit Mißtrauen beobachten wird. Man braucht nicht in die zugespitzte Terminologie des mehr nach Osten gewandten *Widerstands* des Herrn Niekisch[22] einzustimmen, um einzusehen, daß Deutschlands Lage außerordentlich heikel ist.

Im übrigen hat diese ganze Atmosphäre der Politik etwas Unwirkliches, Abstraktes und Unheimliches, beinahe Außermenschliches. Nirgends tritt die Unreligiosität unseres Lebens so in Erscheinung wie hier. Daher wirkt es so grotesk, wenn der Reichskanzler, Herr Adolf Hitler, von Gott dem Allmächtigen spricht. Dieser Anachronismus ist ihm sicher nicht bewußt, und noch weniger der Abgrund, der sich in diesem Anachronismus gefährlich auftut.

Mit Hans Hennecke sprach ich vorgestern lange über dergleichen. Er zieht, wie so viele, das »kleinere Übel« vor, was ich ihm persönlich nachfühlen kann. Er sagt es selbst. Es ist was Richtiges dran, wenn man die Hebel bedenkt, die einer nur zu ziehen braucht, um eine Explosion von unabsehbaren Folgen auszulösen.

Das Wetter ist umgeschlagen, unter Donner und Blitz. Schwere Regengüsse gestern abend und in der Nacht. Wir mußten mit unserem Nachtlager einen kleinen Umzug veranstalten, da es durchs Dach tropfte, gerade auf die Kopfkissen.

Der sandige Boden dieser Gegend schluckt die Regenmengen wie ein Sieb. Zum Glück ist es kühler geworden, der Kopf ist wieder frei. Es ist nicht angenehm, wenn der eigene Körper wie ein Barometer funktioniert.

Grete war gestern bei Heinz; ich wollte auch nach Friedenau fahren, aber der Regen verhinderte das. Heinz, der gute Junge, war deprimiert und in trauriger Verfassung, wohl auch überarbeitet. Seine Empfindung ist gemacht. Er lebt innerlich so einsam, er ist so gut und freundlich. Sein Wesen setzt einen menschlichen Allgemeinzustand voraus, den es noch nicht gibt und vielleicht auch nie geben wird.

23.6.33

Heute in einer Woche werde ich in der Bücherei zum letzten Male Dienst machen. Die Zeit ist im Handumdrehen abgelaufen. Gestern erschien der neue Dezernent, ein noch junger Mann; er soll Ingenieur sein und das Dezernat ehrenamtlich verwalten. Dies Ehrenamt in Ehren, aber warum gerade ein Ingenieur zum Dezernenten des Bildungswesens gemacht wird, ist nicht recht einsichtig. Übrigens machte er einen guten Eindruck.

In der Bücherei herrschte Mißstimmung über die Anwesenheit von Personen, mit deren Denunziationslust man rechnen muß. Man muß dabei solcher Reden eingedenk sein wie der von Herrn Goebbels in Frankfurt[23], in der er ein System für Jahrhunderte verkündete und dabei bezeichnenderweise auf die Katholische Kirche hinwies. Das System werde halten, wenn auch Männer »geringeren Formats« es in die Hände bekämen. Hitler sprach in ähnlichem Zusammenhang sogar von Jahrtausenden. Der Größenwahn dieser Herren ist entweder rhetorischer Natur, dann ist er unaufrichtig oder gewissenlos, oder er ist echt – in jedem Fall auf den Kleinbürger zugeschnitten. In Verbindung mit diesem völkischen Pazifismus wirkt das deprimierend, weil es au fond verlogen ist.

26.6.33

Gestern, am Sonntag, war Heinz hier, sah ganz gut aus, war auch in leidlicher Stimmung. Im Garten sah er sich nach Tätigkeit um und verfiel auf die Firstziegel. Wir kletterten hinauf, und Heinz, balancierend, legte die Firstziegel, es ging ziemlich schnell. Aber geradezu im Handumdrehen schuf er eine bequeme Sitzbank. Man gewann den Eindruck, daß durch seine bloße Anwesenheit das Haus fertig werden würde. Abends kam Müller mit Braut, für kurze Zeit.

Ich versuchte noch zuletzt die 1. Scene des II. Aktes zu zimmern, aber fuhr mich fest. Mußte es liegen lassen. Las dann noch etwas in der *Odyssee*. Der Stilunterschied gegen die *Ilias* springt in die Augen. Die Letztere wirkt entschieden archaischer, strenger. Die Lebensfülle der *Odyssee* ist freilich nicht minder erstaunlich.

Man wird an den Alten, auch an unseren Alten deutscher Prägung, eine Menge wiederentdecken können.

Die Sonnwendfeiern sind überall ziemlich ins Wasser gefallen. Hier hatte keiner Lust, trocken Holz zu liefern.

Telefonierte mit Dr. Herrmann, der, wie es scheint, wieder Wind in den Segeln hat. Er will mich nach wie vor einsetzen und verspricht sich viel, scheinbar auch von mir. Ich hörte ihm nur mit gemischten Gefühlen zu. Im Grunde ist das nur politische Ästhetik, was der da treibt, nicht viel besser als Wiesers völkische Mystik.

29.6.33

Schrieb heute die 2. Scene des II. Aktes in einem glücklichen Zuge zu Ende, wenigstens bis zum entscheidenden Punkt. Las dann Grete die Scene vor; Grete gefiel sie sehr. Wir sprachen noch unterwegs darüber, als Grete mich bis zur Chaussee begleitete.

Das Ding beschäftigte mich den ganzen Tag innerlich. Diesmal wird es was, und ich bin froh darüber. Morgen ist mein letzter Tag in Spandau.

1.7.33

Dieser 1. Juli, ein Sonnabend: der erste Tag, an dem ich wieder auf mich selbst gestellt bin. Meine letzte Eintragung mutet mich an, als sei das Jahre her, und inzwischen ist doch nicht mehr vorgefallen als mein letzter Dienst, die Auslieferung der Papiere, Verabschiedung von allen, besonders von den alten »Treuen« der Belegschaft: Frl. Köhler, Frl. Wagenknecht, Herrn Schöningh – Frl. Probst ist schon verreist. Die Vier haben mir zum Abschied Dibelius' Werk über England[1] geschenkt, »im Gedenken treuer Zusammenarbeit« haben sie hineingeschrieben, ich freute mich außerordentlich darüber, denn es ist auch eine Erinnerung daran, daß ich hier in dieser ehemals vorzüglichen Bücherei, die in ganz Deutschland einen guten Ruf hatte, meinen Abriß der englischen Literatur geschrieben habe. –[2]

Dann war Diner bei Mama. Man muß schon Diner sagen für unsere Verhältnisse, wir aßen unerlaubt viel, ich wenigstens. Nachmittags kam Heinz. Da es stundenlang in Strömen goß und gewitterte, saßen wir die ganze Zeit im Zimmer, und Grete und ich blieben die Nacht über dort, in Erwartung, das keusche Stift alter Damen in Verwirrung zu setzen, da schon einmal bei Übernachtung eines Ehepaares in einem (!) Zimmer Verlegenheit entstanden war. Wir konnten nicht einschlafen aus Mangel an frischer Luft und infolge des Kaffees. Ich las faute de mieux[3] in Schleichs *Besonnter Vergangenheit*[4] und stellte zum x-ten Male die sonderbare Selbstzufriedenheit, ja Eitelkeit jener Generation fest. Welches Wichtigtun um sich selbst! Dabei verfügten diese Leute noch über eine Bildung, die man heute lange suchen muß, bis man sie bei einigen so ziemlich an die Wand gedrückten Menschen findet. Aber es wird deutlich, daß diese Bildung nur noch gesellschaftlich verband – das ist schon viel, aber es ist nicht alles – und für den Einzelnen war sie schon, außer der Musik vielleicht, nicht mehr das, um dessentwillen man sein Leben einsetzen möchte, es war zuviel Bier und Rausch darin. Daher konnte diese Generation zur Klassik, vor allem zu Hölderlin, kein Verhältnis mehr haben. Dazu waren sie wieder zu nüchtern – aber nüchtern in einem ganz anderen Sinn: zu erfolgsgläubig, und die Kehrseite davon ist eine »männliche« Neigung zur Trunkenheit, die bei Nietzsche tragisch sublimiert ist, bei minderen Geistern aber optimistisch verschwimmt.

Im übrigen hatten sie's gut, in den 80er und 90er Jahren. Und ohne Zweifel leisteten sie was, sie hatten Arbeitskräfte von erstaunlichem Ausmaß. Sie saßen in der Fülle des Lebens, aber ein Mensch wie Schleich, der von »Dämonen« zu reden sich schmeichelt, zeigt schon in der Physiognomie das absolut Undämonische seines biederen Wesens, im Gegensatz etwa zu seinem Vater, in dessen scharfem und klugem Bauerngesicht noch alle Geister der Waterkant, einer wirklichen Originalität, ihr Wesen treiben. Das ist noch wirklicher Geist mit seinen immer etwas unheimlichen Lichtern und Schatten. Mit einem Wort: das Gesicht des alten Schleich hat noch Form. Das des vielgewandten Sohnes ist schon spießerhaft aufgeweicht und verschwommen. Heute wäre er begeisterter Anhänger Hitlers, trotz allem Liberalismus.

3.7.33

Gestern, am Sonntag, waren Gerhard Hermann und Frau hier. Wir tauschten die Geschichten unserer Entlassungen aus, wobei er die schriftliche Begründung seines Hinauswurfes vorzeigte, ein Dokument inferiorsten Deutschs und moraltriefender Tugend. Hermanns Antwort auf dieses Schriftstück war allerdings nicht geeignet, diese massive Dummheit zu entkräften: fein und satirisch stilisiert, viel zu hoch, ja von einer unnachahmlichen Hochnäsigkeit, lieferte sie eigentlich erst recht das Material, ihren Verfasser unmöglich zu machen. Daß die in einem grotesken Deutsch vorgebrachten Beschuldigungen im Kerne ihre Berechtigung haben, vom Standpunkt dieser geistig hilflosen Inquisitoren aus, daß Hermann z.B. sehr boshafte Äußerungen getan hat, ist ohne weiteres anzunehmen. Hier treffen eben zwei Dinge zusammen, die unmöglich miteinander in Einklang zu bringen sind.

Die wirkliche Stärke einer Herrschaft zeigt sich in der Toleranz alles dessen, das nicht geradezu gemeingefährlich ist. Dann ist die Duldung von Opposition sogar fruchtbar. Aber diese Herrschaft verrät in jedem Zuge, daß sie keine wirkliche Herrschaft ist, sondern Despotie. –

Nun beginnt also unser »Arbeitslosen-Dasein« unter einem Regime, das die Arbeitslosigkeit abzuschaffen versprach. Ein Schwalbenpaar hat über dem Eingang unserer Behausung begonnen, ein Nest zu bauen, was ja angeblich Glück bedeuten soll. Jedenfalls ist das behagliche Gezwitscher eine kleine Freude. Und wahrlich froh bin ich, Herrn Dr. Wieser los zu sein, das allein ist schon eine Messe wert. Hermann erzählte liebliche Dinge von Beer und Mareiss. Ersterer hat Waas[5], den Kriegsverletzten, rausgebissen, und Mareiss war auch geschickt darin, Möhring[6] abzuhalftern. Dabei sollen beide Halbjuden sein, was ich von Beer immer vermutete. Man kann neugierig sein, was aus beiden wird. Ihre Gesinnungslosigkeit berechtigt ja zu den schönsten Hoffnungen.

Daß Wieser sich bei meinem Abschied gedrückt hat, auch am Tage vorher kein Wort darüber fallen ließ, dies paßt zum Übrigen. Im Grunde war ich froh darüber, er ist in solchen Gelegenheiten ein Flegel und bleibt es. In Frl. Köhlers Augen blänkerte die helle Empörung. Wenn das ein Deutscher sein soll (wenn am Deutschen überhaupt noch etwas dran ist, was einen nicht mit Widerwillen erfüllt), so hätte ich auch vor nahezu 20 Jahren, als ich freiwillig in den Krieg ging, Amerikaner bleiben können.

Diese Tatsache scheint mir übrigens in meiner Situation fast mehr zu schaden als zu nützen. Wenigstens habe ich den Eindruck, daß meine Eingabe, in der ich darauf hinwies, daß ich damals in voller Freiwilligkeit Deutscher geworden sei, zu einem Zeitpunkt, als von »Eigennutz« schwerlich die Rede sein konnte, in dieser Hinsicht vollkommen zwecklos sei.

5.7.33
Zwei herrliche Sommertage lang haben wir richtig Ferien gemacht. Der gestrige Morgen begann in sehr schlechter, ja geradezu verzweifelter Gemütsverfassung. Dabei hatte sich an sich gar nichts geändert. Ein frischer Westwind blies über die Wälder, zu Unternehmungen auffordernd. Statt dessen saßen wir im Zimmer, ohne etwas zu tun, klagten, schimpften. Es fehlte bloß noch, daß wir miteinander zankten. Die Veranlassung hatte niemand anders gegeben als der Direktor des Katasteramts in Spandau, der ausgerechnet hier erschien, uns in aller Frühe aufstöberte. Dabei wollte er von uns nichts, sondern fragte nach Hinz, den er aus irgendeinem Grunde aufsuchte. Ich benutzte die Gelegenheit, nachdem er sich von dem artig lächelnden Hinz verabschiedete, ihn nochmal nach dem Stande unserer Auflassung zu fragen. Er behauptete, in drei Wochen wäre es soweit. Ja, er hätte damals vom 1. Juli gesprochen, aber es wäre zuviel zu tun usw.

Was soll man machen? Wir waren äußerst niedergeschlagen, und unsere wahrlich nicht schöne Lage stand uns vor Augen wie eine schwarze Wand der Aussichtslosigkeit. Es war Grete, die auf die Idee kam, ins Freie zu gehen, einen Ausflug zu machen. Ich schlug den Finkenkrug vor, und so wanderten wir bei stürmischem Wind dahin und kamen gegen Abend in vergnügter oder wenigstens beruhigter Verfassung zurück.

Auch heute waren wir fast den ganzen Tag draußen, sammelten Blaubeeren im Wald und suchten wieder einmal unser Grundstück auf. Die Luft war heiter und erglänzte in milder Wärme, das Land sah gesegnet aus. Ruhe erfüllte einen beim Anblick der Wälder und Wiesen, der kreisenden Bussarde im winddurchströmten Blau des Himmels, beim Gurren der Holztauben im harzduftenden Wald.

Gegenüber unserer Parzelle waren zwei Männer, Vater und Sohn, beschäftigt, einen Baum umzulegen. Eine große Kiefer hatten sie schon gekappt, aber der Baum hing mit der Krone in einer anderen Kiefer fest, und nun zogen sie an dem letzten, um beide zu Fall zu bringen. Das ging natürlich nicht; sie hatten die zweite Kiefer zwar freigelegt, aber beide Bäume bildeten ein Dreieck, dessen Seiten sich gegenseitig festhielten, das Dreieck konnte nur nach der Seite hin kippen. Das tat es denn auch, als auf den Rat des dazugekommenen Försters die senkrechte Kiefer in Mannshöhe abgeschnitten wurde. Endlich kam der Sturz, genau in die geöffnete Einfahrtstür unseres Zauns, um den ich mit Recht besorgt war.

Die beiden Holzfäller hatten sich in einer argen Klemme gefühlt. Der Alte, ein verhutzelter Mann, einer Wurzelknolle ähnlich, war taub und daher unempfindlich gegen das bedrohliche Knistern im Geäst über ihm, sein Sohn, ein junger blonder Kerl, riet zur Überlegung, als der Alte grimmig ausrief: na, dit is ein Feierabend! Er war offenbar ratlos und im Gefühl, einem Teufel von Zufall ausgeliefert zu sein, von Wut erfüllt, daß es so weit habe kommen müssen. Alles hing an ihm förmlich in Scham und Verzweiflung: das schmutzige Hemd, die Ärmel über den braunen Armen, die alte Muskeln von der Härte von Drahtseilen zeigten, und die tief unter den

Hüftknochen hängende alte Hose, das spärliche graue Haar auf seinem alten Katerschädel.

Mich faßt beim Anblick eines solchen Mannes immer eine sonderbare Zuneigung, fast von Zärtlichkeit, was damit zusammenhängt, daß der Alte wie ein Naturgeschöpf aussah. Er war durchaus nicht schön anzusehen. Aber er war offenbar, wie es manchen Menschen so geht, durch ein dürftiges Leben in den Stand der Kreatürlichkeit zurückgekehrt, und das ist fast der einzige Zustand, der Mitleid hervorrufen kann.

7.7.33

Nach einem Tag, den wir in Berlin verbrachten, wirkt die Ruhe hier draußen wie eine Zuflucht. Trotzdem kann ich mich finsterer Besorgnisse nicht erwehren. Wir sitzen, alles in allem, in einer bösen Klemme. Die paar Freunde, die es gibt, können nicht helfen, denn es geht ihnen ähnlich, und die weiteren »Freunde« sind von der Art, die man besser nicht erst fragt. Die Kündigung liegt mir auf dem Halse wie ein Joch, das mir noch mancherlei Schwierigkeiten bereiten wird. Besondere Sympathien erweckt man nicht in diesem Zustand, am allerwenigsten bei gewissen Verwandten. Man sitzt eben in der »Schande«, und man kann sich selbst noch so reinen Gewissens fühlen – schon allein daß wir das hier verbergen, so gut es geht, macht einen unfrei.

8.7.33

Das ungewöhnlich schöne Wetter verlockte uns zum Frühaufstehen, hinauszugehen und Pilze zu suchen. Pilze waren zwar keine zu finden, aber der Spaziergang durch den westlichen Wald war überaus schön. Am dankbarsten ist der Hund für diese Ausflüge, er genießt die Freiheit in vollen Zügen. Ein klarer Himmel, durchsichtig und fleckenlos, nur im Osten eine

Federwolke wie ein einziger weißer Pinselstrich. Der Ostwind brachte sommerlichen Duft über die Felder, alles schien leicht und frei. Am Nachmittag kamen meine Kollegen aus Spandau, das »Dibelius-Quartett«[7], außer der verreisten Probst.

Wir machen nach Möglichkeit Ferien. Ferien auch in den Gedanken, die gestern nachmittag um Idealismus und Erfahrung gingen und im übrigen sich der Harmlosigkeit des schönen Waldes hingaben, in welchem alles nicht so schlimm aussieht.

9.7.33

Der Nachmittag gestern verlief mit dem Besuch sehr angenehm. Von den Kollegen hörte ich einiges, das auf eine mögliche Lösung meines Falles hindeutet, jedenfalls, daß die Sache, wie sie meinten, »liefe«. Wohin sie läuft, das ist freilich dunkel.

Hitlers letzte Rede[8] zeigte den inneren Bruch deutlich an, der ja von vornherein da war. An sich ganz vernünftig, wenn man von den hundertmal gehörten Gemeinplätzen absieht. Vernünftig gesprochen etwa dies: daß ein guter Wirtschaftler, auch wenn er nicht Nationalsozialist ist, einem ahnungslosen Parteigenossen vorzuziehen sei. Dies deutete auf einen Wink mit dem Zaunpfahl von derjenigen schwerindustriellen Seite, die kein Interesse an ideologischen Maßnahmen hat. Dazu die Verhaftung Herbert Blanks[9] ...

Es wird noch viel Irrungen und Wirrungen geben, und ein happy end ist so unwahrscheinlich wie je. Aber was heißt glückliches Ende! Man sieht immer mehr den Riß zwischen zwei Anschauungen, mögen sie im Verhältnis SPD:KPD oder NSDAP:Sozialismus stehen, bei welch letzterem die beiden Bestandteile des Begriffes Nationalsozialismus ihrerseits eine Spannung enthalten, die zum Riß ausarten kann. Die Praxis der NSDAP ergibt sich im wesentlichen aus der Hilflosigkeit der abgewirtschafteten Parteien, sowie aus der Macht, die ihr in den Schoß fiel wie seinerzeit der SPD und der Demokratischen Partei nach dem Zusammenbruch des Kaiserlichen Deutschland. Die NSDAP geriert sich als Erbin der SPD, sie ist es auch in mehr als einer Hinsicht, soziologisch gestützt auf fast dieselben Schichten, aber bestrebt, um der Macht willen nur dort etwas zu riskieren, wo es am billigsten zu haben ist. Damals waren es unklare Ideen von Freiheit und Demokratie, die nun von ebenso unfundierten Ideen eines rassisch verbrämten Faschismus abgelöst sind, der indessen nicht Fisch noch Fleisch ist. Dazu Friedensversicherungen nach allen Seiten, und eine rohe Rücksichtslosigkeit gegen diejenigen, die keine Spur von Macht haben und sich alles gefallen lassen müssen. Oben schöne Redensarten, die ein Ebert viel besser formulierte, und unten Terror. Man hört von schauerlichen Foltereien munkeln, die in gewissen Kellern vor sich gehen sollen, wobei schwer zu kontrollieren ist, was daran wahr sein kann.

Man braucht indessen nur zu sehen, wie Halbwüchsige in der Hitlerjugend eine Schar kleiner Jungen kommandieren. Da wird geschnauzt wie früher auf dem Kasernenhof, im schönsten Unteroffiziersjargon, und das von Jungens, die selber das Gehorchen noch nicht gelernt haben können ...

Der Tag war ungemein heiß heute. Wir wanderten nach dem Ziegenkrug[10], von dem wir Rühmenswertes hörten. Das Forsthaus liegt freilich schön, eine gute Stätte zum Rasten. Aber sonst war der Weg dorthin, wenigstens für einen so heißen Tag, ziemlich reizlos. In dem nicht sehr hohen, aber dichten Wald stak die Hitze unbeweglich, und wir atmeten auf, als wir ins Freie kamen, auf der Höhe über Wansdorf, wo die Felder sich hinabstrecken zu dem eingebetteten Dorf und in der

Ferne über scheinbar endlosen Wäldern eine rauchige Ahnung der Weltstadt aufsteigt.

15.7.33

Die Woche verlief ereignislos für uns. Ich befand mich nicht wohl, es gab viel Regen. Wir waren einmal in Spandau, bei Mama, wo sich auch Walter und Gertrud einfanden. Walter war in glänzender Laune und sprudelte glänzende Einfälle hervor. Besonders erheiterte uns der Ausdruck »weihevoller Zuspruch«, wir lachten noch darüber, als wir längst zu Hause waren.

Den Tag darauf besuchten wir Henneckes. Gerda hat es erreicht, man kann sagen: errungen, daß sie bleibt. Hans hat nichts zu tun ...

Aus irgendwelchen Gründen, vielleicht nur körperlichen, wurde ich eine gedrückte Stimmung nicht los. Es geht freilich wenig vor, was einen aufrichten könnte.

Hitlers Politik hat sich entschieden zum Revisionismus gewandelt. Die Revolution, von der es eine Woche vorher hieß, daß sie noch lange nicht beendet sei und einer »zweiten Revolution«[11] zusteuere, ist auf höchsten Befehl für abgeschlossen erklärt. Der höchste Befehl bestand wohl in Drohungen der Industrie, die eine »zweite Revolution« in keinem Fall brauchen kann. Mit einer Unzweideutigkeit, deren nicht einmal die SPD fähig war, ist jeglicher Sozialisierung die Luft abgeschnitten, und der Nationalsozialismus befindet sich in genau derselben Verfassung wie die viel und mit Recht verlästerte Sozialdemokratie. Die Idee, etwa das jetzt Versäumte »später« nachzuholen, würde exakt dazu passen und auf die Dauer die Richtigkeit der Lehre zeitigen, daß ein Revisionismus dieser Art nicht zum Ziele, sondern vom Ziele wegführt. Dies alles setzt einen gesunden Volkskörper, einen gesunden

Gesamtzustand voraus. Politische Krankheiten wie die unsrige sind aber nur durch Chirurgie zu heilen. Die homöopathischen Mittel dieser Herrschaft setzen etwas voraus, das nicht ist, daß nämlich der Patient stillhält.

Die Rolle, die die Vorgänger unserer Machthaber in ihrem Debakel spielen, mutet nicht sehr erhebend an. Diese Haltung verrät den Bourgeois, der im entscheidenden Fall immer den scheinbar klügeren Teil der Tapferkeit vorzieht. Emigranten haben noch nie in der Geschichte eine erfreuliche Rolle gespielt ...

Diese Leute werden einst ähnliche Heldengestalten abgeben wie die Scheidemann[12] und Konsorten, vielleicht etwas besser. Die Rolle der sozialdemokratischen Führer ist kläglich über alle Maßen. Im Ausland stänkern ...

Das bringt nur der Bourgeois fertig, der im entscheidenden Fall immer den klügeren Teil der Tapferkeit vorzieht.

Diese Zeit gebärdet sich so »heldisch«, weil sie in allen ihren Erscheinungen, soweit sie maßgebend sind, von allem wirklichen Heldentum so weit entfernt ist wie je eine. Wenn nun Kultur zu Ende ist, beginnt die Kulturphilosophie. Wenn Heldentum in jeglicher Form erschöpft ist, wird es zur heroischen Philosophie und Lehre, und wenn eine Kulturphilosophie noch etwas taugen kann, so muß eine Heldenideologie notwendig belämmert ausfallen, da sie ja von belämmerten Menschen stammt und niemand in aller Welt weniger geneigt ist, über Heldisches nachzudenken, als der Held selbst.

Man lese Hölderlin, der unsrer Allerbesten einer war. Welche Pathetik, aber welche Nüchternheit doch in dieser Pathetik!

Oder Kleist: bombastisch, liebt den Wortprunk, da steigt das Heldische schon zum Scheiterhaufen seiner selbst.

Aber wie natürlich ist der kleistische Mensch.

Unsere Zeit hat's mit der Propaganda. So verhändlert ist sie, daß sie die Gewinnchancen berechnen muß. Dazu gehört Tüchtigkeit und Fähigkeit. Aber der Mensch ist nicht er selbst dabei. Das ist kein Leben. Das Leben will Blut, und sei es mit Blutvergießen, und sei es mit Untergang. Und etwas ähnliches mag noch kommen.

17.7.33

Heinz und Ilona waren gestern, am Sonntag, hier. Ilo war von München zurückgekommen und erzählte von Briseius' [Name nicht zu entziffern] Ehe Unerfreuliches. Heinzens Anwesenheit auf dem Grundstück hatte zur Folge, daß ein Tisch vor der früher verfertigten Bank stand.

Es regnet viel, ein wahres Aprilwetter. Gestern vormittag wurde endlich die 1. Scene des V. Aktes fertig, überarbeitet, aber ganz zufrieden bin ich damit nicht. Es ist die wichtigste Scene des ganzen Stücks, und schwierigste.

(Abends)

Im Lesen Hölderlins fiel mir wieder der Charakter mancher Gedichte auf, den ich gern »mythisch« nennen möchte. Dabei ist zu bedenken, daß der frühe Hölderlin, der etwa des *Hyperion*, da noch sentimentalisch ist, in bezug auf Naturbilder eine Richtigkeit der Wiedergabe bekundet, die auf ein ungewöhnlich offenes Auge schließen läßt. Er fühlt das Leben der Natur wie einen Vorgang, in den er sich nicht erst einzufühlen braucht. Darin ist er im einzelnen im *Hyperion* schon ganz unsentimentalisch. Der vollendete Hölderlin nun hat den letzten Rest des Sentimentalischen abgestreift, und der bedeutende Gegenstand wird ganz an sich zur Gestalt, derart, daß auf eine schlechthin unerklärliche Weise die Worte nicht mehr Vermittler, sondern völlig Träger sind, mit einem Gehalt, einer Substanz ausgefüllt, die sie nur hier und sonst nirgends haben. Das Gedicht, etwa der *Chiron* und der *Ganymed* sind so ganz gefühllos. Das heißt, es hat mit den Gefühlen des Dichters wie des Lesenden oder Hörenden schlechterdings nichts mehr zu tun. Der Hörer, um bei diesem zu bleiben, kann dem Gegenstand nichts unterschieben, was nicht in dem Gegenstand drin liegt – oder er versteht das Gedicht einfach nicht. Sobald er etwas darin »sucht«, d. h. unwillkürlich hineinträgt von dem, was ihn, den Hörer, beseelt, wird er auf eisige Ablehnung stoßen.

Noch eins: diese Gedichte schildern nicht, sie veranschaulichen nicht. Sie sind keine gleichnishaften Bilder, wie etwa Goethes *Mahomets Gesang*, der geradezu ein klassisches Beispiel für ein Gleichnis ist. Hier kann man sagen: das Leben eines großen Menschen »gleicht« dem Lauf eines Stroms. Das Beispiel ist um so aufschlußreicher, als Hölderlins *Gefesselter Strom* in seiner *Ganymed*-Fassung einen verwandten Gegenstand hat. Aber was »gleicht« diesem Gegenstand, und wem gleicht er, der ja im Grunde gar kein Gegenstand ist? Auch hier könnte man sagen: das Leben des bedeutenden Menschen, ja das Hölderlins selbst. Aber ist hier von Gleichnis, von Bild die Rede?

Der Dichter des *Gesangs Mahomets* weist sozusagen darauf hin, er zeigt mit dem Finger auf den Verlauf der Sache, deren Gleichnishaftigkeit so deutlich ist. Hölderlin ist stumm und rührt keine Hand. Er ist die Antenne, durch die dieses Wort gewordene Gebilde hindurchging, dieses Produkt, fast könnte man sagen: Zufallsprodukt aufgefangener Weltätherwellen. Es ist nicht mehr menschlich.

Aber es hat auf eine unanalysierbare und furchtbare Weise mit der Wirklichkeit zu tun. Es ist deshalb kein Gleichnis, wie man's in Hölderlins Jugendgedichten überreichlich findet. *Menons Klagen* sind noch Gleichnis. Er »tritt« ja hin, »heraus« und »nicht im Andern immer« – in jenem Gedicht ist er der

»Anderen« habhaft geworden. Oder auch: dies »Andere« hat sich seiner bemächtigt, und deshalb mußte sein Geist zerbrechen, der nur in diesem »Anderen« ganz er selbst sein konnte. Im menschlich-philosophischen Sinne war das Wahnsinn, im Sinne jenes »Anderen« erst der normale Zustand, »sprachlos und kalt«.

Es ist und bleibt ein Rätsel, an dem herumzudeuten hoffnungslos ist. In dem Augenblick, wo Hölderlin des »Anderen« ansichtig wird, verliert er die Beziehung zu Menschlichem, die ja nie sehr gefestigt war.

Was aber ist dieses »Andere«? Es ist wohl das, was der junge Hölderlin »Natur« nennt, die »Arme der Götter«. Dem Ursprung nach, seinem Ursprung, wie er es empfand, Seligkeit verheißend. Aber der durch viele Kämpfe Gegangene ist verwandelt, und jenes »Andere« ist das, was es dem Menschen immer ist oder sein sollte: nicht Erlösung, sondern die Größe, die Unerbittlichkeit, das Ragende, das Schicksal. Wie männlich dieser scheinbar Zarte und Empfindliche war, ja wie nüchtern in einem ganz hohen Sinn, das sieht man daran am klarsten.

19.7.33

Ruhige Tage vergingen, wir sind schon froh, wenn nicht neue Reinfälle per Post kommen.

Die letzte Scene des II. Aktes nähert sich ihrem Ende. Heute vormittag kam ich nicht recht vom Fleck, Klein-Ediths[13] wegen, die unsere Stube mit ihrem Schwalben-Gezwitscher erfüllte. Das behagliche Geschwatz des Blondköpfchens kann einem das Herz wärmen. Arbeiten kann man dabei nicht.

Neben unserem Garten verwaltet ein Arbeitsloser die »Kurhalle«; meist spielt er Tischtennis. Ich kenne ihn aus Spandau, er befragte mich in der Bücherei, wie man ein »vollkommener«, »hundertprozentiger« Mensch werden könne. Von meinem Spandauer Durchfall hatte er Kenntnis, fand die Sache unerhört.

22.7.33

Wir waren zwei Tage maßlos faul, es war schwüle Witterung. Gestern den ganzen Tag im Garten, mit Klein-Edith, die schon am Früh-Nachmittag nach Hause verlangte. Wir sahen schließlich ein, daß das Kind im Grunde recht hatte. Wir wußten nichts mehr mit uns selbst anzufangen.

Vom Bezirksamt bekam ich die Nachricht, daß ich nun meine Beschwerde an den Oberpräsidenten (d. Provinz Brandenburg) richten muß. Das Polizeipräsidium war nicht zuständig. Also geht die Sache wieder von vorn los. War heute auf dem Zentralnachweisamt in Spandau, um mir meine Militärverhältnisse bescheinigen zu lassen.

Der Rechtsanwalt benachrichtigte mich, daß eine Firma noch Geld für Baumlieferungen verlangt. Das war wieder ein kleiner Schreck.

Mein Stück steckt jetzt in der letzten Scene des II. Aktes fest. Gestern kam gar nichts zustande, heute nahm ich sie noch einmal vor, von vorne anfangen – das bewährte Mittel, um über den toten Punkt zu kommen. –

Das Stück zeigt den Helden. Tragische Verstrickung in dem, was Hektor zum Helden macht: die Schicksalsbereitschaft. Die macht ihn unpolitisch. Es ist zweifellos politisch falsch, was er macht, um so falscher, je größer sein menschliches Herz ist. Am richtigen Politiker geht die tragische Wirkung weniger von ihm selbst (wenn er erfolgreich ist, und der richtige Politiker ist erfolgreich, oder er ist eben kein richtiger Politiker) aus als von den Wirkungen auf die Nachwelt und seine Nachfolger.

Das Menschliche, d. h. das Geistige am Menschen, das, was ihn eigentlich zum Menschen macht, liegt zwischen Imperator und Märtyrer irgendwo.

Beide sind fruchtlos, wenn die Welt ihnen nicht folgen will. Und wenn sie dazu bereit ist, dann braucht es keine Imperatoren und keine Märtyrer. Andererseits muß eine Sache zuweilen mit Märtyrern genährt werden, sonst stirbt sie aus. Der völlige Mangel der SPD, vornehmlich ihrer Bonzen, ihre Sache durch Kampf zu vertreten, besiegelte ihr Schicksal. Das war auch politisch ... ohne Zweifel konsequent. Und die menschliche Offenbarung dieser am Verrat streifenden »Politik« ist derartig schamlos und unwürdig, wie es anders nicht zu erwarten war, und von Tragik zu reden wäre Blasphemie.

24.7.33

Der Vormittag ging hin mit allerlei Unruhe und der Abfassung der Beschwerde für den Oberpräsidenten. Am Nachmittag ein längerer Spaziergang nach Blockbrück. Den Rückweg nahmen wir über die Wiesen zwischen Wansdorf und Bötzow, die im Abend leuchteten wie smaragdgrüne Seen. Die Luft trank sich wie Wein, unbeschreiblich wohltuend. Kaum je habe ich Luft einfach so getrunken, genossen, wie man ein Getränk genießt, so tief erfrischend, den Lungen schmeichelnd wie den Geruchsnerven. Auf den kilometerweiten Wiesen konnte sich Jackie austoben, ohne Prügel zu gewärtigen. Ein Storch ruderte gemächlich dahin, Falken und Weihen trieben ihre Spiele – und weit und breit war von der Gattung homo sapiens nichts zu sehen.

Gestern – Sonntag – waren Henneckes hier, und die Stunden verflogen schnell. Hans erzählte höchst anschaulich von Haus Escherde[14], von der tauben Tante Lotte, die soff und zuweilen nachts zum Fenster hinaus grölte: Herr Oberamtmann ist ein Schwein – viertelstundenlang. Und der Papagei, der eine ahnungslose Tante erschreckte mit Rufen wie: Du Rabenaas, du Dreckaas usw. Wir lachten Tränen über seine Schilderungen, die übrigens einen herrlichen Romanstoff abgäben, wenn's dazu nicht zu spät wäre. Und wie das Leben den Schluß selbst dichtet! Als einzig Überlebende die dem Suff ergebene Tante Lotte mit ihrer Männerstimme, das ist geradezu genial.

Hans entpuppt sich auf einmal als ein begnadeter Erzähler von ausgesprochen grotesker Wirkung. Er kristallisiert sich immer deutlicher als eine Mischung von Jean Paul und E.T.A. Hoffmann. –

Die Politik gebar u. a. neue Verordnungen[15] gegen Kommunisten und ähnliche Leute, zum Schutze der Träger der »nationalen Revolution«. Ein taktisch raffiniertes Stück: man lenkt die radikaleren Anhänger ab auf die angeblich oder auch wirklich regere Tätigkeit der KPD. Nach dem Abblasen der »zweiten« Revolution scheint das dienlich. Zugleich aber winkt man den eigenen Reihen mit dem Zaunpfahl: nehmt euch zusammen und verderbt uns nicht das Konzept, sonst gibt es Konzentrationslager[16]. Man schlägt also zwei Fliegen mit einer Klappe. Todesurteile sind an der Tagesordnung.

27.7.33

Wir wollen nach Falkensee zum Baden und schwanken zwischen Badelust und Angst vor dem weiten und vor allem heißen Weg. Außerdem erhebt sich das Problem Jackie, der Schwierigkeiten machen könnte. Bei Heinz lassen ist nicht ganz tunlich, da Jackie neuerdings eine Neigung zu Edith gefaßt hat und sie mit Anträgen verfolgt. Den Gebrauch des Zwingers hat er uns mit Erfolg (Beharrlichkeit führt zum Ziel) abgewöhnt.

Der II. Akt ist nun fertig. Der Schluß wird nun 2 Scenen haben: Hektors Abschied, und dann von Feldlager von II/3 nun Teichoskopie[17] von dem Ende der Schlacht und Hektors Tod, sowie Schlußchor der Krieger. Äußerste Konzentration ist vonnöten, um die Sache nicht zerfließen zu lassen.

28.7.33

Heute kam die Expedition nach Falkensee zustande, bei einer Gluthitze sondergleichen. Das erwartete Bad stellte sich als eine ziemlich übervölkerte Freibadestelle heraus, mit viel Butterbrotpapier und Kindergeschrei. Wir waren ziemlich verdrossen. Unsere Bekanntschaft mit Falkensee war bisher immer von Höllenhitze gesegnet. Baden und Heimwanderung erwiesen sich aber als ganz schön, obgleich das Wasser lau war wie Spülwasser. Zu unserer Verblüffung kamen wir bei den Kolonien am Kanal heraus. Instinktiv waren wir richtig gegangen, während der Verstand sich wieder weit verrechnet hatte. Zum Schluß waren wir froh über das Ganze, es tat besser als zu Hause zu sitzen, wie gestern, wo wir uns gar nicht mehr vor die Tür trauten.

Das Ganze hatte sich förmlich als Problem etabliert bei uns, deshalb die Erwähnung. Das Hin und Her unserer persönlichen Entschlüsse, ob oder ob nicht, gibt Anlaß zu Mutlosigkeiten, die nur ein Teil dessen sind, was wir ein beschädigtes Selbstvertrauen nennen mögen. Und wie das wiederzugewinnen ist, wissen wir nicht recht. Flucht ins Ausland würde die Sache vermutlich nicht besser machen. Wir sind nicht mehr jung genug dazu. Und mit den Deutschen, die heute politischerweise im Ausland sitzen, ist wenig Staat zu machen. Selbstvertrauen kann ich im Grunde nur hier in Deutschland oder in enger Verbindung mit dem deutschen Geschick erwerben, ich wüßte sonst nicht wie. Um sich einseitig abzusperren, dazu sind wir wieder nicht alt genug, nicht genügend gefestigt, was übrigens niemand sein dürfte, der noch lebendig ist. Es ist schon so, daß wir, die wir nicht mit dem, was vorgeht, übereinstimmen können, irgendwie in der Luft hängen, wir sind somit emigriert, auch wenn wir nicht ins Ausland gehen. Auch wäre das letztere wirtschaftlich kaum durchzuführen.

Und schließlich fühle ich mich der deutschen Heimat mehr und tiefer verbunden denn je, vielleicht gerade weil sie einem ungewissen und gefährlichen Schicksal entgegengeht. Ich bin dieser Sprache verbunden, ihr vielleicht mehr als den Menschen, an die ich mich nie so ganz gewöhnen konnte. Von den Nazis trennt mich eine Welt. Was ich bisher davon gesehen habe, ist mir ebenso fremd wie ein exotischer Volksstamm, wobei noch weniger das, was sie reden und meinen, mich abstößt, als das, was sie sind. Ihre Gesinnung ... es erstreckt sich bis zum Äußeren, das Aussehen, die Physiognomie, die Haltung, weiß der Teufel, wo das herkommt.

Grete wird sich mit Marx beschäftigen, und ein Gespräch auf dem Heimwege über diese Fragen zeigte, wie unklare Vorstellungen sie über diese Dinge hat. Sie wird ihm kaum viel Geschmack abgewinnen können.

Für Grete vollends ist ein SA-Mann ein Wesen, vor dem sie Angst hat, wie vor Menschenfressern.

30.7.33[18]

> Wegen der Zerstörung der Hindenburgeiche auf dem Tempelhofer Feld hat das Geheime Staatspolizeiamt als Gegenmaßnahme angeordnet, daß sämtlichen kommunistischen Schutzhäftlingen für drei Tage die Mittagsmahlzeit entzogen wird.

werde. Die deutsche Revolution von 1933 werde ebenso wie die französische Revolution Voretappe einer europäischen Umwälzung sein. Ebenso wie Frankreich aus dieser Revolution seine Vormachtstellung sich errungen habe, werde Deutschland sich die Vormachtstellung aus der nationalsozialistischen Revolution erkämpfen. Weiter teilte der Reichsminister mit, daß im Laufe der nächsten 8 Jahre 5 Reichsuniversitäten gegründet würden, an denen die alten Nationalsozialisten, die zu Führern auserkoren seien, ihre höchste Vollendung bekommen würden. Wenn alle Jahre 5000 Mann aus diesen Universitäten herausmarschierten, dann sei der Bestand des nationalsozialistischen Deutschland nicht nur auf Jahrhunderte, sondern auf Ewigkeit gesichert.

Dido Anthes schreibt:
Bestickte Kleider.

Bestickte Kleider — das bedeutete bis heute die „Stickereikleider", bestickt in der altehrwürdigen, von Jahrzehnten übernommenen Art. Uns war es vorbehalten, die Stickerei auch den Kleidern zu bringen, die allen Forderungen der Mode des Tages entsprechen. Sie haben die verbreiterten Schultern, sie zeigen den sorgfältig ausgedachten Halsschmuck. Und dennoch sind sie bestickt und sehen sogar wunderschön aus.

Leider habe ich bisher verabsäumt, was ich schon länger vorhatte, nämlich ausschnittsweise kleine Dokumente zu sammeln, die den Geist des neuen Deutschland repräsentieren in Aussprüchen, Tatsachen u. a. Die Bemerkung der Dido Anthes hob ich auf wegen ihres ungewöhnlichen Stils.

Die Redensart von dem ewigen oder mindestens hundert- bzw. tausendjährigen Bestand des Dritten Reiches wurde schon öfters gehört, sie korrespondiert trefflich mit der Bemerkung über die Dauer des Systems, auch für den Fall, daß es Männern »geringeren Formats« anvertraut würde.

Gestern war das »Dibelius-Quartett« aus der Bücherei hier,

außerdem Dr. Richter. Letzterer erzählte Abstoßendes von dem Lepidus des »Triumvirats«, Herrn Dr. Engelhardt, der übrigens in die SA eingetreten ist. Auch Dr. Richter ist eingetreten; es bleibt ihm kaum was anderes übrig, wenn er nicht ganz auf der Straße sitzen und dazu seinen eigenen Vater, einen alten SPD-Mann, preisgeben will. So wirkt sich der terroristische Druck aus. Prof. Fritz ist wieder zurück, und ob Schuster nach Berlin kommt, ist zweifelhaft. Jeden Monat sieht die Geschichte anders aus.

Ich fragte nach Niekisch, und Richters Eindrücken nach soll dieser nach wie vor zuversichtlich sein, ob für seine Person oder fürs Ganze, war uns nicht ganz klar. An einen Zerfall der Führer unter sich ist vorläufig nicht zu denken, besonders im Stadium der Evolution. Es wäre nur an eine Katastrophe zu denken, und die kann in einem, sie kann aber auch erst in zehn Jahren kommen. Kein Mensch weiß das. Neugierig kann man sein darauf, was mit solchen Radikalinskis wie Graf Reventlow[19] und Herrn v. Leers[20] geschieht.

Dr. Richter erzählte einiges von dem Vorgehen gegen Juden, wir waren uns einig darüber, daß wir dafür noch einmal teuer zu bezahlen haben würden.

1.8.33

Schon haben wir August, der Sommer ist bald vorbei.

War sehr deprimiert dieser Tage. Wir sind sehr gespannt darauf, ob Mietze[1] uns helfen wird, und leider habe ich nur zuviel Zweifel. Dieser Geschäftsgeist ist was Furchtbares; sowie er sich meldet, ist alles Menschliche aus und vorbei. Und diesen Geist hat unser ganzes gesellschaftliches und kulturelles Dasein zersetzt. Ob eine Dirigenten-Größe für sein Stabschwingen unmäßigen Lohn verlangt[2] oder ein verkrachter Architekt mit Unehrlichkeiten seinen Vorteil sucht, beides ist gleich gewissenlos. Und dann soll man die Menschen erziehen, ohne die Voraussetzungen zu ändern, in denen sie leben, diese Voraussetzungen, die zum Eigennutz geradezu auffordern und den zum Narren machen, der seinen Eigennutz nicht kräftig wahrnimmt.

Wir waren gestern in Spandau, bei Mama, die freilich so wenig Geschäftsgeist besitzt, daß sie unsere griffbereite Anwesenheit (der Geldbriefträger kam gerade) mit Humor aufnahm und mit aller Liebe, derer sie fähig ist. Wir konnten nicht umhin, uns scherzweise mit Geiern zu vergleichen, die wartend auf den Bäumen sitzen. Meine Schwester würde den Humor daran gar nicht kapieren.

Abends

Regnerisches Wetter verhinderte das gewohnte Freiluftleben. Heinz und Ilona kamen nicht, wahrscheinlich wegen des schlechten Wetters; denn wenn es hier strichweise regnet, so regnet es in Berlin den ganzen Tag.

Vormittags bosselte ich an Hektors Abschiedsscene. Geriet mir zuletzt zu hochtrabend. Nachmittags lasen wir, Grete über Friedrich II. und ich Mechows *Abenteuer*[3], ein sympathisches Buch, eines der besten Bücher, die vom Kriege handeln. Mechow macht oft aus einem Satze drei, wo es nicht nötig ist. Aber er ist überaus sympathisch, offen und einfach, ohne sich selbst vorzutragen. Nach dem schwülstigen Gmelin[4] eine Wohltat.

2.8.33

Bekam heute den frechsten Brief, der mir je begegnete. Es ist merkwürdig: mir persönlich begegnen im allgemeinen nur selten wirkliche Unverschämtheiten und Beleidigungen, ich komme im allgemeinen gut mit Menschen aus, sogar mit schwierigen Menschen. Aber niemals habe ich eine solche mit

Fleiß und Ruhe zusammengestellte Reihe von Beleidigungen erhalten als von meiner eigenen Schwester. Es ist unbeschreiblich und eigentlich nur mit Maulschellen zu quittieren. Ich bin von ihr allerlei gewohnt, aber dies war dann doch mehr, als man vertragen kann. Grete fand das richtige Wort: pöbelhaft.

Was macht man mit diesem Unglücksgeschöpf, das vor Egoismus verrückt wird oder es schon ist? Die Frankfurter werden natürlich ihre Partei nehmen.

Und was machen wir? Wie wir durch diesen Monat kommen werden, ist mir noch völlig schleierhaft. Wir sitzen gründlich in der Patsche, in fast jeder Beziehung.

Das Stück nähert sich seinem Ende. Hektors Abschied ist in den Grundzügen fertig.

3.8.33

Schöner, ruhiger Tag nach mehreren ziemlich stürmischen, wir spazierten mit Klein-Edith gemächlich durch die neuentstehende Siedlung. Strandpromenade, Seebadkorso, so und ähnlich heißen die »Straßen«, die durch den Wald gehauen und zum guten Teil noch mit Baumstümpfen versehen sind. Mit jenen hochtrabenden Bezeichnungen täuschen sie ein fashionables Seebad vor, obgleich weit und breit kein See zu finden ist. Und das Ganze heißt »Seebad Schönwalde«, eine unverschämte Irreführung des kauflustigen Publikums. Die Siedlung sieht zum guten Teil aus, als sei man in Kanada. Uns gefällt das ganz gut, unser Grundstück z. B. liegt noch fast ganz einsam. Man trifft noch Wild an, Jackie jagte ein Reh, danach nahm ihn Edith an die Leine, und der Hund, für das Kind ein riesiges Tier, ließ sich führen wie ein Lamm. So ein Dorf-Kind ist so viel sicherer als ein Stadtgewächs. Freilich ist Edithchen auffallend klug und begabt.

Im Vergleich zu dem, was man heute an Erwachsenen erlebt, ist es entschieden angenehmer, mit so einem Kind zu tun zu haben. Gegen so ein vierjähriges Kindchen mit seinem natürlichen und unbefangenen Verstand kommen einem jetzt so viele Erwachsene wie Irrenhäusler vor ... Meine Schwester erhält nun eine Antwort, die freilich nicht viel nützen wird. Dreimal hab ich sie geschrieben, und die dritte ist die ruhigste Fassung, die nun abgeht.

Sie ist, geistig unselbständig, verdorben durch diesen entarteten Puritanismus, der unser Familienleben beherrschte und vergiftete. Mein Vater besaß noch eine Haltung, die eine gewisse Würde erzeugte, obwohl diese Würde ihrem Träger einige Mühe machte; bei meiner Schwester wird dieser Geist, vielmehr der Ungeist einer völligen Erfolgsbewertung, zum Übel. Es ist ein trauriges Leben. –

Die Regierung verschärft den Strafvollzug[5] und glaubt es nun wieder mit der alten Abschreckungsmethode schaffen zu können. Im ersten Moment wird das helfen, aber nicht auf die Dauer. Oder es wird auf Kosten der eigentlichen Moral gehen. Das Wort Humanitätsduselei spricht sich leicht aus und wird allzu oft ausgesprochen. Wenigstens will man bei Jugendlichen noch »bessernd« vorgehen. Die französische Guillotine wird, eben weil sie französischen Ursprungs ist, abgeschafft, und das gute alte Beil kommt wieder zu Ehren. Ob Axt oder Messer: das Problem bleibt dasselbe.

Unruhige Zeiten steigern gewöhnlich die Zahl und Schwere der Verbrechen, und die Art des Strafvollzuges ändert daran im Grunde nicht viel. Es ist wohl richtig, daß in den vergangenen Jahren die Zügel der Justiz, jedenfalls der Kriminaljustiz, bedenklich am Boden zu schleifen begannen. Man las von Urteilen, deren Geringfügigkeit tatsächlich das einfache Rechtsempfinden verletzten. Fälle wie derjenige der Brüder Sass[6] bildeten fast einen öffentlichen Skandal. Nun greift man die

Zügel auf und zieht sie straff, und sehr moralische Leute mit entsprechendem Selbstbewußtsein werden das freudig begrüßen, und es mag sein, daß man das Berufsverbrechertum wirklich wird einschränken können.

Es ist aber, als wenn ein Fieberkranker sich von der einen auf die andere Seite wälzt. Die Krankheit sitzt ja nicht im Bett, sondern im Kranken selbst. –

Mein Stück nähert sich jetzt rasch dem Ende. Jetzt kommt die Zeit, wo man sich innerlich davon loslöst und nichts mehr damit zu tun haben will. Jetzt muß das Buch werden über »Freiheit und Bindung«. Hätt' ich diese Möglichkeit nicht, ich weiß nicht, wie ich mit meiner unfreiwilligen Muße zurechtkäme.

4.8.33

AUS DEM PROSPEKT EINER BREMER VERSANDFIRMA:
"Hat man Ihre nationale Gesinnung angezweifelt, weil Sie Kaffee und Tee aus Bremen beziehen?"

Das bedeutet: Kampf mit dem inländischen Handel um die nationale Gesinnung.

Arbeitete etwas an der letzten Scene, mehr entwurfsmäßig, und schrieb Briefe. Las nachmittags in Hampe und in Golther[7]. Gegen Abend weiter Spaziergang nach dem Teufelsbruch, bis zum nord-südlichen Verbindungsweg. Eine Weile saßen wir unter einer ungewöhnlich dichten Hainbuche und sahen die Farbe des Himmels. Der Blick über die endlos weiten Wiesen war ungemein wohltuend. Jackie konnte sich austoben und nach Herzenslust jagen. Der Hund wächst sich jetzt erst richtig aus und kriegt Muskeln, und prächtig ist es, wenn er im Galopp daherkommt mit wehender Fahne. Der Mond war auch schon aufgegangen, als wir heimkehrten.

8.8.33

Die Auflassung unseres Grundstückes kann nun endlich vor sich gehen, und dann wird es wirklich unser Eigentum sein. Aus hypothekarischen Gründen schieben wir sie allerdings noch etwas hinaus. Die Angelegenheit mit dem Architekten und dem Bauunternehmer ist endgültig erledigt, von meiner Seite wenigstens. Der Letztere fühlte sich übrigens seiner Sache so sicher, daß er die Vermutung, er habe einen Teil der Baugelder zu anderen Zwecken und nicht für mich verwendet, keineswegs zurückwies, sondern sie ziemlich unverblümt bestätigte. Er konnte sich die Frechheit leisten, weil er ziemlich genau wußte, daß ich ihn zwar hätte verklagen, aber nie einen Pfennig von ihm hätte erhalten können. Mein Rechtsanwalt riet mir dringend davon ab. Legart war so überaus anständig, die Honorarfrage vornehm zu behandeln.

Morgen bin ich zu einer »Rücksprache« nach Spandau beordert, wegen meiner Kündigung, Zimmer 246, also keine große Verhandlung, wie es scheint.

Das Drama bleibt jetzt einige Tage liegen, mir ging einfach die Luft aus. Hatte mich damit etwas übernommen. Der Schluß ist überaus schwierig, obwohl in der Anlage gut. Trotzdem scheint mir in der Anlage des Ganzen irgendetwas nicht zu stimmen. Da hinkt etwas, vielleicht liegt's an den Göttern, deren Einführung ohnehin gewagt ist. Sie haben keinen rechten Stil, will mir scheinen. Überhaupt ist das Ganze, stilistisch gesehen, kein rechtes Drama. Aber woher soll die Form stammen, die in dieser Zeit »gültig« wäre? Hochpathetisch geht nicht, das nützt sich ab und »umfaßt« nicht genug, kann zu leicht werden und innere Leere haben. Der psychologisierende Stil ist gänzlich unbrauchbar. Der *Heilige Hain* war zu pathetisch und hohl, eine grausame Sprache war das, dieses Gemisch aus Hebbel und Stefan George.

Und doch kann nur in der großen Form, die gefunden werden muß, etwas gesagt werden, was über den Tagesbedarf hinausgeht. Der Druck, unter dem man steht, ist doch enorm, zwingt einen also zur großen Form.

Auch an diesem Dramenversuch sehe ich wieder meine Neigung zum Auseinanderfließen, zur Stimmung, zur Länge im musikalischen Sinne.

10.8.33

Meine Vorladung zur gestrigen Rücksprache hatte eine lange Verhandlung zum Ergebnis, mit Protokollaufnahme, geführt von einem älteren Obermagistratsrat Schiemann. Er erwies sich – übrigens waren wir allein – als ein kühler Jurist von sachlicher Höflichkeit. Ich hatte das Gefühl, als sei er bemüht, mir alle möglichen Brücken zu bauen. Mit ostpreußischem Tonfall und in großer Ruhe behandelte er die kitzlige Angelegenheit, ohne seine persönliche Einstellung auch nur anzudeuten. Ich erfuhr, daß die eigentliche Angeberin Frl. Rannow gewesen, daß manche Damen, darunter Frl. Köhler, als Zeugen vernommen wurden. Diese Person, die im Magazin Dienst tat und der ich Dutzende von Malen aus Rücksicht auf ihr Magenleiden Erleichterungen in ihrer Arbeit verschafft hatte, hat es für gut befunden, den Torpedo abzuschießen. Und zwar hat sie zwei Beschuldigungen aufgebracht: einmal die angebliche Äußerung bei Gelegenheit der schwarzen Listen, die ich als Feigheit der Regierung bezeichnet hätte – dies war wahrscheinlich ein Mißverständnis. Denn ich hatte ein bestimmtes Verhalten Dr. Wiesers anläßlich der Sekretierung gewisser Bücher als Feigheit mir gegenüber bezeichnet. – Zum anderen behauptete sie, ich hätte mich über Hitler absprechend geäußert. Das ist wohl möglich. Kollege Sch.[8], als Katholik, hatte sich ebenso absprechend geäußert, und sich sogar mit ehemaligen Freunden überworfen – ihm war aber nicht der Stuhl vor die Tür gesetzt worden. Ich ließ den Kollegen Sch. aus dem Spiel, flocht aber in meine Erzählung Hinweise auf das Verhalten unseres Chefs Dr. Wieser ein, so daß der alte Herr schließlich den Anlaß fand zu sagen, ich stände wohl unter dem Eindruck, daß ich die Kündigung in der Hauptsache Herrn Dr. Wieser zu verdanken hätte; das sei aber nicht der Fall. Worauf er aus dem Aktenfascikel ein Blatt hervorbrachte, die Aussage des Chefs nämlich, die er zu Protokoll gebracht hatte. Der Beamte gab mir das Protokoll zu lesen, und ich las, daß Dr. Wieser meine fachlichen Fähigkeiten hoch belobte. Leider aber habe er sich vergebens bemüht, mich zum Nationalsozialismus zu bekehren, im übrigen sei ich Nationalbolschewik. Ich dankte für die Aufklärung und erwähnte die erste Beschuldigung, die der Betriebsrat geäußert, nämlich, daß ich mich marxistisch betätigt hätte; ob der Herr Obermagistratsrat wüßte, daß Marxismus und Nationalbolschewismus sich gegenseitig ausschlössen? Darauf ging er nicht ein. Unter anderem fragte er mich, ob ich wesentlichen Einfluß auf die Anschaffung der Bücher gehabt habe. Ich hatte sogar besonderen Einfluß in dieser Hinsicht, es war meine Haupttätigkeit gewesen. Ob sich dieser Einfluß in der Richtung bewegt habe, marxistische Literatur zu bevorzugen. Ich erwiderte, die Bevorzugung einer Parteirichtung habe nicht im Sinne der öffentlichen Büchereien gelegen, sondern sei ein paritätisches Verfahren, reine Propagandaschriften seien sowieso ausgeschlossen gewesen. Im übrigen sei die Bücherei bereits vor meinem Eintritt mit der klassischen Literatur des Marxismus so vollständig eingedeckt gewesen, daß darin wenig zu tun übrig blieb. Diesen Stich auf Herrn Dr. Wieser konnte ich mir denn doch nicht versagen, ich hätte ihn noch schwerer belasten können, aber die ganze Sache, dieses alberne Verhör, das

Gesicht des alten Herrn, der wahrscheinlich seine wahre Meinung hinter der Maske wohlwollender Strenge verbarg, dies alles widerte mich an. Bei der Protokollaufnahme suchte er sorgfältig nach entlastenden Wendungen, befragte mich wiederholt nach meinem Einverständnis, sichtlich bestrebt, mir zu helfen. Ich hatte ihm nicht verschwiegen, daß ich in einer wirtschaftlich heiklen Lage sei, und hinzugesetzt, wenn es Hitler wirklich gelänge, die Arbeitslosigkeit zu beseitigen, dann wäre ich eher bereit, an ihn zu glauben.

Hinterher begab ich mich ohne Aufenthalt zu Dr. Wieser, den ich in seinem Büro antraf. »Wie kommen Sie dazu, zu behaupten, ich sei Nationalbolschewik?« fragte ich ihn ohne weitere Einleitung. Er bestritt das sehr lebhaft, er habe nur gesagt, ich hätte mich für die nationalbolschewistischen Ideen Niekischs interessiert. »Sie wissen, daß ich mich für vielerlei interessiere«, erwiderte ich, »so wie Sie sich auch für vieles interessiert haben. Wie kommen Sie zu der nackten Behauptung, ich sei Nationalbolschewik? Ich nehme an, Sie wissen, was Sie unterschrieben haben.« Er schwieg, sah mich mit seinem aschgrauen Gesicht an und äußerte endlich: »Ich bin nicht so schlecht, wie Sie denken.« Ich zuckte die Achseln, meinte, aus seinem Benehmen seien keine anderen Schlüsse zu ziehen, und verließ ihn ohne Gruß.

Was die Rannow betrifft, so herrschte bei den älteren Kolleginnen einmütiger Ekel vor diesem Gewächs, und es hat den Anschein, als hätte sie damals, als sie ihrerseits von dem alten Obermagistratsrat verhört worden war, eine schwere Zigarre von ihm bekommen, denn sie war »leichenblaß« von der Unterredung heruntergekommen, und seitdem soll sie im Dienst gefügig sein wie ein Ohrwurm.

Grete freute sich sehr, als ich mit diesen Neuigkeiten nach Hause gestiefelt kam, und sie knüpfte gleich lieblich flatternde

Hoffnungsbänder an diesen schwachen Mast, der schließlich nicht mehr erlaubt als ein unsicheres Gefühl. Zu einem gewissen Optimismus schüchterner Art trägt auch das prachtvolle Sommerwetter bei. Warme leichte Luft streichelt über das Land. Die Ernte wird eingebracht, die Abende sind erfrischend kühl.

Ich habe mir auf einige Bemerkungen hin, die Dr. Wieser neulich über Reventlows »Laicismus« und die Lage gemacht hatte, die zu »religiösen Entscheidungen« drängte, Reventlows *Reichswart* angesehen und wundere mich darüber, was dieser Mann sich an Deutlichkeiten leisten kann. Dr. Wieser selbst gehört zu denjenigen, die aus nordischer Überzeugung Dissidenten geworden sind, und er soll bereits Schwierigkeiten deswegen haben.

11.8.33

Die Sache mit dem Architekten Helgen und seinem famosen Herrn Vollmann ist noch nicht bereinigt. Denn jetzt läßt jener durch seinen Rechtsanwalt mitteilen, daß noch Restforderungen vorhanden seien, insgesamt in Höhe von rund 1100,– RM. Wo ist dasjenige Recht, das diese Gauner unschädlich macht! Was sind das überhaupt für Menschen! Der eine ein vornehmtuender, aber offenbar verbummelter, in trübe Geschäfte verwickelter Architekt, der andere ein vielleicht ursprünglich ehrlicher, aber durch die Wirtschaftskrisen schwer bankerotter Bauunternehmer, beide bemüht, sich mit Hilfe schwindelhafter Machenschaften über Wasser zu halten. Vor ein paar hundert Jahren hätten sie von dem Faustrecht Gebrauch gemacht, und das wäre noch anständig gewesen gegen diese schmierige Verlogenheit, die sich jetzt hinters Hakenkreuz zu retten sucht, mit Erfolg, wie man sieht, da der Rechtsanwalt deutlich durchblicken ließ, daß die beiden als Parteigenossen vor Gericht wohl einen sicheren Stand beziehen würden.

Es sind ja wohl Semiten gewesen, die die Händler-Ethik zuerst in die Welt setzten, die Phöniker, soweit ich sehe, nicht einmal Juden, deren Ethik das Händlerische im Kern fremd ist, obwohl die berühmte Jakob- und Esau-Geschichte starke Bedenken erregt. Eben wenn die Semiten die Erfinder dieser Methode sein sollten, dann werden sie durchaus in den Schatten gestellt durch die Gelehrigkeit, mit der arische Völker diese Kniffe aufnahmen, sich zu eigen machten und das Recht zerstörten. Ob römisches, ob germanisches Recht: zerstörend wirkt nun das »Rechts«gefühl des Händlers auf beide. –

Man liest in der Zeitung, daß vierzig Gemeinden um den Starnberger See dem Reichskanzler Hitler eine Ehrenbürgerurkunde[9] übermittelt haben, worin er als »Schmied des dritten Jahrtausends« gefeiert wird. Es fällt schwer, angesichts dieses Barockstils an Nüchternheit zu glauben. Der Reichskanzler macht für seine Person den Eindruck, der mit jenem Byzantinismus im Widerspruch steht. Man kann sagen, was man will, seine Voraussagungen sind ziemlich ausnahmslos eingetroffen, aber die setzten sich nähere und greifbarere Ziele. Wird man jedem geschichtlich irgendwie bedeutsamen Manne zuerkennen, daß er ein gewisses selbstverständliches Bewußtsein seiner Bedeutung hat, so ist von Adolf Hitler zu sagen, daß er sich keinem mit diesem Bewußtsein aufdrängt. Um so weniger Ursache haben andere, für ihn Vorschuß-Lorbeeren zu sammeln. Wie es nun steht, soll man sich right or wrong hinter ihn stellen und ihm glauben, daß er für das Volk da sein will – das ist anständig, sofern unfruchtbare Nörgelei ja doch nicht hilft für die Unkritischen. Aber dem Führer-Prinzip entspräche es, wenn die Geführten nicht ruhmrediger sind als der Führer des dritten Jahrtausends ...

Im Jahre 3000 – wir schreiben jetzt 1933 und haben das zweite Millenium noch nicht absolviert –, es ist fraglich, was dann von uns noch übrig ist. Es ist fraglich, ob man dann noch Geschichte treibt, weil es durchaus im Bereich der Möglichkeit liegt, daß man dann kein Interesse mehr für die Vergangenheit hat. Man wird vielleicht mit Kriegen beschäftigt sein, mit Mächten des Weltraumes, oder mit Dingen, die wir uns nicht vorstellen können. Man wird das Wort Nation nicht mehr kennen, so wie man es vor 1000 Jahren nicht verstand. Man wird, wenn überhaupt, eine tellurische Innen- und Außenpolitik treiben.

Oder in Europa werden einige Rinderhirten über die Steppe wandern, und alles wird von vorn anfangen, während die letzten Reste verschwundener Kulturen vom Sande verweht sind. Nichts spricht für oder gegen die eine oder die andere Möglichkeit. Die Hellenen zur Zeit Platos ahnten auch nicht, daß 2000 Jahre später ihr Land alles andere sein würde als der erste Acker der europäischen Kultur.

Billigen wir den bayerischen Gemeindevorstehern ihr Maß an Geltungsbedürfnis zu, das mit Jahrtausenden umgeht wie mit Bierseideln.

13.8.33

Ein Sonntag war das wie wenige; Wolken schwammen in sommerlicher Bläue. Heute abend liegen gelbe Felder und dunkler Wald in seltsam kühlem Licht, klar in allen Einzelheiten, nicht eine Spur von Dunst in der Luft. Vor unserer Wohnung gibt das abgeerntete Feld wieder den Blick frei auf die Landstraße, wie zur Zeit als wir kamen.

Wir machten einen Ausflug nach Niederneuendorf, sahen die Havel, sahen Segelboote und Dampfer und Paddler und Schlepper, den ganzen Wasserbetrieb, der so unermüdend erfreulich anzusehen ist. –

Mein Drama liegt nun schon eine Weile, ohne daß ich einen

Blick darein getan hätte. Ich habe Lampenfieber davor, besonders vor dem Schluß. –

Von meiner Schwester kam kein Zeichen, wie sie meinen Brief aufgenommen hat; es sei denn, daß man berechtigt ist, dies Schweigen als ein Zeichen dafür aufzufassen, daß es richtig war, was ich schrieb.

Las dieser Tage viel in Schaeffers *Parzival*[10], dessen Bekanntschaft wir vor Jahren machten. So schön und würdig in Einzelheiten, so sehr kann man übersättigt werden durch die freilich unerhörte Sprachkunst, die jedem sinnlichen Eindruck gewachsen ist. Aber das wächst in einer seltsam feuchten, tropisch geheizten Luft, die diese Sprache so überquellend sinnlich macht. Es hat etwas mit Krankheit zu tun, dieser unnüchterne Überfluß, dieses Lianengewirr von sprachlichen Gedanken und Bildern; und der geistige Plan des Ganzen, so tief und wahr es im einzelnen und schließlich auch im letzten ist, es wird überwuchert von üppigen Sprachgebilden, die bei näherem Zusehen eben schildern, schildern, schildern ... weiter nichts. Es kann einem manchmal übel werden.

16.8.33

Warme Tage. Gestern noch einmal beim Rechtsanwalt in der Bausache. Die unglaubliche Leichtfertigkeit dieses sogenannten Architekten wird mich rund 2000,– RM kosten, die Nebenkosten nicht gerechnet.

Im Grunde regt uns das nur noch wenig auf, was meiner Schwester sicher als Anzeichen äußerster Verworfenheit erscheinen würde. Unsere Väter, in unsere Lage versetzt, würden vor Scham in den Boden sinken oder vor Verzweiflung den Verstand verlieren. Aber was soll man eigentlich empfinden außer den unvermeidlichen Gefühlen, die hinreichend konventionell sind. In Wirklichkeit ist ja alles anders, noch schlechter oder noch besser, wie man will. Dieser Zustand äußerer Unsicherheit ist ja nur eine unmittelbare Folge des Gesamtzustandes und insofern ganz natürlich. Immer mehr merke ich, wie der Krieg aus mir bestimmte Anschauungen, die unsere Väter für selbstverständlich hielten, ausgebrannt hat.

Nicht als hätten wir nicht Freude an äußeren Dingen oder daran, einmal ein eigenes Häuschen besitzen zu können. Aber der bürgerliche Geist des Besitzes ist in uns gestorben und wird keine Auferstehung feiern. Man wehrt sich wohl mit Mühe und Ekel und Verdruß gegen die Raubmethoden dieses Gesindels, schon um des Rechtes willen, aber man empfindet jede Stunde, die man an dieses unwürdige Geschäft vergibt, als Verlust, als Unterschlagung am eigenen Leben. Ich begreife nicht, wie es Leute geben kann, denen so etwas Freude macht.

Wer den bürgerlichen Eigentumsbegriff nicht aus der Welt hinauswirft und an seine Stelle einen anderen setzt, wird immer wieder an demselben scheitern: an dem unersättlichen Egoismus, den eben dieser Begriff erzeugt. Dabei handelt es sich um nichts anderes als um die nackte Angst um die Lebenssicherheit, und damit wird das Leben entwertet. Es ist durchaus nicht würdig, um des Besitzes willen zu leben, und das heißt: um der Sicherheit des Lebens willen zu leben. Was dabei herauskommt, ist ein klägliches Gespenst, eine Fratze voll Angst und Bosheit.

Einzig das Tier wird durch Sicherheit nicht böse. Der Mensch entartet dabei zum Gegenteil dessen, was die Religion Gott nennt. Freilich nicht der Gott, der ein friedlicher Schafhirt und Paradies-Besitzer sein soll, sondern der im Menschen drin sitzt und sein Gewissen anstachelt und wachhält, besonders in Gefahren, in Aufgaben, die größer sind als der einzelne und mehr als er und seine Bedürfnisse.

Das bürgerliche Privateigentum samt der daran gebundenen berühmten Privatinitiation kennt nur den Gott des Bedarfs und der Bedürfnisse. Was sonst dafür ausgegeben wird, steht auf niederer Stufe als die Aztekengötter, die auf ihre Weise wirklicher waren als die Götter unserer Kirche. Die blutbesudelten Priester Huitzilopochtlis besaßen nur bedingt mehr Stil als unsere Herren Pastoren, und folglich lebten sie mehr im Wirklichen als diese, waren frömmer und besser. Denn es ist immer noch besser, Menschen zu schlachten aus Überzeugung, als etwas predigen, was man selbst nicht glaubt, weil es einfach unmöglich ist, das zu glauben, was unsere Priester zu glauben vorgeben.

17.8.33
Heute eine Mitteilung aus der Bibliotheksschule des Inhaltes, daß ich das Fach der Volkskunde anstelle von Schöningh übernehmen soll, sowie den bücherkundlichen Teil von Dr. Wiesers Kurs. Ausgerechnet! Wir werden im Winter wohl wieder in die Stadt ziehen müssen; was ich mit der Volkskunde anfangen soll, ist mir noch völlig schleierhaft, ich habe keine Ahnung davon ...

*

Für die Zerstörung eines Teiles der diesjährigen amerikanischen Baumwollernte — ungefähr 30 v. H. — hat die Regierung der Vereinigten Staaten die Summe von 100 Mill. Dollar ausgeworfen. Die Gelder werden sofort unter die Baumwollpflanzer verteilt werden.

In Rußland soll infolge der katastrophalen Lage der Landwirtschaft, besonders in den Kollektiven, eine Hungersnot bevorstehen[11].

Ein junger Mann hat seinen Vater erschlagen, der nach übereinstimmenden Aussagen ein Trunkenbold war und Frau und Kinder mißhandelte. Der Vorsitzende fragte den Vatermörder, ob er denn Reue empfinde? Was dieser verneinte. –

> **Weihe eines Hitlerbildes.**
> Im Rechnungsbüro der Bewag im Spandauer Rathaus wurde gestern um 13.30 Uhr in stimmungsvoller Weise ein von dem Spandauer Personal gestiftetes Bild des Reichskanzlers Adolf Hitler geweiht. Uzo. Pg. Krüger begrüßte das Personal, das mit Direktor Studt vollzählig erschienen war. Zelleninspektor Roloff feierte in sinnvollen Sätzen Adolf Hitler als Retter und Führer des deutschen Volkes. Er schloß seine Worte mit dem Gelöbnis unwandelbarer Treue. Das schöne Lied von der märkischen Heide erklang sodann. Die Weihe des Bildes nahm der Pressereferent der Bewag, Dipl.-Ing. von Zastrow, vor. Er bezeichnete die Weihe des Bildes als eine symbolische Handlung, die nicht nur im äußeren Menschen stecken bleiben, sondern das Innere treffen soll. Das Bild soll zu jeder Zeit an den Führer mahnen, stets sollen alle im Sinne und Geiste des Nationalsozialismus handeln. Der Redner verwies auf die überwundene Zeit des Liberalismus und Marxismus. Ein jeder muß jetzt im Sinne des Führers arbeiten, und wer mitunter glaube, nicht weiterzukönnen, der solle seinen Blick auf das Bild des Führers und Volkskanzlers richten. Mit einem dreifachen Sieg-Heil auf die nationalsozialistische Bewegung und den Volkskanzler schloß die Ansprache. Die Hülle wurde sodann von dem mit Blumen und Eichenlaub geschmückten Bild gelassen; die Anwesenden grüßten es mit dem deutschen Gruß. Der Zelleninspektor Roloff dankte der Belegschaft und forderte sie auf, dem Führer immer Treue zu halten. Das Deutschlandlied leitete zu einer Ansprache des Pg. Wilhelm Bösche über, der namens seiner Arbeitskameraden sprach und auf den Gedenkspruch auf der Rückseite des Bildes verwies: "In treuer Gefolgschaft unserem Führer Adolf Hitler." Deutschland wird leben, wenn ihm alle treu folgen. Mit einem dreifachen Sieg-Heil auf Volk und Vaterland schloß die schöne Feier.

18.8.33

Arbeitete den ganzen Vormittag am Drama, an der 1. Scene des 2. Aktes, die noch einmal und endgültig getippt nun fertig sein dürfte. –

Grete liest Hitlers *Kampf* wie einen Roman, sie liest besonders markante Stellen daraus vor, damit ich auch was davon habe. Man reibt sich förmlich die Augen und sieht, sieht ...

Wann wird sich die ganze Nation die Augen reiben und sehen?

20.8.33

Sonntagabend, das Stück endlich abgeschlossen, bis auf die Abschrift des III. Aktes, der nun seinen Schluß gefunden hat. Den ganzen Tag mehr oder weniger daran herumgebosselt, und an der Abschiedsscene.

Am Vormittag lagen wir im Kampfbereich einer SA-Übung. Maschinengewehrfeuer vom Dorfteich her, durch Händeklatschen und Holzklappern mit Konservenbüchsen markiert, zur Abwehr eines Angriffes, der sich aus dem gegenüberliegenden Walde über das Stoppelfeld entwickelte. Es erinnerte mich daran, wie wir einmal als Rekruten ohne Geschütz exerzierten und ersatzweise »Bumm« brüllten. Die Angreifer spazierten in Schützenketten übers Feld, ohne sich durch das Händeklatschen stören zu lassen, zum großen Ärger der Klatscher und Konserventrommler, die laut rufend auf ihre symbolische Tätigkeit aufmerksam machten. Grete lachte Tränen bei dem Schauspiel, besonders als ein ziemlich fetter SA-Krieger auf allen vieren zum Ententeich kroch, offenbar um nicht gesehen zu werden. Ein anderer schlich sich indianerhaft von Baum zu Baum auf den Wald zu, aber ihm entgegen stiefelte frank und frei ein Vorgesetzter, ohne von Baum zu Baum zu hüpfen. Vielleicht dachte er, als Vorgesetzter sei er unsichtbar. Irgendwelchen Wert hat diese Spielerei nicht. Sechs Mann ausgebildete Reichswehrleute mit einem Unteroffizier könnten diesen ganzen Verein in alle Winde zerstreuen.

Währenddessen unterhielt ich mich mit Hinz über Betrüger und Schwindler und die gerechte Strafe für dieselben. Hinz verschwor sich, wenn er ein halbes Jahr Richter in Deutschland wäre, dann würden alle diese Lumpen verschwinden. Aufhängen, Schild um den Hals, öffentliche Prügel – wir übertrafen uns an Strafvollzugsmethoden. Ich mag den Mann sehr gern. Er ist grundehrlich wie ein Kind.

Die Nächte sind schon sehr kühl. Gestern abend gingen wir durch den Wald, auf den Wansdorfer Weg zu, und ein Stück über die Wiesen. Herbstlicher Dunst lag in der Luft.

22.8.33

Die Angelegenheit mit dem Architekten Helgen entpuppt sich mehr und mehr als Schiebung und Betrug. Soviel Schmutz wie in diesen letzten Monaten habe ich noch nie gekostet. Helgen, Vollmann, Wieser, vordem Hans Wolff[12], der nun Ordinarius in Frankfurt ist und es geschafft hat, meine Schwester. Man kann nicht umhin, Pessimist zu werden.

Walter und Gertrud waren heute hier und blieben einige Stunden. Es war ein angenehmes Beisammensein, Walter war menschlich – gelöst und freundlich. Wir mochten ihn wieder sehr gern. Der Kreis der Menschen, zu denen wir innerlich gehören, wird immer kleiner.

Abends Gewitter, die Landschaft geradezu in einem inbrünstigen Leuchten. Im Osten ein Regenbogen, wie eine Götterbrücke.

Ich weiß nicht, ob ich nicht dem 3. Akt noch eine Scene einfüge. Zwischen Abschiedsscene und Schluß klafft ein fühlbarer Riß. Andererseits könnte eine zwischen beide eingeschobene Scene wie eine künstliche Verlängerung werden, die episch berechtigt wäre, aber dramatisch eine bloße Vorwegnahme des Schlusses bedeutete oder eine an sich überflüssige Überleitung, da das Resultat ja schon bekannt ist.

24.8.33

In der Bausache steht es nun so, daß ich um die Bezahlung der sogen. Restforderung nicht herumkomme. Es sind rund 1200,– RM, wahrscheinlich für die bankerotten Bedürfnisse der beiden Gauner, besonders dieses Bauunternehmers. Wenn nicht schnell etwas geschieht, werden sie mich verklagen, und ich werde zweifellos verlieren, und das Haus wird versteigert. Es ist zum Verrücktwerden. Im Moment bin ich ratlos. Ich werde morgen den ganzen Tag in Berlin herumfahren müssen, dieses Packs wegen. Wäre meine Schwester für 3 Pfennige verständiger, so sähe die ganze Sache anders aus. So aber kann man nur verzichtend abwinken.

Mit diesen Erfreulichkeiten kam ich mittags nach Hause. Wir flüchteten ins Freie und wurden mit allem überschüttet, was der Himmel hergeben kann: Sonnenschein, Wolken, Platzregen, und auf dem Heimweg am ganzen Horizont die sonderbarsten Wolkengebilde, die ich je gesehen. Im Norden hohe weiße, von der untergehenden Sonne rötlich angehauchte Gebirge, dem Zugspitzmassiv ähnlich. Kleine graue Wolkenfetzen flogen wie Vögel vor den fern leuchtenden Kimmen. Im Osten ein riesiger Ball, wie ein gigantisches Federbett, rötlich glühend; am Westhimmel lagerte ein kolossaler unregelmäßig gebildeter Amboß, grau wie Eisen, mit goldglühenden Rändern, über welche die Strahlen der schon nicht mehr sichtbaren Sonne schossen. Am Fuß dieses Ambosses zogen, wie die Sorge, unheimlich schiefergraue Schleier dahin, den Eindruck des Unmenschlichen verstärkend, grau, ziehend, voll maßloser Hintergründe, wie die nordische Götterwelt, drohend und auf den Gipfeln strahlend wie die Ewigkeit der Erlösung.

Ich habe das Gefühl, als werde es einen frühen und unfreundlichen Winter geben.

Kurz vor dem Teich trafen wir Erik Wilkens, der uns noch ein Stündchen Gesellschaft leistete. Er kam vom Ziegenkrug mit dem Rad. Ein ehrlicher und sauberer Junge.

26.8.33

Wir machten heute vormittag, da das Wetter so lockte mit erfrischendem Wind und Sonnenschein, einen Spaziergang nach den Kanalwiesen, saßen dort eine Weile unter einer Eiche und sahen in die Wolken. Nachmittags schrieb ich an der letzten Götterscene auf der Maschine und veränderte noch einiges, vor allem die Motivierung. Das Stäbchen-Ziehen fällt weg, es ist zu äußerlich. Die Scene gewann ein wenig an Umfang und Vertiefung. Befriedigend ist sie freilich nicht.

Fuhr gestern in Berlin umher und konnte wenigstens die Holzlieferfirma bewegen zu warten. Ich sah, daß der Geschäftsführer das Parteiabzeichen trug, und fragte ihn, naiv tuend, wie es möglich sei, daß die Partei solche unsauberen Gesellen wie meine Bau-Banditen in ihren Reihen dulden könne. Ja, meinte er darauf, es sei leider wahr, daß nur allzuviel minderwertige Zeitgenossen Zuflucht in der Partei gesucht hätten, aber man überlege bereits, wie man sie wieder loswerden könne. Diese Reinigung werde bestimmt kommen, es ginge nicht so weiter usf. Nebenbei scheint diese Firma die einzige zu sein, deren Ansprüche in Ordnung sind, bei den anderen liegt der Verdacht sehr nahe, daß sie ihrerseits unredliche Geschäfte mit meinen Banditen gemacht haben.

Jetzt heißt es: Geld beschaffen. Aber wie?

Zufällig traf ich Hennecke, der schwer beladen aus der Staatsbibliothek kam, blieb ein halbes Stündchen bei ihm. Er erzählte allerlei aus Göttingen, das nun verändert zu sein scheint. Echt göttingisch die Geschichte von Galley[13], dem früheren Positivisten, der jetzt in der Lüneburger Heide Gespenster in

Fallen fängt und eine »Typologie der Gespenster« schreibt. Erfuhr von Stavenhagen[14], daß er verheiratet sei und Abend für Abend, einschließlich Hochzeitsabend, in der »Mütze«[15] sitzt und Wein trinkt. Mit Noli Pfeiffer[16] als getreuem Eckart.

27.8.33

Sonntag, ein reiner Sommertag mit schon herbstlicher Klarheit, so was man drüben so schön »Indianersommer« nennt. Man denkt an friedliche Savannentage mit heller warmer Luft, Holzrauch und roten Sonnenuntergängen, über denen ein reines Blau schwebt.

Ich schrieb das Drama zu Ende. Jetzt ist es, bis auf etwaige geringfügige Wortkorrekturen, wirklich abgeschlossen. Grete las es am Abend durch, und ihr Urteil geht mir über alles, und ich kann mich freuen, obgleich oder weil die Wirkung auch Tränen im Gefolge hatte.

Ein merkwürdiges Gefühl wiederholt sich: etwas hinter sich gebracht zu haben, »durch« zu sein und zugleich zu bedauern, daß es soweit ist. Bei keiner Gelegenheit hat man so die deutliche Empfindung des ablaufenden Lebens.

Ob das heutige Theaterprogramm für mein Erzeugnis Sinn hat, steht dahin. Ich weiß es nicht. Der im Religiösen und Sozialen revolutionäre Sinn des Stücks könnte abstoßen, wenn man ihn riecht. Es riecht nach Bolschewismus, wobei man nicht an den russischen Bolschewismus zu denken braucht, sondern an ein schlechthin Revolutionäres. Daß diese Götter Wechselbälge für sehr zeitgenössische Figuren sind, wird nicht jeder merken, sondern zuerst an Homer denken. Aber mit Homer hat das Ganze gar nichts zu tun, es ist überhaupt kein Bildungsprodukt, wenn es auch einige Bildung voraussetzt. Ich möchte es unter die Leute bringen, bloß um die Gesichter zu sehen.

Zunächst und dringlicherweise muß ich mich mit Hypothekengeld, Hausbau und meiner bockigen Schwester und ähnlichem befassen, von dem verdammten Kurs über Volkskunde und ähnlichem zu schweigen. Ich studierte ein wenig *Das eigenständige Volk* von Max H. Böhm[17], der sich vor lauter Begriffsspalterei nicht zu lassen weiß. Der alte W. H. Riehl[18], ein Klassiker auf diesem Gebiet, taugt unendlich viel mehr. Ich werde wahrscheinlich einfach historisch vorgehen und mit Leuten wie Möser[19] und Herder beginnen. So halte ich mir dann die heutigen Ideologen noch eine gute Weile vom Leibe, und die jungen Leutchen lernen wenigstens was.

30.8.33

Hoffnungsvoller Tag, ein schwacher Lichtblick allerdings nur, wenn man's überlegt. Immerhin, eine stundenlange Konferenz mit Herrn Richter, dessen tadellos gebauter Stall bei Möllers uns so auffiel, brachte bei einem Anschein von Energie hervor zu helfen und »alle Hebel in Bewegung zu setzen«, damit wir bald in unser Haus können. Hoffentlich gelingt's ihm. Er war geradezu entsetzt über den Umfang des Unheils, das uns da betroffen hat.

Belebt von dieser Hoffnung, machten wir einen Spaziergang zu dem Lokal, das nur aus einem Apfelgarten besteht. Man sitzt auf Rasen, und die Äpfel hängen einem in den Mund. Der Kaffee ist leicht und gut. Sehr gebildete und ganz einfache Leute verkehren da, denn dem Spießer ist das Ding nicht pompös genug. Der Rückweg über die Moorwiesen erfüllte einen mit tiefer Freude, so daß man des Gehens nicht innewurde. Lautlose Landschaft von befreiender Weite.

Vorgestern erschienen unvermutet Heinz und Ilona, sie blieben die Nacht über hier. Am Abend las ich das Stück vor, das auf Heinz offenbar Eindruck machte, und das kann ich mir hoch anrechnen als Beweis, daß was dran ist. Hinterher erzählte er, um zurückzufinden und abzureagieren, behaglich-heiter von einem komischen Helena-Film, dabei so taktvoll und hübsch, daß man ihn liebhaben muß. Das war besser als Beifall. Das ist das Schöne an ihm: wenn er versteht, dann braucht man nicht erst lange zu reden. Es ist, als ob er den Krieg mitgemacht hätte. Deshalb findet er unter Altersgenossen keine wirklichen Freunde, die ihn verstehen. Die sind eben jung und allesamt Anfänger, fallen noch auf jeden Schwindel hinein, was ihm nicht passiert. Aber es ist furchtbar schwer, so zu leben, wo er doch so kindlich-jugendlich ist und eine Güte hat, zu der die Menschen von heute und überhaupt schlecht passen.

Mein Stück verdankt seine Entstehung unter anderem dem Gedächtnis an Heinzens Vater, den ich nie gesehen habe, von dem ich nur durch Gretens Erzählungen weiß und aus einigen Bildern eine Vorstellung gewann. Die Verwandlung dieses heiter-harmlosen und wohl sehr natürlichen Menschen in einen ernsten Mann und Offizier, der bewußt in den Tod ging und dessen Wesen jede Phrase absolut widerstrebt haben muß, dies alles ließ mich oft nicht los. Ich besah sein Bild, diesen guten Kopf mit dem dunklen Vollbart, immer mit Sympathie, wenn das Wort auslangt für etwas viel Tieferes, Verbindendes, ein Gefühl von Dankbarkeit hat viel damit zu tun. Wenn ich an ihn denke, wird mir die völlig undurchdringliche Mystik des Lebens offenbar – nämlich, und das ist nun sehr unbegreiflich und verwickelt, unwillkürlich rührt man an die Grenze, wo die Eigenliebe beginnt. So etwa: er starb, damit ein anderer glücklich werden konnte, er räumte, ohne es natürlich zu wissen, einem anderen das Feld. Und dieser andere bin ich. Und dann wieder: er war der bessere und ohne Zweifel der vollendetere. Sein Leben gewann in einem geringen Zeitraum, im

Kriege, Bedeutung, aber in dieser Kürze völlig über das Individuelle hinaus.

Und durch ihn hindurch empfinde ich eine tiefe Verbundenheit. Mit Grete. Aber auch nach der anderen Seite hin: zum eigenen Volk. Als der Krieg begann, war ich noch weit davon entfernt, das zu werden, was er wurde. Er war mir weit voraus und aufgegangen in dem einzigen, was Menschen gegeben war: im Volke aufzugehen. Die natürliche Konsequenz war für ihn der Tod. Und von einer solchen Erscheinung wie ihm geht etwas aus, was einen mit diesem Volk verbindet. Es kam vieles andere hinzu. Und es ist fast jedes Wort zuviel, das man darüber verliert. –

Dafür verlieren die Wortführer heute, und ihre Nachbeter um so mehr. Da schwatzt ein hohler Literat wie Curt Corrinth[20], der vor Jahren in einer expressionistisch-radikalen Zeitschrift excellierte, vom Leben Horst Wessels, der damit schon seinen dritten Biographen gefunden hat, und ersäuft sich selbst und seinen Gegenstand in einem Phrasentümpel. Diese unvermeidlichen Pandarusse[21], die immer weit vom Schuß sitzen, diese Schmeißfliegen der Geschichte à la Bronnen, Ewers, Benn, die vordem im Orgiasmus literarischen Inzest betrieben (was weiß der Mittelständler davon, und Corrinth tut ach, so verschämt) sind wohl das übelste Beiprodukt dieser Revolution. Wessel – was war er? Ein junger Student von geistig einfachem Format, erfüllt von jenem Idealismus, der, völlig unkritisch, die Hintergründe eines politischen Vorganges nicht einmal ahnt, und wenn er sie ahnt, nicht sehen will, weil sonst sein Bestes, eben der Idealismus, daran zuschanden würde, und bewußt sein Leben riskiert für eine Sache, an die er glaubt. Davor kann man Respekt haben, muß man Respekt haben. Aber es scheint für dies Zeitalter charakteristisch zu sein, daß minderwertige Subjekte, die niemals, jedenfalls niemals freiwillig ihre Haut zu Markte tragen würden, ungehindert und gegen Barzahlung einen Reklamehelden aus einem Jungen machen, dessen bester Vorzug darin bestand, keine Bange zu haben und seine Person für etwas einzusetzen – während man nie hörte, daß Herr Bronnen (mit Monokel), Herr Ewers oder Herr Benn sich für eine Sache in Lebensgefahr begeben hätten, die sie nun laut und betont vertreten, nachdem die Gefahr vorbei scheint.

Aber das hört nicht auf, und wird nicht aufhören, es wird überdies gefördert durch eine Idolatrie, die selbst den Machthabern unheimlich werden müßte. Das gehört zur Massenpsychose. Ohne sie kommt diese Seele nicht aus. Aber wie ist der Deutsche? Wird er das auf die Dauer aushalten? Es mag hingehen, solange es ihm leidlich gut geht. Das Problem liegt darin, daß man, unter welcher Staatsform auch immer, an der Masse als solcher nicht mehr vorbeikommt, sie braucht ihr Futter, wenn sie gelenkt werden soll. Und trotzdem kann man diesen Vorgang der Massenbearbeitung nur mit Sorge ansehen, denn er erstickt die Kritik.

Die einzige Hoffnung ist die Jugend. Und die wird, fürchte ich, erst durch einen Krieg oder etwas ähnliches mannbar werden. Gegen diesen völkischen Hühnerhof-Sozialismus wird sie einst Front machen müssen. Immer mehr gebe ich der Überzeugung Raum, daß auf diesem Wege der scheinfriedlichen Illusionen dieser Machthaber, der Deutsche seine Bestimmung verlieren wird.

Eins ist richtig, oder es scheint wenigstens so: der Deutsche, zum mindesten der junge Deutsche, lernt wieder den Kopf gerade tragen, es geht so etwas wie eine Erneuerung durchs Volk, auch durch die Widerstrebenden. Wenn man die Hoffnungslosigkeit in den Augen junger und älterer Arbeiter gesehen hat, die, von kümmerlichen Unterstützungsgeldern lebend, es schon nicht mehr für möglich hielten, jemals wieder eine ehrliche Arbeit zu bekommen, wenn man Studenten hörte, die sich die Frage vorlegten, was eigentlich aus ihnen werden sollte, junge Menschen voll besten Willens zur Arbeit, die noch froh sein durften, wenn ein väterliches Einkommen es ihnen ersparte, betteln zu müssen, und wenn man die Legion der mehr oder weniger verschämten Bettler in Berlin sah, die nach jedem Strohhalm zu greifen bereit waren, wenn er sie nur aus dem Sumpf zog: dann wird auch ein Horst Wessel verständlich. Man macht sich vielleicht nicht genügend klar, was sich einmal aus diesem Gebrodel als ein großer Schritt in eine gute Zukunft herausstellen könnte. Der Zustand des Parteiwesens bis zum Umschwung war ohne Zweifel unhaltbar und trieb schon unter Brüning[22] auf eine Lösung durch Autorität zu, durch harte Maßnahmen einer Staatsautorität, die ihre Macht zu gebrauchen weiß.

Aber bei den heutigen Ergebnissen kann das nicht bleiben, und die völlige Unterdrückung der Meinungsfreiheit muß einmal revidiert werden. Was die nationalsozialistische Revolution an Gutem gezeitigt hat und noch zeitigen mag, fällt auf die Dauer nicht ins Gewicht gegen den Rückschritt in eine massenhaft gezüchtete Gesinnungslosigkeit.

Und außenpolitisch verliert Deutschland einen Posten nach dem anderen. Österreich wird in die Einkreisung[23] miteinbezogen, Rußland verständigt sich mit Polen, man kann blicken, wohin man will, man sieht nur den einen Weg einer erneuten und gefährlicheren Isolierung als 1914. Und das bedeutet von vornherein einen verlorenen Krieg, es müßte denn der Nationalsozialismus in Frankreich, England und Rußland Anklang finden, und das ist ganz unwahrscheinlich. Es ist nicht abzusehen.

2.9.33

Es ist kalt geworden, oder vielmehr kühl, was einem nach den warmen Tagen wie Kälte vorkommt. In der Bibliotheksschule war vorgestern Besprechung des neuen Programms. Aus meiner Vertretung für Wiesers Kurs ist nichts geworden. Herrmann hatte den Punkt stillschweigend fallenlassen, und es zeigt sich sowieso, daß Wieser auf seinem vollen Kurs bestand, trotz seines Urlaubs. Ich bemerkte, wie dieser Mann doch wieder das Ganze beherrschte, einfach schon durch sein Dasein. Er weiß ganz genau, was los ist, benahm sich aber so sicher und ruhig, daß selbst Herrmann nicht ganz gegen ihn aufkam. Dieser ist eben noch sehr jung. Mit spitzbübischem Vergnügen schob er mir ein Schriftstück zu, Wieser betreffend, einen Bericht aus dem Ministerium. Hinterher verwickelte er Wieser in ein langes Gespräch, die beiden gingen zusammen weg und blieben alle paar Schritt stehen. Wieser hatte wohl allerlei abzuladen. Vermutlich hat er Herrmann günstig zu stimmen versucht. Eine Intrigenwirtschaft!

In Nürnberg[1] steigen derweil die Reden wie Luftballons. Ihr Inhalt ist dementsprechend: Gas mit Auftrieb. Hitlers Ausführungen über Kunst sind unbeschreiblich. Es lohnt sich kaum, Einzelheiten festzuhalten. Eine derartige Sprach- und Begriffsinflation ist noch nicht dagewesen, sie nimmt immer schlimmere Formen an und läßt bösen Ahnungen mehr Raum als gut ist. Diese Herrschaft der Ignoranz, der absolut sinnleeren Phrase, des hemmungslosesten Gequassels …

Ich lese den alten Riehl mit wahrem Vergnügen, obwohl man ihm nicht immer beistimmen kann und gerade im Wesentlichsten anderer Meinung ist. Aber welche solide Klarheit, erarbeitetes Wissen und gut durchdachte Folgerungen, ausgedrückt in einem Stil, der nicht einmal sehr originell ist – Kürnberger[2] schrieb besser –, aber doch gut gewachsenes

Deutsch erzeugt! Wo ist das geblieben! Dafür herrscht heute ein grauenhaftes Gewäsch von schlechtem Deutsch einer verfaulten Bildung, Übelkeit erregend wie ein morscher Kürbis; eine aufgeblasene Begriffsbildung, bei Intellektuellen meist blutleer, bei den »Amtswaltern« höchster Ränge blutleer und dumm dazu, in beiden Fällen einen völligen Niedergang alles dessen darstellend, was uns Deutsche einst groß und geachtet gemacht hat.

Es ist im Grunde Theater, und nicht umsonst fühlen diese Machthaber sich so zum Theater hingezogen. Kleinigkeiten sind bezeichnend genug: so neulich ein Bild von der Lutherfeier in Eisleben, zwei mittelalterliche Ritter und ein SA-Mann, einander in reckenhafter Haltung die Hände reichend. Unterschrift: Kämpfer im Geist.

Schon jetzt sehnt man den Aschermittwoch herbei, der auf diesen Karneval folgen muß. Lieber das Grauen der Ernüchterung erleben, als diesen Faschingszauber über sich ergehen lassen mit dem Gefühl, auf einem Vulkan zu sitzen. Aber vorläufig jagt ein Fest das andere, zur Freude der Verblendeten, panem et circenses[3], bis die große Übelkeit sich meldet.

3.9.33

Bei dem alten Riehl finde ich folgende bemerkenswerten Sätze: »Der Philister weiß alles, entscheidet über alles, denn da ihm die soziale Selbstbeschränkung gebricht, so geht ihm auch gemeiniglich die Kraft ab, sich in den engen Grenzen eigenster Berufstätigkeit zu bescheiden.« Und: »Der politische Dilettantismus, den man neuerdings öfters als Volksbildung und als die oberste Voraussetzung der Volkssouveränität bezeichnet hat, ist gar nichts weiter als ein Ausfluß des sozialen Philistertums.«

In solchen klugen Formulierungen ist Riehl besonders anregend. Heute sagen wir »Spießer« statt »Philister«, und der Satz gilt nach wie vor, ja jetzt erst zur Gänze. Dies Wesen blüht in vollster Pracht und in Musterbeispielen, besonders wenn man an die engen »Grenzen eigenster Berufstätigkeit« denkt. Riehls Sehweise, die dem Staate sehr mißtraut, läßt manches andere in schiefem Lichte erscheinen, so etwa den Beamten- und Militärstand, die ihm als »unechte Stände« erscheinen müssen. Echt oder nicht: der moderne Staat kommt ohne sie nicht aus. Freilich muß man bei Riehls Haltung zu diesen Dingen die üblen Erfahrungen seines Zeitalters, des Vormärz vor allem, berücksichtigen.

Dieser Liberalismus hatte noch Feuer aus eigener Substanz, daher konnte er konservativ und mit einer gesunden Skepsis einhergehen. Sehr gut gesehen wird z. B. das doppelte Gesicht des Bürgers, der Bürger als Träger der sozialen Bewegung und zugleich als Träger der Beharrung und Festigung. Heute haben wir es mit dem Bürger in der letzten, bereits aufgeweichten Gestalt zu tun, der vor der drohenden radikalen Revolution in eine halbe flüchtet, und nicht umsonst fühlt sich der Spießer, der Riehlsche »Philister« darin so wohl. Allein kein bedeutender geschichtlicher Vorgang zeitigt genau das, was seine Exponenten wollen und was für den Augenblick wie ein erreichtes Resultat, wie eine »Errungenschaft« aussieht. Die letzten Konsequenzen der Errungenschaften von 1918, die denn doch freiheitlicher Natur sein sollten, haben wir jetzt: die Demokratie half Hitler in den Sattel, weil sie ihm, sobald er legal, d. h. demokratisch wurde, das Recht des Stimmzettels nicht verweigern durfte. Und so kann keiner sich beklagen, er hat sich wählen lassen mit dem klaren Vorsatz, nach dem Gewinn der absoluten Mehrheit keine Wahl mehr zuzulassen.

Dabei entpuppt sich folgender Widerspruch: der alte Kampf zwischen den historisch-gesellschaftlichen Mächten und den politisch staatlichen Gewalten ist zugunsten der letzteren entschieden. Zugleich aber soll die »ständische« Volksverfassung neu erstehen. Wie ist es mit den Korporationen bestellt? Mit anderen Worten: wie ist es mit den revolutionären Kräften bestellt? Es ist eine deutsche Erfahrungstatsache, daß halbe Revolutionen zu heillosen Spaltungen führen.

Dabei kann von der wohldurchdachten ständischen Gliederung, wie sie Riehl vorschwebte, heute nicht mehr gesprochen werden. Der politische Nivellierungsprozeß ist schon viel zu weit vorgeschritten und kommt einem Verdrängen oder Aufsaugen der eigenständischen Kräfte sehr entgegen. Was kann sich aus dieser eingeebneten Masse von Staatsbürgern herausheben? Bünde vielleicht. Ordensähnliche Gebilde. Aber die werden den Staatsabsolutismus noch verstärken.

Trotz der Erhaltung des Privateigentums und trotz romantischer Versuche wie das Anerbenrecht[4] u. a. läßt sich absehen, daß die Rolle des Besitzes nie mehr dieselbe sein wird wie in früheren Zeiten. Die besitzlose Masse – und die umfaßt auch einen großen Teil des ehemaligen Mittelstandes – ist schon zu homogen.

Aus dem Widerspruch, der Paradoxie eines straff regierten Chaos, als welches man den ganzen Zustand betrachten kann, ist sehr schwer klug zu werden. Denn mit politischen Begriffen allein ist noch gar nichts gesagt.

8.9.33

Am Mittwoch war Beginn des Wintersemesters in der Bibliotheksschule. Vier Stunden an einem Vormittag. Es ging ganz gut, und meine Hörer blieben munter. Man kann eine Menge mit ihnen anfangen, da sie noch aufgeschlossen sind und bei der Überfütterung mit offiziellen Schlagworten nach Substanziellem hungern. Daß man als Lehrer mit diesem »Substanziellen« alle Augenblicke in die politische Gefahrenzone gerät oder wenigstens in die Zone der Ketzerei, bietet einen pädagogischen Reiz für sich, besonders, wenn die jungen Leutchen so verständnisvoll darauf eingehen. Man merkt an ihnen, daß der Nationalsozialismus an dieser Jugend eine große Chance fände, wenn er sich nicht so selbstgefällig einbildete, für sämtliche Probleme die endgültigen Lösungen gefunden zu haben, darin gewissen Heilslehren ähnlich, die sämtliche Krankheiten aus einem Punkte zu kurieren vorgeben.

Nachmittags feierten wir bei Heinz und Ilona den Geburtstag der letzteren. Sogar Walter und Gertrud erschienen, es ging friedlich und freundlich her. Wir blieben die Nacht bei Dubislavs und installierten uns auf der geheiligten Couch à la Ölsardinen. Grete war durch einen Wespenstich in den Arm etwas mitgenommen, und wir waren froh, nicht in der Nacht herummarschieren zu müssen. Bis in den Vormittag des Donnerstag blieben wir bei den beiden, es war diesmal sehr angenehm bei ihnen und wir fühlten uns wohl. Ich empfand das Ganze wie einen Feiertag. Wir hatten nichts zu tun und saßen in Räumen, die uns groß vorkamen. Ich rief Dr. Herrmann an, der mir nun wieder eine Stelle in Hannover in Aussicht stellte.

Heute ist Freitag, morgen sind wir bei Henneckes. Das Wetter ist erstaunlich schön, klare Tage, am Tage sogar recht warm, aber nachts empfindlich kühl.

10.9.33

Sonntag, wir kamen erst nachmittags von Berlin zurück, wo wir seit gestern nachmittag bei Henneckes waren. Las gestern abend das Stück vor. Wir saßen bis 2 Uhr auf und politisierten, Gerda erzählte von sympathischen SA-Männern, von denen sie Erfreuliches berichtete. Hans berichtete von einem Auftritt mit seinem Vater[5], der in geradezu grotesker Verkennung der Wirklichkeit sich sehr kleinlich und unwürdig aufführte. Das alte Lied! Hans ist ja ein schwieriger und wohl aufreizender Fall, er hat sich, wie ich finde, jahrelang gehenlassen und war verbummelt, und seine Begabung steht weit höher als seine produktive Leistung. Der Zustand, daß er eigentlich berufslos ist und Gerda der Mann, ist auf die Dauer unhaltbar. Er fühlt dies selbst und scheint sich ans Schreiben begeben zu haben. Aber man muß sehen, wie er Viertelstunden verplempert und immer noch keinen Zeitbegriff hat und am liebsten im Unbegrenzten wirtschaftet, um einigermaßen besorgt zu sein. Von diesem Aufraffen bis zu wirklicher Selbständigkeit kann ein verflucht weiter Weg liegen, auch wenn diese Selbständigkeit nur halb und halb sein sollte wie die meinige. Aber das alles berechtigt niemanden, auch einen Vater nicht, Moral zu predigen. Wieviel leichter hatte es die alte Generation, und wie wenig Grund hat sie, auf dem hohen Roß zu reiten mit ihren schäbigen Fetzen einer billigen Scheintugend. Jede Verständigung ist da aussichtslos. Wenn Hans eine reiche Frau geheiratet hätte, dann wäre alles in Butter. So aber hat er Gerda »an sich gefesselt«. Aber jetzt sind diese Leute wieder obenauf und vollführen eine Quatscherei, ohne dazu berechtigt zu sein und ohne zu ahnen, wie dumm und albern das alles ist. –

Ein paar Tage vorher waren Hans Wolff und Frau bei Henneckes. Der »Fall« wurde ausgiebig besprochen, auch gestern natürlich. Ich winkte ab. Ich habe ja selbst schuld dabei, und es sieht roh aus. Es fehlt aber die Möglichkeit, zu einem vernünftigen Schluß zu kommen. Es könnte wieder gehen, und ich hätte nichts dagegen. Aber wie? Schriftlich geht das nicht. –

Als wir zurückkamen, hatten Hinz' geflaggt, zu unserer Verwunderung. Sie sagten, es sei »katholischer Feiertag«, von wegen der Bischöfe. Gestern war der neue Landesbischof in Spandau eingezogen.

13.9.33
Pilgerte heute morgen schon unlustig und müde nach Berlin, zur Schule. Waren gestern bei Frl. Probst zu Besuch, abends kamen noch Wagenknecht und Dr. Richter. Müller ist wieder im Lande, hat sich aber noch nicht sehen lassen.

Wir verschliefen den halben Nachmittag, beide mehr als müde. Gegen Abend gingen wir aufs Feld, Edith mit uns, mit gänzlich verschmiertem Mäulchen. Jackie spürte sehr rasch einen Hasen auf, wie neulich schon einen, den er um ein Haar gefangen hätte, weil er auf dem Wege, über den Graben setzend, platt hinschlug und sich im letzten Augenblick aufraffte. Jackie bildet sich zum Jäger aus, er treibt einem die Hasen richtig zu. Übrigens jagt er, ohne Laut zu geben, eine Wild-Eigenschaft, und hat an Schnelligkeit und Gewandtheit sehr gewonnen. Heute konnten wir die Kunst des Hakenschlagens aus nächster Nähe beobachten, denn der Hase machte kurz vor uns kehrt, und sahen, daß dies dem Hasen wenig half. Er rannte dann auch schließlich geradeaus, und Jackie verlor ihn in einem Dickicht, in dem er noch lange herumsuchte, bis er die Sache aufgab und zurückgaloppierte, im Grund befriedigt, gejagt zu haben. Ich gönne ihm die Hatz von Herzen, aber wir müssen diesen passionierten Waidmann an die Leine nehmen. Da er starken Sinn für vollzogene Tatsachen hat, so findet er sich leicht darein.

Es regnet. Seit langer Trockenzeit der erste Regen, der Himmel drohte schon seit gestern. Ein feuchter Geruch stand in der Luft. Die Landschaft sieht mit einem Male wie verbraucht aus. Der Herbst ist da.

14.9.33

Besuch der Kinder.[6] Das Wetter ist kühl, regnerisch und windig. Der Vormittag war hauptsächlich einem Briefe an Paul gewidmet, der nun helfen soll – ob er es tun wird, das scheint mir fraglich. Die Volkskunde fängt an, mir Spaß zu machen, es läßt sich so viel damit verbinden, daß man ausreichenden Stoff hat. Nur der Plan und der Aufbau der Sache macht einem Kopfzerbrechen, vorläufig bin ich in diesem Punkt allerdings sorglos, es wird sich schon von selbst ergeben. Die Stunde über Riehl verlief sehr angeregt.

Unser Leben nähert sich mal wieder einem Katarakt – am 1. Oktober sind die Zahlungen fällig. Die Firma Sänger läßt nichts von sich hören, da ist also bestimmt etwas faul. Im Grund regen wir uns merkwürdig wenig auf. Grete ist soviel gesünder geworden und frisch und kräftig.

Zweierlei hat uns der Sommer gebracht. Gretens Gesundheit und das Stück. Beides ist doch ein gewisser Ertrag.

Die öffentliche Feierei nimmt kein Ende. Feierliche Umbenennung der Friedrich-Ebert-Str. in Hermann-Göring-Str. – die damit ihren vierten Namen erhält und so etwas wie eine auswechselbare Geschichtsdemonstration darstellt. Erst hieß sie Königgrätzer Str., im Weltkrieg Budapester Str. Ihren letzten Namen hat sie nun freilich von einem Manne erhalten, der seine geschichtliche Bedeutung erst erweisen muß, aber das macht ja nichts. Dies propagandistische Geschlecht hat es eilig, sich Lorbeeren um die Stirnen winden zu lassen – nachher ist es am Ende zu spät dazu.

Jetzt kommt die feierliche Eröffnung des Staatsrats[7], jede Woche ist eigentlich etwas los. Unser Dorf hat heute abend Versammlung der »Deutschen Christen«, nach dem Motto: »Deutscher Arbeiter, hab Deine Kirche wieder lieb«.

Ich lese Dwingers[8] *Wir rufen Deutschland*. Ein besonders guter

Darsteller ist er nicht, was bei den früheren Büchern nicht so ins Gewicht fiel auf Grund des an sich ungeheuerlichen Stoffs. Hier aber wird die Sache doch problematisch, und Dwinger wird da leicht blümerant, pathetisch und weitschweifig, die Schwäche so mancher Gutgesinnten. Ideologisch macht er sich's schwer und leicht. Schwer, weil er in den Figuren der rückgekehrten Sibirier die verschiedensten politischen Meinungen miteinander auskommen lassen will – und das ist sogar gut motiviert. Leicht aber macht er sich's mit der Ideologie der »Synthese«. Gutgemeint, aber das Gutgemeinte ist in politicis nicht immer das Brauchbarste. Da kommt denn jener sogenannte Idealismus heraus, der zwar revolutionär sein will, aber es im Grunde nicht ist, eben weil er die Gegen-Sätze in etwas Neuem aufheben will, sie aber in Wirklichkeit verwässert, da zu diesem »Neuen« jede konkrete Möglichkeit fehlt. Leider fehlt sie; fehlte sie nicht, so wäre wiederum der ganze Aufwand nicht nötig und wir lebten in einer herrlichen Welt des Friedens und der Eintracht.

Immerhin ist das Buch, oder vielmehr sein Autor, soweit man urteilen kann, anständig und ehrlich, auch ehrlich sich selbst gegenüber, und das ist etwas Seltenes. Auch die Abwesenheit völkischer Pseudo-Mystik berührt sympathisch. Bemerkenswert die Stelle, wo einer die Deutschen für unfähig zum Kommunismus erklärt, weil sie nicht religiös begabt seien. Das ist kühn gesagt heutzutage, und es ist was Richtiges daran.

Es gibt nun Leute, die so etwas nie verstehen würden, und die eben deshalb auch dem Nationalsozialismus vollständig ratlos zusehen und ihn eben dort angreifen, wo es sich nicht lohnt; in irgendwelchen Nebenerscheinungen, die zu den Kinderkrankheiten jeder Umwälzung gehören. Die meisten urteilen da aus einem völlig unpolitischen Geiste. Ich meine: aus dem Geiste, der die Grundelemente der Politik immer noch nicht begriffen hat. Den ursächlichen Zusammenhang z. B. zwischen dem politischen Versagen der bürgerlichen Intelligenz und dem Aufkommen des Nationalsozialismus bemerkt eben die bürgerliche Intelligenz heute noch nicht.

So hatte ja auch die Literatur, der Literaturbetrieb einen Umfang angenommen, der über ihre wahre Rolle im Leben täuschende Vorstellungen erweckte. Was Blüte schien auf Grund der Massenhaftigkeit, war bestenfalls Scheinblüte oder die Krankheit der Hypertrophie. Die Literatur, um ihr gerecht zu werden, ging keineswegs an den sozialen Problemen vorbei, im Gegenteil; aber das wurde eben nur allzusehr zu Literatur. Im Grunde blieb das politische Leben so gut wie unbeeinflußt, und eher bediente sich die Politik der Literaten, als daß diese eine geistige Macht dargestellt hätten. Und wirkliches Dichtertum war selten und noch einflußloser. Daß Literaten wie Bronnen, Ewers, Corrinth, Benn sich nun »bekannt« haben, läßt tief blicken. Auch ein Mann wie Binding dürfte verdächtig sein. Solche Leute bilden die Kehrseite zu den Heinrich Manns, Tucholskys, Kerrs und Konsorten. Man weiß nicht, welcher Typ unerfreulicher ist. Blasiert sind sie beide.

Eine spätere Zeit wird vielleicht einmal mit ungläubigem Staunen sehen, wie weit dem europäischen Geist die Dinge über den Kopf gewachsen sind, wie hilflos er den Mächten dieser Zeit ausgeliefert war. Hierin mag wirklich das »Unreligiöse« stecken, dieses unbewußte Sich-Drücken vor dem Schicksal. Dieser Geist beglaubigt sich selbst gleichsam durch den Sessel, in den er gesetzt wird oder sich selber setzt, durch Pen-Clubs und dergleichen, Trinksprüche und so eine Art von Diplomatie, die die eigentlichen Kämpfe von anderen, minder bequem gelagerten Zeitgenossen ausfechten läßt. Es ist eine Art Alexandrinertum, kulturell klug, aber schwächlich, und ohne Komfort kaum vorzustellen. Selbst die letzte und fragwürdigste Entartung im romantischen Sektierertum, im idyllischen, irgendwie »lebensreformerischen« Eremitentum braucht den Komfort, des Gemüts nämlich und der qualligen Seele, und offenbart damit vollends seine Ohnmacht.

15.9.33
Es kommt mir vor, als seien wir in der letzten Zeit dieser Umgebung und dieser stillen Landschaft abhanden gekommen, als seien wir unentwegt in der Stadt gewesen. Dabei waren wir seit bald zwei Wochen im Ganzen nur etwa 4 Tage in Berlin. Aber diese 4 Tage wirkten unerwartet beunruhigend und verwirrend, wie wenn ein Uhrwerk außer Rand und Band gerät. Ist es möglich, daß man in 5 Monaten, also in knapp einem halben Jahr, derartig vom Milieu beeinflußt wird – denn von wirklicher Verbundenheit kann man ja nicht reden –, oder ist die Lebensverfassung innerlich so beschaffen, daß sie dieses Milieu einfach nötig hat, wie Medizin oder eine bestimmte Nahrung? Mir scheint das letztere der Fall zu sein, da wir ja keine Bauern sind und nie sein können. Insofern war, bei dem verunglückten Stand unseres Hausbaus, der Zufall ein wahres Glück, der uns dieses Loch hier finden ließ. –

Edithchen schreit nebenan. Kein Abend vergeht ohne Weinen und Geschrei, doppelt peinlich berührend bei einem so lebenskräftigen und lustigen Kind. Diese Manie, nur ein Kind haben zu müssen, ist ein wahrer Fluch. Dann besser gar keine.

Darrés[9] Gedanke, den Landwirt wieder zum Bauern zu machen, ist recht schön. Er muß ihn also aus der kapitalistischen Wirtschaftsordnung herauslösen. Aber ob das möglich ist, ohne diese Ordnung in extenso aufzuheben, das ist dann doch sehr die Frage. Ich glaube es nicht; und Bauernhochschulen mit zwei- bis dreimonatigen Kursen für die Jungbauernschaft dürften nur ein schwaches Mittel sein.

18.9.33
Nachricht aus Amerika, wegen des Landes in Texas. Offenbar muß man noch mit einer langen Dauer der Sache rechnen[10].

Es ist kühl geworden, und die Luft läßt sich so an, als wollte es einen frühen und kalten Winter geben. Am 1. Oktober ist »Erntedankfest«. Zugleich wird die Propaganda mit erneuten Kräften einsetzen. Man liest fast nur von Feierlichkeiten, Fahnenweihen und dergleichen.

Gestern waren Erika Schultz und Gert hier, Jackies alter Freund vom Kaiserplatz. Der Hund benahm sich die ganze Zeit über wie toll und war kaum noch zu bändigen. Nachmittags kam Erich Müller, für seine Verhältnisse bedeutend frischer aussehend, allerdings mit einer Fliege unter der Nase, die ihn nicht gerade verschönt. Der Abend verlief unter angeregtem Gespräch.

23.9.33
Eine freilich nicht ganz unerwartete Enttäuschung: Paul hat auf meine Bitte, uns bei dem Hausbau finanziell unter die Arme zu greifen, ablehnend geantwortet, wenn auch in einer Form, die unserer alten Freundschaft keinen Abbruch tut. Er hält unseren Plan für verrückt und rät wohlmeinend, ihn schleunigst zu liquidieren. Das werde ich nun allerdings nicht tun. Die größere Vernunft liegt in der Geduld.

Hitlers Rede[11] gegen die Ideologie der Bedürfnislosigkeit enthüllt seine eigene Ideologie, der Pferdefuß in faschistischer Vermummung kommt heraus. Er hat dauernd verschiedene Platten auf seinem Propaganda-Grammophon, je nach Bedarf. Jetzt spielt er den Weihnachtsmann, der weit davon entfernt ist, finstere Askese zu predigen. Das größte Glück der größten Menge ...

Für das Erntedankfest am 1. Oktober sollen an verschiedenen Plätzen Questen aufgestellt werden, mit umgekehrten Eggen, auf deren Zinken Lichter brennen sollen. Die Queste soll ein altes germanisches Symbol sein, ich weiß nicht genau, für was. Hatte noch nie was davon gehört, es scheint eine Entdeckung Herman Wirths zu sein. Jedenfalls soll auch Berlin seine Queste bekommen.

Angesichts solcher Kindereien wirkt Goebbels' letzte Rede geradezu nüchtern, man konnte daraus wenigstens einiges über die schlechte außenpolitische Lage entnehmen. Man kann auf Genf[12] sehr gespannt sein und neugierig, wie sich die deutsche Delegation verhalten wird. Sie hat die Möglichkeit zu einem glatten Nein, was die Rüstungskontrolle betrifft, ohne unmittelbarere Gefahr zu laufen als die, die anderen noch mißtrauischer zu machen.

Das Wetter ist wärmer geworden. Für morgen nachmittag sind wir zu Dr. Hermann geladen, 4 Stunden Fahrt hin und zurück. Ein bißchen viel, aber man will das nicht abschlagen.

Nach einer Zeitungsnotiz, die gewisse Ergänzungsbestimmungen zum Gesetz zur Wiederherstellung des Berufs-Beamtentums[13] brachte, kann meine Angelegenheit bis zum Frühjahr dauern. Schöne Aussichten! Zugleich würde ich nicht wenig innere Erleichterung verspüren, wenn ich das Spiel nicht aktiv mitzumachen brauchte. Es stellt doch derartige Zumutungen an das eigene Redlichkeitsbedürfnis, daß ich es vorziehen würde, unabhängig zu bleiben. Auf der Büchereitagung in Hannover wehte ein scharfer Wind, von Dr. Schuster angefacht, der offenbar aus »politischen«, wohl mehr noch aus persönlichen Gründen, sich päpstlicher als der Papst gibt. Von Schuster hätte ich das eigentlich nicht erwartet, er überschlägt sich in 200%igkeit, derselbe Mann, der mir noch vor etwa Jahresfrist erklärte, ein Buch wie Rosenbergs *Mythus* würde er unter keinen Umständen für eine Bücherei zulassen. Den widerlichsten Anblick in dieser Hinsicht dürfte wohl Beer[14] in Frankfurt bieten, ein Streber erster Klasse. Aber das schwimmt ja immer obenauf, wie Fettaugen, d. h. erst dann, wenn andere die Suppe gekocht und sich darin die Finger verbrannt haben.

Der Reichstagsbrand-Prozeß[15] hat begonnen. Für den Unkundigen ist aus ihm bisher nur zu entnehmen, daß einige Idioten aus Geltungstrieb oder Gott weiß welchen Motiven Brandstifter gespielt haben. Was Torgler dabei vorstellen soll, ist nicht auszumachen. Kein Mensch von einigem Verstande kann, ganz gleich wie er zur KPD steht, auf die Idee kommen, daß gerade diese Leute so hirnverbrannt gewesen seien. Sie waren in vieler Beziehung instinktlos. Aber sie für so dumm zu halten, wäre ja beinahe Landesverrat.

25.9.33

Wir waren am gestrigen Sonntag bei Gerhard Hermann, endlose Reise durch ganz Berlin. Er und seine Frau sahen gesund aus, trotz obligater Zerwürfnisse mit Eltern bzw. Schwiegereltern. Wir blieben, bis es Zeit wurde, den letzten Bus zu erreichen.

Gerhard Hermann, durch und durch anständiger Mensch, gehört zu jenen Freiheitsliebenden, die bei aller klaren geistigen Anschauung sich durchaus nicht vorstellen können, wie die Dinge sich politisch gestalten sollen. Man kann's ihnen nachfühlen, wenn ihnen ein System des In-Ruhe-Gelassen-Werdens am sympathischsten ist. Persönlich stimme ich ihnen bei. Aber die Unfähigkeit dieser Art von Intelligenz, politisch anders als negativ zu reagieren, sobald sie nicht »in Ruhe gelassen wird«, scheint mir einerseits sehr deutsch, zum anderen aber eben ein Intelligenz-Mangel zu sein, sofern Intelligenz etwas mit Einsicht zu tun hat. Sie geben es eben auf, ebenso fatalistisch wie die von ihnen belachten Spießer, die sich dem Chaos in die Arme werfen. Persönlich genommen ist Hermann eine idyllisch-liebenswürdige Natur, zur Bissigkeit gereizt durch eine bösartige Zeit. Aber bei aller Idyllik gehört er zu den Seltenen, die Mut haben. Die Art, wie er sich bei seiner Entlassung benahm, war jedenfalls sauber. Wahrscheinlich wird er ins Ausland gehen.

Goebbels' Rede[16] vor seiner Reise nach Genf war wieder ein Musterbeispiel von Großmäuligkeit. Und das an der Stelle Stresemanns[17] ... Und gerade hat England seinen Standpunkt an denjenigen Frankreichs angenähert. Sir John Simon[18] hat Goebbels persönlich vor der Sitzung empfangen und Worte mit ihm gewechselt.

Las dieser Tage Stefan Zweigs *Marie Antoinette*. Ein mäßiges Buch, intelligent, aber etwas posiert, wie bei Zweig meistens. Zuweilen passieren ganz schlimme Kitschigkeiten, stilistisch und inhaltlich. Warum er die erotica der Königin so »wissenschaftlich« breittritt, ist nicht ganz ersichtlich, der Ton des Vortrags ist gerade bei diesem Thema meist so unbefangen wie die Zeit selbst war, er macht zu viele Worte, und »getretener Quark wird breit, nicht stark!« Sonst fesselt das Menschliche dieses historischen Vorgangs sehr, obgleich diese Marie zu mittelmäßig ist, um als Hauptfigur einen starken Band für sich allein zu füllen. Im Grunde kann dieser Literat nur anempfinden, und er macht zuviel Worte in der Meinung: je mehr Worte, je mehr Geist.

27.9.33

Drei Doppelstunden in der Bibliotheksschule heute, verliefen zum Teil recht angeregt. Grete war bei der Generalin[19] zu Mittag, wir trafen uns um 4 am Zoo. Der Tag erstrahlte im schönsten warmen Herbstwetter. Der frühmorgendliche Gang zum Autobus sehr erfrischend und schön. Dr. Richter und ich gingen von der Bibliothek zusammen zur Stadtbahn, sahen unterwegs die Posten vor dem Ehrenmal in der Schinkelwache. Die Posten stehen in Grätsch-Stellung unbeweglich, wie aus Holz, es sieht landsknechthaft stark aus und muß eine bedeutende Anstrengung sein. Merkwürdig genau klappt der Schulterwechsel der Gewehre. Maschinenmäßig zur genau gleichen Zeit. Irgendjemand oder irgendwas muß den Burschen ein Zeichen geben.

Ein Gerücht besagt, daß ich zum 1. Oktober wieder in Spandau angestellt werde. Dr. Müller und Wolfgang Herrmann »wissen« davon. Dunkel war der Rede Sinn; ich warte die Geschichte ab. Mögen die Leute sich bemühen, ich bemühe mich keinesfalls, es ist das beste so. Einer Wiedereinstellung in Spandau kann ich nur mit gemischten Gefühlen entgegensehen.

Wieser, oder vielmehr sein Verlag Korn[20] hat eine »Literaturgeschichte des 3. Reiches« angekündigt; kann was Nettes werden.

Beim Hineindenken in das Fach der Volkskunde fängt die Sache an mir Spaß zu machen. Es ist ein weitläufiges Gebiet, und man kann was daraus machen. Ich werde mich etwas ernsthafter hineinknien und Umschau halten.

30.9.33

Preußens Entwurf zum neuen Strafgesetzbuch[21] sieht Bestimmungen zum Schutz der Rasse vor, die den Juden mit Negern und anderen Farbigen gleichstellen. Nicht nur, daß Ehen mit »Farbigen« unmöglich gemacht werden, schon der Verkehr, insbesondere der geschlechtliche Verkehr mit ihnen ist strafbar. Neues willkommenes Futter für Denunzianten. Die Unmenschlichkeit und Gemeinheit dieses Entwurfs – der ja nur auf die Juden abzielt, da es sonst kaum »Farbige« bei uns gibt – enthüllt sich erst recht bei Betrachtung konkreter Möglichkeiten der deutschen Juden oder von Mischlingen, die damit zu Parias werden. Davon abgesehen: der Wahnwitz wäre auch wert, vom antisemitischen Standpunkt aus angesehen zu werden. Eine künstliche und gewaltsame Ghettoisierung der Juden, die schon Schlimmeres überstanden haben, würde eine erneute Nationalisierung bedeuten, die durch die alte Traditionskraft des Judentums gestärkt und befördert werden könnte. Das Judentum könnte daraus Konsequenzen ziehen, wenn es die alte Kraft bewiese. Ich denke an die Rede, die Arnold Zweig im vorigen Jahre hielt und die wir in jener Versammlung Berliner Juden angehört haben: es war ein tiefer Eindruck für uns beide, als Zweig von dem religiösen Rückhalt des Judentums sprach. Und darüber wird sich doch niemand täuschen außer jenen blinden Maulwürfen, die dies Gesetz vom heiligen Ungeist des Rassengottes empfingen, daß hier zwei Gegner miteinander zu tun haben, von denen der eine über eine vieltausendjährige Erfahrung, der andere über gar keine zu verfügen hat. Es ist schließlich eine politische Dummheit ersten Ranges.

Morgen wieder ein Fest: Erntedankfest.

Seit Tagen ist uns bedrückt zumute. Man hat zu nichts Lust, nicht einmal zum Wandern, trotz des unbeschreiblich schönen Herbstwetters. Abends liegen die Nebel auf den Wiesen, wie weite Seen.

Der Gedanke, doch wieder mitarbeiten zu sollen, ist mir nun so zuwider wie nie zuvor. Ich beneide fast unseren Dr. Erich Müller, der sich bewußt fernhält, dies auch leichter tun kann, da er für niemand zu sorgen hat. Im übrigen kann es ja egal sein, wie man in den Abgrund marschiert. Wir neigen zu der Ansicht, daß nur ein Krieg uns wieder herausreißen kann – aber was für einer? Ein »Dreißigjähriger«?

Der Prozeßverlauf um den Reichstag erwies bisher nur, daß dieser schwachsinnige Holländer den Brand verursacht hatte, wiewohl es wunderbar anmutet, wie er allein, in 20 Minuten mit ein paar Servietten, einem alten Hemd und ähnlichen Utensilien den halben Reichstag ausbrennen konnte, wenn da nicht gründlich vorgesorgt worden ist. Sonst brachte die Verhandlung eine Menge Widersprüche zutage, die natürlich Dimitroff so lange ausnutzte, bis sie ihm den Mund zuhielten. Das Ganze macht einen kläglichen Eindruck, und mit dem Nachweis der Mitschuld der KPD scheint es so zu stehen, daß selbst die Prozeßleiter ihn aufgegeben haben.

Trübe Tage, mir ist sehr übel zumute. Und wenn man lautwerdende Gespräche im Publikum auffängt, so klingt meistens ein Ton äußerster Skepsis durch. Es ist wie mit den Snip-Zugaben in den Schachteln der Regie-Zigaretten[22]. Orakel, Orakel. Sie spielen damit, doch glauben tut keiner daran. Aber daß man erwachsenen Menschen so etwas zumutet, das sagt genug – ein unbeschreiblicher Verfall. Nur die Jugend, die Jugend. Ihr Kern ist gut. Man kann sie nicht sehen, ohne zu denken: was müssen die noch alles ausbaden …

Ich begann Schmidt-Rohrs *Muttersprache*[23] zu lesen. Ein verwegenes Unternehmen, kann man sagen, stellt dieses Buch dar. Soviel ich sehe, will S.-R. der Sprache sogar physische Einwirkung auf die körperliche Erscheinung einer Sprachgemeinschaft zuschreiben. Das scheint mir doch etwas weit gegriffen. Er fußt auf Fichteschen Gedankengängen, die mich jetzt beschäftigt haben. Fichte hat mich, nach anfänglichem Abstoßen, stark gepackt. Abstrus ist er, aber welche geistige Höhe im Vergleich zu den Rittern von heute! Nicht einmal das geistige Niveau ist entscheidend, das einen höheren und infolgedessen Überblick, eine größere Weitsicht erlaubt, sondern im Grund etwas anderes: die ursprüngliche Substanz dieses Mannes, der noch nicht einmal zu den besten Köpfen seiner Zeit gehört. Aus diesen Reden erzeugt sich das Bild einer ernsten Gestalt, einer großen Selbstverantwortung und Frömmigkeit, so abstrus er sich ausdrückt. Es ist kein Geschwätz, sondern zumindest etwas, bei dem er sich etwas Ernsthaftes und Unwiderrufliches dachte. Deshalb sind seine Gedanken revolutionär.

Gegen ihn gehalten sind die heutigen Vaterlandsführer samt und sonders Waschweiber. Womit ich den wirklichen Waschweibern nicht zu nahetreten möchte. Aber das Volk hat sie ja selbst gewählt und wollte es so.

1.10.33

Sonntag, Erntedankfest[1]. Wir haben davon nicht viel gesehen: nachmittags verzogen wir uns über das Moor zum Apfelgarten, wo eine Menge Menschen saßen. Unsere Stimmung zeitweise sehr gedrückt. Dieser Gesetzentwurf geht einem in seiner ganzen Tragweite auf: neben der Unmenschlichkeit die enorme Dummheit des Verfahrens.

Das Wetter, wie zum Hohn, war prachtvoll.

2.10.33

Es ist plötzlich kühl geworden. Heute morgen in aller Frühe erstaunlicherweise ein Gewitter. Regnerischer trüber Vormittag, den ich mit Arbeiten an meinen Kursen verbrachte.

Las nachmittags Zolas *Bestie*. Ein furchtbares Buch, und nur erträglich wird dieser scheußliche Stoff durch die unheimlich großartige Meisterschaft seines Bändigers. In welch unterirdischem Bezug übrigens die Technik (Eisenbahnen, Lokomotiven, Bahnhöfe) zu dem psychischen Teil dieses Romans steht, das kann man nur ahnen, aber es ist auf eine überzeugende Art richtig. Obwohl beide zuerst, auf den flüchtigen Blick hin, nichts miteinander zu tun haben. Die unterbewußten Zusammenhänge von sich bewegenden Maschinen und seelisch-körperlichen Angelegenheiten des Menschen: man denke an die fraglos lustbereitende Bewegung des Fahrens, Schaukelns und wahrscheinlich auch Fliegens. Für mich wenigstens liegt im Anblick eines mit großer Geschwindigkeit fahrenden Zuges ein nie versagender Reiz schwer vergleichbarer Art. Das Dämonische der doch sehr rationalen Welt der Technik mag nur dem so erscheinen, der nichts von ihr versteht und alles für wunderbar hält, was er nicht kennt – aber das ist der eigentliche Grund nicht, kann es nicht sein. Ein so gewissenhafter Mensch wie Zola bringt nicht nur aus Zufall die Eisenbahntechnik mit Blut und Mord und Wollust in einen Komplex. Ich glaube, erst eine spätere Zeit, vielleicht eine sehr späte, wird die Richtigkeit dieser Zolaschen Entdeckung auffinden. Ich meine, daß das Erstaunliche und Bedeutende dieses wüsten Romans gerade hierin zu suchen ist.

Jedenfalls dürfte derjenige sehr einfältig sein, der in der Welt des Technischen, des modern Technischen heißt das, das so viel mit Geschwindigkeiten zu tun hat, nur einen sauberen, nüchternen Komplex exakten Funktionierens suchte. Der Techniker mag sich das einbilden, und vielleicht von seiner Seite aus sogar mit Recht: denn er hat erfolgreich abreagiert. Aber daß dem Ganzen etwas Wüstes, Mörderisches zugrunde liegt, ist für mich außer allem Zweifel. Die untechnischen Zeiten hatten andere Orgien.

6.10.33

Kam Mittwoch ziemlich elend zurück, Grete war bettlägerig, vorgestern blieb ich liegen. Heute gingen wir ein wenig spazieren, saßen in der überaus milden Oktobersonne am Waldrand auf einer verwitterten Bank und wärmten uns wie alte Leute. Ich werde wohl zum Kiefernspezialisten müssen.

Zur Feier unseres beiderseitigen Krankseins wurde gestern ein Huhn geschlachtet, und wir schwelgten mit Jackie in Hühnerfleisch.

Las Karsthans'[2] *Die Bauern marschieren*. Nicht schlecht, obwohl sicher nicht das beste Buch über den Bauernkrieg. Las abends in Goethes *West-Östlichem*, und wir bestaunten die himmlische Heiterkeit dieser Gedichte.

Las heute Shakespeares *Sturm* und Landauers Vortrag[3] dazu. L. hat recht: man muß an späte Werke Beethovens denken und an ihre in Musik lebende Weisheit. Wieso aber Beethoven die *Gespenstersonate*, also die op. 32 in d-moll, mit dem *Sturm* in Zusammenklang brachte, will mir nicht in den Kopf. Da muß irgendein legendärer Irrtum vorliegen. –

Bei Besichtigung der Pläne zum Olympia-Stadion äußerte Hitler seine Unbefriedigung. Der Künstler in ihm will Größeres sehen, etwas »Gigantisches«. Und sofort beeilt sich die Lakaienschaft mit der Bemühung, unbedingt etwas »Geniales« zu finden. –

Die *Neue Rundschau* hat meinen Aufsatz[4] zurückgeschickt. Das Thema sei nicht eindeutig genug dargestellt, und damit mögen sie recht haben. –

7.10.33

Machten heute einen weiten Spaziergang durch die Siedlung, in der es auffallend still geworden ist. Diese Stille ist erklärlich: 400 Schwarzarbeiter sind neulich von einer Razzia ausgekämmt worden. Ein Bauunternehmer hat nur mit Schwarzarbeitern gewirtschaftet. Natürlich ist so eine neuentstehende Siedlung ein willkommenes Feld für Arbeitslose, die dabei ein bißchen Verdienst finden, und so hallte der Wald wider von Klopfen und Hämmern, bis eben die Razzia die jetzige Stille schuf.

Die Lieferfirma in Berlin hat ihre Forderungen an einen mir völlig unbekannten Herrn Stackebrand zediert, der sie nun zum 10. Oktober einmahnt. Man könnte die Wände hochklettern; wenn ich nur an das Haus denke, wird mir übel. Paul hat recht: es war unüberlegt und leichtsinnig, ich müßte die Finger von solchen Sachen lassen.

Ich habe auf nichts Lust als auf ein neues Stück. Der Geismaier[5], das wär was.

Da sitzen wir nun in unserer leicht angefeuchteten Bude, allein, wie ausgeworfen an einen kahlen Strand, so gut wie mittellos, aussichtslos, es sei denn, daß ich zu Kreuze krieche wie die anderen. Meine Schwester versucht wieder gut Wetter zu machen, aber wir sind nun mal auf Barometer-Tief eingestellt.

Auch bei mir hat ein Arbeitsloser auf dem Grundstück geholfen, den ich aus Spandau kenne, aus Gefälligkeit, und hat einen Teil des Grundstücks gerodet und rigolt. Ich ziehe diesen Mann der ganzen »gebildeten« Gesellschaft vor. Entweder wirklich vornehm, wie Mama, die der Gesinnung nach eine reine Aristokratin ist, oder proletarisch: was dazwischen liegt, ist meist des Teufels. Diese Mittelschicht, oder wie Joseph Roth in seiner *Flucht ohne Ende* ausgezeichnet formuliert hat: diese Isolatoren, die sich zwischen Gott und Mensch geklemmt haben – sie sind schwer erträglich. Die Verdienste dieser Schicht in Ehren, und ohne sie wird's nicht gehen, in irgendeiner Form wird sie vielleicht immer da sein: aber sie dürfte nichts zu sagen haben. Zu sagen haben dürfte nur: der Arbeiter, der Bauer, der Lehrer – alles Handeltreibende aber dürfte so reich sein, wie es nur wollte, dafür aber einflußlos bleiben. Kindliche Phantasien, von anderen längst ausgeheckt, ich weiß. Aber wer oder was könnte diesem Volke das in die Seele hauchen, was seinen unausrottbaren Eigennutz, seine Untertänigkeit, diese ganze Schäbigkeit ausbrennen könnte!

Dabei glaube ich nicht, daß es bei den anderen Völkern besser sei. Und doch machen sie sich's leichter, irgendwie natürlicher. Was ich in Frankreich, in Italien gesehen habe ...

Bei uns muß immer etwas »vertreten« werden, und gerade der Mittelstand verfällt in diese Sucht, eben weil er es nicht fertigbringt, sich bei seiner eigensten Berufstätigkeit zu bescheiden, und materiell oder geistig darüber hinauswill: Meist materiell, und wenn es um seine Möbel geht, hört der Mensch auf, Mensch zu sein.

Auf den Feldern keimt schon wieder die Wintersaat. Die Wochen rollen dahin wie gleichmütige Wogen auf dem Meer, und so geht das Leben weiter.

8.10.33

Das bisher ungewöhnlich herrliche Herbstwetter scheint zu Ende zu sein: es regnet Bindfäden. Große Schweinerei im Zimmer: der Ofen, total verstopft, wurde gereinigt. Unser hinkender Nachbar war hier und gab uns, eine mitfühlende Seele, Ratschläge wegen des Baus. »Trost und Tränen«, aber es ist eben eine Geldfrage, auch bei Ratenzahlungen.

10.10.33

Mama, Heinz und Ilona waren hier; gestern waren wir in Spandau, hauptsächlich um den Rechtsanwalt wegen der Sängerschen zedierten Forderung zu fragen. Der Alte – der junge

Legart ist fort – machte unbestimmte Hoffnungen. Ich schrieb an Helgen wegen der Rechnungen, gab ihm 8 Tage Frist.

Ärger bereitet mir die Vorbereitung des morgigen Kurses[6] der Schönen Literatur. Sich mit diesen lächerlichen Romanen abzugeben, ist kein Vergnügen.

14.10.33

Sonnabend. Wieder ein Gang zum Rechtsanwalt, wegen Helgen und Konsorten. Wir kamen erst heute mittag zurück und fanden einen total überfressenen Jackie vor, der den halben Garten abweidete, um sich zum Brechen zu bringen.

Wir blieben bei Mama über Nacht, Gretens Füßen wegen. Las ein wenig Schiller, mit Respekt, aber ohne besondere Erwärmung. Es ist gar keine Luft: diese Dramen, sie verhalten sich zu Shakespeare wie Klassicismus zum Griechentum. Aber ein Könner ersten Ranges bestätigte sich da. Wieviel Verstand zu einem solchen Scenenbau gehört, das merken die meisten nicht über den großen Worten. Von Einfühlung sehr wenig, aber ganz große, eben technische Abstraktion.

Das Wetter ist unverändert herrlich, nach zwei, drei merkwürdig warmen, fast schwülen Tagen herbe Frische, richtiger Oktober. Der eine Tag, Mittwoch glaube ich, fiel auf durch einen merkwürdig warmen und zugleich erregenden Südwind von eigentümlicher Beschaffenheit, wie Wein, kühl und heiß zugleich.

Besuchte heute Wieser, um ihn ein wenig auszuhorchen über meine Sache. Erfuhr so gut wie nichts, nur das eine als gewiß: wenn ich wieder eingestellt würde, bekäme ich das Gehalt nachgezahlt.

16.10.33

Am Sonntagmorgen bekamen wir die Zeitung vom Samstagabend, der wir die Nachricht von Deutschlands Austritt aus dem Völkerbund[7] entnahmen. Wir hatten das Gefühl, als wenn dieser Tag so etwas wie ein Schicksalstag für Deutschland werden könnte. Dazu die Ankündigung von Wahlen! Wie diese ausfallen werden, da es ja nur einen einzigen Wahlvorschlag gibt, das kann man sich denken.

Alles wäre noch erträglich, wenn die Regierung nicht durch völlig überflüssige Maßnahmen, wie die Juden-Diffamierung die Lage so verschlimmert hätte. Aber diese Hypothek wird uns teuer zu stehen kommen. Was will man eigentlich – uns in den Krieg treiben? Wenn man das etwa nicht will, so wird man Kompromisse schließen müssen, die aber am Ende Zündstoff zu neuen Verwicklungen geben, denn die Propaganda, die Wahlen und all das, ist auf Kompromißlosigkeit ausgerichtet, und das Wort von den »unabdingbaren Forderungen« charakterisiert nur den Machtwillen der Führer, nicht ihre wirkliche Macht.

Zugleich freilich hat man den Eindruck einer gewissen Ratlosigkeit und Festgefahrenheit auf der anderen Seite, der Westmächte nämlich. Die Zeit, wo man sofort mit Repressalien bei der Hand war, ist vorbei, sonst könnte man es nicht verstehen, wieso die Westmächte nicht die diplomatischen Beziehungen zu Deutschland abbrechen. Die vielfache Durchlöcherung der verhängnisvollen Ausgangsverträge läßt sich nicht mehr verkleistern. Die Zeit hat, wie immer bei Verträgen, Veränderungen hervorgebracht, andere Menschen sitzen an den Rudern, und last not least: Deutschlands Lage ähnelt derjenigen einer belagerten Stadt, die unter einer diktatorisch vereinfachten Führung steht, während die Belagerer nicht einheitlichen Willens sind und nicht zuviel riskieren möchten. Das, und nur dies, gibt Deutschland noch eine halbwegs annehmbare Sicherheit, so aufzutreten. Trotzdem besteht zu solchen Ausfällen, wie man sie sich leistet, kein Anlaß, es sei denn, man will bewußt alles auf eine Karte setzen, auf die Gefahr hin, daß die vielen Maximi Cunctatores[8] plötzlich zu Scipionen[9] werden, wenn's ums Ganze geht. Und das hieße den Weltkrieg endgültig und für immer verlieren und das Ende des »Schmieds des 3. Jahrtausends« obendrein.

Ein guter Politiker müßte, bei aller Wahrung der deutschen »Ehre«, die schwachen Angriffspunkte der Entente auszunützen verstehen und alles das vermeiden, was sie wieder zusammenbringen kann. Aber vielleicht ist das nicht mehr möglich. Die Friedensbeteuerungen allein helfen nichts, wenn man von vornherein in dem Geruche steht, auf Eroberungen ausgehen zu wollen, und dies selbst in dem meistgelesenen Buche dieser Zeit (*Mein Kampf*) offen bekannt hat.

Im Kleinen wie im Großen: Wir haben vor unseren Vertragsgegnern in der Bausache kapituliert und heute das letzte Geld für die Restforderungen abgeschickt. Damit sind wir die Banditen los, bis auf den Fensterlieferanten Schmidt, der die Fenster bisher noch nicht geliefert hat und nichts von sich hören läßt. Der Architekt versuchte noch einmal aufzutrumpfen und wollte mich wegen »Verleumdung« und Schädigung seines geschäftlichen Rufes verklagen, aber das konnte einen lediglich amüsieren.

22.10.33

Nach einer unruhigen Woche ein schöner ruhiger Sonntag mit heiterem frischem Wetter. Das Dach unseres Hauses ist gedeckt worden in der vergangenen Woche, was das Wichtigste war. Für unsere Zukunft war noch wichtiger, daß ich ein gültiges Testament gemacht habe, vor dem Notar Gontzen in

Spandau, am Donnerstag. Das Testament setzt Grete als allein berechtigte Erbin ein. –

Waren gestern mit Hermanns in Schildhorn, unterhielten uns über Friedrich den Großen, über den Hermann, beeinflußt durch Werner Hegemanns[10] Darstellung, sich sehr abfällig äußerte. Wir kamen nicht recht überein in der Sache. Es scheint mir ziemlich bequem, einer geschichtlich bedeutenden Figur einen Maßstab anzulegen, als müsse sie, um geschichtlich bedeutend zu sein, auch eine moralische Vollkommenheit darstellen, die es in Wirklichkeit nicht gibt. Hermann zog boshaft einige Seiten des Königs ins Licht, die allerdings fragwürdig anmuten. Aber diese Art Kritik übersieht, daß ein König sich in anderer Lage befindet als ein Bibliothekar oder ein freier Schriftsteller, ganz abgesehen davon, daß Friedrich ein alles andere als beneidenswertes Dasein führte und mit seiner Person für alles eingestanden hat, was nicht jedermanns Sache ist.

Abends bockte der Motor unseres Autobusses, den zu erreichen wir uns noch so geeilt hatten, beinahe eine Stunde lang. Endlich haben wir Siedlerkarten bekommen. So langsam scheint sich auch die Erbschaftsabwicklung drüben zu klären. Wenn nicht neue bürokratische Anforderungen gestellt werden, sind wir vielleicht binnen Monatsfrist aus dem Gröbsten heraus. Aber man wagt dergleichen Günstiges gar nicht zu hoffen.

25.10.33

War heute mittag, nach der Schule, bei Henneckes, wo alles beim alten war. Auf der Heimfahrt trat plötzlich ein Mann auf mich zu, der sich zu meiner größten Verblüffung als Hans Wolff erwies. Wir hatten gerade Zeit, uns gegenseitig al fresco über unsere jetzige Lage zu informieren. Weiter nichts. Ich war froh, endlich um 5 zu Hause zu sein. Nach dem gestrigen kalten Nordostwind erfreute uns die mildere, obwohl viel feuchtere Luft. Es ist unweigerlich Herbst-Ende.

27.10.3[11]

War fast den ganzen Tag in Berlin. Morgens Übungs-Kurs in der Bibliotheksschule, mittags Besprechung mit Dr. Herrmann im russischen Restaurant. Zwischendurch sprach ich mit Richter, der mein Stück gelesen und zu meiner Freude Gefallen daran gefunden hatte.

Bei Dr. Herrmann war das Ergebnis, obwohl wir sehr gut miteinander zurechtkamen, weniger erfreulich. Er legte mir nahe, in die SA einzutreten, was gleichsam mit einem Schlage alle Schwierigkeiten beseitigen würde. Dr. Herrmann selbst sprach darüber mit einem fast zynischen Unterton. Ich gab ihm mein äußerstes Mißfallen an diesem Vorschlag zu verstehen, und schließlich meinte er selbst, es sehe ja ziemlich stark danach aus, als sollte ich »mit der Wurst nach der Speckseite schmeißen«. Mit dieser meiner Ablehnung kann allerdings meine berufliche Zukunft erledigt sein, vorläufig jedenfalls. Die Erbschaft von drüben, wenn sie einmal flüssig wird, kann mich einige Zeit über Wasser halten. Aber erstens ist sie noch nicht flüssig, zweitens ist sie bereits fast um die Hälfte entwertet, und drittens kann man nicht wissen, wie lange dieser Kram hier dauert. Bis mir das Wasser zum Halse steigt, werde ich nicht zu Kreuze kriechen. SA – unmöglich. Übrigens ließ der kleine Dr. Herrmann durchblicken, daß er selbst in die SS einzutreten beabsichtige, die gilt als die feinere Innung.

Ich habe dem Kleinen[12] mein Stück angedreht, damit er was dafür tut. Für mich soll dieser Avantgardist und Gernegroß was unternehmen. Übrigens mag ich ihn in seiner Art gern. Er hat was Keckes und Husarenhaft-Verwegenes, man könnte mit ihm Pferde stehlen. Ob er zuverlässig ist, steht dahin, doch hat er einen gewissen Fonds von Anständigkeit.

Das Wetter ist scheußlich. Die Stimmung wenig froh.

29.10.33

Der Regen prasselt und schüttet auf unser dünnes Dach, auf dieses Not-Domizil, das mir bei unserem Ungemach immer noch wie eine Oase vorkam. Man wünscht Abwechslung, Ablenkung und doch wieder nicht. Für Grete ist es bedeutend schwieriger als für mich, dem diese Zelle auch für längere Zeit als diese paar Sommermonate genügen würde. Es kommt mir freilich so vor, als hätte ich noch nicht genug Zeit, was wohl daran liegt, daß ich sie noch nicht ganz ausreichend zu bewirtschaften verstehe. Ein weiterer Grund ist allerdings auch darin zu suchen, daß das tägliche Geschehen, ich meine das, was täglich zur Geschichte wird und wovon man zeitungsweise erfährt, das Leben, auch das private Leben, bis in die letzten Winkel auszufüllen scheint, so daß man ihm nirgends entgehen kann. Früher, zum mindesten vor dem Weltkrieg, war das nicht im entferntesten so. Jetzt fühlt man sich ständig von den politischen Fragen und Entscheidungen bedrängt, es ist, als dringe dies alles wie ein Gas durch jede Ritze, vergeblich wäre der Versuch, diese abzudichten, und im Grunde will man das auch gar nicht erst versuchen.

Denn in einer Hinsicht ist das ein großer Fortschritt, den man diesen sogenannten Führern allerdings kaum zum Verdienst anrechnen darf, deswegen nicht, weil ihre stupide und reklamehafte Manier gar nicht dazu angetan ist, die Tragweite dieser Tatsache auch nur zu ahnen. Sie erscheinen wie Wasserträger, die an dem Gewicht und der durchdringenden Beschaffenheit ihrer Last keine Urheberschaft haben insofern, als sie das Wasser ja nicht gemacht haben; es liegt an ihnen, ob sie's zum Segen oder zum Fluch gebrauchen. Den Fortschritt jeder Durchdringung auch des Privatlebens, das damit eines guten Teils seines Charakters entkleidet wird, sehe ich darin, daß man gleichsam zusammengepreßt wird und das Gefühl bekommt, man müßte sein Bestes aufrufen, das Letzte an geistiger Kraft und Besinnung zusammennehmen, auch wenn, oder vielmehr gerade wenn man renitent ist. Man darf sich nicht treiben lassen und in ein Leben zurückzuflüchten suchen, das den Problemen der Zeit nicht standzuhalten vermöchte.

Für jeden Sehenden liegt es allerdings klar zutage, daß dies die allgemeine Wirkung nicht ist. Sie erschöpft sich zumeist im Gegenteil dessen, was ich meinte: in Feigheit, lakaienhafter Liebedienerei, im Schnappen nach Gunst und Glück, im zynischen Betrug, bestenfalls in naivem Glauben an das, was die Machthaber den Massen vortrompeten. Das beste Gut, das die Deutschen ausgezeichnet hat: ihre Ehrlichkeit, ihre Begabung zu sachlicher Gewissenhaftigkeit, ihr Fleiß, das wird in Grund und Boden verwirtschaftet und untergraben, als ob es Lupinen wären.

Dabei ist jener naive Glaube, der sich nicht vorstellen kann, daß Machthaber irren oder lügen könnten, mit die mächtigste Stütze. Man sieht dabei mit Staunen, wie vielen Menschen es angenehm ist, wenn sie nicht nachzudenken brauchen und ein anderer die Verantwortung übernimmt.

Der Prozeß gegen Torgler und Dimitroff – denn dieser Brandleger Lubbe wird immer nebensächlicher – wird zum Symptom. Was wird daraus kommen? Ein klarer Beweis für Torglers Mitschuld ist nicht zu erbringen. Er dürfte in der Tat unmöglich sein. Das Ergebnis: ein Freispruch wäre eine Blamage, eine Verurteilung ein Rechtsbruch; beides kann, je nachdem, seine Wirkungen haben.

Ich denke an jene Tage des Umbruchs, als wir den verfolgten kommunistischen Funktionär und Abgeordneten bei uns versteckt hielten, an den Abend, als ein Mann an der Trambahnhaltestelle vor dem Haus allem Anschein nach den Eingang beobachtete und Grete die Nacht wach lag, weil sie jeden Augenblick erwartete, daß unser Gast verhaftet werden würde. Unser langes Gespräch an jenem Abend: der Gast war ein Deutscher von echter Prägung, und es war seine menschliche Art, die uns bewog, den Verfolgten zu verbergen. Auch er »vertrat« eine Anschauung, die kommunistische, und es war mit weitem Abstand die menschlichere, repräsentiert in einem Manne von ruhiger, gelassener und schlicht würdiger Art, mit jenem vollständigen Mangel an Prätention, der unsere neuen Herren eben nicht auszeichnet. Jackie hatte sofort Freundschaft mit ihm geschlossen, und ich vergesse nie, wie der gefährdete Mann am nächsten Morgen beim Abschied sich zu dem Hund herabbeugte und einen Augenblick lang den Kopf an Jackies Fell schmiegte, als wollte er sich von der stumm ahnungslosen Kreatur das bißchen Liebe mitnehmen, das diese verrückt gewordene Welt noch übrig hat.

1.11.33

Verschlief heute morgen den Frühomnibus zur Schule, mehr aus Unlust als aus Müdigkeit.

Der Reichstagsbrand-Prozeß wird immer symptomatischer. Als Belastungszeuge ist nunmehr ein notorischer Dieb aufgetreten, der über Torgler Aussagen von solch handgreiflicher Unglaubhaftigkeit zum besten gab, daß Torgler mit Recht seinem Erstaunen Ausdruck verlieh, so etwas vor dem höchsten deutschen Gericht für möglich halten zu sollen. Theoretisch besteht natürlich die Möglichkeit, daß auch dieser Dieb die Wahrheit sagen könnte. Aber kann ein nur halbwegs vernünftiger Mensch diese Aussagen ernst nehmen? Allmählich wächst sich dieser Prozeß aus einer kommunistischen zu einer Angelegenheit der deutschen Moral aus. Und das Merkwürdige ist: im Publikum spricht kein Mensch darüber. Es wird überhaupt wenig über öffentliche Angelegenheiten gesprochen, größtenteils einfach aus Furcht vor Denunziation. Dieses Totschweigen des Prozesses ist aber das Urteil über ihn, deutlich genug. Man müßte wünschen, dies Schweigen sei ein Zeichen von Scham. Leider wird das in den meisten Fällen einen trüberen Grund, eben den der Angst haben.

Wir sind außenpolitisch nun in die Phase des Nicht-Anstoß-Erregens getreten. Man tritt aus dem Völkerbund aus, und die selbstverständliche Folgerung, die man im Auslande zieht, sucht man abzuschwächen, so weit es geht. Gleichgültig, ob die Meinung des Auslandes über unsere Rüstungsabsichten zutrifft oder nicht, so erweckt die deutsche Zweideutigkeit, nicht zum ersten Mal, die Keime des Krieges. Wozu noch so tun, als ob? Aus Friedensliebe? Das Regime braucht den Frieden, schön. Es braucht vielleicht auch den Krieg. Aber man muß wissen, was man will. Wilhelm II. war seinerzeit schon einmal ein teuer bezahlter Luxus.

2.11.33

Seit Tagen herrscht scheußliches Wetter, wir sind mehr oder weniger an die Stube gefesselt und kriegen kalte Füße. Dieser Anbau, in dem wir hausen, ist eigentlich nur eine Sommerlaube, und jetzt steht der Winter vor der Tür. Grete liest Proust, und ich Reuters *Stromtid*[1], zum ich weiß nicht wievielten Male: Flucht vor dem Gegenwärtigen zu einem Manne, dem das Maul geradeaus ging und nicht schief. Bei aller Simplizität der Erzählung: sie ist gesund, wie Quellwasser, und das tut ungemein wohl.

Das nur scheinbar Wunderliche ist dabei dies, daß ich zu gleicher Zeit den *Joseph*-Roman von Thomas Mann[2] lesen kann, ohne daß das eine durch das andere im mindesten gestört wird. Ich entdeckte nämlich eine gewisse weitläufige Verwandtschaft, die besondere Art niederdeutschen Humors, die im *Joseph*-Roman freilich nur für den sehr Hellhörigen zu vernehmen ist. Ich hätte nie daran gedacht, wäre die Parallel-Lektüre nicht gewesen. Eine Art, die Dinge zu sehen, zugleich aus weitem Abstand und sehr nahe und scharf, mit dem eigentümlichen Blick für Widersprüchliches. Und nun muß man sich an die Sprache halten, bei dem einen Plattdeutsch und volkstümlich einfach, bei dem anderen eine Kunst, die hier und da sogar ein wenig zur Manier geworden ist und Dinge behandelt, die unter Tausend Einer versteht: aber in beiden Fällen diese behagliche Ironie, die Langsamkeit, Umständlichkeit des Erzählens, das irgendwie Plauderhafte daran, mit einem Wort: der Tonfall, das ist verwandt, und es ist unübersetzbar deutsch.

Zu der politischen Gedankenwelt der Kritikaster von heute paßt das erstaunliche Werk nun allerdings gar nicht, und es erfolgte denn auch die entsprechende Ablehnung. Die Flegelei, mit der dies geschieht, mit Ausdrücken wie »Gemauschel« und dergl., korrespondiert mit der Dummheit der Einwände. Es ließe sich mancherlei gegen den Autor des *Zauberberg* und des *Joseph* einwenden, von einer Lebensanschauung aus, die die Erfahrungen unserer Generationen nicht mehr kennt. Aber wer diesen Werken ausgerechnet deutsche Tradition und deutschen Geist absprechen will, ist dieses Geistes bar, sofern er überhaupt als Geist existiert und nicht als Offenbarung flegelhafter Ignoranz. Wer gegen einen Erasmus auftreten will, müßte schon ein Luther sein; da fehlt es eben, und meist langt es nicht einmal zu einem Karlstadt[3] oder Thomas Münzer.

Dabei paßt der Vergleich mit Naturen wie Erasmus oder Reuchlin[4] nicht ganz. Ein Dichter ist nie ein echter Humanist, so human er wiederum im eigentlichen Sinne sein muß, um ein Dichter zu sein.

Ein lahmer Eklektiker wie Dietrich Eckart[5], ein solch spießiger Dilettant, erhält ein anspruchsvolles Denkmal, nur seiner Gesinnung wegen, und über Thomas Mann fallen die Lümmels und Nichtkönner her wie Gassenbuben. Keiner von ihnen weiß mehr etwas davon, was Kunst überhaupt ist, und wer von den neuen Dichter-Akademikern kann was? Die wenigsten. Sie kredenzen einander Wartburg-Rosen[6], ohne sich zu schämen und in dieser Geschmacklosigkeit ein Haar zu finden, sie geben sich, eine admiration-society, als die Horthüter des deutschen Geistes aus und finden kein Wort über die Mitläuferschaft von anrüchigen Gestalten wie Ewers und Benn. Ich nenne die beiden getrost in einem Atem, obwohl da beträchtliche Unterschiede herrschen, auch Unterschiede des geistigen Ranges. Für Arnolt Bronnen (mit Monokel) reicht es auch noch aus, und alle Niveau-Unterschiedlichkeit dieser Totengräber ändert nichts an der Grundtatsache, daß sie vor der Barbarei kapitulieren. Und wenn es noch begabte Barbaren wären! Übrigens, was die Niveau-Unterschiede betrifft, so ist das meist nur Blenderei. Ein Mann wie Benn, zweifellos ein starkes Talent: möchte wissen, wer unter Tausend den wohl versteht, und ich möchte denjenigen leibhaft sehen, der ihn wirklich versteht, d. h. außer sprachlichem Virtuosentum und Verwesung noch etwas davonträgt, um das es sich zu leben lohnt.

Aber es kommt ja nicht mehr darauf an, ob ein Schmierant mehr oder weniger protegiert wird oder ein Zuhälter im Prozeß gegen Torgler aussagen darf, der, wenn nichts anderes, wenigstens ein anständiger Mensch war. Und es kommt nicht mehr darauf an, ob der allgemeine Mangel an Courage, vor allem bei denen, die ein wirksames Beispiel geben könnten, uns zugrunde richtet: es ist ein Aufwasch trübster Sorte. Und die im Trüben fischen, sollen es tun. So heruntergekommen, wie wir sind, ist eigentlich nur Schweigen am Platze.

Aber es wird geredet und geredet – und da schimpften sie früher über die Quasselbude! Die ein schwachsinniger Strolch in ihrem Auftrag und mit ihrer Hilfe hat in Brand stecken müssen.

8.11.33

Die Zeit des Feierns, so wird verkündet, ist vorbei und abgeschlossen. Nach dem »Wahlsieg« wird man nüchtern werden.

In der Schule heute konnte ich mir nicht versagen, von Hölderlin und Kleist zu reden. – Sprach hinterher mit Herrmann am Telefon, der mein Stück immer noch nicht gelesen hat; wenigstens hat es seine zukünftige Frau gelesen. Na, das ist auch was.

Man ist oft bei völliger Ausgepumptheit und Leere hoffnungslos. Der Prozeß freilich nimmt einen erfrischenden Verlauf. Görings Auftreten als Belastungszeuge[7]: wenn die Partei noch einen Funken von Verantwortungsgefühl besäße, müßte sie diesen »Zeugen« schleunigst verschwinden lassen. Wenn ein Mensch sich so gehen läßt, ein Ministerpräsident sich solche Blößen gibt, dann kommt es wirklich nicht mehr darauf an, was man glaubt oder nicht glaubt. Es ist beispiellos. Dimitroff hatte hinterher volles Recht zu sagen, er sei mit den Aussagen des »Herrn Zeugen« sehr zufrieden. Das kann er wohl sein, und die mephistophelische Freude, mit der er diesen famosen Gerichtshof immer wieder reinlegen kann, darf man ihm nachfühlen. Goebbels trat darauf ja mit betonter Selbstbeherrschung auf, fast möchte man sagen: artig. Den Göring haben sie nach Rom geschickt. Ich möchte wissen, ob sie diesem horndummen Ajax auf die Schulter geklopft oder eine Zigarre verabreicht haben, wahrscheinlich das erstere.

Bei Goebbels war alles »absolut«. Er gab sich das Air eines ehrbaren Kaufmanns, sozusagen. Aber es kam nichts dabei heraus als eine ziemlich durchsichtige Dialektik, die den Spieß umzudrehen suchte. »Wenn das Attentat Erfolg gehabt hätte« – Welchen Erfolg? Den Aufstand? Dazu brauchte die KPD den Brand nicht. Der Erfolg war, daß das Reichstagsgebäude ausgebrannt ist, den Aufstand hat er nicht hervorgerufen, sondern den Nachweis der Wahrscheinlichkeit, daß Herr Göring den Brand hervorgerufen hat. Wie man's dreht und wendet, die Katze fällt immer wieder auf die Beine.

Man glaubt freilich das, was man glauben will. Wer durchaus glauben will, daß die KPD den Brand gestiftet hat, mag das tun. Aber selbst die Richter scheinen nicht zu glauben, daß die Angeklagten außer Lubbe beteiligt waren, und Dimitroffs Verteidiger hat sich schon starke Töne erlaubt. Diejenigen, die an die Urheberschaft der Nazis glauben, glauben jetzt erst recht daran. –

Das Wetter ist jetzt schon recht kalt. Ich kam heute, durch Nebelwände wandernd, bereift nach Hause. Der Pool hatte heute morgen um 7 eine dünne, freilich ganz zarte Eisschicht.

10.11.33

Heute morgen zur Stunde, bei klarem Wetter; über dem Wald und den Wiesen lagerte Nebel.

Mittags in Spandau nahm ich Gelegenheit, in einem kleinen Café Hitlers Rede zu hören, die er im Dynamowerk[8] hielt. Die Übertragung begann kurz vor 1 Uhr mit Maschinenrattern, Lokomotivengeschnauf, Lärm von Ketten und Hämmern. Dann kam eine Einführung von Goebbels, der wie gewöhnlich mit klarer, fester Stimme sprach. Nach einer Weile kündigte sich das Nahen des Führers an durch Heil-Rufe, zuerst von fern vernehmbar, dann sich gewaltig steigernd, zuletzt ausbrechend in einen rhythmisch-taktmäßig die Schritte des Führers skandierenden, frenetisch hallenden Chor: Heil – Heil – Heil! – Der Eindruck, von einer ausgezeichnet funktionierenden Regie berechnet, war im Augenblick überwältigend, von einer unerhört dramatischen Wucht. Daß man dabei keinen Moment im Unklaren darüber blieb, daß dies keine spontane Kundgebung, sondern sorgfältig vorbereitet und einstudiert war, minderte nichts daran, so wenig wie eine gut geleitete Theateraufführung. Aber dann kam eine Stimme, mit dem Klang eines von Schnaps verbrannten Basses, unsicher schwankend, zuweilen sich zu einem beängstigenden Kreischen steigernd, dann wieder absinkend, Atem holend, grauenhaft röchelnd – einem alten Schmierenkomödianten vergleichbar, theatralisch und doch mit einer zitternden Bewegung echter Erschütterung und Ehrlichkeit, ja Biederkeit: ein höchst sonderbares, erschreckendes Gemisch von Wut, Flehen, Triumph, Beschwörung und Besessenheit, im Ganzen hochgradig abstoßend. Man kann das nicht ohne Bestürzung hören, es ist lächerlich, grauenvoll und rührend in einem. Nur ein im Innersten verzweifeltes Volk kann dies für Größe halten. Daß dies der Fall ist, ist leider nicht zu bezweifeln: an diesem grotesken Dämon hängen Millionen.

Die Straßen waren so gut wie leer – ich hatte das Lokal verlassen, weil ich's nicht mehr aushielt. An manchen Ecken und Hauseingängen, wo ein Lautsprecher zu hören war, Gruppen eng zusammengedrängter Menschen. Auf den Gesichtern nicht Begeisterung, eher ein dumpfer Ernst, wie eine Ahnung von Gefahr. Die Wahrscheinlichkeit kritischer Verwicklungen war mir noch nie so deutlich.

Durch diese Stimme allein kann ein ganzes Volk zum Paroxysmus getrieben werden. Frieden? Das sagt man, und das brüllt jene so besessene Stimme, aber die Wirkung ist gegenteilig. In dieser Luft keimen die Miasmen des Krieges. –

Unser persönliches Schicksal wirkt wie eine lästige Fessel: das Haus, das Geld, die Schulden, die berufliche Ungewißheit. Und die völlige Ohnmacht dem Ganzen gegenüber. Wer sich offen dagegen stemmt, wird ja zermalmt.

16.11.33

Eröffnung der Reichskulturkammer[9] (»Nimm den Strick, Barbarei« – –[10]) war gestern. Wenn nur diese hochtönenden Reden nicht wären. Ich weiß nicht, was man sich unter dieser Kulturkammer vorstellen soll, vielleicht eine Meistersingerei oder dergl. Was hat Kultur damit zu tun? Im übrigen bleibt das ja ziemlich gleichgültig. Sie können vielleicht Kulturwidriges zu bekämpfen versuchen, den Kitsch und das Kitschbedürfnis etwa, aber gerade dies wird ihnen kaum gelingen. Kunst entsteht so oder so, mit oder ohne Kulturkammern. Somit bleibt nur eins übrig: Berufsorganisationen, und darin mag die Sache ihren Zweck haben, obwohl das auf Bevormundung hinauslaufen mag.

Die Zeitung berichtete von einer »Gnaden-Aktion«[11], die den ehemaligen Gegnern die Hand zur Versöhnung reichen soll. Sollte dies ehrlich gemeint sein, dann hätte man das Wort »Gnade« nicht in den Mund nehmen dürfen. Der »ehemalige Gegner« braucht oder will keine Gnade. Denn dies Wort stempelt ihn: einem Sünder, einem Verbrecher erweist man Gnade. Versöhnung, Ausgleich, ehrliche Verständigung, das alles wäre möglich, aber Gnade?

Es ist kalt, wir frieren trotz starken Heizens an den Füßen. Wir fangen an, unser Domizil als eine Art Gefängnis zu betrachten. Die Gnade läßt auf sich warten.

Las Oskar Maria Grafs *Einer gegen alle*, ein großartiges Buch. Einer der sehr wenigen, die den Mut haben, das Leben anzusehen, ohne sich eine grüne Brille aufzusetzen. Ein letzter Schritt fehlt, aber der würde ja auch über das Leben hinausführen ins Unbegrenzte. Aber hinab kann dieser ehrliche Mensch nicht sinken, in die Niederungen der Steguweits[12] und anderer Wartburg-Rösler[13]. Er kann nur noch hinauf.

20.11.33

Scharfe Ostwinde, aber glücklicherweise trocken.

Gestern, Sonntagabend, war Abschiedsfeier bei Kollegin Wagenknecht, die alte Garde der Bibliothek war versammelt, dazu Richter, Röbling[14] und die platinblonde Nachfolgerin der Wagenknecht. Es wurde ganz gemütlich-harmlos, sehr viel Scherze wurden erzählt, besonders von Röbling; auch Frau Schöningh steuerte einiges bei, was nicht wenig Heiterkeit und bei Röbling ein »quelle délicatesse!« hervorrief, zum Glück war ihr Mann nicht dabei, er kam erst später.

Gegen 1 Uhr fingen die Männer mit Grog an, und gegen 2 Uhr landeten wir beide im Stift in Mamas Behausung, wo wir übernachteten. Richter sah sehr blaß und elend aus. Hatte auch Grund dazu, war denunziert auf die gemeinste Weise. Einige Lieblichkeiten Wiesers wurden besprochen. Wer diese Wanze zerquetscht, erwirbt sich geradezu ein Verdienst. Aber Wanzen dieser Art haben ein zähes Leben. Es ist zudem mehr als deutlich, wie die Eifersucht und Angst voreinander und zum mindesten ein vollendetes Mißtrauen untereinander diese edlen »Volksgenossen« meines Berufes beseelt in einer Art Gleichgewicht erhält, so daß keiner den anderen stürzen kann, ohne befürchten zu müssen, selbst über Bord zu kippen. Das sind nun deutsche Volkserzieher! Das Groteske dabei ist, daß der Schwierigste von ihnen, Wieser, der einzige sein dürfte, der von einem gewissen Ethos beseelt ist, wenngleich dieses Ethos nur noch als die Karikatur eines solchen gelten kann. Die übrigen sind mehr oder weniger Glücksritter, ohne Substanz, ohne Originalität, ohne Haltung. Sie täuschen nur vor. Daß man dies sehen muß und auch noch auf die Protektion dieses Gesindels angewiesen sein soll, eine Protektion überdies, die ihre wohlerwogene Grenze am Eigennutz findet, das ist schwer hinunterzuschlucken.

Diese Zeit ist lehrreich. Wer aus ihr nicht lernt, wird nie etwas lernen. Was eine ganze marxistische Bibliothek nicht fertigbringt, das bringt diese Zeit fertig, ohne Theorie.

Ich las Shakespeares Königsdramen, und so ungleichwertig sie sind, so überzeugend wirken sie. Gerade jetzt. Natürlich nicht hinsichtlich ihrer historischen Wahrheit im einzelnen, auf die es wenig ankommt, sondern hinsichtlich des Umstandes, daß man früher solche Zustände für tempi passati hielt, nur weil die politischen Mittel anders aussehen. Diese Mittel sind, das wird man gewahr, dieselben wie heute, oder vielmehr: die menschliche Art, die sich ihrer bedient, ist dieselbe. Die Kindlichkeit der Vorstellung, als gäbe es sowas nicht mehr, nur weil man »zivilisierter« ist, enthüllt sich erst jetzt. Dabei stellt sich noch heraus, daß die rohe, offene Gewalt vergleichsweise ehrlicher ist.

Was hilft das alles! Man kommt zu Einsichten und merkt zugleich, daß man damit nichts ausrichten kann. Man erfindet nun Fest-Uniformen für die Arbeitsfront, das ist vordringlicher als geschichtsphilosophische Einsichten. Das Verwirrende in dem ganzen Vorgang ist dies: manches ist zu bejahen, selbst im Grundsätzlichen. Wer wollte leugnen, daß Gemeinnutz vor Eigennutz geht? Ein Gemeinplatz, gewiß, aber ein Gemeinplatz kann ungeheuer wichtig werden und an Strenge gewinnen, wenn eben seine Gemeinplätzigkeit beweist, wie wenig man an ihn glaubt. Kein Mensch kann im Augenblick ermessen, was längeren Atem hat: Schaden oder Nutzen eines Systems, das seine Leistungen ja erst vor sich hat. Es bleibt nur ein Gefühl des inneren Widerstandes, moralischen, ästhetischen Widerstandes, die Ablehnung der gemeinen Methoden, der Ruhmredigkeit, der Dummheit ...

Der Deutsche von heute ist politisch in einem Grade verwirrt und so ratlos geworden durch das vergangene Jahrzehnt, daß er vielfach das Gefühl hat: hier wird ein gordischer Knoten durchgehauen, den keiner vorher hat aufdröseln können. Es ist richtig: Zivilcourage fehlt auch bei denen, die eigentlich, ihrer Stellung entsprechend, dazu verpflichtet wären und sich's leisten könnten. Und manches bleibt unverständlich. Man versteht, wenn einer schweigt, weil er, täte er den Mund auf, binnen 24 Stunden erledigt wäre und seine Familie einem hoffnungslosen Nichts überließe. Aber es ist nicht zu verstehen, wie z. B. unser Verbandsvorsitzender Dr. Schuster in der Fachzeitschrift Aufsätze veröffentlichen kann, die mit seinen früheren Ansichten in krassem Widerspruch stehen. Warum erhebt er ein solches Geschrei, wer verlangt das von ihm? Kein Mensch. Er könnte schließlich sachlich bleiben und weltanschauliche Belange aus dem Spiel lassen. Vielleicht denkt er: um zu retten, was zu retten ist, tarne ich mich so, damit die Volksbildungsinstitute nicht in ganz unfähige Hände geraten, und damit wir Einfluß behalten. Aber gerade diesen Herren werden noch die Augen übergehen, und es wird ihnen recht geschehen. Sie werden hinten vom Pferd rutschen, wenn dieses zu galoppieren beginnt, und dann werden sie sagen: das haben wir nicht gewollt! Und der Teufel soll dann diejenigen holen, die etwa diesen Sonntagsreitern wieder aufhelfen wollen.

Der Reichstagsbrand-Prozeß erscheint in den Blättern nur

noch in kurzen, nichtssagenden Berichten. Das öffentliche Interesse daran erlischt in demselben Grade, wie die Berichterstattung abnimmt, und da für die allermeisten die Zeitung die Bibel vertritt, so kann man dieses Erfolges sicher sein. Vielleicht lebt die Sache in Leipzig wieder auf, Ortswechsel[15] wirkt ja immer belebend.

22.11.33

Buß- und Bettag, der inhaltloseste Feiertag einer inhaltlos gewordenen Religionsübung, willkommener Feiertag wie jeder andere für Schüler, Soldaten, Beamte usw., an dem man seinem Vergnügen (mit »ernsten Darbietungen«) nachgehen kann. In Berlin gab es vor nicht langer Zeit in der Komischen Oper eine Revue unter dem Titel *Tausend nackte Frauen*[16], eine Fleischbeschau, die an Massenhaftigkeit alle anderen Darbietungen dieser Art in den Schatten stellte und in langer Serie Abend für Abend lief. Für den Buß- und Bettag setzte die Direktion *Glaube und Heimat* aufs Programm ...

Der November hat dieses Jahr ein ausnahmsweise freundliches Gesicht gemacht und den grämlichen Feiertag mit schönem Wetter ausgestattet.

Speiste gestern wieder zu Mittag mit Dr. Herrmann, diesmal mit einem sehr deprimierten und pessimistischen Dr. Herrmann.

Abends waren wir in meines Schwagers »Empirischer Gesellschaft«[17], einer halb naturwissenschaftlich, halb philosophisch orientierten Vereinigung von Fachleuten, und hörten einen sehr spezialwissenschaftlichen Vortrag von einem Fräulein Professor Sowieso über Probleme der Vererbungslehre. Es war vergleichsweise wohltuend, in einer vom Willen zur Objektivität erfüllten Luft zu atmen, obwohl diese Luft, physisch empfunden, erstickend heiß wirkte. Die kleine Professorin hatte etwas überaus Eifriges, sozusagen blind Tapferes in ihrem Wesen. Meines Schwagers Einleitungsworte betonten stark den wert- und weltanschauungsfreien Charakter der Gesellschaft für wissenschaftliche Philosophie. Was ja freilich, genau genommen, sehr übertrieben ist. Denn diese Leute glauben ja an den Wert der Wahrheitsfindung, und mit Recht – aber der wäre ein Narr, der vermeinte, jenseits alles Wertens, alles »Existenziellen«, alles Weltanschaulich-Gebundenen zu stehen, wenn er Wahrheiten aussprechen und verteidigen will. Schon der Gegensatz zu den Mächten, die dieser »Objektivität« abhold sind: gesetzt den Fall, ein Mitglied dieser Empirischen Gesellschaft, ein Vertreter dieses Strebens nach wissenschaftlicher Philosophie, käme in die Lage, für seinen Wahrheitsbegriff mit seiner ganzen Existenz einstehen zu müssen – und dies kann sehr leicht möglich werden –, und gar den Fall gesetzt, er ließe sich eher das Leben nehmen, als sein Prinzip preiszugeben, geschähe dies nur um der »Wahrheit« willen? Um die Tatsache, daß sich die Erde um die Sonne dreht? Hier trifft man vielleicht auf den wichtigsten neuralgischen Punkt dieser Zeit.

Wir saßen mit Walter noch lange auf. Kamen sehr ermüdet nach Hause. Eben liest mir Grete einen Spruch vor, den sie bei Jesus Sirach[18] gefunden hat: »Wie ein Nagel in der Mauer zwischen zween Steinen steckt, also stecket die Sünde zwischen Käufer und Verkäufer.« Und das sagte ein Jude. Was nun, ihr kaufenden und verkaufenden Arier? Die ihr sogar eure Überzeugung verkauft? z.B. die Brechung der Zinsknechtschaft, die Sozialisierung der Banken, der Warenhäuser, euer ganzes unabdingbares Programm verkauft gegen ein paar billige Fetzen wie drei Wochen Urlaub für Arbeiter ...

2.12.33

Die Unternehmung vom 21.11.[1] bekam uns nicht gut; Grete kam schon mit einer Erkältung hier an, lag zwei Tage zu Bett, und dann bekam ich's, gleich mit Fieber. So fiel denn meine Lehrtätigkeit in dieser Woche aus. Heute morgen fuhren wir nach Spandau, machten einige Besorgungen und blieben bis 3 Uhr bei Mama. Im Amtsgericht erfuhr ich, daß die Eintragung unseres Grundstücks nun erfolgt ist, und bestellte eine Abschrift.

Seit einigen Tagen liegt Schnee, nicht viel, aber doch noch so viel, daß die Felder hübsch weiß leuchten im Mondschein und die Rüben-Mieten aussehen wie Weihnachtsstollen.

Wir haben wieder Umzugspläne, d.h. für den Winter nach der Stadt zu gehen. Aber woher das Geld dazu herkommen soll, ist vorläufig ganz unerfindlich.

Morgen, Sonntag, werden wir bei Henneckes sein. Als Grete noch lag, kam einmal Erich Müller heran, ich begleitete ihn bis zum Schwanenkrug und holte mir wahrscheinlich bei dem nassen Wetter die Erkältung. Müller wußte weiter nichts Besonderes zu erzählen, er war etwas verklaust und offenbar wenig angeregt.

Während dieser stillen Tage lasen wir fleißig. Grete zum 2. Male die *Geschichten Jaakobs*, wobei sie ein paarmal sogar daraus vorlas und festzustellen war, daß diese Geschichten sich gut zum Vorlesen eignen. Man liest ja viel zu wenig laut, und hört zu wenig. Ich las meine Besprechungsbücher und Shakespeare: *Hamlet*, *Kaufmann von Venedig*. Bei dem letztern, den ich immer gemieden habe (wohl weil mein Vater ihn mochte) staunte ich über die Schönheit des Stückes. Shylocks Gestalt übrigens bietet keine besonderen Rätsel, jedenfalls nicht hinsichtlich seiner Auffassung. Von meinem Vater her war mir erinnerlich, daß diese Rolle Ausdeutungen moderner Art ausgesetzt war (er hatte wohl Schildkraut[2] in der Rolle gesehen, der, glaube ich, eine tragische Figur daraus machte), und sprach mit Grete darüber, der das Stück durch die Schule etwas verleidet war, wie Schiller. Wie angenehm, so etwas spät kennenzulernen, mit gewachsenem Sinn! Ich genoß die Dichtung außerordentlich. Was Shylock betrifft: ich war nun sehr gespannt, Landauer darüber zu vernehmen, und war angenehm berührt und stellte es mit Achtung fest, daß dieser begeisterte Shakespeare-Ausleger die Gestalt des Juden streng nach dem dichterischen Gesetze des Stücks kommentiert.

Bei der Gelegenheit erfuhr ich, daß es in England zu Shakespeares Zeiten keine Juden gab, daß erst Cromwell (!) sie wieder einbürgerte. Ein hübscher Witz der Geschichte.

Es ist nun gerichtsnotorisch, daß Richard III. der Mörder der beiden Söhne Eduards IV. gewesen ist; durch Röntgenuntersuchung hat man das Alter der Buben festgestellt[3], wonach sie zu Heinrich VII. Zeit schon tot waren. Tja, das hätte sich Richard nicht träumen lassen, und Shakespeare auch nicht.

Der »Kartoffelfinger«[4] in *Troilus und Cressida* brachte uns auf das Bacon-Problem[5]. Der beste Einwand gegen die Bacon-Theorie scheint mir zu sein, daß schwerlich ein Renaissance-Wissenschaftler und Kulturmensch die Selbstüberwindung besessen hätte, sich hinter einem wenn auch beliebten Schauspieler zu verstecken, ohne auch nur ein Zeichen zu hinterlassen, daß er es doch gewesen, um wenigstens den Nachruhm zu sichern. Das wäre ein noch größeres Wunder als Shakespeare selbst. Der zweitbeste Einwand stammt natürlich von Shaw: Die Dramen von Shakespeare sind gar nicht von Shakespeare, sondern von einem Mann gleichen Namens – sagte er und schaffte damit das Problem aus der Welt. –

Die Bettlägerigkeit hatte durch allerlei Nachdenken einen

Aufsatz über das »Volksbuch«[6] gezeigt, den ich gleich beim ersten längeren Aufsein schrieb, angeregt durch v. Grolmans[7] Thesen in der *Neuen Literatur*.

9.12.33

Sozusagen über Nacht beschlossen wir, in Berlin-Friedenau ein kleines möbliertes Zimmer zu mieten, da der Zustand hier immer unmöglicher wird. Kälte und Schmutz sind nicht mehr zu besiegen. Die Kälte dringt durch Wände und Fenster, und den Schmutz trägt Jackie an seinen dicken Pfoten herein. Wir haben das Zimmer in der hübschen und stillen Evastraße gefunden, bei einer Dame, die wie eine etwas verblühte Krankenschwester aussieht und aus Krefeld sein könnte.

Fing heute in der Bibliotheksschule wieder an. Traf hinterher Dr. Herrmann, später in Spandau Dr. Wieser, der mich fast eine Stunde lang festhielt. Während ich bei ihm war, kam ein Anruf aus Treptow, und es ergab sich folgendes: der Bezirk Treptow will eine Straße nach Walter Flex[8], dem Dichter des vorigen Krieges, benennen, hat aber irgendwo läuten hören, daß Flex Halbjude gewesen sei, beauftragte den Treptower Büchereileiter, darüber Klarheit zu schaffen, dieser wandte sich an Dr. Wieser, dieser beauftragte Schöningh – dies alles um Flexens Rasse festzustellen, damit der Bezirk Treptow davor sicher ist, einen im Weltkrieg für Deutschland gefallenen Halbjuden zu ehren. Damit beschäftigen sich deutsche Volksbildner 1933! Wir Deutschen fürchten Gott, sonst nichts in der Welt, und am deutschen Wesen wird die Welt genesen. Wenn sie an Lakaien genesen will, so mag's ihr wohl bekommen.

Wenn ich dergleichen sehe, vergeht mir radikal die Lust, an dieser Posse mitzuwirken – dieser Posse, die eigentlich ein Trauerspiel ist. Man wird es müde, darüber nachzudenken, man hat nur das Gefühl: nein, das kann nicht gutgehen. Wieviel leichter hat es in moralischer Beziehung ein Jude, von dem niemand verlangen kann, daß er noch einen Funken Liebe für Deutschland empfindet. Aber wer selbst Deutscher ist, und das bin ich schließlich, jedenfalls hänge ich daran, wer also innerlich ein Deutschtum bejaht, das freilich mit dieser Entartung nichts zu tun hat, der kann in schweren Trübsinn verfallen. Ein Jude zu sein, ist schon nicht leicht; ein Deutscher zu sein, ist jetzt einfach furchtbar. Was ist es mit diesem Unglücksvolke, das anscheinend so gutmütig, zweifellos tüchtig ist und an Tiefe der Anlagen hinter keinem zurückzustehen braucht – wie kommt diese Gottverlassenheit zustande? Denn es macht den Eindruck, gottverlassen zu sein, im populären wie im eigentlichen Sinne dieses Wortes. Ein entsetzlicher Hang zum Doktrinarismus verdirbt ihm das Leben, ein Hang, der, mit Untertanengeist gepaart, die Menschen völlig verkrampft, besonders in den mittleren Regionen der Gesellschaft.

Im Autobus neulich vernahmen wir das Gespräch zweier Frauen aus dem Dorf. Es war die Rede von der Gutsherrschaft, und die Majorin erschien in der Unterhaltung als »Gnädige Frau« – nicht einmal »die gnädige Frau«, sondern ohne Artikel, der offenbar als profanisierend empfunden wird. »Gnädige Frau« war gestern da und da. Eine wahrhaft religiöse Verehrung wird dieser Dame zuteil, auf die Staubgeborenen fällt bei der magischen Nennung ein Glanz der Gnade; nichts könnte diese Weiber bewegen, das Ding bei Namen zu nennen, wie es dem Volke Israel verboten war, seinen Gott mit dem eigentlichen Namen anzurufen. »Gnädige Frau« war verreist, aber sie ist allgegenwärtig, sie k ö n n t e es ja hören, wenn eine Dorffrau die Vermessenheit besäße, einfach »die Risselmannsche« zu sagen.

Solche kleinen, an sich lächerlichen Erlebnisse belehren einen immer wieder darüber, daß es in Wahrheit keine abgeschlossenen Zeitalter gibt. Das eben Aufgezeichnete ist reinstes 18. Jahrhundert, in einem Vehikel, von welchem sich dieses Säkulum nichts träumen ließ.

Berlin-Friedenau, 30.12.33

Am 12. Dezember zogen wir, unter Verstauung des Gepäcks auf ein Lastauto, hierher, richteten uns ohne viel Mühe ein und beschäftigten uns die ersten zwei Tage damit, langsam aufzutauen. Groteskerweise bekam Grete einen Schnupfen, wir verweichlichten in dem zentralgeheizten Zimmer binnen kürzester Frist.

Die größte Schwierigkeit, vom Gelde abgesehen, bot Jackie. Der arme Kerl mußte draußen bleiben. Ein ältliches, etwas verwirrtes Fräulein namens Kasischke, das selbst einen Hund besitzt, erbot sich, Jackie in Pension zu nehmen. Nach zwei Tagen hatte sich Jackie in Frl. Kasischkes Hündin verliebt und schuf einen unhaltbaren Zustand. Bäcker Hinz, unser Hauswirt, übernahm ihn mit saurer Miene, und ich war, als ich hinausfuhr, um die Sache zu regeln, ebensowenig erbaut davon, denn der Hund verkommt dort aus Mangel an Beschäftigung und Pflege.

Inzwischen ist Weihnachten vergangen. Auf den Plätzen Berlins standen Weihnachtsbäume mit elektrischen »Kerzen«, ziemlich albern und wirkungslos. Wir hatten nur ein Miniaturbäumchen im Topf; bei Schwager Walter, wo wir den heiligen Abend verbrachten, war überhaupt nichts Weihnachtliches zu sehen außer Essen und Bowle. Wir, d. h. die Männer, tranken bis 3 Uhr, es gab Grammophon-Musik (*Dreigroschenoper*), die überhaupt den Abend würdig einleitete mit dem amerikanischen song: »Sing the chorus together, bali bali bambam«, in welchem mehr von Amerika zu hören ist als in vielen Büchern, eine elementare Lustigkeit, verwegen, unbehaust und mit einem Unterton von Melancholie. Wir waren in ausgesprochen galgenhumoristischer Stimmung.

Unsere Wirtin gleicht einem verscheuchten, zerrupften Stubenvogel. In der Vierzimmerwohnung herrscht eine trostlose Öde, in der die bedauernswerte Person herumflattert wie in einem Käfig. Ihr Gesicht kann man gar nicht behalten, sobald sie weg ist, erlischt augenblicklich jede Erinnerung daran wie ein undeutlicher Fleck. Sie hat weitreichende verwandtschaftliche Beziehungen internationaler Art, ist aber sehr deutschnational, auf eine Art, die viel mit ihrem irrsinnigen Umherflattern zu tun hat. Sie hat zwei Töchter, und die gehören bereits einer anderen Welt an. Die ältere arbeitet im BDM, bekleidet in dieser staatlichen Organisation bereits ein wichtiges führendes Amt, die jüngere geht noch zur Schule. Sie sind frisch, gesund und rücksichtslos, sie wirken wie junge Bolschewiken, obwohl sie weit davon entfernt sind, einen kommunistischen Gedanken für zulässig zu halten. Wenn man die Wahl hat, zieht man die beiden Mädels der gespensterhaften Mutter doch vor.

Ein Blick in die Spielpläne und Theater und Kinos offenbart einem die vollständige Haltlosigkeit der Leute, denen man, ohne Widerspruch fürchten zu müssen, dieses Zeug vorsetzen kann. Hanns Johst[9] hat sich beurlauben lassen, man weiß nicht, warum.

In der Außenpolitik sieht es grausig aus. Hitler ist merkwürdig still geworden. Heß redete am 24. Dezember, am Silvesterabend redet Goebbels. Es ist ziemlich gleichgültig, wer redet, es sind Blasen aus einem Sumpf allgemeiner Entwertung, einer Art Inflation. Die Währung ist übrigens intakt (oder tut wenigstens so), aber alles andere befindet sich in vollständiger Dekomposition, wozu das ewige Gerede vom »Organischen« recht gut passen dürfte. Diesen Bergrutsch kann keiner aufhalten, und in einer Art ist es ein Glück, daß eine Diktatur da ist: sie hält den Apparat wenigstens äußerlich zusammen, sonst wäre das Chaos offenbar von katastrophalem Ausmaß.

Bezeichnenderweise dienen einige Spielereien dazu, vom Eigentlichen abzulenken. Dahin gehört z.B. der germanische Naturpark, den Herman Wirth in der Nähe des Schwielow-Sees einrichten soll. Wirth hat mit der Herausgabe der sogenannten Ora-Linda-Chronik[10] endgültig den Beweis geliefert, was es mit seiner »Wissenschaftlichkeit« auf sich hat, indem er diese angeblich in grauester Vorzeit entstandene *Friesische Chronik*, die bereits vor einigen Jahrzehnten als Fälschung bekannt war, ernst nahm. Friedrich Ranke[11] und andere Germanisten haben dagegen Einspruch erhoben; da Wirth wieder freies Fahrwasser gefunden zu haben scheint, kann ihnen das schlecht bekommen. Sein Naturpark wird eine Sehenswürdigkeit werden, mit Elchen im Walde und germanischen Einbäumen auf den Tümpeln sowie Burschen und Mädchen, die in germanischer Tracht das Urleben mimen sollen. Sumpf! Und dafür gibt es Geld, bei annoch 6 Millionen Arbeitslosen.

Wir haben viel gelesen, Essays von Strachey[12], die beneidenswert gut sind. Mehrere Romane von Wallace, die mich schließlich zu Conrad (*Sieg*) greifen ließen, der ebenso spannend ist und ein Zauberer, wo Wallace ein Mechaniker ist.

1934

Draußen scheint der Mond. Unser Haus steht
in einem verwunschenen Wald.

1.1.34

Das Neue Jahr 1934 hat begonnen, mit dem üblichen Silvesterkrach, Feuerwerk usw. Wir waren in unserem Zimmer geblieben, nachdem wir nachmittags im Kino waren, wo wir ein Stück sahen, das von einem mittelmäßigen Sekundaner inszeniert schien und im übrigen bewies, daß man ein Star sein kann, ohne irgend etwas zu können. Diese gepflegte Langeweile der Ufa, dieser Mangel an künstlerischem Instinkt: wir bereuten es bitter und verbrachten den größten Teil des Abends mit Lektüre. Gegen Mitternacht machten wir uns einen harmlosen Punsch zurecht und hörten die Glocken das neue Jahr einläuten, sahen über den halbdunklen Hinterhöfen Raketen platzen und hörten dann eigentümlichen Lärm: Stimmen, dumpfes Knallen ...

Ich hatte den ganzen Abend Joseph Conrads Sieg gelesen, las die letzten 3 Seiten noch im neuen Jahr zu Ende, erschüttert und hingerissen von der unvergleichlichen Seele dieses Mannes.

2.1.34

Gestern abend noch lange Unterhaltung über Joseph Conrad. Grete meinte, daß bei Conrad die Welt dadurch ihren Sinn erhielte, daß unter soviel Schurken immer einige Anständige wären, Gute usw. Bei näherer Betrachtung sind Conradsche Helden wie Jim und Heyst aber nicht gut, obwohl sie zweifellos »anständig« sind. Ihre Anständigkeit erinnert ein wenig an Buschs Definition des Guten: »Das Gute, dieser Satz steht fest, ist stets das Böse, das man läßt«, mit anderen Worten, es sind keine Charaktere. Sie sind problematisch in einer besonderen Weise, sie sind nicht ganz drin in der Wirklichkeit des Lebens. Es ist mehr die Abwesenheit bestimmter Eigenschaften, die sie auszeichnet. Ein deutlich fühlbarer Mangel haftet ihnen an, so als ob ihnen etwas Wesentliches fehle, das Menschen erst zu Menschen macht.

Aber gerade diese Leute sind gezeichnet vom Schicksal. Wenn jeder Mensch ein bestimmtes Kraftfeld tätiger Ausstrahlung um sich verbreitet, so ist das Kraftfeld dieser Jims und Heysts dadurch bestimmbar, daß es vermöge einer sonderbaren Art von negativer Ladung – man könnte von Unfähigkeit reden – Schicksal in drohendem Ausmaß anzieht. Ihre Passivität läßt sie alles auf sich nehmen, und ihre »Anständigkeit« besteht darin, daß sie die Folgen ihres Tuns auf sich nehmen und dadurch Überlegenheit gewinnen. Der Charakter bleibt unverändert, aber er bleibt so ungeschlossen wie vorher. Die Bösewichte und Lumpen besitzen mehr Charakter als sie; aber sie sehen das Schicksal, und es erhebt sie. Sie werden oder sind schuldig. Die anderen sind nur kriminell belastet, wie der prachtvolle Ricardo im *Sieg*, der ein voller runder Mensch ist, oder auch ein Tier, amoralisch, kriminell und verwegen und vollständig unproblematisch. Heyst ist schuldig, Ricardo ist keineswegs »schuldig«, sondern nur ein Verbrecher und im übrigen viel hellsichtiger als Heyst. So hat er vollständig recht, wenn er dem Mädchen klarmachen will, daß Heyst sie doch wieder fallen lassen wird. Er paßt zu Lena auf mehr als eine Weise, er ist das Leben: grausam, gewissenlos, herrlich und tapfer und unmenschlich. Heyst, der sich vor dem Leben ein Leben lang gedrückt hat, der das Leben entwertet, freilich mit guten Gründen, Heyst ist menschlich, vielmehr er muß es erst werden, und die Tragödie seines Schicksals, der »Sieg« überfällt ihn im Augenblick da das Mädchen stirbt – in diesem Augenblick liebt er sie wirklich und würde sie immer lieben, Ricardos Meinung widerlegend.

Die Dialektik Conrads ist so einzigartig, daß ich keine Analogie dafür wüßte. Es ist das Conradsche Problem, mit dem übrigens auch seine Standpunkte-Technik zusammenhängt. Sie zeigt an, daß es keinen Standpunkt gibt, der das Problem ins rechte Licht setzte. Daher weiß auch der abgeklärte Marlow über Jim nicht Bescheid, von dem guten Davidson in *Sieg* zu schweigen. Conradsche Prozesse finden unter Ausschluß der Öffentlichkeit statt, das ist das Aristokratische an ihm. Er entzieht seinen Jim, seinen Heyst auf die raffinierteste und zugleich einfachste Weise dem Zugriff der Öffentlichkeit, d.h. der Moral. Auf die einfachste Weise, denn seine Erzählungskunst beruht auf der Erzählweise einfacher Menschen, Matrosen, Kapitänen und schließlich seiner selbst, der sein Ich weit vom Mittelpunkt der Erzählung fernhält.

8.1.34

Gestern war Dr. Richter hier, der sich mehr und mehr nach der soldatischen Auffassung des Lebens zuneigt. Die Metamorphose ist drollig: aus einem zarten und ästhetischen Muttersöhnchen wird ein beinahe zynischer Landsknecht. Man betrachtet das mit Verwundern und fragt sich, was das Echtere an ihm ist.

Mein Stück ist von Stettin, abgelehnt, zurückgekommen. In dem Brief, den Dr. Herrmann mir gab, hieß es, einige Scenen seien nicht bühnenwirksam, eben die teichoskopischen Scenen.

Mit unserer Wirtin stimmt irgendetwas nicht. Sie schien uns neulich im Verdacht zu haben, silberne Gabeln zu klauen. Eine lächerliche Atmosphäre. Bourgeoisie in letzter Auflösung. Mit ihren Töchtern hat die Frau mancherlei Schwierigkeiten. Die Mädels, wenigstens die Ältere (die indessen auch noch ein halber Backfisch ist), fahren ihr rücksichtslos über den Mund und haben offensichtlich nicht eine Spur von Respekt vor ihr. Wo soll der auch herkommen? Zu der BDM-Führerin kommen oft aus der Nachbarschaft gegen Abend noch Mädels in irgendwelchen Angelegenheiten. Es sind z.T. Kinder aus ärmeren Familien, und die Mutter beklagte sich einmal über den schlechten Geruch, den sie ins Haus brächten. »So, und du glaubst, wir riechen besser?« rief die Tochter empört und hielt der verstört blickenden Dame ihren Mangel an sozialer Gesinnung vor.

Was diese jungen Menschen, auch aus hochbürgerlichen Familien, so leicht der NSDAP in die Arme treibt, das ist in der Tat ein sozialistischer Trieb, durchaus echt in seiner Gesinnung. Sie haben es seit langem satt, in einem bürgerlichen Klassenbewußtsein zu leben, das seit dem vorigen Kriege starke Einbußen erlitten hat und seiner selbst nicht mehr sicher ist. Es ist der Generationengegensatz, den der letzte Krieg hervorrief: es war die alte Generation, die den Krieg und damit ihr Prestige verlor. Die neuen Lebenskräfte, die hervordrängten und deren Wesen mit dem Wort Sozialismus nur ungefähr und oberflächlich bezeichnet wird, sind außerordentlich komplexer Natur. Man könnte sich fragen, warum solche aus der Bourgeoisie heraustrebenden jungen Kräfte nicht der KPD zuströmten, statt sich in den nationalsozialistischen Rausch zu werfen. Aber 1. ist das nicht selten geschehen – Menschen wie Ludwig Renn[1] sind ein starkes Beispiel dafür, 2. aber lag der Grund, daß dies nur Ausnahmen blieben, in der KPD selbst, ihrer allzu doktrinärwissenschaftlichen Ideologie, die ständig hinter den Ereignissen herhinkte. In einem Gespräch mit einem Intellektuellen im Jahre 32, einem Argentinier von sympathischer Klugheit, meinte dieser hinsichtlich der von den Nazis bedrohten innerpolitischen Lage: ja, dies müßte man noch analysieren. Worauf ich nicht umhinkonnte, ihm zu erwidern: während Sie analysieren, marschieren die anderen. Sein Ausspruch schien mir überaus charakteristisch zu sein für eine Haltung, die nie dazu kam, eine wirkliche Volksbewegung auszulösen. Die sozialistischen Antriebe, an sich zahlenmäßig sehr stark, waren in Vereinigungen festgefahren, von den kommunistischen Jugendgruppen bis zum Deutschnationalen Handlungsgehilfenverband[2], die sich gegenseitig durchaus nicht grün waren, aber eben dadurch einander lahmlegten. Die KPD bekam Direktiven, etwa zur agitatorischen Behandlung des Landvolks, als die Nazis ihnen längst den Wind aus den Segeln genommen hatten. Und diese besaßen die Schlauheit, jedem seine Suppe zu würzen, von der Schwerindustrie bis zum Arbeiter, indem sie jedem das in Aussicht stellten, was jeder wünschte: Nationalbewußtsein, außenpolitische Freiheit, Sicherheit vor dem kommunistischen Umsturz, sozialistische Maßnahmen: sie machten ein politisches Warenhaus auf nach einem an sich »demokratischen« Prinzip: alles für das Volk, alles durch das Volk. Der Übergang, vielmehr die Umschaltung dieses Prinzips zur Diktatur, ja zur Tyrannei ist ein geschichtlich zu bekanntes Phänomen, als daß man sich darüber verwundern dürfte. Zu verwundern ist nur, daß das so wenigen zu Bewußtsein kommt, außer den Machthabern selbst, die in dieser Beziehung wohl sehr genau wissen, was sie wollen. –

Über uns brausen Flieger, unwillkürlich denkt man an Krieg, der ja in immer greifbarere Nähe rückt, Deutschland ist in einer Lage, der eine Fortdauer des Friedens teuer zu stehen kommen kann. Und ein Krieg? Man wagt nicht, sich das auszumalen. Es gäbe eine Katastrophe sondergleichen. In diesem Zusammenhang ist ein Artikel von einem gewissen Joseph Drexel[3] bemerkenswert, der Militarismus und Soldatentum vergleicht. Er weist den Vorwurf des Militarismus ab und spricht für Soldatentum in weiterem Sinne: Ideologie auf Flaschen gezogen, in einem Ton selbstzufriedener Überheblichkeit, wie wenn Dr. Wieser vom »Nordischen« redet. Dazu jene Weltfremdheit, die sich auf den Satz versteift: bei uns ist eben alles anders, d. h. besser. Und das meiste sind banale Richtigkeiten, die sehr schnell unerträglich werden. Das ist kein Glaube, sondern nur eine Art Kirchlichkeit. Wenn ein Lebensgefühl zum Range eines alles andere ausschließenden Prinzips erhoben wird, so ist es mit dem Leben schon aus, und der trockene Schleicher Wagner klopft an Faustens Tür.

18.1.34

Die Bibliotheksschule begann gestern wieder, der Endspurt zum Examen kommt. Die Bibliotheksschule in Stettin hat mich aufgefordert, dort Gastvorlesungen zu halten, ebenfalls in der Lehre vom Volk, für die sich dort anscheinend keine Autorität findet. Es ist eine Ironie sondergleichen, daß ich das sein soll. Bei meinen Studien bemerke ich, daß, sollten wir im Verlauf des Semesters zu den NS-Theoretikern kommen, sich ihre völlige Unoriginalität herausstellen wird, ja, daß ihre Ideologie den historisch überlieferten Ideen im Grunde widerspricht. Quod erat demonstrandum – jetzt kann ich das noch, solange alles noch im Fließen ist. Erstarrt der Brei endgültig, so wird's damit aus sein.

Ernst Pfeiffer war hier, gesünder und lebhafter als früher, in erstaunlich heftiger Opposition gegen die Nazi-Herrschaft, die, wie er meinte, einen großen Gegner habe: die ganze deutsche und preußische Vergangenheit. Aber ist eine »Vergangenheit« ein wirklicher Gegner?

Gestern abend erschien Richter und erzählte von einem Zusammenstoß mit Herrmann, der mehr und mehr an Haltung verliert und unberechenbarer als je wird. Seine Felle sind so gut wie fortgeschwemmt, und wenn Schuster im Frühjahr kommt, so wird bei dem Intrigenspiel Herrmann den kürzeren ziehen. Ich wäre froh, wenn ich mit der ganzen Sippschaft nichts mehr zu tun hätte.

Schönwalde, 3.3.34

Am 1. März sind wir wieder in unsere »Verbannung« gezogen und stellten dabei zum 10. Male fest, daß man viel zuviel Kram mit sich herumschleppt. Nun kämpfen wir aufs neue gegen den Dreck, den Jackie in alter Treue wieder ins Zimmer schleppt. Der Hund war außer sich vor Wiedersehensfreude; er ist dick und stark geworden, da er auf dem Hof ein faules Leben führte und sich wahrscheinlich an Eiern gemästet hat, jedenfalls sieht er einem Bären ähnlicher als je. Was die Eier betrifft – ich entdeckte, daß ihm ein Eckzahn fehlt, und möchte fast annehmen, daß der ordnungsliebende Bäcker Hinz dem Eierdieb mal eins in die Schnauze versetzt hat. Denn der Hund zeigte sich schon im vorigen Jahr sehr findig auf dem Hühnerhof.

4.3.34

Die Zeit, die wir in Berlin verbrachten, erwies sich bei näherer Besinnung als nicht sehr erfreulich. Das möblierte Dasein bei der Dame Schurer-Stalle[1] hatte seine Schattenseiten; wir haben sie im Verdacht, gestohlen zu haben. Auf jeden Fall war sie unreell und ziemlich verlogen mit ihrer polnischen Wirtschaft. Wir sind froh, hier wieder sauberere Luft atmen zu können.

Im übrigen war der Februar ziemlich anstrengend. Ich habe in der Schule allerlei nachzuholen, dazu die Vorträge in Stettin. Dort war die Bekanntschaft mit Ackerknecht als interessant zu vermerken, Saltzwedel kannte ich schon, Reinholdt und seine Frau bereiteten mir einen herzlichen und etwas langweiligen Abend, und vor allem war der Kontakt mit Schrader zu erneuern, der einen bösen Kollaps durchgemacht hat. Wir hatten längere Gespräche über Berufliches, Bildungspolitisches. Schrader hat gute Gedanken, aber er ist kein Menschenkenner und Behandler. Es ist schade um diesen wertvollen Menschen, er reibt sich auf in einer fast unhaltbaren Situation. Gerade als Außenseiter konnte man in Stettin erfahren, wie verworren die Situation ist, wie wenig Worte und Aufrufe zu besagen haben, wenn der »rechte Geist« fehlt. Der Umsturz ist der Volksbildung wie ein Dachziegel auf den Kopf gefallen; infolgedessen laufen alle ziellos durcheinander wie ein gestörter Ameisenhaufen, und keiner weiß, was werden soll, und so wendet sich einer gegen den anderen. Der Mangel einer bildungspolitischen Zielsetzung, sei es einer sozialistischen, sei es einer nationalsozialistischen, zeigt sich jetzt in verhängnisvollem Maße, was man lange vorausahnen konnte. Der Effekt ist zunächst völlige Verwirrung. –

Ich werde nun die Lehre vom Volk in Buchform[2] zu bringen versuchen. Die Umrisse und die Ergebnisse sind hinreichend klar, um damit zu beginnen. Dann ist da ferner unser Haus. Wir haben einiges Geld zur Verfügung. Die Schwierigkeit ist, zuverlässige Leute zu finden. Das Unternehmen Richter aus Spandau versprach einen Kostenanschlag, mit dem es heute noch nicht zu Rande gekommen ist.

8.3.34

Gestern abend Zusammenkunft in Berlin mit Dr. Schuster, Dr. Herrmann und einigen anderen vom Fach im »Heidelberger«, einem Lokal in der Friedrichstraße, das seine Räume auf »Volk« geschmückt hat. Jeder Raum repräsentiert eine bestimmte Gegend Deutschlands und das entsprechende Volkstum, mit Trachten, Getränken, Musik usw. Wir saßen im »Schwarzwald« an blanken Tischen und tranken schlechten

Wein, von Berliner Kellnern in Schwarzwälder Tracht serviert. Eine kesse platinblonde Berlinerin in der Tracht eines Schwarzwälder Bauernmädchens hielt Zigaretten feil, ein anderes Aquavit, und so grassierte dort die sinnigste Volksverbundenheit auf eine karnevalistische Weise, die jedem Provinzonkel wohltun muß.

Dr. Herrmann hatte mal wieder ein Windei gelegt, worin eine Schriftleiterstelle für mich lag, an der *Bücherei*[3]; ich sollte schon meine Bedingungen ausklügeln. Es war, wie immer, gut gemeint, aber gegenstandslos. Schuster entschuldigte sich sozusagen, daß er bereits einen Kandidaten dafür bereithielt, einen NS-Parteigenossen – für mich also gar nicht daran zu denken. Ich denke auch ohnehin nicht daran.

Es waren lauter Kollegen, über deren frühere Anschauungen, mit einer Ausnahme vielleicht, für mich keinerlei Zweifel bestand. Diese Ausnahme, jetzt Büchereileiter in einem Berliner Bezirk, ist einfältig genug, mit krauser Stirn die Wichtigkeit der heutigen NS-Ideologie und seiner selbst für selbstverständlich zu erachten. Die anderen ohne Ausnahme schwanken zwischen Zynismus und behaglicher Loyalität. Immerhin konnte der Witz über Goebbels (»Sieht er nicht aus wie Apoll?« – d. h. wie »a polnischer Jud«) ausgiebig belacht werden. Damit halten sich diese Herren schadlos für ihr im Grunde schlechtes Gewissen. Aber mehr leisten sie sich keinesfalls.

Keiner oder fast keiner darf sich angesichts der nationalsozialistischen Praxis hinsichtlich seiner Vergangenheit so unbelastet fühlen, daß er nicht gefährdet wäre, wenn es dem Nachbarn einfällt, ihm was anzuhängen. Um so bemerkenswerter ist es, daß Dr. Wieser bis jetzt sein Feld behauptet hat. Die anderen geben klein bei, freuen sich an ihren geheimen Schachzügen, die doch zu nichts führen, weil irgendein anderer, etwa Dr. Wieser, ihnen immer wieder die Figuren einfach umwirft. So verklausuliert sie sich untereinander ausdrücken, so handeln sie auch. Nur im amtlichen Organ, der Fachzeitschrift, da sind sie alle 100 bis 200%ig ein Herz und eine Seele. Und in den Händen solcher Leute liegt etwas ursprünglich Schönes: die Volksbildung. Was in ihren Händen liegt, ist indessen nicht Bildung, sondern nur ein Apparat, und so wird die Bildung zum Teufel gehen, weil keine Idee, kein Glaube dahintersteht.

Inzwischen haben wir etwas viel Reelleres gefunden: einen Mann, der unser Haus zu Ende bauen will. Unser kleiner Kohlenhändler, der mit seinem Wägelchen in Siedlung und Dorf umherfährt und Briketts ablädt, erbarmte sich unser und riet uns, zum »alten Huuk« zu gehen: der sei ein ehrlicher Mann. Der alte Huuk wohnt in der Siedlung, ich fand ihn nach einigem Suchen im Walde, in einer Holzbude mit Zimmermannswerkstatt, ein langer hagerer Mann, bei dessen Anblick mir sofort der alte Lederstrumpf einfiel; Jackie freundete sich sogleich mit ihm an, Liebe auf den ersten Blick, und das gab mir schon viel Vertrauen. Wir saßen lange beisammen und plauderten. Es wurde sehr bald klar, daß wir uns in politicis vollkommen einig waren. Diesem Lederstrumpf war es ähnlich ergangen wie mir. Er hatte an einer Fachschule unterrichtet und war durch einen politisch einwandfreieren Nachfolger ersetzt worden, da er außerstande ist, dem Nationalsozialismus die geringste Konzession zu machen. Auf seine einfache Art sieht er, alter Sozialdemokrat, der er ist, die Dinge völlig klar. So packte er sein Handwerkszeug zusammen und zog in den Wald, pflegt seine Hühner und findet Arbeit genug für seine schmalen Bedürfnisse in dieser Siedlung. Hugo Huuk heißt er, unheimlicher kann man nicht heißen, aber was nützt mir die nordische Helligkeit des Architekten Gerhard Helgen, wenn der Mann so trügerisch ist wie ein Sumpf? Hugo Huuk, der komischerweise einen Kneifer trägt, schüttelte mir beim Abschied die Hand und gab die Versicherung, in einigen Wochen könnten wir schon im eigenen Häuschen wohnen.

Unsere Bude hier haben wir mehr als satt. Der Dreck ist unbesiegbar. Grete kämpft gegen ihn mit Salmiakgeist und müht sich ab. Wir frieren jetzt nicht und sitzen ganz behaglich warm, aber hinter der Wand, die das Badezimmer abschließt, erhob sich ein neues Problem. Ein notwendiges Gerät ist offenbar geplatzt, unbrauchbar, und heute abend vergruben wir, im Finstern, die Ergebnisse des heutigen Stoffwechsels im Garten, als wenn es sich um Devisen handelte. Es geht schließlich auch so, aber es ist etwas umständlich, besonders nach dem Genuß von Sauerkraut. –

Außer Jackie hat sich eine Katze eingefunden, die zu Hinzens gehört, aber dort nicht auf ihre Kosten kam. Das halbverhungerte Tierchen, von Jackie mit leidlicher Rücksicht behandelt, erschien zuerst regelmäßig zum Fressen und ist jetzt zutraulich geworden. Wenn die beiden bettelnd am Frühstückstisch stehen, wirkt das wie ein Witz der Natur, und die vollkommene Unschuld der Kreatur blickt einen aus unendlich vertrauenden und etwas melancholischen Augen an. Das Dümmlingshafte wirkt dabei rührend und komisch zugleich. Es ist eine wahre Hieronymus-Klause mit den Biesterchen, draußen die weite sündhafte Welt und drinnen ein Friede, der freilich zuweilen eines energischen Zuredens bedarf. Denn beim Fressen hört Jackies Freundschaft auf, und die Gier langt mit bleckender Schnauze unter den Sessel, wo Katerchens bescheidener Teller steht.

21.3.34

Frühlingsanfang. Ein milder Tag, in der leicht dunstigen, stillen Luft jubilieren die Lerchen. Aber man konnte dessen nicht froh werden. Es kommt ja auch immer wieder etwas, das einem die beste Laune vergällen kann. War gestern von halb 6 Uhr an unterwegs, um die Fenster für den Bau zu holen. Der Bau schreitet rüstig vorwärts, der alte Lederstrumpf macht die Sache vorzüglich. Aber nun kam der Augenblick, wo die Fenster beschafft werden mußten, die der Tischler Schmidt unter der Regierung Helgen bereits fertiggestellt hatte: sie waren auch bezahlt, also schon mein Eigentum. Ich hatte den Tischler gebeten, sie für mich zu verwahren, da sie auf dem Rohbau unnütz waren, und wollte sie nun abholen. Das war leichter gesagt als getan, denn zunächst war der Tischler an seinem Wohnort Steglitz nicht zu finden. Nach vielem Hin und Her machte ich ihn endlich in Berlin ausfindig, in der Uniform eines SA-Führers. Der Schuft gab mit frecher Miene zu, daß er die von mir bezahlten Fenster dem Hauswirt verpfändet hätte, da er die Miete nicht mehr hatte bezahlen können. Erneute Jagd nach dem Hauswirt, der die Fenster erst nach Bezahlung herausgeben wollte. Er behauptete mit Recht, der Tischler sei reif für den Staatsanwalt, doch mußte ich erst einige Federn lassen, um die Fenster endlich loszueisen, und als ich sie schließlich in Schönwalde hatte, stellte sich heraus, daß der Lump noch schlechtes Material verwendet hat, daß einige Rahmen nicht paßten und umgearbeitet werden müssen – kurz, es war mal wieder eine rechte Erfrischung.

Die persönlichen Erfahrungen, die ich bisher mit Leuten der Partei gemacht habe, sind ausnahmslos die denkbar schlechtesten. Es kann ein Zufall sein, aber es ist eine nüchterne Tatsache, daß der alte Lederstrumpf, den sie rausgeschmissen haben, ein ehrlicher, grundanständiger Mensch ist, während die anderen, die sich das Hakenkreuz an den Rockaufschlag gesteckt haben, samt und sonders alle Schattierungen der Unzuverlässigkeit bis zur Staatsanwalt-Reife aufweisen. Was ist das nur, woher dieser plötzliche Ausbruch nicht nur von schamloser Unwahrhaftigkeit, sondern auch von einem Schwall politischer Blasenbildungen aus einem üblen Sumpf verkommener Gesinnung?

Wir waren gestern nachmittag bei Frl. Probst eingeladen, meiner ehemaligen Kollegin, die eine drastische Schilderung der Zustände in der Bücherei lieferte. Mich befiel die Empfindung: ein paar Handgranaten in diesen Saustall, das wäre das beste. Manchmal kann einen die Wut packen angesichts dieser Wirtschaft ...

Die Lektüren von Kriegsbüchern, einigen schlechten und turmhoch darüber Wehners Sieben vor Verdun[4], läßt einen wieder in einen Abgrund von fataler Hoffnungslosigkeit fallen. Der Krieg und dies hier, es ist nicht auszuhalten. Zwanzig Jahre nach Verdun kotzt die Kleinbürgerseele dieses Volkes sich aus, berauscht sich an einer Theatersprache, die durch und durch unheldisch ist, je mehr sie vom Heldischen schwatzt. Der Krieg erscheint wie eine graue Vorzeit, wo es noch möglich war, ein anständiger Mensch zu sein. Dieser Brei frißt alles auf. Nie war dieses Volk gottverlassener als jetzt, wo es sich Götter geschaffen hat: Rasse, Blut und Boden, »Volk«.

Wehners Buch, über dessen Besitz ich mich freue, macht doch starken Eindruck, obwohl es partienweise (in den Gesprächen) etwas gemacht wirkt. So früh darf man den Realismus nicht verlassen ... Aber das Ganze doch großartig, mit erstaunlicher Distanz und Disziplin, bei aller »Seele«. Über dem Ganzen liegt ein Schleier, ein Dunst, der das Ganze bereits ins Zwielicht der Sage rückt. Dieses seltsam gebrochene Licht scheint mir dem Stoff sehr zuträglich. Er gewinnt dadurch an

Größe, ja, an furchtbarer Tragik in antikem Ausmaß. Ich mußte fast zwangsmäßig daran denken, daß hier ein Drama faustischen Umfangs denkbar wäre.

Dieses Geschlecht heute sieht nur die Außenseite wie ein Plakat, und der Kern wird, unbegriffen, zerschwatzt und zerkaut in den Mäulern von Menschen, die den Geist des Deutschen gerettet zu haben meinen, nachdem sie einige bedeutende Juden und unbedeutende »Marxisten« rausgeschmissen haben. Wir sind jetzt zu Hause, grölen sie, und krempeln die Ärmel auf, entledigen sich der Westen und machen Politik in Hosenträgern. Untereinander verpesten sie sich das Leben mit einer Unfairness, die selbst für deutsche Verhältnisse erstaunlich ist.

5.4.34

Ostern und die Tage seither strich ein frischer, herzhafter Wind über das erwachende und hier und da schon ergrünende Land. Der Sonnenschein, wirklich frühlingshaft, weckte Lerchentrillern und vage Hoffnungen auf Besser-Werden, obwohl man bei sich selbst weiß, daß das vorübergeht und kein Grund zu übertriebenem Optimismus vorliegt. Immerhin kam das trockene Wetter unserem Hausbau zugute, obwohl der auch nicht so fortschreitet, wie er sollte. Herr Huuk ist ein anständiger Mann, aber etwas langsam und dröge. Jetzt hapert's schon am Gelde. Es klappt hier nicht und da nicht. –

Auf Anraten Pfeiffers und auf Empfehlung der Lou Andreas-Salomé hab ich das Stück an Kayssler[1] geschickt. Heute lese ich gerade, daß er am 7.4. Geburtstag hat, den 60. gerade. Er wird sich ja wohl irgendwie äußern.

Wer sich nicht äußert, das ist der Herr Regierungsrat v. Derschau im Innenministerium. Die Frist für die Erledigung der Beschwerden ist bis zum 30. September verlängert, und sie wird wohl ad calendas graecas[2] verlängert werden. Ich hoffe nur noch auf einen Zusammenrutsch des Ganzen. Wenn man das Lochner[3]-Interview dieses »Führers« sich ansieht, so staunt man, obwohl einem das Staunen vergehen hätte können.

Aber man wird sich des Ausmaßes, das dieser Spuk annimmt, gar nicht bewußt. Das Ganze beginnt schon epische Formen anzunehmen. Man wäre versucht zu glauben, das Interview könnte cynisch gemeint sein. Aber daß es ernst gemeint ist, ohne Zweifel, das erscheint fast grausig.

Las Aldous Huxleys *Brave New World*. Wie schauerlich nahe wir dieser ironisierten Utopie kommen, das ahnen die wenigsten. Trostreich nach solcher Lektüre und zugleich melancholisch stimmend der 2. Band des *Joseph*-Romans[4]. Und diesen Mann, in dem mehr »Nordisches« lebt als in den ganzen Dichter-Akademikern zusammen, haben sie hinausgeekelt. Blamage über Blamage!

Wenn ich bedenke, daß das, was ich hier schriftlich denke, geeignet ist, mich aus der Reihe der Deutschen zu streichen und wahrscheinlich aus der Reihe der Lebenden, und die Gedanken nur mit Huxleyschem conditioning und Hypnopädia[5] in die Richtung gelenkt werden könnten, die gewisse Büffel für die allein segenbringende halten, dann ermißt man den Abgrund, in den das geistige Deutschland gefallen ist.

10.4.34

Das Wetter ist umgeschlagen, nach einer Reihe leuchtend schöner Tage abscheuliches Regenwetter, allerdings dringend nötig für die bereits Staub aufwirbelnden Felder. Unser Ofen streikt. Er findet, seine Arbeit für dieses Jahr sei nun getan.

Aber das macht nichts; denn unser eigenes Haus nimmt mehr und mehr das Aussehen einer Wohnung an. Zum Ausmalen der Wände, Anstrich der Fensterrahmen, Fensterläden usw. haben sich zwei junge Maler angefunden, uns aus Berlin empfohlen, Heinz Grodenick und Richard Kreiczek, ersterer mit Frau, und sie bilden ein vergnügtes Trio, das wir heute beim Mittagessen betrafen. Sie bewirteten uns mit Mate-Tee, der sehr unschuldig schmeckt, aber ihre gute Laune nur zu erhöhen schien. Die beiden sind Kunstmaler von der Breslauer Akademie, wegen allzu moderner Kunstanschauung brotlos geworden, beide sind Schlesier.

In ihrer Lebensart erinnern die drei an Stare, wenn man das abzieht, um was sie's schwerer haben, und das ist ein ganzer Teil. Denn sie besitzen so gut wie nichts, und ihre Zukunft ist dunkel bei diesen Verhältnissen. Sie verleihen den Zimmerwänden ein wunderbares Aussehen in zarten, lichten Farben. Wenn wir denken, was so ein Spandauer Malermeister da angerichtet hätte, so preisen wir uns glücklich, außer unserem Lederstrumpf auch noch dies begabte Künstlervölkchen gefunden zu haben, zumal wir menschlich alle zusammen eine freundschaftliche Kumpanei bilden.

Was Lederstrumpf betrifft, so lieferte er den Beweis, daß ein Handwerker unter Umständen mehr kann als ein Architekt. Dieser, der auf den Titel Dipl.-Ing. Anspruch erhebt, hatte die Treppe zum Dachstock so konstruiert, daß sie nicht vom Eingang aus emporführte, sondern umgekehrt, was dem Ding ein häßliches, stallartiges Gepräge verlieh. Wir wollten es umgekehrt haben, was der Dipl.-Ing. und geprüfte Architekt (mit Modellen bei einer Ausstellung im Ullsteinhaus) für technisch unmöglich erklärte. Zum Glück hatte dieser famose Herr die Treppe noch nicht einbauen können, ehe er mein Geld vertan hatte. Ich zeigte unserem Lederstrumpf die Bauzeichnung und fragte ihn, ob das Ding nicht doch zu machen sei. Er sah sich die Sache eine Weile an, lächelte vergnügt und sagte, natürlich sei das zu machen, man müsse das nur berechnen können. Und dann führte er die Treppe in einem eleganten Schwung zum Dachstock, wie wir's gewünscht. Jetzt fange ich an zu glauben, daß dieser Architekt in Wirklichkeit ein Hochstapler war. Übrigens hatte er um Neujahr herum die Frechheit besessen, mir zu schreiben und von neuem seine Dienste anzubieten ...

In Werder soll auch eine Thingstätte errichtet werden. Die Kostüme für Werdersche Mädchen sind schon entworfen, vermutlich von ihnen selbst. Die Mädchen, die nun in diesen Kostümen Kirschen pflücken und den entsprechenden Obstwein kredenzen werden, verdanken diese Auferstehung Werderschen Ruhms dem Mangel an Außenpolitik. Hoffentlich ist mit diesen Kostümen auch ein Steigen der Werderschen Geburtenziffern verbunden, damit noch mehr Kostüme gefertigt werden können und die Thingstätte recht bevölkert wird.

Sie hätten dem armen Wirth seinen Germanenpark ruhig erlauben sollen; es ginge in einem hin und wäre auch nicht unsinniger.

Ab 1. Mai wird nun das Ehrenmal in Berlin[6], das ja in seiner jetzigen Bestimmung schändlicher- oder paradoxerweise ein Erbteil der »marxistischen« Zeit ist, mit Scheinwerfern »angestrahlt« werden. Theater, Theater – Mazdaznan[7]-Popligkeit. Seit Jahrhunderten waren unsere besten Geister immer ein Vorbild an Nüchternheit, Einfachheit, wenigstens in Preußen, wie der Schinkelsche Bau selbst; aber das ist ganz vergessen. Emporkömmlinge vergeuden das beste unserer Erbschaft, und dabei wird aufgerüstet, was das Zeug hält, und nach außen tut man harmlos. Die Verlautbarungen Hitlers klingen mehr und mehr nach Huxleyschem conditioning und soma-Glückseligkeit. Jedem sein Volksauto, jedem sein Radio. – Wenn das kein Materialismus ist, dann gibt's keinen.

Man würde weniger dagegen haben, wenn das ganze Tamtam nicht mit so viel Selbstgefälligkeit behängt wäre. Aber die Massen brauchen das offenbar. Jede Zigaretten-Reklame beweist das, und am besten die Filmindustrie. Mit der Kunst sind sie ja am ärgsten dran. Man kann schließlich ohne Kunst leben, aber sie ist in jedem Fall ein Gradmesser. Heute ist sie es nicht mehr. Sie soll dies und das sein, aber erst muß sie überhaupt sein und sich regen. Und wenn sich was regt, dann geschieht das trotz der wohlwollenden Förderung der Partei.

Die früheren Parteien waren ein Übel. Jetzt haben wir das Übel konzentriert, in höchster Potenz. Und bei den lakaienhaften Charakteren der meisten Deutschen ist eine Kritik unmöglich. Sie mußte ja auch gleich im Kernstück treffen.

Meine Schwester, um die Disteln meines Egoismus nicht zu hoch wachsen zu lassen, hat festgestellt oder vielmehr: ihr Treuhänder Herbig hat festgestellt, daß ich 1630,– M. zuviel bekommen habe bei unserer ersten Teilung. Dies teilte sie mir vor kurzem mit. Ich war einen halben Tag lang buchstäblich sprachlos.

> Der Reichsnährstand hat eine Kartoffelkäfer-Ehrennadel herstellen lassen, die jedem verliehen wird, der auf einem Kartoffelfelde den ersten Käfer, die erste Larbe oder das erste Eigelege findet.

※

In der Siedlung, 28.8.34

Durchblättern meines Tagebuchs, das mit dem 10. April dieses Jahres abbricht, bringt mich dazu, es fortzusetzen. Der Winter steht vor der Tür, nach diesem außergewöhnlich trockenen Sommer ist wohl ein kurzer Herbst und ein früher Winter zu erwarten.

Das Haus ist fertig, bis auf das Ausmalen der beiden Dachstübchen, deren Ausbau uns endlich das Gefühl gab, nun wirklich zu Hause zu sein. Wir sind sehr glücklich darüber, schon weil die Einsamkeit uns den NS-Betrieb vom Leibe hält. Rings um unser Grundstück ist fast alles noch unbebaut, wir sind praktisch allein in diesem Teil der Siedlung, und es kann lange dauern, bis sich ein politischer Leiter einmal hierher verirrt. Von unseren Südfenstern und der kleinen Terrasse aus, vor der wir einen Rasenplatz anlegen wollen, sieht man keinerlei menschliche Behausung. An manchen Abenden, wenn die Abendsonne durch die hohen Kiefern und Buchen fällt wie durch die hochbogigen Fenster einer Kathedrale, ist die Stille vollkommen, und man kann dann sehr glücklich sein.

In meiner beruflichen Lage hat sich in den sechs Monaten nur insoweit etwas geändert, als ich nun auch die Bibliotheksschule los bin, oder sie mich, wie man will. Von der Beschwerde höre und sehe ich nichts, und ich rechne auch nicht mehr mit einer Änderung. Ich bin endgültig ausgebootet und werde es bleiben, und ich kann hinzufügen: ich will es auch bleiben. Das Geld von USA ist, wenn auch sehr zögernd, im Anmarsch, und das wird uns über eine Zeit hinweghelfen, dann wird man weitersehen. Ich habe wieder zu schreiben begonnen: Aufsätze und ein Buch über Joseph Conrad[1]. Sonst waren die Monate zu unruhig im Hause, um stetig zu arbeiten. Sehr viel Besuch, und vor allem die etappenweise Fertigstellung verursachte Dauerstörungen.

Mein Abschied von der Bibliotheksschule erfolgte auf merkwürdige Weise. Ausgangs des Winters war Dr. Schuster aus Hamburg nach Berlin übergesiedelt und hatte, nachdem der alte Prof. Fritz endgültig verabschiedet worden war, die Leitung der Berliner Stadtbibliothek und damit auch der Schule übernommen. Da das Wintersemester schon geschlossen hatte, als er kam, war ich ihm nicht mehr begegnet. Durch meine ehemaligen Schüler erfuhr ich einige Zeit später zufällig, daß das Sommersemester schon wieder beginnen sollte – von der Schule oder von Dr. Schuster selbst kein Wort. Er hat mich stillschweigend fallen lassen. Erst als ich ihn einmal persönlich aufsuchte, kam er darauf zu sprechen ...

Die Unterredung war sehr merkwürdig. Wir kannten uns seit langem, und er kam mir, als ich sein Büro betrat, sozusagen herzlich entgegen, legte mir die Hand auf die Schulter und fragte mich angelegentlich, wie es mir ginge und wovon ich denn leben könnte. Ich beruhigte ihn, ich könnte leben, er sollte das nur meine Sorge sein lassen. Dann meinte er: tja, mit der Bibliotheksschule – er hätte mich natürlich unmöglich halten können. Wie das überhaupt möglich gewesen sei, daß man mich in den Lehrkörper eingereiht habe, auch noch in Stettin? Ich zuckte die Achseln: an mir hätte es nicht gelegen, ich hätte nichts dazu getan. Er schüttelte den Kopf. Ich sagte, es sei mir ebenso unbegreiflich gewesen wie ihm. Darauf kam er auf unsere Berufsverhältnisse zu sprechen und meinte, es müsse sich ein Weg finden lassen, mich wieder hineinzubringen: es sei eine derartige Charakterlosigkeit weit und breit eingerissen, daß man anständige Leute dringend brauche. »Das glaube ich«, sagte ich, sah ihn an und amüsierte mich über die Charakterlosigkeit. Im stillen dachte ich: und du? Na ja, meinte er, ich müßte natürlich auch meinerseits etwas dafür tun, z. B. in die SA eintreten oder die SS oder »irgend so einen Club«, um mich zu rehabilitieren. Das sei natürlich die Voraussetzung. Ich winkte ab: dergleichen käme nicht in Frage; wenn, setzte ich höhnisch hinzu, Dr. Wieser in »so einen Club« eintrete, dann würde ich's auch tun. Er verstand genau – auch er hat seine Erfahrungen mit Dr. Wieser gemacht. Nun, meinte er und räusperte sich: meine Haltung sei ja sehr ehrenwert, aber ich möge sicher sein, daß dieses Regime Bestand haben werde, und der Nationalsozialismus werde sich nur von innen heraus wandeln können. Er erging sich noch des weiteren darüber, und es war klar, daß er glaubte, durch Beteiligung »Andersdenkender« etwas zu jener Wandlung »von innen heraus« beitragen zu können. Sozusagen eine Partei innerhalb der Partei – er sprach das keineswegs aus, und was seine Artikel in der Verbandszeitschrift anlangt, so hatte er ja eine Totalschwenkung mit fliegenden Fahnen vollzogen. Ich hörte stillschweigend zu und wunderte mich nur darüber, wie ein so kluger Mensch so blind sein könne.

30.8.34

Die politische Lage, deren Ausstrahlungen schließlich ja auch in unser Idyll dringen, erspart einem nicht die Beunruhigungen, die nun einmal zu diesem sonderbaren Zeitalter gehören. Selbst in den Reden der seit dem 30. Juni[2] übriggebliebenen Machthaber klingt die Sorge vor dem Winter durch. Die Saarabstimmung[3] wirft ihre Schatten voraus und der 30. Juni die seinigen hinterher. Man kann allerdings gerade jetzt an lebendigen Beispielen erleben, wie kurz das Gedächtnis der Masse ist. Der 30. Juni ist bereits vergessen ...

Hitler ist, nach Hindenburgs Tod[4], nun Alleinherrscher. Ein gewaltiger Aufstieg, äußerlich gesehen. Und der ehemalige »Gefreite des Weltkrieges« versäumt auch selten eine Gelegenheit, auf dieses »Wunder« hinzuweisen. Die sogenannte Wahl[5] vor 10 Tagen brachte 90% Ja-Stimmen, zugleich aber ein Anwachsen der Nein-Sager, ein merkwürdiges Resultat. Jedenfalls herrscht Friede zwischen Großkapital, Reichswehr und NSDAP. Innenpolitisch scheint alles soweit in Ordnung, die außenpolitische Lage ist indessen unabsehbar kritisch. Ich glaube, eines Tages wird auch der Frieden mit Rom[6] kommen. Das Gegenteil würde Krieg bedeuten. Noch ist das nicht abzusehen. Österreich ist, nach Dollfuß' Tod[7], erst recht der Drehpunkt.

Hitler trägt eine riesige Verantwortung auf den Schultern, nun der alte Hindenburg, sein »väterlicher Freund«, der immerhin so etwas wie ein pater patriae war und vielleicht noch als Hemmschuh wirkte, dahingegangen ist. Der Alte war gewiß kein großer Geist, aber er war, durch sein bloßes Dasein, eine Respektsperson. Man vergriff sich nicht an ihm, und seine alljährlich in tiefem Baß hervorgestoßene Mahnung, daß die Deutschen »endlich einmal« einig werden sollten, klang in der Tat wie die eines Vaters oder Großvaters vor seinen ungezogenen Kindern. Er hatte ja recht, aber er selber wußte nicht, wie die Einigkeit zustande kommen sollte. Die Nazis haben ihm ein Grab im Ehrenmal von Tannenberg bereitet, mit dem bei ihnen üblichen Pomp, und der Führer geleitete seinen »väterlichen Freund«, der als junger Leutnant die Kaiserproklamation von Versailles mitangesehen und als Kind im Posener Schloßpark noch einen alten Aufseher gekannt hatte, der als Trommeljunge unter Friedrich dem Großen gedient hatte, mit den unvergeßlichen Worten zu Grabe: »Toter Feldherr, gehe nun ein in Walhall.«

Toter Feldherr. Walhall. Dieses Deutsch ist so bezeichnend wie das ganze Theater. Sie machen Theater, wo sie nur Gelegenheit finden, mit einem Pomp sondergleichen.

Dabei ist es rätselhaft: Begeisterungsstürme, sobald die Massen auftreten, und überall dumpfe Hoffnungslosigkeit oder Wut. Kommt man unter die Leute, so wundert man sich, wo eigentlich die vielen Anhänger stecken. Wie reimt sich das zusammen? Man darf sich nicht darüber täuschen, daß ein großer Teil des Volkes für Hitler ist oder zum mindesten das fait accompli seiner Diktatur anerkennt, vor allem, sobald er persönlich auftritt. Eine Art mythischer oder legendärer Wirkung ist unverkennbar, und ich glaube, dieser suggestiven Massenwirkung können sich viele auch nicht entziehen, die sonst verärgert unter sich schimpfen. Es ist der Gesamtprozeß einer Durchgärung, der stimmungsmäßig sowohl die Depressionen wie die Begeisterung verursacht. Man kennt ja schließlich eine Begeisterung, deren tiefster Untergrund Verzweiflung ist. In der Masse kann man ja so viel abreagieren. In vielen, glaub ich, steckt ebenso viel Ablehnung, ja innere Auflehnung wie widerwillige Anerkennung. Genauer gesagt: in der so gänzlich machtlosen Auflehnung, machtlos, da sie ja nicht einmal laut werden darf, äußert sich soviel unfreiwillige Unterwerfung unter eine Macht, die kraft ihres unsichtbaren Terrors ohne Zweifel die stärkere ist. Denn sie ruht auf den Massen, die Auflehnung nur auf einzelnen, und es mögen der letzteren noch so viele sein: sie bilden eben keine Masse. Daher ist die Macht des Führers stärker, auch nicht nur im Sinne der bloßen Gewalt.

Man gehe in ein Konzert und höre das Publikum wie rasend einem Pianisten Beifall klatschen: die kritischen Leute unter der Masse, die ihre Einwände haben, kommen gegen den Applaus nicht auf.

Wie wenig frei ist der Mensch. Und ist er es oder glaubt es zu sein, so stellt sich das oft als ein ziemlich unfruchtbarer Privategoismus heraus, und aus ihm, scheint mir, besteht ein nicht geringer Teil der Opposition – auch dies macht sie ohnmächtig.

Eins haben die Machthaber ohne Zweifel begriffen: Die Macht der Propaganda. Besonders, wenn die Machthaber das Monopol darauf haben.

10.9.34

Über Erwarten herrliche Septembertage. Wir genießen das klare Wetter, gegen das die Tropenglut des verflossenen Sommers nachträglich wie schlechtes Wetter erscheint.

Gestern, Sonntag nachmittags, kamen Erich Müller und Braut. Am Morgen war ein Belegexemplar vom *Deutschen Wollen*[1] gekommen, mit meiner kleinen Conrad-Studie. Müller brachte als zweite Überraschung die *Börsenzeitung*[2] mit, die meinen Aufsatz über das Volksbuch[3] gedruckt hatte. Er machte mir Mut zu weiterem, und es scheint ja, man kann schreiben, ohne der NS-Ideologie Zugeständnisse zu machen.

Er erzählte übrigens allerlei Phantastisches. So von der Züchtungsauslese ausgewählter reinrassiger Arier, mit schriftlicher Verpflichtung, innerhalb einer bestimmten Frist Kinder zu zeugen[4]. Das gehört zum Tollsten, was diese Revolution ausgeheckt hat. Müller bezeichnete das mit dem einzig richtigen Wort: Schweinerei ...

Ausgerechnet Dr. Wieser, unser alter Freund, gehört zu den in Spandau ausgesuchten 800 Deckhengsten. Wenn alle Produkte so ausfallen wie er selbst, so kann man diesem Gestüt nur zu schleuniger Ausfuhr raten. In der Spandauer Bücherei scheint eine schöne Korruption zu herrschen. Frl. Schmitz beherrscht das Feld; diese Ignorantin hat als einzige Einfluß auf die Anschaffung. Ihre Qualitäten sitzen nicht im Kopf, sondern an einer anderen Stelle. Wiesers gierige Blicke, mit denen er seinerzeit den posterior undulans[5] besagter Person verfolgt und mit Papierkügelchen und Bierfilzen bombardierte, gehören zu den schönsten Erinnerungen der Vorzeit, ebenso wie Wiesers Bekenntnis, er könnte, soweit es an ihm läge, nach allen Seiten hin die Kraft seiner Lenden ausgießen. Er ist ein Schwein. Dabei muß man diese Gestalt sehen mit seinem staubfarbenen Gesicht, das tiefe Zweifel erzeugt bezüglich geistiger und körperlicher Potenz.

Müllers höhnisches Gesicht bei Ausmalung der Möglichkeiten hinsichtlich Dr. Wiesers Begabung zur Verbesserung der arischen Rasse genügt für seine Meinung. Der Junge haßt die Machthaber aus ganzem Herzen, und der Haß ist echt und fundiert. Wir lachten noch weidlich über gewisse Verlautbarungen von der Nürnberger Tagung[6]: »Ich weiß, was ich kann, und ich kann, was ich weiß.« Oder: »Große Kulturepochen haben keinen Stil«, und ähnliche Weisheiten. Man lacht – aber es ist zum Weinen. Tränen der Wut über die Dummheit und Seichpeterei, in der das bißchen Bildungsgut versumpft wird.

Dieses Gesabber wird immer unerträglicher, je geringer die Aussicht, dieses Gesindel wieder loszuwerden. Und dabei stöhnt alles. Man darf diese Unzufriedenheit als Falltor nicht überschätzen. Die brutale Macht ist groß, und die Dummheit und die Angst sind noch größer. Dieses Volk hat jeden Halt verloren.

Hitler versprach, daß es in tausend Jahren keine Revolution mehr geben werde. Das könnte ihm so passen. Nächstens wird dieser Mensch noch behaupten, er werde persönlich 1000 Jahre leben.

Man strengt sich an mit der Überlegung, was man in diesem Schlamassel noch produzieren soll. Ich zerbreche mir täglich meinen ohnehin durch Kiefernvereiterung, Neuralgien und vieles Zahnziehen mitgenommenen Kopf über »Themen«. Es gibt eigentlich nur eins: écrasez l'infâme[7]. Aber wie das ausdrücken? Man muß was tun, was tun – aber was?

Diese vom Nationalsozialismus (oder was sich so nennt) erfüllte Atmosphäre dringt in alle Ritzen, wie ein Giftgas, es stört die normalen geistigen Funktionen. Man muß sich gewaltsam zusammenreißen und widerstehen. Manchmal wird mir erschreckend klar, was das bedeutet. Denn wenn man auch Gleichgesinnte kennt, so steht doch jeder praktisch allein da. Es fehlt an einer verbindenden Idee.

20.10.34
Eine Wanderung haben wir doch unternommen, und das ist auch schon 3 Wochen her. Wir gingen nach Finkenkrug. Wie Bauern, die einmal im Jahr das Dorf verlassen, um »spazierenzugehen«. –

Draußen scheint der Mond. Wir leben wie in einem verwunschenen Walde. Wir sitzen in unserer Bücherecke und hören Radio: Schuberts Unvollendete – aus Moskau. Man muß schon zu den Bolschewiken, diesen »Vernichtern aller Kultur« flüchten, um Rettung zu suchen vor der Clownhaftigkeit, dem Kitsch und der unerträglichen Seichtheit der deutschen Sender. Und der europäischen dazu, wenigstens heute, einem Sonnabend, wo man der geplagten Menschheit nichts Ernsthaftes vorzusetzen wagt. Das scheint es überhaupt nicht mehr zu geben, oder kaum, und was ernsthaft gemeint ist, zeigt einen lächerlich pathetischen Optimismus. Die allgemeine Verlogenheit hat sich wie Mehltau auf die Stimmen geschlagen, die nicht mehr anders als süßlich geziert oder künstlich gestrafft und hohl klingen. Überschwemmung mit Musik, und meist mit schlechter, eine allgemeine Knochenerweichung.

Übrigens nimmt der russische Dirigent das Tempo der beiden Sätze auffallend langsam, beim zweiten sogar zu langsam. Dem ersten Satz bekam das nicht schlecht. In deutschen Konzerten wird so oft ein nervöses Gehetze daraus. Der Moskauer Sender leitete die Aufführung ein mit einem kleinen Vortrag über Schubert; wir haben bei einem Liederkonzert ähnliches festgestellt. Der Deutsche Rundfunk vermeidet z.Zt. alles, was nach geistiger Anstrengung aussehen könnte. Die übrigen europäischen Sender sind etwas besser. Recht gut Warschau, manchmal auch Prag. Auch England hat einiges Niveau, aber auch viel zuviel Musik.

1935

*So läuft mir das Leben weiter,
mit wachsender Verlust-Liste.*

10.2.35

Seit der letzten Eintragung ist fast ein halbes Jahr vergangen. Der Winter herrscht noch mit 5-10 Grad Kälte, obwohl wir bereits warme Wochen hatten, in denen sich die ersten Schneeglöckchen meldeten. Ein erschütterndes Ereignis im Dezember: Der Tod der Frau meines Schwagers[1]. Grete war davon zuerst sehr mitgenommen. Das Sonderbare ist, daß diese Frau erst jetzt zur Familie »gehört«, seit sie nicht mehr da ist. Was sie im Leben nicht erreichte, hat sie jetzt erreicht, ohne daß sie etwas davon hat. Oder doch – man begreift mit einem Mal, daß Tod und Leben erst die ganze Wirklichkeit eines Menschen ausmachen. –

Wir genossen im übrigen den Winter sehr, trotz einiger Schwierigkeiten, mehr als den Sommer, der größeren Ruhe wegen. Die vielen Besucher fielen weg, infolge der schlechten Verbindung mit Berlin. Die Stille war, besonders an den Abenden, fast spürbar wie eine Hülle. In dieser Zeit unschätzbar, in der man oft nicht weiß, worauf man die Gedanken richten soll, um auf etwas Festes außerhalb des engsten Kreises zu treffen, der Frau, Haus und Garten umschließt. Um den Hund nicht zu vergessen: anhänglicher kann ein Tier nicht sein. Vögel, die wir füttern und beobachten, Kohlmeisen, Blaumeisen, Kleiber, Haubenmeisen, Amseln, ein dicker Buntspecht und sonstige Flattergeister, die schlafenden Bäume, die halbgefrorene Erde, die so gar nicht nachgibt, die Wärme des Hauses, unsere Mahlzeiten und die kleinen Gänge zur Post oder zum Laden – all das könnte genügen, wenn es genügte. Warum genügt es nicht? Weil ich was verdienen muß. Und gesetzt den Fall, wir hätten genug zum Leben – warum will man mehr? Etwas hinterlassen, was einen überdauert, länger lebt als man selbst? Da beginnt schon das, was nicht mehr fest und zweifellos ist.

Das Deutsche, oder besser gesagt, der Deutsche sitzt einem enger als je am Leibe, er schnürt einen ein und preßt einem zuweilen die Luft ab. Die Herrschaft Hitlers ist nicht mehr allein eine Herrschaft Hitlers. Man könnte manchmal fast meinen, er sei zu einer Nebenfigur oder vielmehr zu einem Aushängeschild geworden. Aber das ändert nichts an jenem Druck.

Worin dieser Druck besteht, ist schwer zu sagen. Persönlich geschieht uns nichts, wir merken hier draußen von der Partei gar nichts, solange wir unseren Wald nicht verlassen. Aber unterwegs in Berlin hört und sieht man manches – es sind nicht immer besondere Ereignisse, sondern kleine, an sich unbedeutende Erlebnisse, die jenes Druckgefühl wachhalten. Etwa folgende kleine Beobachtung im Omnibus: es ist Abend, vor der Abfahrt, und vor mir sitzt ein kleiner Mann, Gärtner seines Zeichens, im Nebenberuf Nachtwächter in der Siedlung. Ich kenne ihn, weil Jackie ihn einmal gestellt hat, er ist ein furchtsamer, ziemlich einfältiger, geschwätziger, aber vollkommen harmloser Mann. Ein großer breiter Kerl kommt herein, mit schwarzer Melone, unangenehm aussehend, wie manchmal in Filmen Kriminalpolizisten in Zivil aussehen, setzt sich zu dem Kleinen, begrüßt ihn, nachdem er dem ganzen Wagen ein baritonales »Heil Hitler« zugerufen hat. Die beiden unterhalten sich über das Wetter, über den Frost, und der kleine Gärtner meint ganz harmlos: gestrenge Herrn regieren nicht lange. Ein Sprichwort, das man fast bei jedem derartigen Frostgeklöne hören kann. Was tut der Dicke? Er beugt sich vor, räuspert sich und sagt mit merklicher Betonung: Ich verstehe ja nicht ganz, wie Sie das meinen, Herr ... Der Kleine merkte offenbar nicht, wie nahe er dem Konzentrationslager stand.

Oder eine junge Mutter sitzt im Omnibus, mit einem kleinen Mädchen von 4 oder 5 Jahren, das auf der Bank steht und sich interessiert die Außenwelt durchs Fenster betrachtet. Vor dem Omnibus, der noch eine Weile hält, geht ein junger SA-Mann auf und ab. Plötzlich sagt das kleine Mädchen: »Sieh mal, Mutti, dieser junge Mann kommt uns aber nicht hier herein, nicht?« Die Mutter hält dem Kind den Mund zu und macht entsetzt: pst, pst!

Das nennt man Volksgemeinschaft. Man kann es auch Volksvergiftung nennen. Ernsthafter ist der Fall des jüdischen Arztes X. in Spandau, der seines Berufes enthoben wurde, obwohl er am Weltkrieg teilgenommen hat und das EK I besitzt; dies letztere ein Beweis, daß er seinen Mann gestanden hat. Ein tüchtiger, allgemein geschätzter Arzt. Das eigentlich Niederträchtige daran aber ist, daß seine arischen Kollegen, auch solche, die mit ihm persönlich verkehrt haben, prompt den Verkehr mit ihm abbrachen.

Die kapitalistische Kehrseite dieses National-»Sozialismus« hat anscheinend das Gleichgewicht zu ihren Gunsten verschoben. Mit der Zeit dürfte auch dem einfältigsten »alten Kämpfer« ein Licht aufgehen.

Ich hörte von einem Fall, wo ein Parteimitglied von 1926, also immerhin ein »bewährtes« Mitglied, als zu alt für die Reichswehr abgelehnt worden ist. Vielleicht kann er noch Adjutant bei einer SA-Standarte werden.

11.2.35

Die Kälte läßt endlich nach, der kleine Gärtner hat recht gehabt mit seinen gestrengen Herren. Schade, daß sich politische Verhältnisse nicht abwechseln wie die Jahreszeiten.

Las nachmittags Nicolsons *Friedensmacher 1919*[2], außerordentlich interessant. Und deprimierend, wenn man sieht, auf welch moralisch und praktisch unhaltbaren Grundlagen dieser Friede zustande kam. Zwei friedliche Tage, ohne Besuch. Wir haben das Gefühl, als hätten wir sonst ständig Einquartierung. Morgen nach Berlin.

14.2.35

Vorgestern den ganzen Tag in Berlin, unergiebiger Tag. Dieses Herumreisen zu Redakteuren und Verlegern hat wenig Zweck, ich habe das Gefühl, es wäre besser, etwas fertig zu machen, das Conrad-Buch z. B., um eine Leistung aufzuweisen, statt die Zeit mit solchen Besuchen zu vergeuden.

Dieser und jener deutete an, daß sich mir manches Tor schneller öffnen würde, wenn ich das Hakenkreuzchen im Knopfloch trüge. Aber ich verzichte auf diesen Rettungsanker, jetzt erst recht. Es muß auch so gehen. Abends im Kino, amerikanischer Film, *Das leuchtende Ziel* mit der Grace Moore. Recht gut, obwohl von dem eigentümlichen Ersatz-Charakter wie die meisten Filme. Sehr schöner Gesang, so daß wir Lust bekamen, eine Oper zu hören.

Der *Reichswart* ist wegen eines Artikels »Wir sind doch ganz allein« verboten worden. In dem Artikel klagte ein angeblich Zwanzigjähriger über den Mangel an Sozialismus im Nationalsozialismus. Zugleich redete Göring in Hamburg vor Arbeitern, es gelte nunmehr, »radikaler« Sozialist und Nationalist zu sein.

14.2.3[3]

Heute einen kleinen Aufsatz über Stifters Darstellungstechnik im *Witiko* und Filmtechnik verfaßt, den ich Flechtner vom B.T.[4] anbieten will. Flechtner empfing mich neulich sehr nett, erwies sich als zugänglich.

Endlich mildes Wetter, heute abend 5°+.

Las in Lenins Reden und Aufsätzen. Das ist das genaue Gegenteil zu unseren Herrschaften. Sehr gut Lenins Bemerkung: Wenn wir, die wir alles noch zu lernen haben, behaupten, zwei mal zwei sei fünf, so sind wir doch imstande zu lernen, daß diese Aussage falsch ist. Die anderen behaupten aber, zwei mal zwei sei Stearinkerze, und diese Aussage ist sinnleer. Das ist vorzüglich gesagt und paßt nachträglich auf Dutzende von Behauptungen unserer Herrn und Meister.

24.2.35

Heute (Sonntag) abend unvermutet eine Rede Hitlers vor den Parteigenossen in München, zum 15. Jahrestage der Parteigründung[5]. Die üblichen Herz- und Magentöne, unter Abwesenheit jeglicher Tatsachen. Einige geschickt gewählte Phrasen, laut beklatscht. Er vertröstete seine Leute hinsichtlich des Ziels auf einige hundert Jahre, auf die kommende Jugend. »Wir« hätten ja noch so viel Vergangenheit in uns. Damit mag er recht haben, er hat überhaupt mit vielem recht, es sind meistens Binsenwahrheiten, wenn er recht hat. Immerhin ist deutlich, daß er alles, was an sozialrevolutionären Antrieben in seinen Anhängern lebt, nach Kräften zu bremsen sucht. Versprechen und halten ist eben zweierlei in der Politik. Trotzdem zum Schluß die brausenden Heil-Rufe beim Abmarsch des Führers, die allerdings sehr bald merklich abflauten und vereinzelt verflatterten.

»Der Frühling kommt.« D.h., es blüht noch lange nicht, aber der Februar war milder seit dem 14.

Sprach neulich mit Mutter, die mir ein Buch von Reck-Malleczewen, *Acht Kapitel für Deutsche*[6] mitgab. Das B.T. lehnte die Besprechung ab. Ich, nachdem ich's gelesen, muß es auch ablehnen, d.h. das Buch. Ich werde es gern besprechen, in ablehnendem Sinne. Reck wird trotz vieler, sehr vieler wichtiger Einsichten eine Ideologie nicht los, die aus dem Junkertum stammt und wie alle Ideologien, das sind Vorstellungskomplexe historisch abgelebter Stände, ins blanke Nichts führen. Die typische Ideologie ohne Idee mündet in apokalyptische Todesverehrung. So ziemlich das Trostloseste, was man sich denken kann. Daher auch Recks Undiszipliniertheit, grobianischer Ästheticismus mit pessimistischen Ausfällen, die gar nicht am Platze und überflüssig sind. Gandhi nennt er Gänsedieb. Was soll das, wenn es nicht kindisch sein soll.

Das Leben hat für ihn keinen Sinn, und er spricht es auch aus. Da er Menschenleben und das Leben der Natur gleichsetzt, was nur eine vollendete Kindlichkeit, Mangel an Geist und Vernunft fertigbekommen, so kann sich freilich kein Sinn ergeben. Trotz eines gewissen Anscheins apokalyptischen Bewußtseins (oder Un-Bewußtseins) ist er durchaus unreligiös. Oder vor-religiös, nämlich primitiv.

Politisch gesehen verfällt er denn auch in schlimmste Romantik, deren persönliche Ehrenhaftigkeit nichts an ihrer verzweifelten Sterilität ändert. Unfruchtbar und, wie meist in solchen Fällen, orgiastisch erregt. Wie Lungenkranke.

1.3.35

Den Stifter-Aufsatz hab ich von neuem angefangen, er war so nichts. Es ist überhaupt ein mäßiger Einfall, und ich suche ihn auszupressen wie eine Zitrone, wenn's auch sauer wird.

Heute ist die Feier der Rückkehr des Saargebietes[1]. Unser Milchmann mit dem feudalen Namen Lehnherr vermerkte ausdrücklich und befriedigt, daß wir geflaggt hatten. Ich sagte zu ihm wie der Versucher in der Wüste: Nun fehlt bloß noch das Elsaß[2], worauf er prompt meinte, das würden wir uns auch noch holen. Ich hatte keine Lust, ihn darauf hinzuweisen, daß Hitler ausdrücklich und öffentlich seinen Verzicht auf das Elsaß erklärt hatte[3]. Dieser Milchmann ist ein Aufpasser, aber er hat seinen eigenen Aufpasser in seinem Gutsbetrieb, wie seine alte Schwiegermutter einmal verriet, eine nette alte Frau, die meistens die Milch ausfährt: »Huh, wir haben ja jetzt«, sagte sie, »einen politischen Leiter im Haus!« »Und wer ist das?« fragte ich. »Der?« erwiderte sie – »unser eigener Knecht!! Wir müssen uns so in acht nehmen!« Uns ist nicht ganz klar, was ein »politischer Leiter« eigentlich ist. Aber es will uns scheinen, als sei es etwas widerspruchsvoll, wenn ein Knecht etwas darstellt, was ihn offenbar über seinen eigenen Herrn setzt.

Hitler redete vor den Saarländern[4] in bewegten Tönen – er kann unvergleichliche Register ziehen, wenn er die Masse vor sich hat, und das scheint sein Lebenselement zu sein. »Seid treu!« rief er fast flehend, und man hatte die Vorstellung, daß er dabei die Arme ausstreckte. So etwas versteht er; unser Gärtner meinte einmal zu mir, als ein Lautsprecher irgendeine Rede Hitlers durch den Wald dröhnte und der Führer mal wieder am Brüllen war: spricht so ein Staatsmann? Das ist doch kein Staatsmann, der so brüllt! In der Tat, das ist kein Staatsmann, das ist ein Komödiant, bewußt oder unbewußt. Aber um so dämonischer, wenn er es unbewußt ist.

Der Leiter des S. Fischer-Verlages, Herr Suhrkamp[5], bei dem ich gestern war, um mich nach meinem Aufsatz[6] umzusehen, klagte über die Schwierigkeiten, die die Reichskulturkammer mit der Einführung des Arierparagraphen machen wird. Im übrigen scheint er sich für mich zu interessieren. Er versprach, mein Stück zu lesen.

Die Zeitung berichtete heute, daß Furtwängler einen Hindemith-Artikel[77] revoziert habe. Es war erfreulich, daß Furtwängler den (eigentlich selbstverständlichen) Mut besaß, öffentlich für den diskriminierten Hindemith einzutreten, ich möchte wissen, auf welchen Druck hin ein anständiger Mensch

„– – a Pfünderl!"
Erde aus dem Saargebiet auf Münchens Strassen für die Winterhilfe

Von unserem Korrespondenten

☐ MÜNCHEN, im Februar.

In München und der näheren Umgebung der Stadt wurden kürzlich zugunsten der Winterhilfe kleine Tütchen mit Erde aus dem Saargebiet verkauft. Vor einem Vorortbahnhof trafen dabei, wie die hiesige Presse berichtet, die Sammler auf eine stattliche Bauersfrau, die zur Eisenbahn wollte und zunächst dem Ansinnen, Erde von der Saar zu erwerben, ein sehr misstrauisches Gesicht entgegensetzte. Es erforderte viel Redekunst der Sammler und dauerte geraume Zeit, bis es so aussah, als wisse sie nun, um was es sich handle. Dann aber sagte sie mit stolzem Lächeln: „Alsdann, lumpen lass i mi net: geben S'mir halt in Gott's Namen a Pfünderl."

„Brücke der Volksgemeinschaft"
Eine Einrichtung in Magdeburg

Am Sonntag vormittag wurde, wie unser Magdeburger Korresponndent mitteilt, auf dem Tannenberg-Platz vor dem Stadttheater in Magdeburg zum Zeichen der nationalen Solidarität eine „Brücke der Volksgemeinschaft" eingeweiht. Alle Magdeburger sollen diese „Brücke der Volksgemeinschaft" betreten, sich in das Goldene Buch der Nächstenliebe eintragen und ihr Opfer denen bringen, die noch Not leiden.

Schon im Laufe des Sonntags wanderte ein grosser Teil der Magdeburger Bevölkerung über die mit Tannengirlanden geschmückte, aus Holz errichtete „Brücke der Volksgemeinschaft".

Dr. Ley antwortet spitzfindigen Quertreibern

Wir haben den Menschen eine andere Zielrichtung gegeben.

„Wir haben mit klarem Willen den Menschen eine andere Zielrichtung gegeben. Jede Lohnpolitik ist bewußt aus den Betrieben ausgeschaltet worden. Das Hauptgewicht wurde auf die unvergänglichen ideellen Güter gelegt, an denen gerade das deutsche Volk reich ist. Sie gilt es, weiter zu fördern, und es gibt da noch ungeahnte Schätze, die der Hebung harren. Darüber müssen wir uns auch klar sein, daß noch nie ein Volk am Opfern gestorben ist.

Alle diese Gedankengänge, die schon immer den Leitfaden der Deutschen Arbeitsfront als der Gemeinschaft aller Schaffenden bildeten, hat nun der Führer mit seiner Verordnung (über die Verfassung der DAF.) sanktioniert. Aber kaum ist diese Verordnung herausgekommen, da melden sich schon wieder diese Siebenmalklugen, die Besserwisser und Nörgler, die spitzfindigen Quertreiber, und fragen mit erhobenem Finger: Hat nun Adolf Hitler diese Verordnung als Reichskanzler, als Reichspräsident oder als Führer der Partei unterschrieben? Uns ist das völlig gleichgültig. Für uns genügt das eine, daß der Name Adolf Hitler unter dieser Verordnung steht."

Vertragstreue darf nicht leiden

„Das Bochumer Landgericht hatte dieser Tage einen kniffligen Urteilsspruch zu fällen. Der Gegenstand war an sich nicht allzu bedeutend und interessierte nur bestimmte industrielle Fachkreise; aber das Grundsätzliche und das Beiwerk waren desto bemerkenswerter. Eine große Industriegesellschaft mußte Ende vorigen Jahres saniert werden; Aktionäre und Gläubiger hatten schwere Opfer zu bringen, und besonders heikel war eine Nebenfrage: Das Unternehmen hatte den Aktionären einer Tochtergesellschaft eine bestimmte Dividende garantiert; diese Garantie mußte abgelöst werden. Einem der Tochter-Aktionäre hat, was man schließlich verstehen kann, diese einseitige Vertragsänderung nicht gefallen. Obwohl die Industriegruppe gewissermaßen mit Kanonen schoß, obwohl seinerzeit der Bochumer Gauwirtschaftsberater erklärt hatte, es sei durchaus verwerflich, wenn spekulative Aktionäre das Sanierungswerk und die Existenz von Tausenden von Arbeitern gefährden wollten, hat dieser Aktionär sein altes Recht eingeklagt.

Das Bochumer Gericht hat ihm recht gegeben, der Industriekonzern muß dem Aktionär die garantierte Dividende zahlen. In der Gerichtsverhandlung haben sich die Parteien in große moral- und sozialphilosophische Unkosten gestürzt. Sittenwidriges Verhalten, Verletzung von Treu und Glauben, krasser Egoismus wurden dem Aktionär vorgeworfen, der auf seinem Recht bestand. Er hat erwidert: Verträge würden gemacht, damit sie eingehalten werden, und dieser Grundsatz gelte in erster Linie auch im heutigen nationalsozialistischen Staate. Das schlug durch. <u>Das Gericht hat die Vertragstreue vorangestellt, auch gegenüber Argumenten des Gemeinnutzes, die es in diesem Falle offenbar nicht als gegeben ansah.</u>"

(Berliner Tageblatt, 30. 10. 34.)

so hat geduckt werden können. Aber was focht den alten Richard Strauss an, anläßlich der Hindemith-Affäre ein Huldigungstelegramm an Goebbels[8] zu schicken? Dieser Mensch, mit Erfolgen übersät, der in jahrelanger Kollaboration mit dem nunmehr als Halbjuden verdächtigten Hofmannsthal stand, der sich zuletzt noch ein Textbuch von dem Ganzjuden Stefan Zweig, zur *Arabella* nämlich, schreiben ließ, dieser virtuose Opernschreiber kann offenbar nicht hastig genug seine Ergebenheit vor den Judenhetzern erklären. Gesinnungslumperei, moralische Feigheit ...

Man sieht, wie mit der Eindeutigkeit eines logischen Beweises die Träger der bürgerlichen Kultur versagen, und damit diese selbst. Hauptthema vieler Gespräche zwischen Grete und mir. Es ist ein riesiger Komplex.

Das erinnert stark an jenes Plakat in Brecht-Weills Oper »Mahagonny«, auf welchem zu lesen stand: Für die gerechte Verteilung der überirdischen Güter! Die Frage der spitzfindigen Quertreiber aber enthüllt mit einem Schlage eine sehr berechtigte Frage: unter welcher Verfassung leben wir eigentlich? Die Partei ist mit Hilfe der Weimarer Verfassung, wenn auch mit einiger Nachhilfe, die nicht verfassungsmäßig ist, ans Ruder gekommen – gilt die Weimarer Verfassung noch oder nicht?

18.5.35

Sonnabendmittag. Es wird langsam wärmer, nachdem es seit den paar schönen Ostertagen höchst unbehaglich kalt war und wir bis gestern fast immer heizen mußten.

Die letzten 4 oder 5 Wochen waren mit Walters Angelegenheit angefüllt, Stoff genug, um 2 Bände Tagebuch zu füllen.

Am Sonnabend, d. 6. April, erschien in aller Frühe hier Walter, wir lagen noch zu Bett. Er sah aus wie eine Leiche und fragte nach Mama, die gerade hier war. Zu uns kam er mit der Nachricht, daß Frl. Z.[1] ein Unglück zugestoßen sei. Er gebrauchte die Version, er hätte sie nach Hause begleitet und sei auf ihre Bitte spazierengegangen, nach einer halben Stunde hätte er sie in ihrem Blute liegend gefunden. Daß er selbst der Täter war, sah man ihm an. Zu mir persönlich sagte er, sie hätte ihn gequält, Rachsucht hätte ihn dazu gebracht, mit dem Hammer auf sie einzuschlagen.

26.7.35
Juni und Juli waren glutheiß, bis vor 2 Wochen Tropenhitze (bis zu 32° C) und im Ganzen außergewöhnliche Trockenheit. Wir waren nur selten in Berlin. Grete ist ziemlich matt; zuviel Besuch, auch im Zusammenhang mit Walters Angelegenheit, die noch nicht erledigt ist. Man rechnet jetzt mit einem Prozeß. Anklage auf Mordversuch. Walter hat sich ein psychiatrisches Gutachten besorgt. Er lebt auf freiem Fuße und segelt. Frl. Z. hat ihren Beruf wiederaufgenommen. Das Auge ist verloren, und das nicht mehr zu hebende Lid bedeutet natürlich eine Entstellung. Wir glauben, daß es sich in diesen Tagen entscheidet, wissen aber nichts Bestimmtes.

Ich habe mich an *Ilias* wieder herangewagt; endgültige Umarbeitung.

24.9.35
Der Sommer ist vorbei, aber die Trockenheit ist geblieben, der Regenmangel ist abnorm.

Walter wurde vor nunmehr 4 oder 5 Wochen vernommen und gleich darauf in Untersuchungshaft gesetzt, die ihm in einer Art ganz gut bekommen wird: er wird möglicherweise etwas zur Vernunft kommen. Die Sache scheint für ihn nicht schlecht zu stehen.

Wir haben, nach unserer Zeugenvernehmung, den Eindruck, daß man den Herrn Professor weitgehend zu decken versucht. Jedenfalls soll er jetzt in die Charité zur Beobachtung kommen. Er macht von der offenbaren Klassenjustiz bereitwilligsten Gebrauch, was man ihm schließlich nicht allzu übelnehmen kann, besonders da er so naiv ist, das alles ganz in der Ordnung zu finden. Seine Gegnerin scheint ihrerseits in ihrer Wut zu weit gegangen zu sein. Es heißt, sie sei entschlossen, Walter zu »vernichten«, was menschlich begreiflich, aber unklug ist. Beide haben schuld, und wie zwei Kinder haben sie den Karren festgefahren, und die Erwachsenen können zusehen, wie sie damit fertigwerden. Die größere Schuld hat meiner Ansicht nach Walter. Das Verhältnis von Frau und Mann wird im wesentlichen vom Manne bestimmt. War sie so geartet, wie er es angibt, so konnte er sich vorher zurückziehen, als er ihre Unverbesserlichkeit merkte. Aber mit einer gesunden, ordentlichen und normalen Frau kann dieser Mensch ja nichts anfangen, und mit ein Grund zu dem Verhängnis liegt einfach darin, daß seine Freundin sehr gesund und sehr normal ist, trotz einiger Beschädigungen psychischer Art, die sich aus den sozial schiefen Verhältnissen erklären, in die sie geraten ist.

Diese Frau, die freilich infam werden kann, erscheint mir wie ein Beweisstück für die Verkorkstheit der intellektuell-bürgerlichen Schicht, die zum größten Teil Verfallsprodukte aufzuweisen hat. Auch der proletarische Vater dieses Mädchens war offenbar ein verdorbenes Produkt, vielleicht gerade kraft seiner »Genialität«. Die Mutter ist kleinbürgerliche Proletarierin geblieben, mit ausgeprägtem Klassenbewußtsein, im übrigen nüchtern, fleißig, kurz: ordentlich. Ihr Klassenbewußtsein geht Hand in Hand mit einer gewissen, nicht bewußten Scheu oder Hochachtung vor Bildung und Besitz; ein kleiner Mangel an Stolz zeigt sich da, unbeschadet des sonst sehr sicheren und durchaus nicht schüchternen Auftretens. Jener kleine Mangel an Stolz schlägt leicht in Mißtrauen um. Die Tochter, an der sie sehr hängt (was von der Tochter erwidert wird), ist kraft ihrer Begabung, ihres guten Aussehens und ihrer enormen Energie »hoch« gestiegen; ihr Beruf ist ein bürgerlich-intellektueller. Ihre Natur setzt bei Männern etwas voraus, was Männer dieser Sphäre nur selten besitzen: große, ausgewogene und ihrer selbst sichere Kraft, die auch vor groben Mitteln nicht zurückschreckt. Eine Kraft physischer und vor allem psychischer und geistiger (nicht intellektueller) Überlegenheit. Das ist alles bei dem halbseidenen Durchschnitt dieser Männchen selten zu finden, die in ihr, erotisch anspruchsvoll wie sie ist, nur das Weibchen, das Lustobjekt wittern. Sie verbraucht sie, benutzt sie, und im übrigen mögen gerade diese Erfahrungen in ihr eine Verachtung der Männer erzeugt haben, die den Instinkt angefressen hat – und sie »krank« macht. Sie ließ sich ja auch psychisch behandeln, von einem Mann, der aller Achtung wert, aber eben auch kein Mann, sondern eine jener gebildeten Zwitternaturen ist. Die »psychische Behandlung« war natürlich nutz- und sinnlos. Was ihr fehlte, war eine feste Faust, verbunden mit einem gütigen, männlichen Sinn und der Fähigkeit, ihr sechs Kinder zu verschaffen. Aber so etwas gibt es nicht in der Sphäre, in der sie verkehrte. Und in die Arbeiter- oder Bauernschicht kann sie nicht zurück. Dann würde sie auch dem besten Mann intellektuell überlegen sein und katastrophal wirken.

Walter, der sie als beauté de diable bezeichnete, war ihrer Natur, auch dem, was in dieser Natur »böse« ist, in keiner Weise gewachsen. Er ließ sich Fußtritte geben oder ließ es vielmehr dahin kommen, bei seiner bourgeoisen, vollkommenen Ahnungslosigkeit, seinem Mangel an männlichem Instinkt, dessen Schwäche sich nach außen hin in eine betonte, gleichsam diktatorische Kraft travestiert.

29.9.35

Nach einer kalten Woche, in der wir schon zu heizen anfingen, heute strahlendes Spätsommer-Wetter; der anfänglich schöne unbeschwerte Morgen etwas versalzt durch eine Karte von H. Z.[1], die Grete zu sprechen wünscht, offenbar in der Angelegenheit Walter-Mama. Die ganze Sache krankt an von vornherein gemachten Fehlern. Vorgestern sahen wir Wiesengrund[2], mit Hennecke. Letzterer bewegte sich wieder in jenem literarischen Klatsch, der ihm so schlecht ansteht. Wiesengrund dazwischen Walters Schicksal beklagend. Er hält ihn für geisteskrank. Das ist ja zuviel gesagt. Aus England wußte Wiesengrund nicht viel mitzuteilen, oder wollte nicht. Er rückte plötzlich auf meine Seite und fragte mich nach der »Lage«. Hennecke sprach noch ein paar Worte mit Grete, die ihm gegenübersaß, und rückte dann, gierig nach Neuigkeiten, nach, wodurch Grete am Rande allein saß. Henneckes Ungezogenheit kann einen sehr ärgern, aber man muß ihn nehmen, wie er ist, was ja schließlich auch nicht sehr ehrenvoll für ihn ausfällt. Wir gingen bald darauf weg, ins Kino, sahen *Le Million* von René Clair[3] und erheiterten uns sehr.

26.10.35

Mama ist operiert worden. Zu allem auch noch dieses Schrecknis, das uns die letzte Woche in Atem hielt. Das Schwierigste scheint überstanden, obwohl Mama ihre Hungerkur noch fortsetzen muß. Sie muß von außerordentlich zäher Konstitution sein, daß sie das aushält. Vor der Operation, als wir sie besuchten, schwach, dünn wie ein Blatt Papier, meinte sie: Hungerkünstler können mir nicht mehr imponieren. Sie hungerte in der Tat schon gute 10 Tage, sah aber der Operation mit der ihr eigenen Furchtlosigkeit entgegen. –

Ilo entschloß sich plötzlich, nach Holland zu ihrer Schwester zu fahren. Erst große Aufregung, Grete belobte sie sehr wegen ihrer Tapferkeit. Aber jetzt scheint die Sache wieder zweifelhaft. Man weiß bei ihr ja nie, was kommen wird.

Ich war gestern bei Walter in der Charité, zum ersten Mal überhaupt bei ihm seit seiner Verhaftung. Er war frisch und munter, wenn auch etwas schmal. Ilo hatte rührsame Schilderungen von ihm entworfen und selber vor Mitleid geweint, nachdem sie vorher reichlich über ihn geschimpft. Es prasselte eine Stunde lang, in Gegenwart einer Gerichtsangestellten, Fragen, deren Beantwortung er kaum abwartete, und Aufträge, die ich vor seinen Augen aufschreiben mußte. Eigentlich war er ganz unverändert, und im übrigen ganz optimistisch. Ob mit Recht, das mögen die Götter wissen.

Sein Fall, im doppelten Sinne »Fall«, ist so außer allem Gewohnten und Gemeinverständlichen, daß man z. B. den Oberarzt, der ihn »beobachtet«, bedauern möchte, zumal wenn er wirklich so blöde ist, wie er aussieht. Niemals sind mir Justiz, Psychologie und der ganze Gerechtigkeitsapparat so konstruiert und fadenscheinig vorgekommen wie in diesem allerdings nicht einfachen Fall. Was heißt hier Schuld? Die eigentliche Schuld Walters, die gar nicht in dem Tatbestand selbst liegt, ist ja forensisch gar nicht faßbar, ebenso wie ihre Schuld nicht juristisch faßbar ist. Das Unerquickliche bei Walter liegt darin, daß er seine »Interessen« wahrzunehmen glaubt, auf eine rechnerische und wenig erfreuliche Art, die aufs bloße Streiten hinausläuft und von beiden Seiten weit abführt vom Eigentlichen. Dieses Eigentliche ist ihr Leichtsinn, ihr Schwanken zwischen Einsicht und Affekt; sein egozentrisches Wesen und die Unfähigkeit, irgend Vertrauen zu haben. Beide sind viel mehr Objekt ihrer eigenen Natur, als daß sie sich klarwerden könnten über die Grenzen ihres Daseins.

Das ist überhaupt eine Frage, wie weit ein Mensch seiner Natur nachgeben kann und wie weit nicht. Ist jemand von Natur faul und gern müßig und zwingt sich zum Gegenteil, aus geistiger, moralischer Einsicht, ist dann dies »Zwingen« nicht auch in seiner Natur begründet? Kann ich diszipliniert tüchtig sein, wenn ich eigentlich das Gegenteil bin? Aber was ist man eigentlich? Man ist gesund oder krank. Aber auch diese Rechnung geht nicht auf.

Unangenehmes Regenwetter seit Tagen. Der Garten sieht wüst aus.

Man hat Verlangen (wir beide haben es ausgesprochenermaßen) nach gesunden, einfachen und klaren Verhältnissen und Menschen. Aber die wir kennen, haben alle einen Knacks, ausgenommen vielleicht mein alter Freund Gustav Korte, der sich neulich wieder so treu bewährt hat. Sonst ist alles verworren in der Welt, und man zweifelt immer mehr, daß es eine Wahrheit für die Völker und die einzelnen geben soll. Das Nahe ist wirklich, die Gemeinsamkeit zweier Menschen, wie wir, man muß schon sagen, die Gnade erfahren sie betätigen zu dürfen. Die Gnade. Denn wenn man sieht, wie kümmerlich es schon in dieser Beziehung bei den meisten bestellt ist, so muß die Ausnahme schon mehr als »Glück« sein.

Wenn man bemerkt, wie wenig die Menschen imstande sind, schon ihre paar persönlichen Beziehungen in Ordnung zu halten, wie soll das erst mit Massen, mit Staaten, Völkern möglich sein? Das Erstaunliche dabei ist wiederum, wie wenig dazu gehört, den Massen irgendeinen Glauben oder vielmehr eine Illusion zu suggerieren, welchen blauen Dunst man ihnen vormachen kann. Das Erstaunlichste: welch ausgemachten Blödsinn sie mit Gier aufsaugen, während nach Vernunft und Wahrheit kein Hahn kräht. Eine Handvoll Narren genügt unter Umständen, aus Millionen ein Irrenhaus zu machen. Eine Handvoll weiser Männer scheint um so weniger imstande zu regieren, je weiser die Betreffenden sind, da die zu regierenden Massen nun einmal auf Wahrheiten sauer reagieren. Und was heißt hier: Wahrheiten? Lebt die Politik von Wahrheiten? Kann einer regieren, der bei den Massen Vernunft, Freiheit, Wahrheitsliebe, Gerechtigkeitsgefühl und überhaupt eine Fähigkeit, etwas Positives zu wollen, voraussetzt? Jedes philosophische System, das von einer dem Menschen »angeborenen« Idee ausgeht, verwickelt sich in Widersprüche. Wie soll das erst mit politischen Systemen ausgehen? Der Nationalsozialismus starrt von Widersprüchen wie ein australischer Zauberer von bunten Vogelfedern. Und die Macht beruht gerade auf der suggestiven Wirkung dieses Aufputzes.

13.11.35

Am 4. November ist Mama gestorben. Ihr Wille zu leben war durch die schlimmen Ereignisse nun einmal unter Null gesunken. Man konnte es ihr nicht verdenken. Die letzten Stunden waren schmerzlos und friedlich, und wir sind um einen gütigen, selbstlosen Menschen ärmer geworden. Walter war zweimal bei ihr. Zuerst hatte sie von ihm keinen Ton verlauten lassen. Plötzlich verlangte sie nach ihm, nachdem Ilo sie nach ihm gefragt, und er kam, in Begleitung. Das zweite Mal, am 4. einige Stunden vor ihrem Tod, erkannte sie nur noch ihn, konnte sogar noch einige Worte herausbringen und schien glücklich, ihn noch zu sehen. Überhaupt waren ihre letzten Eindrücke, wenn auch nicht ohne Schmerzlichkeit des Abschieds, so doch freundlich, zuweilen sogar selig. Walter war sehr aufgeregt, das »Störende« in ihm, die Ungefaßtheit, macht sich wieder bemerkbar; vor allem, daß er von seinem

Fall nicht loskommt, quält ihn, und er quält andere damit. Denn im Grunde sind seine Liebesprobleme jedem völlig uninteressant und gleichgültig, und jeder ist froh, wenn er davon nichts zu hören braucht, nicht aus Herzenskälte, sondern weil es so offenbar unsinnig und eingebildet ist.

Mama schlief, nachdem die in mancher Hinsicht unerfreulichen Erscheinungen des Tages verschwunden, ohne daß sie selbst davon viel gewahr geworden, im Lauf des Nachmittags langsam ein. Um 7.15 war's vorbei, schmerzlos und friedlich. Der sachliche Takt der Schwester half über alles gut weg, wir gingen fort in dem Gefühl des Überstandenhabens, vor allem für Mama selbst, deren letzte Tage voll Freundlichkeit, Liebe und zärtlichster Güte gewesen waren.

So läuft das Leben weiter, mit wachsender Verlustliste. Der verbleibende Rest, Walter etc., ist wenig stärkend, und selbst Heinz bleibt mehr Sorge als Erleichterung, wofür er allerdings am wenigsten verantwortlich zu machen ist. Bei Dubislavs in Eichkamp[1], wo wir mehrere Tage zubrachten, herrscht zwar noch eine leidlich gesunde Luft, aber da sind die Kinder aus einer Mischehe, und sie erwartet vermutlich ein barbarisches Los. Wenn man daran denkt, was hier an gutartigen, begabten Kindern angerichtet wird, kann einen die Wut packen.

Herr Dr. Ley[2], unermüdlich im Auslegen der frohen Botschaft, erläuterte mal wieder die grundlegenden Unterschiede zwischen Nationalsozialismus und Marxismus:

> **Dr. Ley in Stettin**
> Am Dienstag nahm Dr. Ley die Vereidigung der Mitglieder der Stettiner Gauarbeitskammer vor. Dr. Ley führte in längerer Rede etwa aus, die nationalsozialistische Gemeinschaft unterscheide sich vom marxistischen Kollektiv durch den Zusammenschluss rasse- und blutgleicher Menschen, durch die Erziehung zur Leistung nach soldatischem Vorbild und dadurch, dass auch dem schaffenden Menschen die Gewißheit gegeben werde: Wenn dir etwas passiert, dann hilft dir Deutschland.

Wenn man bloß wüßte, worin die »Idee« des Nationalsozialismus eigentlich besteht ... Der Zusammenschluß rassengleicher Menschen ist doch keine Idee.

Wir lasen Emil Ludwigs *Goethe*³, gleichsam aus Protest und mit mancherlei Gewinn. Die Deutschen sind von einer wahren Manie befallen, mit allerlei Schlechtem auch das Gute, das sich ihnen bietet, zum Fenster hinauszuwerfen. So wie sie Unsummen für gigantisch sein sollende Prachtbauten verpulvern, so verquasen sie ihr Geistesgut und tun so, als hätten sie's reichlich. Die Leute, die noch vom unbezweifelbaren Geistesgut retten wollen, was noch zu retten ist, dürfen sich des Argwohns erfreuen, als »reaktionär« zu gelten bei diesen Schwindlern, die so deutsch tun und dabei, sowie man einen von ihnen nur erfaßt, sich als die Minderwertigsten entpuppen. Was ihnen nicht gefällt, was sie nicht verstehen, das ist undeutsch, z. B. Ludwigs Goethebuch, das gewiß nicht eine Höchstleistung, aber in jedem Falle etwas Brauchbares darstellt. Schon weil es einen lebendigen, unlegendären Goethe hinstellt, der allen stockschnupfigen Zeitgenossen entweder unbekannt oder ein Greuel war, ist oder sein wird.

Deutschland ist heute bereits ein Binnensee voll angeschwemmter, angestauter Vorurteile. Die Flut wird höher steigen. Bis vielleicht einmal die Entschlossensten nach Luft schnappen und sich freimachen. Aber das kann lange dauern.

Es geht, politisch gesprochen, nirgends ohne eine herrschende Schicht, die geistig und politisch Träger und Beweger des Ganzen ist. Diese Schicht, diese Auslese muß mit einer gewissen Unabhängigkeit herrschen. Wie diese Auslese zustande kommt, wie die Unabhängigkeit in praxi aussieht, das ist eine Frage für sich, wenn nur die Gewähr geleistet wird, daß die relativ Besten, Erfahrensten und kraft ihres Verantwortungsbewußtseins Zuverlässigsten an die Spitze gelangen. Aber wenn die Ignoranz, die mit keinerlei Erfahrung oder Wissen belastete Skrupellosigkeit das Ruder ergreift, dann hilft auch ein subjektiv guter Wille nichts, und die Herrschaft ist keine Herrschaft, sondern eine bloße Diktatur. Die Römer wußten, warum sie eine Diktatur nur in Ausnahmefällen, und auch dann nur auf begrenzte Frist, zuließen.

Und das Beklemmende ist, daß niemand die Herrschaft zu übernehmen imstande sein dürfte. Diese Machthaber haben zu gründlich alles zerschlagen, was ihnen den Rang streitig machen könnte, gründlicher als ein Bolschewismus es vermocht hätte, wenn es auch äußerlich viel harmloser aussieht. Wie sähe die Sache aus, wenn deutsche Kommunisten die Revolution gemacht hätten? Sie hätten zweifellos viele Dummheiten gemacht, aber es wäre ein Aufbau wenigstens d e n k b a r gewesen, nach einem Prinzip, das nach einer wirklichen Idee ausgerichtet ist und eine Art Glauben voraussetzt, den Glauben an eine klassenlose Gesellschaft nämlich. Denn das ist eine Idee: mit dem Kennzeichen des Ewigen nämlich, der Transzendenz. Aber worin liegt die Idee des Nationalsozialismus? Im ewigen Deutschland? Völker sind niemals »ewig«, keine im historischen Prozeß auftretende Form ist ewig, auch die des »Reichs« nicht, die im Mittelalter wenigstens an der wirklichen Idee der christlichen Ökumene orientiert war. Aber eben das will der Nationalsozialismus nicht, er tut, als wäre die Welt vor ihm ein Kehrichthaufen gewesen, er schränkt sich bewußt auf ein völkisch-ethnisches Prinzip ein. Selbst das wäre, als Notmaßnahme, noch zu verstehen, aber als »Weltanschauung« bedeutet das einen Widerspruch in sich. Denn wie die Welt heute beschaffen ist, muß eine solche geistige und materielle Autarkie ein Unding sein, es sei denn, sie entwickele eine Dynamik nach außen, die ja wiederum nicht im Sinne des »Programms« liegt.

Das Wetter ist warm; wir arbeiten im Garten, was eigentlich schon über unsere Kräfte geht, denn meine Arbeiten schriftstellerischer Art leiden darunter etwas. Man möchte am liebsten nichts tun als den Garten pflegen.

Was ist das für ein Gott? Der Name Himmler paßt dazu ja ganz gut.

> In einem Büchlein, das sich „50 Fragen und Antworten für den SS-Mann" nennt, stehe als zweite Frage: „Also glaubst du an einen Gott?" Die Antwort laute: „Ja, ich glaube an einen Herrgott." Die dritte Frage laute:
>
> **„Was hälst Du von einem Menschen, der an keinen Gott glaubt?"**
>
> Die Antwort laute: „Ich halte ihn für überheblich, grössenwahnsinnig und dumm. Er ist nicht für uns geeignet." Seien Sie überzeugt, so betonte Reichsführer Himmler, wir wären nicht fähig, dieses zusammengeschworene Korps zu sein, wenn wir nicht den Glauben an einen Herrgott hätten. Die SS verbäte sich, dass sie nur aus dem Grunde, weil sie sich nicht für diese oder jene Konfession festlege, unter Missbrauch des Wortes Heide, als Atheisten verschrien werde.
>
> Zum Schluss betonte Himmler, dass es kein Zufall sei, dass der Reichsbauernführer seit Jahren als Führer der SS angehöre und als Obergruppenführer Chef des Rasse- und Siedlungsamtes sei, wie es kein Zufall sei, dass der Reichsführer der SS dem Reichsbauernrat angehöre.

18.11.35

Regenwetter, nach vielen trockenen Tagen. Viel Räumerei im Haus, Mamas Sachen mußten verstaut werden. Heinz und Ilona waren gestern hier, vergnügt. Heinz erzählte, daß in Pankow oder Wedding eines Tages an einer Mauer folgende Inschrift erschienen war: Rotfront lebt noch. Darunter schmierten andere: Zeigt euch heute abend hier. Am nächsten Morgen: Leider verhindert wegen SA-Dienst.

Der »Glaube an den Herrgott« erweckt den Anschein, daß die SS ein Bibel-Kränzchen sei. Man rätselt an der Geistesverfassung dieser Leute herum, die sich so was ausdenken, z. B. Herrn Himmlers.

Die Lebensmittel: Butter und sonstige Fette, Fleisch und Wurstwaren werden immer knapper und teurer. Die Reallöhne, ohnehin niedrig, sinken. Bisher haben die Führer erklärt, an eine Einführung von Lebensmittelkarten dächten sie nicht. Man möchte ja dann auch das Hohngelächter der Moskauer hören. Die Stimmung im Volk ist jetzt schon sehr schlecht. Wie soll das werden, wenn es ernstlicher wird? Die Erklärungen der Fettknappheit, soweit sie sich überhaupt dazu herbeilassen, grenzen ans Zynische. So wiederholt: Die Leute verdienen mehr, essen mehr, infolgedessen ist es knapper.

22.11.35

Besuchten vorgestern das Deutsche Theater. *Maß für Maß*, in der Inscenierung von Rothe[4]. Letzterer verhält sich zu Shakespeare wie ein kahler Baum zu einem belaubten. Die Witze vergröbert, die gehobene Sprache zu Konversationsstil »vereinfacht«. Folge: Die Aufführung leidet unter dem Stilbruch und wirkt wie der Text einer Oper ohne Gesang. Die Schauspieler wissen oft minutenlang nicht, wo sie mit ihren Gliedern bleiben sollen. Das liegt allerdings wohl auch an den Schauspielern, von den Schauspielerinnen nicht zu reden. Für die beiden Frauen hatte man zwei weichliche Nichtse ausgesucht, die mit Spatzenstimmen auf der Bühne herumzwitscherten. Wenn so etwas Shakespearesche »Ehre« tragieren will, wirkt das hysterisch. Einzig herausragend Loos[5] als Herzog.

Dem Publikum mag dieser Shakespeare-Stil allerdings handlicher sein. Bei den saftigen Stellen reagierte es prompt. Man muß ihm allerdings schon mit Eindeutigkeiten kommen, damit dieses Volk, das statt Blut Pflaumenmus in den Adern hat, etwas empfindet. Zweideutigkeiten merken sie schon gar nicht mehr.

„Es gibt keine Privatleute"
Eine Rede Dr. Leys in Karlsruhe
Bericht unseres Korrespondenten

† KARLSRUHE, 24. November.

Bei der feierlichen Amtseinführung der Arbeitskammer Baden hielt Reichsleiter Dr. Ley eine Ansprache, in der er u. a. erklärte: „Unsere Mission erkennen wir als gottgegeben an, als einen Befehl, dem wir uns alle unterordnen müssen. Was wir heute erleben, ist der Sieg der Vernunft über die Unvernunft. Deshalb geht das gesamte Volk so mit uns, deshalb kann nichts in der Welt uns von der eingeschlagenen Bahn wieder abbringen. Keine Fett- und Butterkrise wird daran etwas ändern können. Es ist die Revolution der Vernunft, die wir durchgemacht haben. Ebenso wie früher aber auch alles von der Unvernunft berührt wurde, so

ist uns heute die Vernunft das Höchste.

Weil im neuen Deutschland alles ergriffen wurde vom nationalsozialistischen Geiste, können wir auch den Anspruch auf Totalität erheben. Kompromisse gibt es hier nicht. Eine wahre Revolution verlangt auch grosse Menschen; deshalb ist die Umwandlung der Menschen selber die nächste Aufgabe der Revolution; denn ewig allein bleibt der Geist, zu dem der Mensch erzogen wird.

Arbeitgeber ist das Volk; denn das Volk gibt den Auftrag, und die, die in der Wirtschaft auf verschiedenen Kommandoposten stehen, leiten den Auftrag weiter. Im neuen Denken gibt es auch keine Privatleute. Wir sind alle Soldaten Adolf Hitlers. Und der Soldat ist kein Privatmann. Im selben Augenblick, wo man in der Oeffentlichkeit etwas tut, ist man kein Privatmann mehr; man empfängt Befehle, gibt sie weiter, gehorcht und leistet Dienst. Das Volk befiehlt. Und das ist eine grundsätzlich andere Lebensauffassung wie früher."

Verwunderlich, wie offen diese Herren das Wesen ihrer Diktatur aussprechen können, ohne Gefahr zu laufen, daß jemand widerspricht, ja, mit der Gewißheit, daß man auch noch Beifall schreit.

27.11.35.

Gestern war die Beisetzung von Mamas Asche, in Gegenwart Walters, der hinterher noch lange mit uns auf- und abtigerte und seine Sorgen diktatorisch ablud. Er hat eine wahre Manie entwickelt, seiner Gegnerin gegenüber die falscheste Taktik einzuschlagen, die sich ausdenken läßt. Er will sich auf einen Streich mit ihr einlassen und gibt sich selbst Blößen. Andererseits droht er mit »Anzeigen«. Jedesmal überfällt einen die graue Hoffnungslosigkeit dieser verworrenen Seele.

Das Wetter ist trübe, aber noch milde. Merkwürdigerweise, da in Ostpommern scharfe Kälte herrscht. Ich suche im Garten noch zu schaffen, was sich schaffen läßt, solange es geht.

Arbeit – abschließend – an der III. Fassung von *Ilion*. Der Chefdramaturg soll danach gefragt haben.

Velhagen & Klasings Monatshefte[6] haben das *Ballspiel von Mackina* für 150.– M. erworben. Ich hätte das nicht für möglich gehalten. 150 M. für eine Spielerei.

29.11.35

Sehr milde, so daß die Rosen noch unbedeckt bleiben können. Beim Pflanzen und Graben schon die Vorfreude auf künftiges Frühjahr. Wir haben schon ganz nett geerntet, vor allem Tomaten.

Die *Berliner Börsenzeitung* hat mir Besprechungen englischer Bücher, d.h. solcher in Übersetzungen, in Auftrag gegeben. Las darunter Helen Wadells[7] *Abälard*, sehr gut, ein Roman, den man endlich einmal ohne Ungeduld lesen kann, A. J. Cronin mit seinen *Sternen*[8] und Hardys Novellenkranz um die edlen Damen, die noble dames[9], in einer miserablen Übersetzung. Cronins gleichfalls phantastisch schlecht übertragener Bergarbeiter-Roman schuf einiges Bedenken, wie man so was anfaßt. Der Nationalsozialismus ist ja so vieldeutig, trotz seiner eindeutigen Praxis, daß man einfach nicht »weiß«. Ich hab ihn schließlich so beschrieben, wie er ist: interessant.[10] – Der Feuilleton-Schriftleiter der *Börsenzeitung*[11] ist ein noch junger Mann, Nazi seines Zeichens, einer der wenigen ehrlichen Anhänger, persönlich anständig. Er weiß, daß ich kein Anhänger bin. Ich kann ganz offen mit ihm reden. Freilich ist er so einfältigen Geistes, daß er einen erbarmen könnte. Gegen seine Kollegen bei anderen Zeitungen sticht er insofern günstig ab, als er wirklich sagt, was er meint, man kann sich auf ihn verlassen. Und er läßt mir völlig freie Hand und legt mir keinerlei ideologischen Zwang auf, und so läßt sich mit ihm arbeiten.

Darré am Niederrhein
Eine Auseinandersetzung mit Kritikern

Drahtmeldung unseres Korrespondenten

🗝 KREFELD, 25. November.

Anlässlich einer Besichtigung der grossen Krefelder Ausstellung „2000 Jahre germanisches Bauerntum am Niederrhein" sprach Reichsminister Walter Darré in einer grossen Kundgebung zu den niederrheinischen Bauern.

Darré führte aus, dass es heute wohl keinen vernünftigen deutschen Bauer mehr gebe, der nicht den beschrittenen Weg zur Rettung des Bauerntums durch Marktordnung und Festpreise für richtig halte. Trotzdem höre man immer wieder Beanstandungen. Anscheinend passten diesen Leuten die Methoden, die zu der Gesundung der Landwirtschaft führten, nicht. Bei genauem Zusehen könne man feststellen, dass diese Leute noch dem alten Parlamentarismus verschrieben seien, der organisierte Meckerei gewesen sei. Man müsse versuchen, an die Seele der noch Abseitsstehenden heranzukommen und man werde sie dann auch eines Tages besitzen. Wenn aber ein Bauer trotz aller Bemühungen den Weg zur Volksgemeinschaft nicht finden wolle, dann müsse man ihm vielleicht eines Tages sagen, dass er von der Volksgemeinschaft als aussenstehend betrachtet würde. Man gehe einer harten Zeit entgegen. Darum müsse heute der Bauer der treueste Gefolgsmann des Führers sein und dort, wo er hingestellt sei, die ihm übertragenen Pflichten ganz erfüllen.

Volksgemeinschaft als terroristisches Druckmittel, Parlamentarismus als organisierte Meckerei: das bedeutet in praxi, daß auch jede berechtigte Kritik unmöglich gemacht wird. Die allgemeinen Richtlinien der Maßnahmen wie Marktordnung und dergl. mögen gut ausgedacht und zweckmäßig sein – wie es aber in Wirklichkeit hergeht, kann man sich denken. Noli Pfeiffer erzählte uns aus seinem Heimatdorf, wie es herging: die minderwertigen Bauern, die faulen Wirtschafter, gaben plötzlich den Ton an und terrorisierten die Tüchtigen. Die Kehrseite der Medaille wird überall dort sichtbar, wo diejenigen »Volksgenossen«, die es aus irgendwelchen Gründen zu nichts brachten, sich in die Partei drängten, um sich auf diese Weise zu sanieren. Man sieht das im Kleinen wie im Großen. Unsere Siedlung hier wimmelt von zweifelhaften Handwerkern, von denen unser Lederstrumpf zu erzählen weiß – und wie steht es mit der hohen Führung? Es sind doch zum guten Teil Leute, der Führer nicht ausgenommen, die in ihrem Leben keine ernsthafte, nüchterne Arbeit geleistet haben.

9.12.35
Heinz war zwei Tage hier, gestern (Sonntag) und heute, allein, da Ilona in München ist. Ziemlich plötzlich ist seit gestern Frost eingetreten, wir konnten gerade noch die Rosen eindecken. Am Sonntagvormittag kamen Müllers auf eine halbe Stunde vorbei. Sie sind jetzt in der Lage, heiraten zu dürfen, da er als Viertels-Nichtarier eine Jüdin nicht einmal heiraten darf [unklarer Satz].

Jetzt ist Mama schon über einen Monat tot. Sie wäre sicher viele Male hiergewesen, mit hastigem Auspacken ihrer rührenden Pakete und ihrer unvergleichlichen Freundlichkeit. Es ist ja besser so, man sieht das ein. Man kann sonst gar nicht daran denken.

Las Hebbels *Gyges*, in dessen Aufführung Werner Krauß[1] so hervorragend sein soll. Ich glaube, mir aus Hebbel nicht mehr viel zu machen, wurde aber doch stark beeindruckt von der eisigen Schönheit dieses seines Werkes. Las vorher in Schillers *Wallenstein*. Ich möchte es nicht zuletzt den Erfahrungen dieser Zeit zuschreiben, wenn ich manches zu sehen beginne, was vorher unlebendig blieb. Manches habe ich auch früher gesehen. Der Kritiker Ihering[2] und wohl noch andere bemerken jetzt die Modernität der großen Kandaules[3]-Scene. Aber in Wirklichkeit war fast das ganze 19. Jahrhundert von dieser geschichtsphilosophischen Thematik erfüllt, die im kaiserlichen Deutschland anscheinend in Vergessenheit geriet. Wer hat schon den sozusagen natürlichen Bolschewismus in Kleists *Prinzen von Homburg* bemerkt? Diese Lösung des Freiheitsproblems auf moderner politischer, d. h. nicht bürgerlich liberaler Grundlage war Kleist vorbehalten. Aber um diese Stufe zu erreichen, werden die Deutschen Jahrhunderte brauchen. Und bis dahin wird Europa längst zu ganz anderen Amalgamierungen übergegangen sein.

Freiheit: eine genialere Lösung wie die von Kleist gibt es nicht. Hat man bemerkt, daß dies eigentlich die christliche Lösung ist? Die »Goldwaage des Gefühls«, d. h. die innere Stimme? Das Gewissen?

Der Begriff, das Phänomen des Politischen beschäftigt mich immer mehr, gerade im Zusammenhang der sogenannten Schönen Literatur. Daß darin große Schwierigkeiten liegen, ist mir klar. Denn solche Dinge müssen in einer gewissen Unabhängigkeit von der aktuellen Politik behandelt werden, besonders bei uns jetzt, wo das Wort Politik ebenso oft mißbraucht wird wie das Wort Weltanschauung.

10.12.35

Wieder milder. Las Schillers *Don Carlos*. Die erste Hälfte großartig, in der zweiten verhedderte er sich in dem Webstuhl der Intrigen und kam nicht mehr heraus. Der Ausgang kommt einem sehr wie ein Notausgang vor. Die Spannweite zwischen dem Ideenkampf und der Einfädelei, dem Hin und Her des höfischen Spiels ist viel zu groß, und so kommt keine der vielfältigen Tragödien in dieser Tragödie zum rechten Austrag. Charaktere, im einzelnen teilweise außerordentlich gut konzipiert und durchgeführt, und Ideen kommen nicht zusammen. Daß Posa sich in ein so abenteuerlich unüberlegtes Spiel einläßt, macht ihn kleiner als er sein soll. Sein »Opfertod« für Carlos ist zum Teil eigenes Verschulden durch Leichtsinn, und so könnte man die Figuren der Reihe nach durchgehen, um zu sehen, wie Idealität und Wirklichkeit einander so stören, daß keine von beiden zu ihrem Recht kommt. Dazu kommt, um der dramatischen Verflechtung willen, eine Geheimnistuerei hinsichtlich Posas Plänen, daß man sie nicht versteht, und als er sie endlich vor Carlos enthüllt, in einem Augenblick, da sie gescheitert sind, können sie schon fast nicht mehr interessieren, und ein Klügerer als der Prinz könnte ihm trocken sagen: das hätte ich dir vorher sagen können. Dann wär's aus mit dem Tragischen. Der Idealist im Dichter vergaß aber, daß im Publikum dieser oder jener bei sich diese Antwort murmeln könnte.

Auch die Rolle des Königs ist verfehlt, so großartig sie in einzelnen Elementen ist und obwohl sie die konsequenteste von allen ist. Er ist kein Gegenspieler. Er läßt sich im Grunde von jedem Winde treiben und weiß zwischen Despot und Mensch nicht aus noch ein. Er ist nur schwach und der Sache nicht gewachsen. Das könnte tragisch-dramatisch wirken, wenn er Geist besäße wie Hamlet; aber er besitzt nur einen ihm und seiner Funktion widerstreitenden Fundus von Menschlichkeit, von Gefühl. Auf Gefühle dieser Art aber läßt sich Dramatisches nicht aufbauen, wenn sie nicht dämonisch sind und den ganzen Menschen anfüllen. Sowenig wie aus Gefühlen eines Vaters oder Gatten oder Sohnes oder Naturliebhabers Musik entsteht, so kann aus ihnen und ihrem Konflikt mit sogenannten Pflichten ein dramatisches Gebäude haltbar konstruiert werden.

Und hier pocht überdies der Sohn auf seine und des Vaters menschliche Gefühle! Das ist weder groß noch überzeugend, denn es grenzt ungewollt an Hysterie. Was sollen sie schließlich, im Rahmen des Dramas, dieses Dramas, damit anfangen? Der Alte braucht diesen Gefühlen nicht nachzugeben, und es würde sich trotzdem wenig ändern, oder die Tragödie begänne erst, aber nur dann, wenn beide wirkliche Gegenspieler wären, nicht mit Zuständen, sondern mit Zielen und Ideen. Aber gerade Vater und Sohn sind sowohl ziel- wie ideenlos, und Posa würde bei seiner Klugheit von vorneherein erkennen, daß an diesem Hofe nichts zu machen ist. Daß er das nicht erkannt, das bringt im 5. Akt den wenig erhebenden Notausgang zuwege.

12.12.35

Waren gestern bei E. Gilardis[4] und bei Henneckes. Etwas viel auf einmal. Holte mir das Honorar für die 2 Aufsätze in der England-Nummer der *Kritischen Gänge*[5] in der *Börsenzeitung*. Bekam 50 M. Heute kamen 150 M. von Velhagen & Klasing. Muß dafür sorgen, daß es so weitergeht, wenn wir nicht von neuem in arge Bedrängnis kommen wollen. Immerhin ist es ein Weg, zu leben, das zu tun, wozu ich nun einmal die Gabe habe, ohne mich selbst verleugnen zu müssen. Das Gebiet des Literarischen gleichzuschalten, dürfte auch schwierig sein, gerade weil der Nationalsozialismus ideell so unergiebig ist. Zudem hat er von sich aus auf diesem Gebiete nichts mitgebracht als Rosenbergs *Mythus*, Dietrich Eckarts *Gesammelte Werke* und Horst Wessels SA-Lied, und alle drei sind nicht gerade geeignet, eine Revolution der Literatur zu stiften. Da die Herrschaften selbst so viel von den »unvergänglichen Werten« des deutschen Geistes reden, so kann man sich ja an diese Werte halten, ohne mit den Wölfen zu heulen.

Bei Hans Hennecke fanden wir eine katastrophale Aufregung vor. Der Ärmste war in den Verdacht geraten, eine Geheimdruckerei zu betreiben. Da er viel nachts arbeitet, dabei sehr poltrig ist, am Tage mit zwei großen Handtaschen voll Bibliotheks-Büchern aus- und eingeht, kamen die Bewohner unter ihm auf den Gedanken, er sei ein verkappter Kommunist. Ich traf ihn in der hellsten Verzweiflung an: die Frau aus dem Stockwerk unter ihm sei in aller Frühe heraufgekommen, um ihn heimlich zu warnen, ihr eigener Mann dürfe nichts davon wissen, da er ihr sonst die Knochen entzweischlüge. Dieser finstere Ehemann habe den Portier, der Scharführer in der SA sei und politischer Leiter obendrein, auf sein, Henneckes verdächtiges Treiben aufmerksam gemacht. Hans wühlte in Haufen von alten Zeitungen und Zeitschriften der Systemzeit; da er alles aufzuheben pflegt, fanden sich ganze Stöße der *Welt am Abend*[6], des *Tagebuchs*, der *Weltbühne*, die er mich mitzunehmen beschwor, da eine Haussuchung sicher bevorstehe. Ich riet ihm, die Haussuchung hinauszuwerfen, wenn sie käme, er habe sich nichts zuschulden kommen lassen usw. usw. Er war nicht zu beruhigen.

Grete meinte hinterher, es sei vielleicht nur ein Schreckschuß der Unterbewohner gewesen, um sich nachts endlich Ruhe zu verschaffen. Jedenfalls konnten wir die ganze Sache nicht ganz ernst nehmen, und es ist denn auch nichts weiter erfolgt. Wir müssen auch jedesmal lachen, wenn bei Henneckes bei abendlicher Unterhaltung das Telephon unter Kissen begraben wird, damit man nichts »abhört«. Er versichert, das sei unbedingt nötig. Mag ja sein, aber komisch wirkt es doch. In der Beziehung haben wir es draußen besser: uns kann niemand abhören, schon weil der Hund bei jedem unbefugten Eindringling einen Mordslärm erheben würde.

Immerhin, die Zeiten sind vorbei, wo wie im Anfang noch ziemlich lange ein Mann wie Niekisch sich Dinge leisten konnte wie folgende Glosse zum Reichstagsbrand: Der Hofprediger Sowieso hatte im Dom eine Predigt gehalten über den Text: Ich bin gekommen, ein Feuer anzuzünden – was wollte ich lieber, als es brennete schon? Mit dem redaktionellen Zusatz: war das nun Scherz, Satire, Ironie oder tiefere Bedeutung? Aber der *Widerstand* ist eingegangen, die Zeitung des einzigen wirklich politischen Kopfes, der in Deutschland zu finden war, nachdem sie, ihres Unterganges gewiß, zuletzt noch eine Kritik an Werner Sombarts *Deutschem Sozialismus*[7] gebracht hatte. Danach war nun freilich Schluß, und das war nicht anders zu erwarten. Seitdem und seit dem 30. Juni 34[8] ist praktisch jede direkte Opposition erstickt.

Wetter immer noch milde. Temperaturen gerade um 0°. Die Rosen sind endlich eingedeckt.

Sonntag, 15.12.35

2° Kälte, leichter Schneefall. Heinz war hier, Montag kommt Ilona zurück. Geradezu überschwengliche Freude scheint Heinz nicht zu empfinden. Er erzählte allerlei aus der Anstalt, in der er sich ärztlich betätigt. Sie haben dort einen der Herren, die an der Ermordung der Rosa Luxemburg und Karl Liebknechts beteiligt waren. Dieser ehemalige Oberleutnant ist jetzt ein harmloser Irrer[9]. Intelligenzprüfungen von Zöglingen: einer löste die Aufgabe, aus den Worten Soldat, Krieg und Vaterland einen sinnvollen Satz zu bilden, mit der Antwort: Der Soldat kriecht ins Vaterland. Wie sinnvoll!

Die Siedlung wird still, der Milchmann kommt jetzt nur alle 2 Tage, weil es nicht mehr lohnt. Um so mehr zu verwundern, als sein Konkurrent es schon vor ein paar Monaten aufgab.

Herr Dr. Ley will jetzt eine Campagne gegen die Plüschmöbel organisieren. Bei diesem Betrieb hat man den Eindruck vollendeter Fastnachterei.

Im Rathaus Berlin, in dem übrigens nicht mehr Herr Sahm[10] regiert, ist eine Kunstmesse[11] eröffnet, zu deren Besuch ein weißbärtiger Weihnachtsmann die Passanten einlädt. Eintritt 10 Pfg. Wie man uns erzählte, bekommt man folgendes zu sehen: in den ersten Räumen harmlose Sachen von einigem künstlerischen Wert, dann aber antisemitische Propagandabilder von einer Art, daß die Leute nur stumm und geniert davorstehen wie in einem pornographischen Kabinett.

Goebbels hielt wieder eine Rede über den deutschen Film. Offenbar interessiert ihn das Filmwesen besonders[12]. Der deutsche Film ist ihm zu ernst und zugleich zu niveaulos. Mit dem letzteren dürfte er recht haben. Er ist gegen Stargagen, aber hervorragende Leistungen hervorragender Schauspieler müßten hervorragend honoriert werden. In der Ufa läuft z. Zt. ein Film *Der Ammenkönig*[13], über den sich sogar ein nationalsozialistisches Blatt aufregte. Den Inhaltsandeutungen zufolge würde ich ihn »Okasa«[14] nennen. – Und auf dem Schloßplatz in Berlin Weihnachtsmarkt, den Herr Goebbels mit Kindern, umgeben von einer Mauer von SS-Leuten, besichtigte. Der volkstümliche Minister wird bewacht wie ein wertvoller Hund, damit ihn nur ja keiner stiehlt.

16.12.35
Der Wind hat gedreht. Der Himmel klarte gegen Abend auf, so daß wir schärferen Frost erwarteten. Aber der Wind drehte und wehte aus Westen, die Temperatur stieg im Verlauf des Abends um 1° auf 0°. Vielleicht gibt's Regen.

War den ganzen Tag mit der Abschrift von Ilion beschäftigt. Las abends noch in Synges[15] Playboy.

18.12.35
Dichter Schneefall.

Die Italiener sollen eine Schlappe erlitten haben. Die einzige Chance des Negus[16] liegt in einem in die Länge-Ziehen des Krieges, der innere Schwierigkeiten in Italien nach sich ziehen könnte, verbunden mit Reibungen zwischen den Großmächten, die zum Kriege unter diesen führen könnten. Anderenfalls werden sich die Großmächte auf Kosten des Negus einigen und ohne diesen zu fragen. Man sieht aber jetzt schon, wie dieser Kolonialkrieg die Regierungen der Länder und den Völkerbund erschüttert; sowohl Laval[17] wie Baldwin[18] müssen teilweise gegen den Strom schwimmen. England hat, wie es heißt, Angst vor einem rabiaten Italien, daher das verblüffende Angebot[19]. Die Wählermassen aber sind gegen so unverhüllten Imperialismus. Sie sitzen alle zwischen zwei Feuern, und daß das eine oder das andere oder beide ganze Völker entzünden werden, ist gewiß. Und was dann los ist, kann sich jeder an den fünf Fingern abzählen.

In der Wochenschau sah man Herrn Kondylis[20], den Rückberufer des griechischen Königs. Er sieht da aus wie ein Betrüger. Merkwürdig, die meisten dieser Politiker sehen wie Betrüger aus.

Wir sahen den Film Vergiß mein nicht mit Gigli[21]. Wir gingen sozusagen unter Vorbehalt hinein, eigentlich nur Giglis wegen, und machten uns auf eine große Schmalzigkeit gefaßt. Die Erwartungen wurden bestätigt: Giglis Gesang ist außerordentlich hörenswert; auch wenn man diese Filme mit Opernstars für Unfug hält, ist man dankbar für solchen Ohrenschmaus. Überraschend aber war zweierlei: die völlige Natürlichkeit Giglis, unter Abwesenheit aller Tenorallüren; die, trotz seiner behaglichen Dicke, fast griechische Würde seines Betragens, dieses Gemisch von Bescheidenheit und Stolz, das es nur am Mittelmeer zu geben scheint. Zum anderen aber überraschte der ernsthafte und, wenn auch sentimentale, so doch auf dem Mittel zwischen happy end und Tragik verlaufende Schluß, der so sein mußte, wollte ein tiefgegründetes menschliches Gefühl nicht schwer verletzt werden. Das Gefühl für Treue nämlich. Hier wurde der Kitsch einmal groß und hob sich selbst auf – erstaunlich in einem Film, der auf dem ähnlichen Niveau mondäner Luxusbedürfnisse an Ausstattung und Schmalzgefühle mit tenoraler Sinn-»Betörung« aufgebaut ist, enthüllt mit einem Male ein tief sittliches Problem, geht hart an den Rand, wo mit echter Spannung Schicksalhaftes eingreift, und bringt es zu einer ethischen Lösung, die tief befriedigt. Weder Grete noch ich hätten das für möglich gehalten.

Viel, vielleicht das meiste davon kam auf Rechnung dieses Italieners und zweiten Carusos. Er gab sich so, daß er hundertfältig im Recht war, nicht bloß stimmlich, sondern ganz und gar menschlich. Einfacher konnte man nicht sein. Er war sympathisch, weil er nicht vorgab sympathisch zu sein, so wie gewisse Schauspieler ihr Sympathisch-Sein gleichsam vorwegnehmen und damit Figur machen, das Albernste was es gibt. Zufällig oder nicht: sein Rivale, ein deutscher Schiffsoffizier[22], erschien als ein ausgesucht unangenehmer Mensch, die Impertinenz in Person, so impertinent wie Herrn v. Ribbentrops[23] Brief an Lord Allen[24]. Es gibt alle möglichen Spielarten der Impertinenz; aber wenn der Deutsche sie verkörpert, dann möchte man um sich schlagen und an der Perfektibilität des Menschengeschlechts verzweifeln. Es war unbegreiflich, wie dieser Mensch Schauspieler werden konnte, es sei denn um seiner vollendet nichtssagenden und ausgesucht insolenten Miene willen.

Deshalb bebte man wirklich bei der Vorstellung, daß die Frau ihren dicken Maestro wegen dieses unerträglichen Laffen preisgeben würde. Ein primitives Gefühl – aber solche Gefühle sind elementar und darum empfindlich für Recht und Unrecht, in dieser vermanschten Welt einer vermanschten Promiskuität nicht nur der Geschlechter, sondern aller Unterschieds-Werte eine Seltenheit.

Es gibt gewiß eine Verkitschung der Kunst, aber sie ist nichts gegen die ungeheure Verkitschung des Lebens. Da kann sogar künstlerischer Kitsch auf dialektischem Wege der Selbstaufhebung wieder ganz echt werden, und das ist ein sehr merkwürdiger Vorgang, merkwürdig und sonderbar, weil er nicht auf das Leben übertragbar ist. Eine verkitschte Seele ist rettungslos verloren, eine Sünde wider den hl. Geist, bekanntlich die einzige, die nicht vergeben werden kann.

23.12.35

Heute morgen 3° Wärme, abends klarer Himmel und 2-3° Frost. Es war in den letzten Tagen viel Schnee gefallen, so daß wir sogar auf der Straße ein Stück Weges freischaufelten. Die Luft ist herrlich. In der Stadt hat man keine Ahnung davon.

Ein Buch von Somerset Maugham zur Besprechung bekommen, *First Person Singular*, Gesellschaftsnovellen. Wenn die geistig oder politisch und gesellschaftlich herrschende Schicht so beschaffen ist, so kann man eine gewisse Besorgnis um Englands Schicksal nicht unterdrücken. Man sieht doch immer wieder die außerordentlichen Klassengegensätze und trotzdem keinen Ansatz zur Revolution nach östlichem Muster. Die Revolutionen werden in England von bedächtigen Graubärten gemacht, las ich bei Wilkinson[25]. Maugham dagegen spricht wieder von der inneren Unruhe, die jedem Engländer im Herzen sitze.

24.12.35

Es ist 10 Min. nach 12, also eigentlich schon der 25. Wir steckten den Baum um 7 an und wollten uns nach Besehen der Geschenke an Tee erfrischen, als Huuk kam. Eigentlich zu früh, aber wir saßen doch friedlich und gemütlich unterm brennenden Baum. Huuk ging gegen 11.

Die Kälte (in der vergangenen Nacht müssen 10-11° gewesen sein) hat nachgelassen. Wir gaben dem vergangenen Jahr schon heute den Abschied, ohne Bedauern. Es hatte wenig Gutes, dafür viel Böses gebracht.

26.12.35

Tauwetter bei klarem Sonnenschein.

Heinz kam gestern allein; Ilona ist nach Budapest gefahren, eines »Heimatscheins«[26] wegen.

Diese Feiertage bedeuten hauptsächlich Arbeit für Grete. – Von Paul R. ein Brief mit Bildern seiner Frau, einem Jungenstyp, für ihn sicher wie geschaffen.

29.12.35

Das Stück Ilion, nun *Götter und Menschen* genannt, schreitet seiner Vollendung entgegen, vielmehr seiner Fertigstellung. Sollte was daraus werden, so hatte das Unglücksjahr 35 doch sein Gutes. –

Waren gestern nachmittag und abend bei Tante G., die ein regelrechtes Diner aufgefahren hatte, für uns und die Eichkamper, Rodi und Trudchen. Letztere kam spät aus der »Plaza«[27], wo sie auf Einladung die LustigeWitwe gesehen hatte. Sie schilderte drastisch die Stielaugen der Suchsdorffschen[28] Männlichkeiten, die den Girls unter die Röcke stierten. Sie sind kräftige Nazis und finden alles herrlich, am herrlichsten Mädchenbeine. – Es war sonst recht hübsch bei Tante G. Gute alte Zeit – was davon wirklich gut war.

30.12.35

Tauwetter, so daß ich etwas im Garten arbeiten konnte. Die Arbeit am Stück ist enervierend; diese letzte Feile an jedem Satz ist anstrengend, da Änderungen gleich ins Reine kommen und »sitzen« müssen. Die Andromache-Scene die heikelste von allen, Gott sei Dank bin ich bald am Ende.

Lese abends mit großem Vergnügen Graves' Claudius[29], das man auf Englisch lesen muß, wie so manches Englische wie Bernard Shaw z. B., der auf Deutsch eigentlich nicht wiederzugeben ist[30]. Graves' Buch höchst merkwürdig durch seinen eigentümlichen Komplex von Identitäten des Autors mit seinem Gegenstand und des historischen Gegenstands mit dem heutigen. Denn das Ganze erscheint auf die Dauer viel weniger »historisch« als repräsentativ für eine dem Spätrömertum verwandte Haltung des heutigen gebildeten Engländertums, wenigstens soweit dieses zu schriftstellerischem Ausdruck kommt. Eine Ironie von höchst gesunder und zugleich höchst fragwürdiger Art: denn man fragt sich, wohin das führen soll.

Hier ist so ein Buch wie dieses zur Zeit eigentlich unmöglich. Nicht nur weil die Deutschen darin schlecht wegkommen (sie erscheinen, wie so oft bei Engländern oder Ausländern überhaupt, zu einseitig karikiert), sondern der illusionslosen Ironie halber, die hier zu den sieben Todsünden zählt, seit Goebbels das Monopol dafür hat.

1936

Eine unvermeidliche Sehnsucht nach normalen Verhältnissen, wenigstens im engsten Kreis, beherrscht uns.

1.1.36

Ich weiß eigentlich nicht, was ich aufschreiben soll. Es geht auf 2 Uhr nachts. Der Abschied vom alten Jahr fiel uns leicht. Immerhin tranken wir Punsch, öffneten gegen Mitternacht die Tür zur Terrasse und betrachteten schweigend das vom vorigen Jahr bekannte Schauspiel: mit fernem Glockengeläut durchsetzte Illusion eines Frontabschnitts im Kriege, hinter schweigenden Kiefern und Eichen, am Horizont Leuchtkugeln, und ferne Schüsse und Detonationen. Augenblicksweise war die Ähnlichkeit so vollkommen, daß mich die Erinnerungen überfielen auf dieser Grenzscheide zwischen zwei Zeitaltern, von denen das vergangene beinahe sagenhaft verdämmert, während das kommende so dunkel erscheint wie die Winternacht mit ihrem inhaltsvollen Schweigen. – Else G. war gekommen anstelle der mit Kopfweh behafteten Tante.

Die Nacht war mild wie die vorigen. Tagsüber hatten wir im Garten geschuftet wie besessen, vergaßen sogar das Mittagessen, gingen also mit einer Art von Sparsamkeit ins neue Jahr. An uns liegt's also nicht, wenn die guten Anzeichen, Sparsamkeit und mildes Wetter, trügen sollten.

3.1.36

Ärgerlicher Tag. Früh allein – Grete mußte wegen Erkältung gestern das Bett hüten und blieb heute zu Hause – nach Berlin, zuerst zu Henneckes, deren Kind schwer erkrankt ist, Bronchitis. H. Lath[1] geschrieben und erwähnt, er würde versuchen Heinz zu erreichen; natürlich war er zu Ilona gegangen, die mit Heinz gerade hier war, und hatte mit dem Hauswart gesprochen. Obwohl ich ihm schon vor Wochen verboten, Ilona aufzusuchen. Ärger II: Walter, der über Heinz erbost war und mit seinen Staatsaffären die ganze Familie als eine Sklavenhorde betrachtet; das schlimmste ist, daß er keine Ahnung hat von anderer Leute Sorgen und mit einer Selbstverständlichkeit über sie verfügt, als wenn sie Maschinen wären. – Es war eine reine Idiotentour. – Fand wenigstens Grete auf und munter, Gott sei Dank wieder im Hafen, am Horizont nun die Wetterwolke Walter, der wohl zu uns kommen wird müssen, wenn er frei kommt.

4.1.36
Wer Geschichte liest, mag sich verwundern, daß sich immer noch Leute finden, die Geschichte zu machen versuchen, da die Erfahrung mit hinreichender Unwidersprechlichkeit beweist, daß die besten Ansätze, die größten Energien und das klügste Rechnen an der Trägheit der Masse und der Dinge sowie an der kurzen Lebensdauer des Menschen scheitert. Was die sogenannten Großen Männer hinterließen, war immer Stückwerk, das binnen kurzem zerfiel. Und doch erscheint immer wieder einer, der glaubt tun zu können, was seine Vorgänger nicht fertigbrachten, der meint, mit ihm beginne die Geschichte erst eigentlich ...

Das Wetter immer noch merkwürdig milde. In Frankreich und England große Überschwemmungen. Die Wärme erzeugt überall Grippe-Erkrankungen. Auch Grete hustet und niest. Erwogen heute abend die Möglichkeit, daß sie Klavier lernt. Aber mußten einsehen, daß die Zeit fehlt.

Mit *Ilion* fast fertig. Wäre heute fertig geworden, wenn ich nicht zu müde gewesen wäre.

5.1.36
Mit *Ilion* fertig, Reinschrift und alles. Grete las es abends durch, fand noch einige Schreibfehler und lobte das Ganze sehr als nunmehr »vollendet«! Well, I did my best. Begann heute

abend eine Novelle nach Gretens »Studie« aus Schönwalde, kam über eine Skizze des Anfangs nicht hinaus.

Klarer Mondschein, etwas kälter.

8.1.36

Immer noch mildes Wetter, wie Vorfrühling. Waren gestern in Berlin bei Hans Hennecke. Langer Disput über die Berufsfrage des Schriftstellers, zu deutsch Geldverdienen. Die Frage ist für Henneckes ebenso aktuell wie für uns, ja noch brennender. Ein Kind ist da, ein dicker Junge. Und es läßt sich nicht leugnen, daß man mit schöngeistigen Aufsätzen und Buchbesprechungen sehr wenig verdient. Hans sprach mit Neid von England, wo dergleichen ungleich besser bezahlt und höher geachtet werde als bei uns. Ich stand auf dem Standpunkt, daß ein regelrechter, ein regelmäßiges Gehalt abwerfender Beruf auch für den Schriftsteller immer noch das beste sei, wenn er nicht zu den wenigen Arrivierten gehört. Allerdings bedeutet das heute meistens, in den sauren Apfel des Nationalsozialismus beißen zu müssen, zum mindesten im öffentlichen Dienst, wo man sich ihm vom Heil-Hitler-Gruß bis zum Schulungsabend schwerlich entziehen kann. Was Henneckes Frau, die ja in ihrem städtischen Dienst dergleichen erlebt hat, davon erzählte, ließ mich an meinem Entschluß festhalten, dabei nicht mitzumachen. Es ist zwar ganz amüsant, so etwas als Zuschauer mit anzusehen, aber als Beamter muß man sich dazu bekennen. Daß Hunderttausende das nur mit den Lippen tun, macht die Sache nicht besser. Ich werde mir meine Freiheit wahren, so lange es geht.

Die ganze Unterhaltung hat uns immerhin nachhaltig verstimmt und bedrückt. Grete meint, wenn ich Henneckes Beziehungen hätte (und er hat deren massenhaft), dann ständen wir ganz anders da. Aber ich halte es für angebrachter, möglichst viel zustande zu bringen; die »Beziehungen«, das sehe ich an Hennecke, kosten unendlich viel Zeit und nützen nicht halb soviel, wenn man darüber die Arbeit versäumt.

Abends kam der alte Huuk und verbreitete die ihm eigentümliche Atmosphäre von Ruhe und Erfahrungsweisheit. Aber ich weiß nicht, welcher von meinen Bekannten mit ihm auf solchem Fuße stehen könnte, ohne aus der Rolle zu fallen. Wir kamen zufällig auf den vorigen Krieg zu sprechen und auf die heutige Manier, ihn propagandistisch auf seine Tugenden hin auszuschlachten, vor allem die vielbeschriene Kameradschaft. Was uns, wie überhaupt allen Soldaten, auch den feindlichen, damals eine Selbstverständlichkeit war, worüber man niemals ein Wort verlor, worüber zu reden geradezu als eine Taktlosigkeit empfunden worden wäre, das wird jetzt breitgetreten und damit entwertet. Was sie heute an Gemeinschaft mimen, verdient diesen Namen gar nicht. Dabei steuert das ganze Getriebe auf einen Krieg zu, als müßte das so sein. Und in ihm werden die Reste von Wohlstand, Bildung und Kultur untergehen, und niemand wird sein, der diesen Untergang aufhalten kann, da inzwischen die Menschen gänzlich mit Illusionen verblendet sein werden.

12.1.36

Noli war anderthalb Tage hier, wir hatten einige erfreuliche Gespräche. Er erzählte viel von der Lou Andreas-Salomé und von Göttingen. Man konnte alte Erinnerungen auffrischen, an schöne Jahre. Damals war alles in geistiger Gärung, es wurde gewiß allerlei leeres Stroh gedroschen, aber es war doch eine in Freiheit ungeheuer bewegte Zeit, selbst die politischen Gegensätze waren noch nicht so doktrinär verrannt wie später.

Das Wetter wird langsam kälter, heute abend freilich immer noch 2-3° Wärme.

Verbrachten heute einen ruhigen, schönen Sonntag. Eine scheußliche Erkältung bei mir ist im Abklingen und wird wohl bei Eintreten trockener Kälte ganz verschwinden.

Betrachteten heute abend Bilder mittelalterlicher Plastik und Dome. Grete bekommt, wenn sie dergleichen sieht, riesige Lust zu reisen. Ein Luxus, den wir uns nicht leisten können.

19.1.36

Eine dramatische Woche liegt hinter uns. Am Montagabend kam Ilo mit böser Nachricht von Heinz, dem, wohl auf Grund einer Denunziation, ernsthafte Gefahr droht. Lange Beratung unter Hinzuziehung vertrauter Leute, die zu einer Flucht über die Grenze rieten, und zwar über die nächstliegende in die Tschechoslowakei. Wir erhielten genaue Beschreibungen, und am Donnerstagmittag fuhren Heinz und ich ab, waren abends in Hirschberg[2], wo wir im Gasthof übernachteten. Im Restaurant erschien, während wir noch ein Glas Bier tranken, plötzlich eine ganze Bande SA-Leute mit Gesang und bevölkerte das ganze Lokal. Dem Ansehen nach waren es z.T. ganz biedere Leute, aber in der Masse, in diesen wie von einem geschmacklosen Zirkusdirektor erfundenen Uniformen sahen sie wie die Räuber aus. Besonders laut und schmetternd sangen die braven Schlesier ein Lied, in dem es heißt: Wir sind die Niedersachsen und reiten in die Unsterblichkeit – wir waren ziemlich stumm und sahen dem Treiben eine Weile zu. Am nächsten Morgen fuhren wir mit der Elektrischen und noch eine Strecke mit Autobus ins Gebirge. Um nicht aufzufallen, gaben wir dem Autobus-Chauffeur zu verstehen, wir wollten zum Skilauf auf den Kamm, denn außer uns war noch ein Fahrgast im Wagen, ein schmächtiger Reisender mit Handkoffer. Zu unserem Mißvergnügen schloß sich der Reisende uns an, als wir den Anstieg begannen. Er deutete an, daß er ebenfalls auf der Flucht sei, zu der er sehr schlecht gerüstet war: in Straßenanzug und dünnen Halbschuhen. Vom Kamm herab sauste ein scharfer, sturmartiger Wind, der Aufstieg war mühsam durch fußtiefen Schnee, während der Wind einem den Atem benahm. Wir hatten es eilig und ließen den Reisenden bald hinter uns. Auf dem Kamm herrschte zum Glück dichter Nebel, und wir kamen ungesehen über die Grenze, an den schattenhaften Umrissen der Bauden vorbei. Ich begleitete Heinz noch ein Stück, dann nahmen wir Abschied, und ich hastete im Eilmarsch zurück, erwischte in Hirschberg den Berliner Schnellzug und war abends wieder in Berlin.

Heute war Ilo hier, ursprünglich wollten Tante G. und Henneckes kommen. Wir sagten natürlich ab, so daß wir den Vormittag allein waren. Grete hat mir Rilkes *Briefe aus Muzot* geschenkt[3], mir eine große Freude.

Was für eine Zeit: Unsinn türmt sich auf Unsinn. Goebbels hielt die Ansprache an die »Kritikaster«[4], diesmal die von der eigenen Partei. »Mit Butter kann man nicht schießen, sondern mit Kanonen«: um eines Bonmots willen, das witzig klingen soll und den unentwegt Dummen auch witzig erscheint, nimmt dieser Propagandist die Tatsache in Kauf, daß das gesamte Ausland aufhorcht und Blicke wechselt mit der nur zu berechtigten Frage: was haben die Kerls vor?

Die Ausfuhr, schrieb eine Wirtschaftsstatistik, ist auf 30% des Standes von 1929 geschrumpft. Schwerwiegend für das Arbeitslosenproblem, da der Staat aufgehört hat, die Arbeitsbeschaffung zu finanzieren.

Vor zwei Wochen erging eine Verordnung, daß alle Beamten, auch die Wehrmacht, ihre Kinder in die HJ stecken müßten[5]. Jetzt kommt eine Bekanntmachung heraus, daß die HJ keine Zwangsorganisation sei, sondern eine auf Freiwilligkeit beruhende Auslese aus der »Staatsjugend«, worunter wohl die Schuljugend im allgemeinen zu verstehen ist.

Eindruck in Schlesien: schönes Land, die Landschaft mir freilich zu unruhig, mit ihrem Stich ins Phantastische. Das Gebirge mit seinem Wolkengeschiebe, das sich manchmal drachenartig über die Kämme legt, manchmal die Ketten und Kuppen täuschend nachahmt, sie überhöht ins Unwirkliche, dieses Gebirge produziert Windstürze und Nebelkessel – Nebel aus einer verzaubernden Beschaffenheit, in welchem alle Größenverhältnisse verzerrt werden. Hinter einer Baude kam ein Mann aus dem Walde, der scheinbar das Dreifache natürlicher Größe besaß. Harmlose Schornsteine auf niedrigem Dach erscheinen wie Riesen. Wie müßte dergleichen auf eine arme, im Hinterwald hausende, abergläubische Bevölkerung wirken. So etwas erzeugt Phantasie: Aber sie ist nicht gesund.

Hübsch die Häuser, selten geschmacklos, angenehm in den Formen. Die Bevölkerung sehr nasolistisch, kein Mensch sagt guten Tag. Ich war froh, als ich die Lichter von Berlin wiedersah, und doppelt froh, als Grete und Jackie mich erstaunt begrüßten.

20.1.36

Wieder wärmer. Reines Märzwetter, trotz klaren Himmels kein Frost.

Schrieb einen Nekrolog auf den eben verstorbenen R. Kipling für die *Börsenzeitung*. Vielleicht zu spät[6]. Arbeit an einem Aufsatz über den historischen Roman[7] und am Conrad-Buch.

21.1.36

Karte von Heinz. Mildes Wetter, konnte im Garten umgraben. Kam mit dem histor. Roman-Aufsatz flott voran.

24.1.36

Nach leichter Kälte (1-2° unter Null) wieder milder, am Tage bis zu 5° Wärme.

Die *Börsenzeitung* lehnte den Kipling-Nekrolog ab, auf einen Wink vom Propaganda-Ministerium, Kipling wegen seiner Deutschfeindlichkeit im vorigen Kriege[8] zu ignorieren. Die *Deutsche Zukunft*[9] hat trotzdem einen ausführlichen Nachruf gebracht, von Fechter[10]. Auch das *Berliner Tageblatt* widmete ihm wenigstens einen kurzen Aufsatz. Eine Idiotie, so etwas zu verbieten, als wenn von Kipling im vorigen Kriege Deutschfreundlichkeit hätte erwartet werden können. Er war, ungeachtet einiger Schattenseiten, ein Dichter ersten Ranges, den man bei unseren Nationalisten vergebens sucht, damals und heute, und wenn er uns haßte, so war das seine Sache. Haß ist selten etwas anderes als eine ziemlich unintelligente Psychose, aber wir laufen Gefahr, einen weit begründeteren Haß auf uns zu ziehen, wenn erst mal die jüdische Propaganda durchschlägt.

Ging zum S. Fischer-Verlag zu Suhrkamp. Zugleich trafen zwei Herren dort ein, die aussahen wie eine Kontrollkommission oder ähnlich. Interessant zu sehen, wie die kleine Sekretärin sie empfing: sozusagen mit einer instinktiv steil ablehnenden Bewegung des ganzen Körpers und einem Blick, halb ängstlich, halb trotzig. Übrigens verliert Suhrkamp kaum je ein Wort über seine Einstellung zum heutigen Staat, obgleich ich vermute oder ziemlich sicher bin, daß er zu den entschiedensten Gegnern des Regimes gehört. Aber er ist allem Anschein nach sehr vorsichtig. Und er hat recht damit. Wie kann er wissen, wie ich denke, d.h., das müßte er wohl wissen, aber woher kann er wissen, ob ich nicht irgendwo unbedacht von ihm spreche und Äußerungen von ihm wiedergebe, die ihm den Hals kosten können. Als Leiter eines der früher prominentesten jüdischen Verlage ist er ohnehin exponiert genug.

Der alte Huuk in großer Aufregung, wegen Betrugsgeschichten von Krautz[11] und unanständigen Manövern, die ihn in eine unangenehme Lage gebracht haben. Sah gleich ganz zerfallen aus.

War gestern nach vergeblicher Fahrt zum Deutschen Theater und zu Suhrkamp bei Hennecke, der mein Stück höchlichst pries und es Loerke[12] zeigen will.

27.1.36

Gestern (Sonntag) waren Müllers und Dr. Richter hier, von einer Wanderung kommend. Es war sehr hübsch, eine angenehme Abwechslung. Müller, den ich lange nicht gesehen, ist dick geworden; er zeigte sogar ein Doppelkinn, was ihm ein fast gravitätisches Aussehen gibt.

Trübes, aber sehr mildes, warmes Wetter. Wir pilgerten nach D. Sch.[13], wegen Paß für Grete, aber erfolglos. Die *Börsenzeitung* hat den Kipling-Aufsatz nun doch gebracht. Der Schriftleiter war von Anfang an dafür gewesen, ihn zu bringen, und der betreffende Schafskopf im Propaganda-Ministerium hat klein beigegeben.

29.1.36

Immer noch warm. War gestern in Berlin, erst bei Walter – very disgusting. Dann bei Suhrkamp, was etwas aufheiterte. Dann traf ich Grete bei Tante, sehr hübsch. Tante schenkte mir nachträglich noch ein altes Buch, einen *Briefsteller* von K. P. Moritz 1793[14], also eine kleine Rarität und Kuriosität. Sehr hübsch.

„Vorder- und Hinterhaus haben dieselbe Ehre"

Reichsleiter Rosenberg spricht zu 50 000 Arbeitern

Dortmund, 1. Februar

Vor 50 000 Werksangehörigen der Dortmunder Großindustrie-Betriebe hielt Reichsleiter **Rosenberg** im Eisenwerk **Hösch** eine Rede, in der er vom Begriff der Kameradschaft ausging. Auf Interessen einer Gruppe könne kein dauerhafter Staat errichtet werden. Wir wollen, so erklärte er, keinen Feudalstaat, keinen konfessionellen und keinen Klassenstaat, sondern einen Volksstaat unter politischen Führern, die an keiner dieser Gruppen persönlich interessiert sind. In diesem Zeitalter sei eine ganze Generation um ihr Lebensrecht betrogen worden und die Empörung dagegen sei von der NSDAP immer als berechtigt anerkannt worden. Dieser Charakterprotest sei bloß von der bürgerlichen Welt nicht verstanden worden.

Die marxistischen Experimente in **Sowjetrußland** hätten die angeblich herrschende Arbeiterklasse sowie die Bauern geknechtet und vernichtet. Die gesamte marxistische Bewegung habe sich sowohl theoretisch wie praktisch als ein Arbeiterverrat welthistorischen Maßstabes erwiesen.

In Deutschland sei Dank der nationalsozialistischen Bewegung eine neue Arbeitssittlichkeit auf dem Marsche durch Anerkennung der sozialen Ehre des deutschen Arbeiters. Die Anschauung, als ob die Ehre im Vorderhaus eine andere sei als im Hinterhause, müsse ein für allemal überwunden werden. Die Rede Rosenbergs wurde oft von begeistertem Beifall unterbrochen, der nach den Schlußworten „Wir wollen dem deutschen Arbeiter seinen Stolz wiedergeben und ihn nicht Minderheitsgefühlen preisgeben" besonders stürmische Formen annahm.

(BT) Der dritte Reichsberufswettkampf der deutschen Jugend wurde gestern festlich im Sportpalast eröffnet. Der Saal war lange vor Beginn gefüllt mit brausendem Leben, Tausenden von HJ- und BDM-Angehörigen. Ueber der Bühne die Hoheitszeichen der Hitler-Jugend und der Deutschen Arbeitsfront als der Veranstalter der „Olympiade der Arbeit". Fanfaren leiteten den Beginn ein. Ein Sprechchor begleitete den Einzug der Fahnen.

Obergebietsführer Axmann eröffnete die Kundgebung. Er begrüsste den Leiter der Deutschen Arbeitsfront, Dr. Ley, den Reichsjugendführer Baldur v. Schirach, eine grosse Zahl Behörden- und Wirtschaftsvertreter und — mit besonderer Herzlichkeit — den anwesenden Führer der italienischen Jugend und Leiter der italienischen Olympiamannschaft, Exz. Ricci.

Dann nahm der Reichsjugendführer das Wort. Zunächst dankte er Dr. Ley für seine langjährige Mitarbeit an der Berufsschulung der Jugend, besonders an der Einführung der Reichsberufswettkämpfe. Diese hätten den olympischen Gedanken des Wettstreits auch in den grauen Alltag des Berufs getragen. Der Wettkampf sei eine Auswahl der Elite der schaffenden Jugend, er lese einen „Adel der neuen Zeit" aus, nicht mehr gegründet auf Geburt und Geld, sondern auf Leistung und Tüchtigkeit. Das sei das gleiche Prinzip, wie es der Arbeit aller nationalsozialistischen Gliederungen zugrunde liege; ein

mutiges Bekenntnis zur harten Wirklichkeit,

nicht mehr die Romantik der Vorkriegsjugend. Schirach erinnerte an Eindrücke des vorjährigen Ausscheidungskampfes in Saarbrücken, an die Tatsache, dass sich gerade viele der Aermsten als der tüchtigste Berufsnachwuchs erwiesen hätten. Diese Feststellung gab ihm Veranlassung, auf das Versagen des Glaubens an die Hochschule als Stätte der Führererziehung hinzuweisen. Die Universität habe vor den Lebensaufgaben der Nation kapituliert. Die neue Zeit lese ihre Führerschar nach anderen Grundsätzen aus: nach Tüchtigkeit, Lebensbewährung, charakterlicher und weltanschaulicher Festigkeit. Auf diesem Wege könne der Beste bis zur Spitze kommen.

Der Reichsberufswettkampf bekämpfe den Mangel an Facharbeitern. Alle Berufe müssten ihre Leistungsfähigkeit bis zum Höchsten steigern, um das Leben und die Zukunft eines Landes zu sichern, das von der Natur nicht in gleichem Mass wie andere mit Rohstoffen gesegnet sei. Deswegen habe der Wettkampf alle Berufsgebiete in sich einbezogen. Besonders erfreulich sei es, dass in diesem Jahre die Landjugend sich in unerwartet grossem Umfang gemeldet habe. Wenn auch die Studentenschaft sich von jetzt ab beteilige, so trete sie und die Hochschule mit dem wirklichen Leben in Berührung. Die Aufgaben, die ihr gestellt seien, bedeuteten einen Durchbruch durch die bisherige Isolierung.

Die Jugend wolle zuerst dienen und arbeiten, bevor sie etwas fordere, ein Recht proklamiere. Das gelte auch von der Freizeit- und Urlaubsaktion der HJ, Massnahmen, die kein leichteres Leben, sondern eine Leistungssteigerung bezweckten. Wenn es in der neuen deutschen Jugend weder arm noch reich gebe, so könne es auch

keine konfessionellen Sonderbildungen

geben. Schirach betonte, dass er entschlossen sei, die gewonnene Einheit zu verteidigen. Neuerdings wandte er sich gegen den Vorwurf der „Religionsfeindlichkeit" der HJ. Jeder in der Jugend könne glauben, was er wolle, der Besuch der Kirchen sei ohne die geringste Schwierigkeit freigestellt. Gottlos seien diejenigen, die von sich behaupten, die einzig Frommen zu sein. Die Jugend sei vielleicht in den vergangenen Jahren nicht oft in der Kirche gewesen. Sie habe aber weniger mit den Lippen gebetet, als sie mit der Tat zu Gott gestanden sei. Sie bekenne eines: „Wenn wir unseren Dienst an Deutschland erfüllen, so ist das auch ein Gottesdienst. Wer Adolf Hitler liebt, liebt Deutschland, wer Deutschland liebt, liebt Gott."

Nach einem weiteren Chorspiel sprach Dr. Ley. Er begann mit der Pilatus-Frage: „Was ist Wahrheit?" Die ewig menschliche Frage, die das Ringen mit dem harten Leben in sich schliesse. Es gebe nur eine Welt des Wunsches, der Träumerei und Feigheit und eine

Welt der Wirklichkeit

der harten Leistung. Zu ihr gehöre Glaube, Opfer und Bereitschaft. Wenn jemand bequem auf Kosten der andern leben wolle, mehr verlange, als er selbst zu leisten bereit sei, so sei das Marxismus. Diese Art von Marxisten sei in der früheren Volkspartei, im Zentrum weit häufiger vertreten gewesen, als bei den Knallroten. Dr. Ley unterstrich die Worte des Reichsjugendführers über die Schädlichkeit der konfessionellen Sonderinteressen. Möge einer auch glauben, in einen besonderen Himmel kommen zu müssen, hier auf dieser Welt gibt es nur ein einiges Deutschland.

Die Jugend sei Vorkämpfer der Lebensbejahung, sie wünsche kein kampfloses Paradies. Die Gemeinschaft stehe aber zum Lebenskampf des einzelnen, sie garantiere ihm Lebensertüchtigung durch Berufsausbildung, sie habe die Aufgabe, ihn gesund und leistungsfähig durch Freizeit und Erholung zu halten. Ein

neues Berufserziehungswerk

werde aufgebaut werden. Der Begriff „ungelernter Arbeiter" müsse aus Deutschland verschwinden. Wer sich am Berufswettkampf beteilige, beweise, dass er das Streben besitze, zur Auslese zu gehören. Wer ihm feindlich gegenüberstehe, dokumentiere, dass er aus der Not nicht herauskommen wolle.

Zum Schluss teilte Dr. Ley mit, dass er sich mit der Absicht trage, vielleicht noch bis zum „Tag der nationalen Arbeit 1936"

Musterbetriebe

zu ernennen, sie zu ehren und ihre Betriebsführer als „Offiziere der Arbeit". Die Spende der Arbeitsfront für die Sieger im Reichsberufswettkampf werde erweitert. Es werde eine

Reichsberufsschule

errichtet, die ein Beispiel für die Welt sei. Jedes Berufsfach sei an ihr vorbildlich vertreten, die besten Ausbildungsmethoden sollten erforscht werden. In diese Reichsberufsschule sollen von Jahr zu Jahr die Reichssieger des Wettkampfs aufgenommen und zu besten Arbeitern ausgebildet werden.

Stuttgart). Die Erhebung der Leo-Werke, die gegenüber den Schulen nicht selbst in Erscheinung treten wollten, umfaßte 12355 Familien mit rund 60000 Köpfen. Man findet sie in einem Sonderdruck der Zeitschrift des Deutschen Hygiene-Museums:

„Haben 30 Millionen Deutsche keine Zahnbürste?"

Sie kam anschließend zu dem Ergebnis: Von 100 Erwachsenen und Kindern (Kinder unter 4 Jahren nicht eingerechnet) besitzen nur 41,6 % eine eigene Zahnbürste. Mindestens 9,6 % verwenden „Familienzahnbürsten" und 48,8 % haben überhaupt keine Zahnbürste. Einigermaßen regelmäßige Zahnpflege treiben von den Besitzern eigener oder gemeinsamer Zahnbürsten nur rund 65 %. Nur 40 % unserer Bevölkerung haben die Möglichkeit, richtige Zahnpflege zu treiben, und knapp 26 % tun es wirklich.

Man darf das Wort von der Arbeit als Pflichterfüllung nicht mit einem falschen Pathos vortragen. Und gewiß werden die Ruhrkumpel, die bei der großen Kundgebung der Deutschen Arbeitsfront die größte Ausstellungshalle Essens füllten, folgende Worte des Reichspressechefs der NSDAP, Dr. Dietrich, besonderes Verständnis entgegengebracht haben:

„Wenn man dem Arbeiter lediglich sagt, er sei dazu da, um in der Volksgemeinschaft seine Pflicht zu erfüllen, so sind das Reden, die auf die Dauer nicht überzeugen. Das muß einmal gesagt werden. Von der Pflicht und der Selbstlosigkeit allein läuft die Weltgeschichte nicht weiter."

Und geradenwegs an den Ruhrkumpel gerichtet, aber darüber hinaus für alle Arbeiter der Stirn und der Faust von Bedeutung sind dann die folgenden Sätze aus der Rede von Dr. Dietrich:

„Wer Tag für Tag in der Grube, im Dreck und Schweiß vor der Kohle arbeitet, den kann man mit solchen Argumenten nur sehr schwer von seiner hohen volkswirtschaftlichen Mission überzeugen. In der Praxis sieht das ein wenig anders aus. Die Menschen leben letzten Endes, um glücklich zu werden, und nicht nur deshalb, um ihre Pflicht zu tun."

Das ist gewiß eines der wichtigsten Ziele, das man vor Augen haben muß, wenn man sich mit der Frage auseinandersetzt wie die Wirtschaft marschieren soll.

Es ist geglückt, der Portier ist auf Hut und Schal und lange Hose hereingefallen. Dem Filmgenuß „Dämon Weib" steht nichts mehr im Wege. Ja, ja, die Flegeljahre kennen auch Sorgen...

1.2.36

Immer wieder fällt einem bei den nationalsozialistischen Kundgebungen dieses eigenartige Gemisch von praktischem Verstand und einer Phraseologie auf, die den blühendsten Unsinn produziert, wie diese Bemerkung über Marxismus. Freilich ist das auch darauf berechnet, den Marxismus überhaupt madig zu machen ganz unabhängig von der Frage, was Marxismus in Wirklichkeit ist. Man stiftet eine phantastische Begriffsverwirrung, aber mit bewußtem propagandistischen Zweck. Außer Herrn Dr. Ley, von dem man sagt, er sei früher von verschiedenen Betrieben wegen Unfähigkeit hinausgeworfen worden, hat Baldur von Schirach[1] vor dieser Jugend gesprochen: gegen die »Romantik« der »Vorkriegsjugend«, für die »harte Wirklichkeit« – die Universitäten, sagte er, hätten vor den Lebensaufgaben der Nation versagt. Jetzt werde es Auslese der Führerschaft nach Tüchtigkeit und Bewährung geben, nicht nach Geld und Geburt. Bemerkenswert die Ausführungen über Urlaub und Freizeit: diese bezwecken nicht ein leichteres Leben, sondern Leistungssteigerung. Schließlich sprach sich Schirach noch gegen die konfessionellen Verbände aus. Die HJ sei nicht atheistisch gesonnen, behauptet er, aber nicht ohne eine gewisse Kirchenfeindlichkeit durch die Fetzen des Mäntelchens durchschimmern zu lassen. Sehr hübsch das Bekenntnis: »Wer Adolf Hitler liebt, liebt Deutschland, wer Deutschland liebt, liebt Gott.« Bezeichnend die Reihenfolge, in der Hitler an der Spitze figuriert und somit in die Sphäre der Vergöttlichung rückt.

Nicht einmal das alte, für seinen Militarismus und Staatsabsolutismus verschrieene Preußentum hat je eine solche Entwertung der Person getrieben, wie es z.B. in der Bewertung von Urlaub und Freizeit als bloßem Mittel zur Leistungssteigerung zutage tritt. Obwohl die Nazis selbst sehr oft sich als Erben der preußischen Ideologie hinstellen, so haben sie beide doch im Grunde nichts miteinander zu tun. Es gehört zur Charakteristik des klassischen Preußentums, daß der Souverän der erste Diener des Staates war, daß der Beamte, der Offizier im Dienst seine persönliche Würde fand, daß dieser Dienst zwar hart war, aber die selbständige Meinung, unter Umständen sogar Handlung gegenüber dem Souverän nicht ausschloß, der nicht einmal zur Zeit des Absolutismus das persönliche, gleichsam göttliche Objekt des Glaubens war. Und schließlich konnten sogar im »feudalistischen« Preußen tüchtige Männer ohne »Geburt und Geld« zu hohem Rang gelangen, wie überhaupt dieser Punkt, den die Nazis als ihre

»sozialistische« Erfindung hervorzukehren lieben, in Deutschland nie ganz unbekannt war.

Immerhin liegt in dem letzteren ein mächtiger Antrieb und etwas sehr Positives, vielleicht das positivste und beste des Nationalsozialismus. Denn die Aussicht auf diese Art der Auslese kann zu einem gewaltigen Ansporn werden, wenn sie praktisch durchgeführt wird, und die Jugend kann durch sie für immer gewonnen werden.

Dieses sehr ernste Problem im Zusammenhang mit den sozialen Problemen überhaupt scheint hier und da auch ein wirklich verständiges Wort hervorzurufen. So äußerte der Pressechef Dr. Dietrich[2] auf einer Kundgebung der Arbeitsfront in Essen:

> Wenn man dem Arbeiter lediglich sagt, er sei dazu da, um in der Volksgemeinschaft seine Pflicht zu erfüllen, so sind das Reden, die auf die Dauer nicht überzeugen. Das muß einmal gesagt werden. Von der Pflicht und der Selbstlosigkeit allein läuft die Weltgeschichte nicht weiter ... Wer Tag für Tag in der Grube, im Dreck und Schweiß vor der Kohle arbeitet, den kann man mit solchen Argumenten nur sehr schwer von seiner hohen volkswirtschaftlichen Mission überzeugen. In der Praxis sieht das ein wenig anders aus. Die Menschen leben letzten Endes, um glücklich zu werden, und nicht nur deshalb, um ihre Pflicht zu tun.

Das klingt vernünftig, widerspricht aber Herrn Dr. Ley, der die Betriebe am liebsten in Kasernen verwandeln möchte. Ley stellte noch für dieses Jahr die Ernennung von Betrieben zu »Musterbetrieben« und ihrer Leiter zu »Offizieren der Arbeit« in Aussicht.

4.2.36

Immer noch ziemlich milde, heute eine leichte Neigung zum Schneien, aber keine Spur von Frost.

Von Heinz aus Prag gute Nachrichten, sofern man nicht ausgesprochen schlechte Nachrichten schon als gut ansprechen darf. Die Hauptschwierigkeit ist die, ihm Geld zukommen zu lassen, ohne das Geheimnis seines Aufenthalts preiszugeben, zumal er vielleicht in absehbarer Zeit wieder zurückkommen kann. Ilona war Sonnabend/Sonntag hier und gestern wieder, heute fährt sie nach Prag, im Grunde mit der Absicht, Heinz zu holen, worauf er sich hoffentlich nicht einlassen wird. Sonntagnachmittag war Böning[3] hier, wegen Walter, der offenbar infolge Haftpsychose den Verstand verloren hat, und auch wegen Heinz. Gestern behauptete Ilona, er hätte zu ihr gesagt, sie solle schleunigst fahren und Heinz holen. Das ist offensichtlich gelogen. Diese ewige Lügerei!

5.2.36

Heute zum ersten Mal Nachtfrost, abends um 9 Uhr 2° Kälte. Klarer Mondschein. Grete will morgen Walter besuchen: Gang zur Hinrichtung.

10.2.36

Gestern (Sonntag) waren Tante G., Else und Sophie hier, abends kam Ilo von der Reise zurück; erzählte, daß es Heinz leidlich gut geht, daß seine Pläne noch keine bestimmte Gestalt haben. Können sie auch nicht, da in Prag selbst, wie es scheint, keine Möglichkeit besteht. – Grete versuchte sich einen Paß zu beschaffen, um Heinz Geld zu schicken. Große Schwierigkeiten. In all der Aufregung quäl ich mich mit meinem historischen Aufsatz ab. Dazu fortwährend erkältet. Seit Freitag scharfe Kälte. Von Freitag auf Sonnabend -12°, heute abends um 6 Uhr -7°, wird in der Nacht, da kristallklarer Himmel, auf -15° sinken. –

Unsere Geldverhältnisse nähern sich wieder einmal einem kritischen Punkt.

Pfeiffer schickte das Stück zurück, mit sehr treffenden Bemerkungen. Die Monierung einiger »Kleinigkeiten« ist in Anbetracht seines guten Sprachgefühls und dessen, daß es sich z.T. um wirkliche Fehler handelt, sehr wertvoll. Daß er überhaupt offen kritisiert, ist erfreulich. Las gestern abend 3 Scenen vor, ohne viel Widerhall. Nur das »Komische« wurde verstanden.

12.2.36

Etwas milder. Heute abend +2°.

Lese in Conrads *Rescue* mit geteiltem Beifall. Das Werk ist nicht recht »ganz« geworden. Man merkt die Mühe der Arbeit daran, und manches in der Motivierung bleibt unklar; vor allem ist die Frauenfigur nicht recht deutlich. Conrad geht da manchmal auf Zehenspitzen vor lauter Behutsamkeit. –

Von der *Frankfurter Zeitung* kam das Stadtblatt mit meinem »Verhör[4]«; wie es scheint, haben sie etwas gestrichen, wodurch ein Satz ganz unverständlich geworden ist. Diese Redakteure scheinen weder Ohren noch Augen zu haben.

13.2.36

Heute endlich den historischen Aufsatz beendet, im Konzept. Ich würde ihn morgen ganz fertig bekommen, wenn wir nicht nach Berlin führen.

Es war noch etwas milder heute, der Schnee taut weg. Bald kommen die ersten Saaten dran.

Wir fanden in dem *Inneren Reich*[5] eine Beschreibung Roms von B. v. Mechow, *Rom, fliehend geschaut*[6] (was schon sprachlich defekt ist) – ein größtenteils albernes, geziertes Wort-Kunstgewerbe, noch dazu mit Fehlern und aufdringlichen Gespreiztheiten. Das sogenannte Pflaster-Literatentum ist abgelöst durch ein ebenso steriles oder noch sterileres Landluft-Literatentum. Mechow geriet in die Literatur mit einem ganz guten Buch: dem *Abenteuer*[7]. Aber er findet nicht wieder hinaus, und nun wird eine Potenz vorgespiegelt, die nicht da ist. »Bedeutend« um jeden Preis, auch um den eines anständigen Deutsch. Ich werde mir jetzt ein Herbarium solcher Blüten anlegen.

15.2.36
Sonnabend, Feierabend. Mit dem Gefühl, die Woche gut mit Arbeit verbracht zu haben. – Gestern abend herrliche Luft, um 0° herum, heute morgen scharfer Ostwind und 5-6° Kälte. Heute abend wieder etwas milder, bedeckter Himmel, aber windig. –

Wir sahen gestern *Fährmann Maria*[8], eine unglaubliche Angelegenheit. Adagio adagissimo. Kinder, Heide, Fiedelei, Volkstanz, Liebe ach so treu bis zum Tod, der persönlich auftrat und in einem Sumpf ersoff. Vgl. nächste Seite.

(Mich quält das Rätsel, ob der Film nun richtig 100%ig war, weder mehr noch weniger.)

Wenn nur die Einnahmen entsprechend befriedigend wären ... Grete meint manchmal, ich hätte erst Journalist werden sollen, um mich daran zu gewöhnen, schneller zu produzieren. Aber ich wäre jetzt zweifellos in derselben oder vielleicht schlimmeren Lage, wenn ich vor 1933 Journalist gewesen wäre. Und jetzt an einer Zeitung mitzuarbeiten, hieße Konzessionen machen, die ich nicht machen kann. Mein Verhältnis zur *Börsenzeitung*, d.h. zu ihrer literarischen Beilage, den *Kritischen Gängen*, erlaubt mir bisher jede Freiheit, dank der Liberalität ihres Schriftleiters. In solchen Dingen gibt es noch

Die politische Dichtung
Johst gegen „kulturellen Aberglauben"

Der Präsident der Reichs-Schrifttumskammer, Hanns Johst, äussert sich grundlegend über „Nation und Dichtung" im Führerorgan der nationalsozialistischen Jugend, „Wille und Macht". Er geht davon aus, dass eine Nation ohne Dichtung eine stumme, lautlose Erscheinung unter den Völkern wäre, eine Erscheinung, zu der es keine Wege des Herzens geben würde. Die Muttersprache bleibe das untrügliche Element, das Dichtung und Nation binde. Entschieden wendet er sich gegen die Praxis des 19. Jahrhunderts, die glaubte, die Dichtung müsse sich entpolitisieren. In jener vergangenen Zeit habe man „Weltschmerz" getragen; der gute Nachbar und der Patriot seien komische Figuren geworden, der Begriff des Volkes habe als überlebt gegolten. Selbst heute noch stehe ein grosser Teil der deutschen Geistigen auf dem Standpunkt, dass die Dichtung einseitig werde, wenn sie „politisch" sei. Dieser Aberglaube sei ein Erbe jener unglückseligen Zeit, die ständig grosse Staatspolitik mit kleinlicher Parteiinteressenpolitik verwechselte. Wenn man vor der Machtergreifung des Nationalsozialismus vom Vaterländischen und Völkischen geflohen sei, so drücke man sich heute in einen ästhetischen Raum, den man mit „Innerlichkeit" bezeichne, und den man als unpolitisches Neutralitätsgebiet respektiert wünsche. Aber Flucht bleibe Flucht. Und jeder Mangel an klarer Stellungnahme, an hundertprozentigem Einsatz, bleibe seinem Wesen nach „unsittlich". „Wir kulturpolitischen Vertreter des Nationalsozialismus", so betont Johst,

> „lehnen eine 90prozentige Beteiligung an der Gegenwart mit all ihren Aufgaben und Pflichten ebenso ab wie die 110prozentige".

Er schildert dann ausführlich, wie Kultur nichts anderes als die Liebe eines Volkes zu seiner Nation und der Totalitätsanspruch des Führers eine sittliche Forderung und keine äussere, machtpolitischen Tendenz sei. Die Kunst, die pathetisch erklärte, der Ruf der Berufung sei persönlich und unabhängig von jeder Bindung an irgend eine Gemeinschaft, sei mit dem 19. Jahrhundert abgeschlossen und gehöre dem Museum. Wir denken nicht daran, führt Johst aus, „uns in irgend eine literaturhistorische Diskussion über den Wert dieser oder jener Produktion jener Epoche einzulassen. Wir überantworten diese Zeit hochachtungsvoll den Museen. Da können sie verstauben oder sie können auch unsterblich werden. Uns stört keines von beiden." Johst schliesst mit dem Hinweis darauf, dass die nationalsozialistische Revolution den Gemeinschaftsgedanken zur höchsten sittlichen und politischen Maxime erhoben habe, und dass damit die Aufgaben der Kulturpolitik klar umrissen wäre. Wer gegen diese Tatsachen der völkischen Entscheidung vom geistigen Schrifttum her diskutieren zu müssen glaube, stelle sich ausserhalb der Volksgemeinschaft.

keine Generallinie, solange man nicht die politischen Belange selbst berührt. Der Weg ist etwas schmal, aber immerhin gangbar.

Dieser gemischte Salat aus Unsinn, Halbwahrheiten und kindlicher Ahnungslosigkeit paßt gut zu diesem ewigen Anfänger, der von Strindberg und Wedekind herkam, dann expressionistischer Ekstatiker und jetzt Präsident der Deutschen Schriftsteller wurde.

17.2.36 (Montag)

Tauwetter, Matsch, Regen – im Garten das erste Schneeglöckchen.

Arbeitete an meiner Mörike-Erzählung und fing einen Aufsatz an über das Wunder von dem Auge der Technik[9], angeregt durch den *Fährmann Maria*-Film; kam nicht weit damit, da Huuk abends zu Besuch kam. – Richard Kreiczek[10] ist in die Hohe Tatra zum Wintersport gefahren. –

Las Conrads *Rescue* zu Ende, sein kompliziertestes und nicht ganz gelungenes Werk. Allerdings so mißlingt es nur einem Meister.

22.2.36 (Sonnabend)

Seit einigen Tagen scharfe Kälte, zuerst bis 10°, jetzt 3-4°, starker Ostwind. Suhrkamp hat meinen Aufsatz mit »sehr gut« angenommen; diesmal ist der Herr Lehrer, wie es scheint, zufrieden, und ich bin es auch. Für die *Börsen-Zeitung* einen kleinen Aufsatz anläßlich *Fährmann Marie* geschrieben, sowie an der Novelle.

Heute nachmittag erschienen unerwartet Bönings mit Töchterchen.

„Es gibt gewisse Dinge, wo ein Frauenzimmer immer schärfer sieht, als 100 Augen der Mannspersonen." —

Kluger Lessing. Du wußtest nicht, daß zu diesen gewissen Dingen vor allem das Automobil gehört, aber nach mehr als 150 Jahren bestätigt Dir jede Autoausstellung, jeder Wagenlauf, daß auch wir modernen PS-Bändiger dieses Manneswort von Anno dazumal durchaus gelten lassen.

Frau und Auto sind untrennbar, seit es das Auto gibt. Sie haben sich gleich als Bundesgenossen erkannt und diese Allianz hat im Gegensatz zu fast allen anderen Allianzen vierzig Jahre lang unverbrüchlich ge-

Sonntag 23.2.36

Wärmer. Abends um 10 Uhr +1°.

Wir hatten einen ruhigen, ungestörten Tag. Wahrscheinlich liegt wieder einmal eine bewegte Woche vor uns.

24.2.36

Hierneben gehört eigentlich irgendein Satz aus Gottfried Benns Buch über die Intellektuellen[11]. Nur daß die Reklame der Firma Opel interessanter ist. Sie entspricht einer Arbeitsleistung, während die Bennsche Rhetorik nur einem Zusammenbruch entspricht, der snobistisch verkleistert und mit

Rauschgold pervertierter Gemütsbedürfnisse illuminiert wird, auf Kosten jedes Verstandes, jeder Nüchternheit, jeder wirklichen Haltung. An ihrer Stelle steht eine pathetische Scheinhaltung, das unredliche Geschwafel eines schlechten Gewissens, das seine Lücken mit einer gewissen unnahbaren Bildung bedeckt, anstatt zu schweigen, zu schweigen.

Jeder Faschismus hat seine Snobs. Marinetti und d'Annunzio. G. Benn hier. Es ist eine Art Hirn-Orgiasmus bei Leuten, deren Begabung sehr hoch ist. –

Wetter ohne viel Frost. Meist 1° über Null.

Sonnabend, 29.2.36

Brief von Heinz. Er ist verändert, oder entwickelter, geöffneter. So hat er früher nie geschrieben.

Wetter etwas wärmer. Gestern Sturm und Regen, in welchem wir abends das Radio hierherschleppten.

4.3.36

Mildes Wetter, feuchte Luft. Begann im Gemüsegarten Beete vorzubereiten. Seit Montag wohnt Ilo bei uns. Letztes Refugium, große Angst wegen Heinz. Benimmt sich im übrigen ganz gut, da wohl auch etwas ernüchtert. –

In den Reden des Führers klingt seit einiger Zeit deutlich die Schwierigkeit durch, mit der sie zu tun haben: die unterirdische Gegenströmung. Das »Volk« steht keineswegs als Ganzes hinter ihnen. Hie und da kann man wohl von Erbitterung reden. Aber diese ganze Opposition ist latent, innenpolitisch wenigstens, und schwer einzuschätzen. Da sie kein Ventil hat, liegt darin eine gewisse zukünftige Gefahr, nicht nur für die Nazis, sondern auch für die Opposition selbst. Es wäre zu wünschen, daß die Nasolisten von einer Diktatur abgelöst würden, die aber gewisse Ventile langsam öffnete.

12.3.36

Die große Aktion Hitlers vom 7. März (Wiederherstellung der deutschen Wehrhoheit im Rheinland)[1] liegt wie eine Wolke in der ohnehin schon schwülen Luft. Was daraus kommen wird, ist nicht abzusehen. Wenn er Erfolg hat, dann auf lange Zeit. Am 29.3. wird »gewählt«. Der »Wahlkampf« hat begonnen mit einer Rede von Goebbels. Es steht zu erwarten, daß die Wahl nur geringer Frisuren bedarf, um eine Mehrheit zu erzielen.

Die ganze Angelegenheit steht auf Messers Schneide, gerade weil Hitler mit seiner Interpretation des französisch-russischen Militärbündnisses[2] recht hat. Hitlers Schachzug war insofern geschickt, als er das Problem auf eine ganz neue Basis gestellt hat. Er operierte mit der »Wahrheit« und brachte so den Stein ins Rollen. Es fragt sich nun, wer zuerst den Hebel »Frankreich« zu fassen kriegt: England oder die Sowjetunion.

England dürfte an einem militärischen Konflikt zwischen Frankreich und Deutschland keinerlei Interesse haben. Es hat vielleicht viel mehr Interesse daran, einen solchen Konflikt zu verhindern, solange es geht. Denn ein europäischer Krieg bedeutet für das Imperium eine Belastungsprobe, die es bei einem wahrscheinlichen Sieg Rußlands im Hinblick auf den Osten kaum aushalten wird. Auch Frankreich dürfte an einem Sieg seines Verbündeten wenig liegen, weil dann die Bolschewisierung Deutschlands (Niederlage plus Sowjets) unvermeidlich ist und die russische Grenze dann nicht im Osten hinter Polen, sondern am Rhein zu suchen wäre. Man beginnt aber keinen Krieg, um dem Verbündeten eine Niederlage zuzuschieben. Die Politik Frankreichs ist in dieser Hinsicht sehr sonderbar und entbehrt der Logik. Den Russen hinwiederum kann an einer Konsolidierung des NS-Deutschlands mit dem Westen nichts gelegen sein. Für eine Bolschewisierung Europas bildet Deutschland gegebenenfalls eine Art Brückenkopf. Den Russen würde eine Katastrophe in den ohnehin verwirrten Verhältnissen Mitteleuropas zum mindesten etwas sein, das zu verhindern für sie wenig Anlaß besteht. Sie könnten auf den europäischen Generalzusammenbruch spekulieren, der ihrem eigenen inneren Druck Luft schaffte und aus einer raschen Revolutionierung der revolutionsreifen Staaten einen mächtigen Block konstruieren würde. Ein Konflikt mit Japan würde dann Rußland mit gedecktem Rücken vorfinden, vorausgesetzt, daß zugleich die Macht Englands im Osten schwer erschüttert würde und die Revolutionierung Indiens und Chinas die schließliche Folge eines europäischen Weltkrieges mit russischem Erfolg wäre.

Gegen eine solche Spekulation spricht aber folgendes: Die innenpolitische Schwäche Frankreichs läßt diesen Staat zwar annähernd reif für eine Revolutionierung erscheinen, aber eher nach einer faschistischen Richtung als nach einer kommunistischen. Zudem: Frankreich ist eine Kolonialmacht. Ein kommunistischer Aufbau ist in den hochkomplizierten Wirtschaftsapparaturen der europäischen Mächte sehr schwierig und brauchte lange Zeit, er wäre überhaupt nur als allmählicher Umbau möglich, wenn er nicht gleichbedeutend sein sollte mit einem völlig unnötigen Ruin.

England, in der jetzigen Konstellation heimlicher Gegner Rußlands, wird versuchen, Frankreich auf seine Seite zu zwingen. Innenpolitische Veränderungen von Belang sind in England wohl kaum zu erwarten, vorderhand, und dem Faschismus dürfte es sehr wenig Neigung entgegenbringen. Es kommt sehr viel darauf an, was England aus dem Völkerbund zu machen versteht. Bis jetzt hatte England beziehungsweise der Völkerbund keine große Effektivkraft, wie im Falle Italiens[3] gezeigt.

Der Kampf gegen Versailles kommt nun insofern längst zu spät, als Rußland als Mitglied des Völkerbundes das Versailler Statut in praxi deckt, was es vor 15 Jahren nicht getan hätte. Dies Versäumnis Deutschlands von damals rächt sich bitter und wird so oder so in absehbarer Zeit Europa sturmreif machen mit einem Unterschied gegen die frühere Chance: ein durch den Nationalsozialismus ausgehöhltes Europa wird viel längere Zeit zum Erholen brauchen und einer Verarmung anheimfallen, von der es sich heute noch keine Vorstellung macht.

Deutschland macht den Anfang dazu. Wir sind bereits verarmt. Hitlers »Erklärungen« zu seiner Aktion laufen darauf hinaus, daß er Deutschland lieber in eine völlige Vereinsamung hineinsteure, als daß er nachgäbe. Diese »Einsamkeit« wird es in sich haben, mit oder ohne Krieg.

Auf die Dauer aber scheint der Krieg unvermeidlich. Die Staatsmänner haben bestimmt nicht das Spiel so in der Hand, wie sie es haben sollten. Wirkliche Ideen hat keiner, am wenigsten die Franzosen. Ihre einzige Idee scheint die Angst vor dem Nachbar zu sein.

Hitler hat an sich mit dem, was er sagt, inhaltlich recht. In dieser Hinsicht ist sein Memorandum ein durch Logik ausgezeichnetes Unikum in der europäischen Politik und der mehr oder minder zweideutigen politischen Phraseologie der letzten zwanzig Jahre. Aber wie gewöhnlich wird die an sich vielleicht richtig berechnete Taktik durch grobe Ungeschicklichkeiten wieder in Frage gestellt. Man kann wirklich nicht »die Friedenshand ausstrecken«, mit beweglichen Tönen, und zugleich mit Kanonen rasseln. Die Kanonen als Nachdruck im Hintergrund sind ganz gut, aber unser Inhaber besagter Kanonen betont das klirrende Erz um ebensoviel zu gefühlvoll wie die »Einsamkeit«. Man kann auch nicht den Verbündeten eben der Nation, mit der man sich verständigen will, öffentlich derartig madig machen in der Erwartung, Frankreich werde daraufhin der Sowjetunion die kalte Schulter zeigen. Man kann zwei Verbündete nicht durch das unintelligente Verfahren auseinanderbringen, daß man dem einen den ideellen Krieg erklärt, was dieser als einen höchst reellen Krieg zu interpretieren sich beeilt, womit er dem ohnehin zur Furchthysterie geneigten Freunde noch mehr den Rücken steift. Man kann sich nicht bereit erklären, sich mit einem Gegner an den Völkerbundstisch zu setzen, dessen Gefährlichkeit man mit der hochpathetischen Stimme eines »Warners« eben denjenigen vorhält, in deren Kreis man einzutreten wünscht. Das heißt nichts andres, als für den Hinauswurf Rußlands aus dem Völkerbund zu plädieren, um sich selbst an die Stelle zu setzen und dort die Rolle Rußlands zu spielen. Das ist der Mangel an politischer Psychologie, der uns schon einmal unendlich geschadet hat.

14.3.36

Kalt, nur 2° Wärme, etwas Schnee, der aber noch nicht liegen blieb.

Ilo, die seit einiger Zeit bei uns wohnt, hat jetzt eine Stelle in Aussicht als Kinderfräulein, beklagt sich sehr über ihre Aussichten. Das will nur ein leichtes Leben haben, wenig Arbeit und viel Spaß. Was diese Geschöpfe eigentlich im Leben wollen, ist unklar. Ilona selbst hält sich für zu gut, um Kinderfräulein zu sein, und meint, dafür »lebe man nicht«. Aber wofür sie überhaupt lebt, ist nicht einzusehen.

15.3.36 (Sonntag)

Kalter Westwind, so daß man sich überwinden muß, im Garten zu arbeiten.

Deutschland ist zur Londoner Konferenz eingeladen[4].

Die deutsche Regierung hat auf die Einladung geantwortet, sie käme nur unter der Bedingung zur Konferenz, wenn sie als gleichberechtigte Macht behandelt würde und daß die Paktangebote Hitlers nicht von der Locarno-Streitfrage wegen der besetzten Zone getrennt werden.

Dieses Steiftun ist nicht gerade geeignet, ein isoliertes Land mit seinen Gegnern zu befreunden. Man rechnet offenbar damit, die Gegner dadurch noch ratloser zu machen, bis sie Deutschland inständig bitten, sich zur Verständigung herbeizubemühen. Frankreich bleibt vorläufig stur auf seinem Standpunkt bestehen, Moskau hetzt, und die Engländer möchten wohl zuweilen wünschen, mit nüchterneren oder harmloseren Partnern zu tun zu haben.

Es läge allerlei Grund vor für eine Verständigung Deutschlands mit England. Ich für mein Teil fände einen Kommunismus auf englisch genießbarer als auf moskauisch. Wie dem auch sei: wenn man zwischen zwei Welten steht wie wir, muß man sich für die eine entscheiden, wenn man die andere verdammt; und wenn man Praktiken ausübt, die den Engländern nun mal zutiefst gegen den Strich gehen, muß man ein großes Maß von Takt bekunden, um sich dem präsumtiven Partner genießbar zu machen. Der Machtstandpunkt allein genügt bei so verwickelten Verhältnissen nicht.

23.3.36

Endlich herrliches Frühlingswetter. Es müßte eigentlich regnen, aber man freut sich doch des Sonnenscheines. Als Besitzer eines zu pflegenden Gartens lernt man das Wetter mit ganz anderen Augen anzusehen als der Städter, besonders wenn man in einer solchen Sandbüchse sitzt wie wir, die riesige Mengen von Regen schlucken kann.

Die Verständigungsaktion ist, wie vorauszusehen, auf einem toten Punkt angelangt. Das Memorandum der Westmächte, auf das nun Deutschland einen Gegenvorschlag machen soll, ist auf Unannehmbarkeit berechnet. Wie bei einem Handel, bei dem jeder den Preis möglichst hochschraubt, um soviel als möglich herauszuschlagen.

Bei dieser Art Diplomatie kann nicht viel Gutes herauskommen. Nicolson[5] hatte recht, wenn er der diplomatischen Technik der früheren Zeiten den Vorzug gab vor Konferenzen, bei denen soviel von persönlicher Stimmung abhängt, die sofort in die Öffentlichkeit umschlägt und eben dadurch nicht mehr unschädlich gemacht werden kann. Der schwerfällige Apparat macht die Leute nervös, sie wollen, wenn die Sache zu lange dauert, endlich fertig werden, und so können Dinge zustande kommen, die weder von Sachkenntnis noch von politischem Weitblick zeugen.

Der große Vorteil, über den die Russen verfügen, liegt in folgendem: sie sind schwer angreifbar und daher schwer einzuschüchtern. Ihnen kann man Memoranden wie dieses von Frankreich verfaßte nicht überreichen, d.h. man kann es natürlich, aber sie wären völlig wirkungslos. Zweitens besitzen sie in ihrer Armee nicht nur ein politisches, sondern ein politisiertes Instrument. Das sind zwei Aktivposten, über die Deutschland nicht verfügt; der zweite, eine entsprechende Armee, könnte geschaffen werden, der erste aber ist und bleibt illusorisch und müßte die Außenpolitik entsprechend diktieren.

Ein unpolitisches bzw. politisch neutrales Heer ist eigentlich ein Unding. Denn erstens treibt die Armee, oder vielmehr der Inhaber der militärischen Gewalt, doch Politik, schon auf Grund des Umstandes, daß die Armee entweder von Vertretern einer politisch herrschenden Schicht geführt wird oder eine umworbene (oder auch befehdete) Ballschöne zwischen den Parteien darstellt. Der Fehler unserer Sozialdemokraten und Liberalen, die Armee politisch zu neutralisieren, lag auf der Hand; die Folge war, daß sie demjenigen zuneigte, der ihr den nächsten Tanz versprach. Es zeigt sich freilich allzuoft, daß die politischen Vorstellungen selbst fähiger Generäle ungefähr denen meines nachbarlichen Gärtners Z. entsprechen, und diese Geistlosigkeit kann sich auswirken wie die Kuh im Porzellanladen. In einem Parteienstaat kommt die Armee in kritischen Augenblicken in Gefahr zu zerfallen, in einem faschistischen, autoritären Staat wird sie selbst gefährlich, wenn das Instrument sich etwa gegen den politischen Machthaber wendet. Die Rolle der Armee im republikanischen wie im kaiserlichen Rom dürfte unvergessen bleiben. Gerade die Armee muß, wenn sie wirklich ein politisches Instrument sein soll, von einer politischen Idee beseelt sein. Das Militärische lediglich auf den defensiven »Schutz des Vaterlandes« beschränken zu wollen, ist ein Unding. In dieser Beziehung war unsere Reichswehr ganz überflüssig, und der Weimarer Staat hätte sich dieses sehr teure Instrument ganz sparen können. Es war eigentlich unbegreiflich, zu was es dienen sollte, es kostete unheimlich viel Geld und lieferte dem Vernichter dieses Staates die Grundlage einer Aufrüstung, die uns freilich noch teurer zu stehen kommen kann. Denn der alte Grundsatz »Si vis pacem, para bellum«[6] verkehrt sich bei konkurrierenden Nationalstaaten sehr leicht ins Gegenteil, in den Anreiz nämlich, den Frieden nicht zu wollen.

Die innere Widersprüchlichkeit der modernen Rüstungen kann man am besten am Beispiel Frankreichs illustrieren. Der Festungsgürtel an seiner Ostgrenze, die berühmte Maginotlinie[7], ein Milliardenobjekt, wird in dem Augenblick zum Museumsstück, wo Frankreich sich mit Deutschland endgültig verständigt. Soll man diese Riesenausgabe umsonst gemacht haben? Allein die Existenz dieses riesigen, rein defensiven Gürtels muß einer Verständigung im Wege liegen. Man fertigt so etwas doch nicht für den Augenblick an, sondern setzt voraus, daß die Feindschaft »ewigen« Charakter hat.

Käme trotzdem eine Verständigung zustande, so könnten die Franzosen, besäßen sie Humor, ihre Kasematten zu riesigen Champignonzüchtereien umwandeln. Das würde schließlich sogar die Kosten wieder einbringen. Aber es würde das Ehrgefühl des Generalstabes antasten.

In der Politik hört der Humor auf. Sie ist auch danach.

29.3.36

Die bisherigen Wahlresultate[8] waren »überwältigend«, und das Gesamtresultat wird sich auf 95% »gültiger« Stimmen belaufen, was vorauszusehen war. Im großen und ganzen wird dies Resultat echt sein, auch wenn man die Rolle des Terrors dabei in Anrechnung bringt.

Der Wahlsonntag – das Wort »Wahl« nimmt sich allerdings merkwürdig aus, denn es gab nichts zu »wählen« – zeitigte wenigstens prachtvolles Wetter zu der Komödie. Unser alter Huuk brachte überraschenderweise ein Mistbeetfenster an, das wir sogleich einbauten. Nun werden wir Frühgemüse ziehen können, und was nicht alles.

10.4.36

Heinz ist wieder da und hat sich gleich auf den Garten gestürzt. Nach längerem Hin und Her, auf den Rat eines Rechtsanwalts und nach einem Briefwechsel, der sich erfinderisch in Decknamen erging, wurde beschlossen, ihn wieder hereinzuholen. Es war für ihn untunlich und nutzlos, in Prag zu bleiben. Da ich ihn abholen wollte, verabredeten wir ein Treffen an der Grenze, ungefähr an derselben Stelle oder auf demselben Wege vielmehr, auf dem ich ihn vor einem Vierteljahr begleitet hatte. Ich fuhr morgens los, traf Heinz an der Endstation der Straßenbahn und fuhr sofort mit ihm zurück, so daß wir schon am Abend zu Hause waren, die sonderbarste Reise, die ich je gemacht habe, da mein Aufenthalt am Ziel nur etwa 10 Minuten betrug.

Noch im Dunkeln, kaum daß wir zu Hause waren, strich Heinz im Garten umher, um sich von seinem Zustand zu überzeugen, und seitdem arbeitet der Junge wie ein Berserker und schafft an einem Tage mehr als wir in zwei Wochen. Er ist ziemlich schweigsam und bedrückt. Seine Lage ist auch nicht gerade rosig. Die Gefahr ist zwar nicht mehr akut, aber in einer Berliner Klinik anzukommen, dürfte ihm Schwierigkeiten bereiten. Am besten wäre es, wenn er woanders eine Stelle fände, wo man ihn nicht kennt. Da er mit der Partei nichts zu tun haben will, ist das recht schwierig und muß sehr überlegt werden.

Es ist eigentlich toll: ein nachweislich ungewöhnlich tüchtiger und fähiger Mensch, ein Arzt, dessen einziges Verbrechen darin bestand, seinen persönlichen Verkehr nicht ausschließlich nach dem Grundsatz der Rasse auszuwählen, und der für den Gemeinnutz hundertmal mehr leistet und zu leisten imstande ist als alle die Schreier zusammengenommen, ein Mensch, der zehnmal eher anderen hilft als sich selbst, kommt in Gefahr, brachzuliegen. Er ist dermaßen scheu geworden durch seine Erlebnisse, daß er sich kaum aus dem Garten hinaustraut. Diesen bearbeitet er allerdings von früh bis spät, womit er mich beträchtlich entlastet, so daß ich meine eigenen Arbeiten schneller fördern kann. Sie haben es nötig. Im Aprilheft der *Neuen Rundschau* ist der Aufsatz über den historischen Roman erschienen und brachte 150,– RM. Gott sei Dank, für unsere augenblicklichen Verhältnisse geradezu fürstlich.

21.4.36

Nach einer Periode warmen Wetters um Ostern herum wurde es sehr kühl; jetzt wieder Beruhigung der Kältewelle, die in West- und Süddeutschland katastrophale Formen annahm. Heute richtiges Aprilwetter.

Seit etwa 2 Wochen ist Heinz hier, der den Garten in mächtige Arbeit nahm. Die Sache mit Ilo – spannungsvoll. Er befolgt die Taktik des Hinhaltens, schwankt wohl selber, wenigstens nach außen.

Walter sitzt noch immer »ein«. Mit uns ist er vollkommen böse.

Eine unermeßliche Sehnsucht nach normalen Verhältnissen, wenigstens im engsten Kreise, beherrscht uns.

24.4.36

Das Wetter bleibt sehr kühl, die Öfen gehen nicht aus. Infolge Nahrungsknappheit machen sich die Vögel über die junge Saat her und zupfen die Pflänzchen aus.

Ilo hat endlich ihre Stelle angetreten. War gestern hier, galgenhumoristisch gestimmt. Heinz wird im ganzen froh sein, wenn er sie los ist. –

England rüstet auf und zieht die Steuerschraube an. Sogar Schweden rüstet auf. Europa gleicht einem Hühnerhof, der nur von Hähnen bewohnt wird.

Herr Hanns Johst, Staatsrat und Präsident der Reichsschrifttumskammer, hat ein Reisetagebuch veröffentlicht, *Maske und Gesicht* betitelt, worin er einen Besuch beim Führer schildert. Es ist, als habe er ein nicht mehr menschliches Überwesen besucht. »Er steht auf. Er erleichtert mir den spröden Weg zu sich. Dieser Mann kennt keine Masken. Er trägt immer nur ein Gesicht … Da ist das Haar. Weder Bild noch Plastik brachte bisher dessen Eigensinn und Eigenwilligkeit zum Ausdruck.

Eichendorffsche Heiterkeit sträubt sich gegen jede Doktrin ... Von einer steinernen Distanz sagen die Schläfen aus ... Es sind die einsamsten Schläfen, die ich je sah. Ihr Befehl ist Unnahbarkeit (Der Führer breitete Baupläne vor dem Besucher aus:) Mit phantastischer Kraft beschwört der Führer aus nackten Grundrissen, aus Linientumulten, aus horizontaler Geometrie plastische Architektur. Mein Gesicht verwirrt sich im Fieber dieses Augenblicks. Ein fanatisches ›Werde‹ schwingt aus der Anschauungsgnade des Mannes neben mir. Die Baupläne verwandeln sich unter meinem Anblick zu einer Landkarte Deutschlands. Das Ruhende erwacht. Hebt sich, erhebt sich und wächst an die Brust einer unsagbar innigen Fürsorge ...«

Ich möchte gern wissen, was in diesem Führer vorgeht, wenn er diesen Quatsch liest. Vielleicht regt sich in ihm was von dem Süddeutschen, der auf derartiges gern mit den Worten reagiert: red' net so gschwollen daher! Vielleicht – aber wer, außer einem sehr überlegenen Geist, kann auf die Dauer solchem Weihrauch widerstehen, zumal wenn er selbst geneigt ist, seine Laufbahn als etwas Übernatürliches anzusehen?

15.7.36

Las heute Grete meine Novelle[1] vor, die für Velhagen & Klasing bestimmt ist. Fehlt noch ein passender Titel. Die Geschichte gefiel Grete sehr gut, über Erwarten, was mich glücklich macht. Das Gefühl, offenes Feld vor sich zu haben, ist wundervoll und zugleich höchst nötig, denn wir leben ökonomisch zur Zeit am Rande des Nichts.

Seit dem April haben wir wenig Erfreuliches erlebt. Walter kam im Mai an, vorläufig außer Haft gesetzt und, wie es schien, mit erledigter Angelegenheit. Er kam in einem furchtbaren Zustand und tobte 5 Stunden derart, daß ich ihn hinausgeworfen hätte, wenn Grete nicht die vielleicht richtige

Taktik eingeschlagen hätte, alles über sich ergehen und Walter austoben zu lassen. Seitdem ist er verschwunden, nach einem kurzen Besuch Ende Juni. Weg damit!

Der Juni war heiß und trocken, wochenlang kein Regen. Der Garten sieht etwas verwildert aus. Zuviel Arbeit.

Wir haben Heinz, der ganz apathisch zu werden drohte, nach Frankfurt geschickt, auf gut Glück, damit meine Freunde dort etwas für ihn ausfindig machen, und es scheint, als sollte etwas daraus werden.

Nach Berlin kommen wir wenig. Die anhaltende Hitze dieses Sommers verlockt einen nicht dazu, nach Berlin zu fahren. Zudem lebt man hier draußen ziemlich unbehelligt und bekommt von der Partei und ihrem Treiben nichts zu sehen, wenn man ihr nicht nachläuft.

Die *Neue Rundschau* hat einen Aufsatz zu Bernard Shaws 80. Geburtstag bestellt, und darüber freue ich mich sehr. Schon deshalb, weil Shaw, obwohl einer der meistgespielten Theater-Autoren in Deutschland, eben hier in seiner eigentlichen Bedeutung fast immer verkannt wird, ja unverstanden bleibt. Ich kann ihn zu meinen geistigen Lehrmeistern zählen, dessen Schriften ich unendlich viel an Einsichten verdanke.

Im übrigen fällt mir bei der heutigen englischen Literatur seit dem Weltkriege oder mindestens seit dem Ende der 20er Jahre der durchgehende Pessimismus auf. Die ideelle Basis dieses Geistes ist sehr dünn geworden.

Meine Arbeiten sind sehr in Fluß gekommen. Es fehlt nicht an Angeboten. Der Verlag Staackmann[2] möchte sogar einen Roman von mir haben. Alles sehr schön, wenn die ewigen Geldsorgen nicht wären. Das Buch über Joseph Conrad macht gute Fortschritte. Ich hätte Pläne für Jahre, wenn sie nur was einbrächten. Man muß zum schriftstellerischen Start etwas Kapital haben, genau wie für eine Hühner- oder Fuchsfarm.

19.7.36

Was den finanziellen Ertrag meiner Arbeiten anlangt: ich mache mir manchmal Gedanken darüber, was aus gewissen freien Berufen werden wird, auch aus dem des freien Schriftstellers.

Letzterer war ja immer eine fragwürdige Existenz, wie fragwürdig, das erlebe ich jetzt am eigenen Leibe. Aber interessanter erscheint mir die Tatsache, daß auch der kleine handwerkliche Gewerbetreibende seine Schwierigkeiten erlebt. Der Nationalsozialismus ließ es sich besonders angelegen sein, dieser schwer mitgenommenen Schicht eine goldene Zukunft zu versprechen. Was ich hier in der Siedlung beobachte, wo es von kleinen Bauhandwerkern, Tischlern, Gärtnern usw. wimmelt, erweckt nicht den Eindruck, daß das freie Handwerk Aussicht auf einen goldenen Boden hat. Nicht als ob es den Leuten hier an Arbeit fehle, im Gegenteil. Aber diese Arbeit macht sich nicht bezahlt. Sie müssen schuften wie Kulis, aber die wenigsten haben dabei Aussicht, auf einen grünen Zweig zu kommen. Zuweilen, nach einem dieser glutheißen Tage, besuche ich meinen alten Lederstrumpf in seiner Hütte, und wir sprechen über dergleichen. Er selbst hat nicht den Ehrgeiz, wohlhabend zu werden, und so kommt er bei seinen geringen Bedürfnissen aus. Da er in Material und Ausführung nur Allerbestes liefert, fehlt es ihm nie an Aufträgen, die er sich ziemlich teuer bezahlen läßt. Er sagt selbst: entweder muß man für billige Preise schlechtes Material und zweitrangige Arbeit liefern oder gutes Material und gute Arbeit für teures Geld, und weder in einem wie im anderen Fall ist dabei viel zu verdienen, wenn man nicht 16 Stunden am Tage schuften will. Und er zeigte mir ein Rundschreiben seiner Fachschaft, worin allen Kleinbetrieben, die nur mit einem oder zwei Gesellen arbeiten, nahegelegt wird, den Betrieb zu schließen und in einen Großbetrieb zu gehen. So weit ist es also schon! Übrigens kann sich Huuk nicht einmal einen Gesellen leisten. Er denkt nicht daran, seine kleine Werkstatt zu schließen, einfach, weil er sich seine Freiheit wahren will.

28.9.36

Es gab bereits Nachtfröste, die Öfen sind im Betrieb, und wir fühlen uns schon um den Sommer betrogen, wie bisher in jedem Herbst. Überhaupt verfliegt die Zeit unheimlich schnell; vielleicht liegt das daran, daß das Leben im allgemeinen einen geringen Tiefgang hat, wenigstens kommt es mir so vor. Im übrigen ist es schwer genug, wenn man nicht, wie die gutgläubigen Nazis, lauter Licht und herrliche Zukunft sieht, sondern eher das Gegenteil. Grete fühlt sich erledigt und ich in gewisser Hinsicht insofern auch, als ich Auftritte und Erlebnisse wie mit Walter nicht mehr ruhig ertragen konnte.

Heinz hat in Frankfurt eine Stelle gefunden, vorerst als Volontär in der Röntgenologie[1], was ihm sehr liegen wird. Eine Sorge weniger, uns ist ein Stein vom Herzen gewälzt.

Vorhin im Radio eine Aussprache betreffs Kampf dem Verderb. Genau genommen könnte dieser Kampf gegen verfaulte Kartoffeln und Gemüsesorten nur in einer sozialistischen Wirtschaft wirksam werden; in der Privatwirtschaft könnte es zu merkwürdigen Rückwirkungen kommen, die auf eine Schmälerung der Gesamternährung hinauslaufen. Aber möglicherweise ist das nur Theorie.

25.10.36

Das Manuskript meines Conrad-Buchs habe ich nun Herrn V. für seinen Verlag[1] angeboten, auf Vermittlung von E. M.[2], der selbst mit ihm in Verbindung steht. Bei Herrn V. mache ich dieselbe Erfahrung, die einem immer wieder begegnet, besonders in dieser Sphäre: man weiß nicht recht, was der Mann politisch denkt, man spricht nicht darüber und tastet sich gleichsam nur vorsichtig ab. Man merkt zwar nach einiger Zeit, woran man ist, nämlich, daß man wie gewöhnlich einem Gegner der Nazis begegnet ist. Trotzdem hütet sich der Mann, ein in dieser Beziehung offenes Wort zu sagen, nur indirekt läßt er durchblicken, wie er zum Regime steht. Das ist ziemlich widerlich; aber es wird begreiflich, wenn man denkt, daß auch unter Freunden, oder sagen wir besser: Geschäftsfreunden ein offenes Wort gefährlich werden kann, sobald es auch in der harmlosesten Absicht weiterkolportiert wird. Am besten geht es noch mit Witzen – die erzählt jeder. Aber jeder, der irgendwie unter direkterer Kontrolle der zuständigen Stellen des Propagandaministeriums steht, benimmt sich sehr vorsichtig darin. Amüsant ist dabei die Gepflogenheit im Schriftwechsel: hier kann man deutlicher erkennen, was los ist. Die Nicht-Nazis schreiben »Mit deutschem Gruß«, der Nazi, oder wer gern dafür gelten möchte, mit »Heil Hitler!« Und ich weiß nicht, was blödsinniger klingt. Ich helfe mir damit, daß ich für meinen Bedarf möglichst schnell auf ein unformelleres, aber vernünftigeres »Mit bestem Gruß« lossteuere. Das alte »Mit vorzüglicher Hochachtung« ist bereits gänzlich abgekommen.

25.12.36

In der Zeitung stand zu lesen, daß Musikvereinigungen, die das Deutschland-Lied und Horst-Wessel-Lied nicht spielen können, mit sofortiger Wirkung aufzulösen sind. Bei einer Straßensammlung fand sich eine Mundharmonika-Vereinigung, in deren Repertoire die beiden Stücke fehlten. Sie wurde »mit sofortiger Wirkung aufgelöst«.

Merkwürdig mildes Wetter, wie im März. Kein Schnee, es gab bisher nur einige wenige Frosttage.

Ab 1. Januar gibt es Fettkarten. Rüstung, Rüstung! Mit Butter kann man nicht schießen. Göring behauptet, 20 Pfund abgenommen zu haben. In Spanien ist der neue Weltkrieg im Gange[1], vorerst noch en miniature, man kann es auch ein Vorspiel nennen, eine Konzertprobe, um die neuen Instrumente auszuprobieren. Deutsche Truppen, sehr geheim dort hingeschickt, fechten an der Seite von fremden Legionären, artverwandten Marokkanern und reaktionären Romantikern für die Belange der Latifundienbesitzer. Denn darauf läuft es ja in praxi hinaus. Ferner haben wir ein Bündnis mit den noch artverwandteren Japanern, gegen die Komintern[2].

Friede auf Erden, schalmeien die Rundfünke.

1937

Wir befinden uns in äusserster Lebensgefahr.

9.1.37

Heute abend 4 Grad Kälte, zum ersten Mal in diesem bisher außergewöhnlich milden Winter. Schnee hat es bis heute noch nicht gegeben, was jetzt fatal werden kann, wenn die Kälte anhält.

Wir befinden uns in äußerster Geldlosigkeit, wir haben z.Zt. buchstäblich nichts außer einer Reihe anwachsender Schulden. Wir wirtschaften ohne jede Hilfe, seit wir hier wohnen. Also Arbeit genug. Das Buch über Joseph Conrad steht vor dem endgültigen Abschluß. Mit Herrn V. ist ein Vertrag über das Buch abgeschlossen. Ich habe Aufträge für Essays, also fehlt es durchaus nicht an Arbeit, aber es fehlt an Geld. Eine erquickliche Lage – dazu die phantastische Lage Deutschlands, die ständige Kriegsgefahr wegen Spanien, das völlig Ungewisse der Zukunft: man weiß nicht, wo einem der Kopf steht.

31.1.37

Harter Frost mit Ostwind, der hier der Frostwind ist und sich nicht so bald legt, wenn er erst einmal angefangen hat zu blasen. Unsere Pumpe, immer noch unsere einzige Wasserversorgung, verträgt die Kälte nicht und muß allabendlich zu Bett gebracht werden wie ein hysterisches Frauenzimmer: in Stroh und Decken gewickelt mit einem auf dem Ofen erhitzten Ziegelstein in der Mitte. Trotzdem friert sie meist über Nacht ein und muß morgens neu aufgetaut werden, bis sie wieder Wasser gibt. Das kommt von der Sparsamkeit: wie man heute lebt, müßte man so ein Haus gleich mit allem Komfort bauen. Das primitive Leben ist ganz schön und sicher nicht ungesund, aber es kostet Zeit durch Arbeiten, die man sich sparen könnte. Es ist wie mit den Schulschiffen der Handelsmarine: die Jungens müssen erst ein Segelschiff bedienen, so überholt diese Technik der Seefahrt auch sein mag, um später auf Dampfern zu kommandieren. Aber bei uns hier sieht es so aus, als sollte ich nie ein Kommando auf einem sauberen Dampfer bekommen, sondern immer in die Wanten klettern müssen.

Immerhin: wenigstens ist ein Übersetzungsauftrag da. Rowohlt, dem Suhrkamp vom Verlag Fischer (wie bringt der's nur fertig, heute noch den jüdischen Firmennamen beizubehalten?) mich empfohlen hat, bot mir die Übersetzung von William Faulkners *Absalom*[1] an, und wir haben abgeschlossen mit 600,– RM Honorar. Das ist verdammt wenig, aber ich mußte zugreifen, es blieb nichts anderes übrig.

In Moskau ist ein Prozeß gegen Radek[2] und Genossen im Gange. Da man hier seit 33 über Rußland nur sehr gefärbte Berichte erhält, werden die Hintergründe nicht sehr deutlich. Sie sind vielleicht auch an sich undeutlich, außer der Tatsache, daß Revolutionen ihre eigenen Kinder zu fressen pflegen.

Hitler hat einen weiteren Schritt zur Befreiung von den »Fesseln« des Versailler Vertrages unternommen und die Anerkennung der Kriegsschuld-Klausel[3] zurückgenommen. Sachlich genommen, muß man ihm recht geben. Diese Klausel war unfair, abgesehen von der Unklugheit, einem Volk ein solches Geständnis abzuzwingen und damit sein nationalistisches Ressentiment anzuheizen. Eine andere Frage ist die, ob eine solche Geste politisch-strategisch am Platze ist. Verträge, vor allem Friedensverträge von der Art dieses auch bei den einsichtigen Männern drüben unbeliebten Instruments, pflegen keinen Ewigkeitswert zu besitzen, und man könnte abwarten, ob nicht gerade moralische Klauseln wie diese von selbst gegenstandslos werden. Ich habe immer das Gefühl, als triebe unser Herr und Meister eine Außenpolitik, die nur e i n e r Voraussetzung entbehrt: nämlich derjenigen, eine Großmacht zu sein, die in der Lage ist, kompromißlose Bedingungen zu stellen. Er tut so, als komme der Begriff des Kompromisses in seinem Vokabular nicht vor. Dabei braucht man nur einen Blick auf das Parteiprogramm zu werfen, um zu wissen, daß er innenpolitisch vor allem, was die Wirtschaft angeht, sehr wohl Kompromisse macht, nämlich da, wo er dazu genötigt ist, und nur da nicht, wo er glaubt, es sich leisten zu können, vor allem auf weltanschaulichem Gebiet: hier verträgt er allerdings keine Götter neben sich.

Man ist hier an mich herangetreten mit dem Ansinnen, im Luftschutz mitzuarbeiten, als Ausbilder. Der Reichsluftschutzbund ist hier mit Kursen tätig und fängt an, die Leute einzuteilen für verschiedene Funktionen. Ich habe das abgelehnt. Sie sind auf mich verfallen, weil sie keinen haben, der reden kann, und trauen mir das zu. Es ist rührend, aber ich habe keine Lust.

21.2.37

Vorgestern gab Rowohlt einen zwanglosen Abend im Deutschen Club zu Ehren Peter Flemings[1]. Wegen unserer schlechten Autobusverbindung konnte ich nur zwei Stunden dabei sein, hatte aber ein längeres Gespräch mit Fleming selbst.

Wir kamen vom Literarischen sehr bald ins Politische. Es ist klar, daß er ernsthaft aus dem Wesen und der Rolle des Nationalsozialismus klug werden wollte, und ich versuchte, ihm auf seine an sich klugen Fragen zu antworten, etwas behindert durch meinen Mangel an Übung im Englischsprechen, behindert aber auch und viel mehr durch den Umstand, daß dieser junge, intelligente und weitgereiste Engländer von den Verhältnissen Zentraleuropas bzw. den staatlichen Voraussetzungen sehr viel weniger wußte als von denjenigen Zentralasiens. Ich hätte ihm ein Geschichtskolleg lesen müssen – ich nahm den Standpunkt ein des Zuschauers, der das Regime zwar ablehnt, aber dem Fremden gegenüber den Vorgang objektiv zu erklären versucht. Er brachte dann die Rede auf den möglichen Kriegsfall, »an emergency«, wie er sich ausdrückte, so wie man hier »Ernstfall« sagt statt »Krieg«. Er schien dabei die Antwort zu erwarten, daß das Regime im Falle eines emergency sogleich zusammenbrechen würde, denn er knüpfte die Frage daran, wie sich die Opposition verhalten würde, was sie unternehmen werde. Ich versicherte ihm, die Opposition werde gar nichts unternehmen, einfach weil sie nichts unternehmen könne. Außerdem würde ein Krieg wahrscheinlich die militärischen Kräfte gewaltig entfesseln. Die aufgeladene Spannung werde nach außen, nach allen Seiten explodieren wie eine Granate und alles an die Wand drücken, schon weil das Regime durch die straffe Zentralisierung der Befehlsgewalt sehr schnell werde handeln können. Gut, meinte er, obgleich sichtlich zweifelnd, gut, aber wie werde die Opposition sich weiterhin benehmen, also ich z. B., fuhr er mit einem leichten Lächeln fort, was würde ich tun? Ich würde natürlich, fuhr er noch einmal fort, zunächst wohl zu denjenigen Kavalleristen gehören, meinem Alter entsprechend, die etwas weiter hinten die Pferde halten, während die abgesessene Mannschaft vorne angreift, aber wenn die Sache ins Rutschen käme, wie dann? Ich sagte, das könne man schwer beantworten. Das einzig mit Sicherheit zu Behauptende sei dies, daß an einen Zusammenbruch des Regimes bei Kriegsbeginn nicht zu denken sei. Seine Miene drückte höflichen Zweifel aus. Im übrigen, sagte ich, könne man über das weitere nur so viel sagen, daß wir, und nicht nur wir, einen endlosen Marsch durch einen Tunnel würden antreten müssen, dessen Ende nicht abzusehen sei. Das schien ihm ziemlich einzuleuchten.

1.3.37

Der Januar brachte eine harte Frostperiode, 10° Kälte und mehr und scharfen Ostwind. Ende Februar, nach einer milderen Periode, wieder etwas Kälte und viel Schnee. Heute milder, Gott sei Dank: Sonnenschein und Südwestwind, das bedeutet Frühling.

Gestern war Paul hier, mit Rud. Fecher[1] und Frau. Sah älter aus, hohläugig und knochig im Gesicht. Raucht nicht mehr. Aber anscheinend sehr vergnügt.

Mit dem Conrad-Buch habe ich Pech. Es ist längst fertig, aber Herrn V.s Obelisk-Verlag geht in Konkurs, unter dunklen Umständen. V. will sich zwar bemühen, mir einen anderen Verleger zu beschaffen, aber in jedem Fall ist das eine höchst unliebsame Verzögerung.

Wurde neulich im Fischer-Verlag einem netten Schriftleiter der Rundschau vorgestellt, einem Herrn von Einsiedel.[2] Wir saßen zuerst in Suhrkamps Büro, wobei von Einsiedel mit beinahe nichtssagender Miene dabeisaß und auch kaum ein Wort von sich gab, während Suhrkamp einiges über die Arbeit an der Neuen Rundschau erläuterte. Nachher gingen wir, von Einsiedel und ich, in die Schriftleitung, ein kleines, fast kahles Büro, das fast nur aus einem großen Doppeltisch besteht, nebst einigen Regalen ... Hier wurde Herr von Einsiedel plötzlich lebhaft, und binnen drei Minuten waren wir mitten im Absingen von Haß-Arien auf die Praktiken der Nazis. Es war, als hätte einer ein Faß angestochen, und nun sprudelte es unaufhörlich, rückhaltlos, als hätte jeder jahrelang geschwiegen und machte sich nun Luft. So etwas ist mir noch nicht begegnet. Wir liefen in dem Raum auf und ab und warfen uns gegenseitig an den Kopf, was uns nur einfiel, Herr von Einsiedel mit einem unbändigen Temperament, einem leidenschaftlichen Haß, der ihm noch einmal gefährlich werden kann.

Zum Glück, könnte man sagen, haben wir gleich eine passende Gelegenheit gefunden, wenigstens einen infamen Hieb abzuwehren. Wilhelm Stapel[3], der Herausgeber des *Deutschen Volkstums*, hat eine Rede vor dem Münchner pseudowissenschaftlichen Institut zur Erforschung des Judentums gehalten, über den Einfluß der Juden in der Literatur, und darin Joseph Conrad als »polnischen Juden« bezeichnet, der, in Deutschland von einem jüdischen Verlag übersetzt, immer noch von »gewissen Kreisen« unter die Leute gebracht werde. Da dieses Pamphlet auch im Druck als Broschüre erschienen ist, kann man sich die Wirkung denken: bei den Buchhändlern verschwinden Conrads Werke zunächst einmal unter die Theke, und vor allem ist es ein Hieb gegen den Verlag Fischer. Wir bringen nun zunächst das biographische Kapitel meines Buches in der *Neuen Rundschau* zum Abdruck sowie eine Briefstelle Joseph Conrads selbst, der einmal gegen eine ähnliche Insinuation Stellung nahm, nicht weil er Antisemit war, sondern weil er eben kein Jude war. Außerdem wird nun natürlich ein Kampf des Verlags gegen Herrn Stapel losgehen, um ihn dahin zu bringen, daß er die Behauptung zurücknimmt.

Ich hätte Stapel, so engstirnig dieser Mann auch ist, doch etwas mehr Sauberkeit zugetraut. Bin neugierig, wie das ausgeht. Ich, für meinen Teil, bin ziemlich skeptisch: zunächst einmal sitzt der Pfeil im Ziel und tut seine giftige Wirkung.[4]

29.4.37

Mein Karren scheint endlich ins Rollen zu kommen. Ich habe heute mit dem Verlag »Die Runde«[1] einen Vertrag über das Conrad-Buch abgeschlossen. Der Inhaber, Dr. Bahlsen, ein ungewöhnlich schmaler, noch junger Mann, will sich nachdrücklich für das Ding einsetzen. Die Auflage wird natürlich nicht groß sein, da die Bücher von Conrad nur verhältnismäßig wenig Leser finden, und auf einen besonderen geldlichen Ertrag kann ich wohl nicht rechnen, zumal schon ein Vorschuß darauf liegt. Aber die »Runde« ist ein anständiger kleiner Verlag, der mehr auf hohes Niveau als geschäftliche Gewinne Wert zu legen scheint, und wenn ich auch kein Vermögen ernten kann, so werde ich auch nichts verlieren. Außerdem hat sich der Verlag Oldenbourg[2] aus München an mich gewandt und nach meinen Plänen gefragt.

Die Übersetzung von Faulkners *Absalom* beansprucht meine ganzen Kräfte – das kann man nicht übersetzen. Man muß das nachdichten, mit einer Konzentration, die wenig mehr übrig läßt. Bis zum verlangten Termin ist das unmöglich zu schaffen.

Und weiß der Teufel, ob das alles nicht wieder ein Ende nimmt. Vor acht Tagen wurde ich zur Musterung nach Nauen befohlen. Niemals hätt ich mir träumen lassen, daß ich noch einmal von einer allgemeinen Wehrpflicht erfaßt werden würde. Die Musterung in Nauen versammelte einen Haufen größtenteils älterer Jahrgänge, die schon im vorigen Krieg gedient hatten. Die Stimmung unter den Leuten war galgenhumoristisch. Der untersuchende Arzt schien ganz menschlich zu sein, sah fast jüdisch aus. Er horchte mir die Herzgegend ab, wo ich seit der Kiefernvereiterung einen kleinen Knacks habe, und schrieb mich bedingt tauglich, was immer noch ominös genug klingt. Die Ankündigung der allgemeinen Wehrpflicht erfolgte seinerzeit (am 16.3.35. Seit 24.8.36 bestand die zweijährige Dienstpflicht) wieder mit dem nötigen Schwertergerassel und den entsprechenden Redensarten – nur zur Verteidigung, natürlich, nur! Ahnen diese Herren eigentlich, daß die anderen die Sache nicht defensiv, sondern im Sinne des Gegenteils auslegen? Wir stehen doch nun einmal in dem Geruch, nach Krieg zu dürsten wie teutonische Berserker, obwohl, wenn man so eine Musterung sieht, von Teutonen wenig zu merken ist, dafür aber sehr viel von ziemlich mickrigen Gestalten, die nach allem anderen dürsten als nach Krieg, und gegen die gehalten ich noch wie ein Apoll wirke mit meiner unanständigen Gesundheit. Ich war sehr nachdenklich auf der Heimfahrt von dieser Musterung. Wieso gelten wir eigentlich als besonders kriegerisch? Das Volk ist es eigentlich nicht, es ist froh, wenn es in Ruhe gelassen wird. Freilich scheint die Gesellschaft, die jeweils oben schwimmt, von einer Art Wahnsinn erfaßt zu werden. Wilhelm II., im Grunde ein viel harmloserer Theatraliker als er schien, stiftete viel Schaden mit seinen Lohengrin-Redensarten von »schimmernder Wehr« und dergleichen, aber dieser sein Erbe, der mehr und mehr den Eindruck macht, als sei er der eigentliche Sohn des pensionierten Kriegsherrn, ebenfalls ein Theatraliker – übrigens bezeichnend scheint mir die Herrschaft des Theaters in diesem Zeitalter – dieser Nachfolger aber ist bei all seinem Gedönnere erheblich ernster zu nehmen, denn unter seinen Reden mögen Absichten lauern, die der andere im Ernst nie gehabt hat, oder wenn er sie je hatte, so nur in der Phantasie. Dieser ehemalige Gefreite aber ist viel weniger Phantast, als er manchem erscheinen mag, in mancher Beziehung ist er ein rücksichtsloser Realist.

22.6.37

Mein Tagebuch ist fast vergessen: ich habe so viel zu tun, schriftstellerisch sowohl wie mit dem Garten, daß ich abends keine Lust habe etwas zu schreiben, und die Politik kümmert mich jetzt wenig, obgleich die Welt durchaus nicht ruhig ist. Der spanische Krieg, wobei zum ersten Mal ein deutsches Kriegsschiff in Aktion trat, zur Vergeltung für die Bombardierung der »Deutschland«[1], und in Moskau der Prozeß gegen Tuchatschewski[2] und Genossen – ich könnte annehmen, daß diese Affäre vielleicht mit geheimen Verbindungen der Roten Armee mit uns zusammenhängt. Wie dem auch sei, ich habe im Augenblick nähere Sorgen, Geldsorgen wie immer, und einen Haufen Arbeit. Die Faulkner-Übersetzung, bei der man Blut schwitzen kann, Übersetzung eines Novellen-Bandes von Stephen Crane für Herbig[3], und Rowohlt rückt bereits mit einem neuen Auftrag heran, der Übersetzung eines dicken englischen Bandes über einen Medici-Kardinal[4], als Ausgleich sozusagen für den Faulkner. Ich habe das nun heute gerade abgelehnt, es ist nicht zu machen, zumal ich mit Oldenbourg über ein literarisches Thema einig werden möchte. Der hiesige Vertreter von Oldenbourg, Herr v. C., ist mir sehr angenehm, wir verstehen uns gut. Ebenso angenehm übrigens auch Dr. Bahlsen von der »Runde«. Ja, das sind nun alle keine Nazis, au fond Gegner des Regimes. Ein Glück, daß die letzteren vom Schrifttum nichts verstehen, obwohl sie natürlich auch dies Gebiet mit »nationalsozialistischer Gründlichkeit« beherrschen, wie man an Herrn Stapel sieht. Dieser Bursche hat nun endlich klein beigegeben und sich bereit erklärt, die Sache mit Joseph Conrad, dem »polnischen Juden«, zu revozieren.

Dies ist übrigens ein bezeichnendes Kapitel für sich. Aufgefordert, seine Behauptung zu beweisen, gab Stapel zur Antwort, er habe diese Kenntnis von einem englischen Freunde, der gehört habe, Conrad sei Jude gewesen. Aufgefordert, auf Grund der bekannten Tatsachen zurückzunehmen, versteifte sich Herr Stapel plötzlich, er bliebe nun bei seiner Behauptung bis zum Beweis des Gegenteils, was an sich schon unfair ist, da die Beweislast ihm obliegt. Schließlich aber gab er nach. Was hilft das aber? Der Pfeil saß und bleibt auch sitzen. Das schönste aber kam hinterher: Stapel bat nun den Verlag, ihm einen Band von Conrad zu überlassen, da er noch nichts von ihm gelesen hatte! Und das spielt den deutschen Biedermann. Es ist ekelhaft.

Wir sind immer wieder froh, hier draußen zu wohnen; es ist ein Gegengewicht gegen besagten Ekel.

6.7.37

Die Leute vom RLB[1] haben mich nun doch breitgeschlagen, bei ihnen Luftschutzlehrer zu werden. Fast ein Jahr lang habe ich mich dagegen gewehrt. Aber da die Sache nichts mit der Partei zu tun hat, kann man ja was tun, es handelt sich ja um eine Sicherheitsmaßnahme der Bevölkerung für den »Ernstfall«, wenn die realen Mächte dieser trüben Erde auf den Einfall kommen, auf Kosten der Bevölkerung aller Beteiligten unter einem ungeheuren Schwall von Phrasen und Unschuldsbeteuerungen ein Kriegsspiel zu veranstalten. Diese Aussicht kann einem das Leben verbittern. Meine Kriegsbeorderung lautet auf den ersten Mobilmachungstag. Da sitzt man nun, ein bloßes Objekt, ein bloßes Sandkorn in der Hand jener Mächte. Vorläufig bombardieren sie einen nur mit Phrasen, aber schon das ist schwer erträglich. Sogar der Moskauer Sender, der früher in seiner Art ausgezeichnete Analysen gab, scheint sich neuerdings das Schwadronieren angewöhnt zu haben. Stalin, der »Freund der Völker«, der »Admiral der Meere«, in diesem Stil.

Nur daß die Russen sehr recht haben, wenn sie im Nationalsozialismus ihren Todfeind sehen. Aber unsere Herren haben ein eigenartiges Geschick, sich alle möglichen Richtungen zu Feinden zu machen, es ist, als könnten sie ohne Feinde nicht leben, und gerade die, die ihrer Rassenideologie nach ihre Freunde sein müßten, bedanken sich dafür, und diejenigen, die ihrer politischen Theorie nach zu Freunden gemacht werden müßten, rüsten auf, was sie können, und das mit Recht.

Der Luftschutzmann, der mich endlich gekeilt hat, ist ein früherer Feldwebel der alten Armee, ein ordentlicher, nüchterner und freundlicher Mann. Er war Mitglied im Stahlhelm, und da dieser geschlossen in die SA übernommen worden ist, geriet der brave Zwölfender automatisch in diesen Verein und muß nun bei besonderen Gelegenheiten SA-Uniform tragen. Er sagt nichts darüber, aber man merkt ihm an, wie ihm das gegen den Strich geht.

16.7.37

Dr. B.[2], mit dem ich gestern in Berlin bei Telschow[3] saß, erzählte mir, ein guter Bekannter von ihm, Schwede und in der Tat von rein »nordischem« Typus, hätte sich über den Tick der Deutschen gewundert, die sich für nordisch hielten: er hätte nirgends soviel häßliche Leute gesehen wie in Berlin. Nun ist ja so eine Großstadt nicht maßgeblich und wenig geeignet, Rassenstudien zu treiben. Vor einiger Zeit saßen wir im Restaurant des KdW, als eine Gruppe von Reisenden hereinbugsiert wurde, Männlein und Weiblein, dem Anschein nach kleiner Mittelstand, offenbar eine Reisegesellschaft, die nun abgefüttert werden sollte. Wir besahen uns die Leute und dachten: KdF aus Görlitz oder Zwickau. Es waren aber Engländer aus London, wie uns die Kellnerin erzählte. Im ganzen genommen, unterschied sich die Gruppe in nichts von einer entsprechenden Reisegesellschaft aus der Provinz oder Berlin selbst. Rasse: praktisch und ohne Theorien genommen, wird Europa von einer mehr oder weniger einheitlichen, nach einer oder anderen Art variierenden Rasse bewohnt, die ein Mischungsergebnis ist. Biologisch, rassengeschichtlich gesehen, ist das Phänomen sehr verwickelt und, außer in Einzelfällen, nicht sehr interessant. Soziologisch und politisch genommen läßt sich etwas mehr damit anfangen. Hier scheint der

Milieueinfluß eine starke Rolle zu spielen. Man kann ferner von guter und schlechter Rasse sprechen, wenn man will, und man kann sogar vielleicht durch Erziehung, eine gewisse Auslese und eventuell vorbeugende Maßnahmen dahin wirken, daß möglichst wenig schlechtrassige, d. h. erbmäßig belastete, ungesunde, schwachsinnige etc. Menschen entstehen und möglichst viel gesunde, gut entwickelte Individuen. Ich für meinen Teil glaube, daß bei gesunden Individuen der Instinkt sich für die Ehe den passenden Partner von selber sucht, also den Typus, der »paßt«, d. h. von Natur aus das richtige darstellt, und die Rassenelemente immer wieder zu mischen sucht. Ich glaube sogar, daß sogenannte Reinrassigkeit, soweit diese überhaupt vorkommt, sehr schnell zur Sterilität führt, zum mindesten zur geistigen Sterilität. Gerade der Typus, den man hier als rein nordisch anzusprechen liebt, scheint mir, hinsichtlich geistiger Unfruchtbarkeit, sehr anfällig zu sein.

Im übrigen scheint mir der ganze Komplex eben ein »Komplex« zu sein, eine fixe Idee wie andere auch. Unsere Epoche wimmelt von solchen fixen Ideen, oder vielmehr von aperçus, die sich zu fixen Ideen, Pseudo-Ideen auswachsen. Es ist ähnlich wie mit gewissen lebensreformerischen Sektenbildungen, die nach dem Kriege zu sprießen begannen, wie Mazdaznan z. B. – die davon Befallenen, unter Umständen Leute, die sonst ganz vernünftig waren, trugen alle Kennzeichen der fixen Idee. So ein Afterglauben heftet sich an die Vorstellung, daß etwas gefunden sei, was die leicht nachweisbaren Übel dieser Welt mit einem Schlage und endgültig aufzuheben berufen sei. Der Signatur des Zeitalters entsprechend, das ja »zu aufgeklärt« ist, um einer Mystik zu verfallen, ruft man die Wissenschaft zu Hilfe und kann nun alles beweisen, was man zu beweisen wünscht, wodurch die Sache den Anschein der Unwiderleglichkeit erhält – die Praxis ist überall, auch im Nationalsozialismus, dieselbe. Nun läuft bei diesem Verfahren, ob Mazdaznan oder Nationalsozialismus, auch manche richtige Einsicht mit unter, es gibt kaum einen Unsinn, der nicht irgendeinen Kern von Wahrheit enthielte. Ganz zu schweigen von den viel zahlreicheren Unwahrheiten, die in solchen Heilslehren massenhaft auftauchen. Die alte Pilatusfrage nach der Wahrheit ist in diesem propagandistischen Zeitalter, dessen Glaubensvorstellungen eine Art Synkretismus, in häufiger Mischehe mit der Wissenschaft, darstellen, akuter denn je, und es scheint weniger denn je möglich zu sein, sie entschieden zu beantworten.

Es ist mir immer bezeichnend erschienen, daß die Angelsachsen, die unter Exoten ganz stillschweigend eine scharfe Rassenpolitik betreiben (z.B. Aussperrung der portugiesischen Einwanderung in Australien, da Portugiesen in praxi als Farbige angesehen werden), theoretisch davon nichts wissen wollen und sich hüten, daraus ein Prinzip oder gar eine Weltanschauung zu machen. Ein Zeichen, daß sie noch gesund sind.

25.7.37

Grete hat sich den Fuß gebrochen. Auf meine Vorstellungen hin hat das Krankenhaus, das ein äußerst ungemütlicher Aufenthalt war, sie entlassen, nach Anfertigung eines Gipsstiefels, mit dem sie angeblich sogar gehen kann und soll, aber er scheint schlecht angefertigt, denn er drückt dermaßen, daß er auch im Liegen Beschwerden verursacht. Glücklicherweise war heute Sonntag, und so konnte ich einen Dr. H-berg, der hier draußen ein Wochenend-Haus hat, auftreiben. Er ist Jude, soll ein vorzüglicher Arzt sein, und ich glaube das auch: er schnitt den lästigen Gipsstiefel auf und legte dafür einen Verband an, der Grete denn doch mehr Bewegungsfreiheit erlaubt. Er hat sichere Bewegungen und eine Art, die sofort Zutrauen erweckt. Daß er noch praktiziert, ist eigentlich erstaunlich. Er sieht allerdings arischer aus als sehr viele Arier, ist Kriegsteilnehmer und von einem unerklärlichen Optimismus erfüllt.

Friedliche Stille – wir sind froh, wieder beisammen zu sein, und überdies den trefflichen Dr. H-berg gefunden zu haben. Diese Stille, die unsere gelegentlichen Besucher, Neidgefühle kundgebend, als »ländlich« preisen, dürfen wir nur mehr sonntags genießen. Der Fliegerhorst[4], der sich bei Schönwalde, hinterm Teufelsmoor, neuerdings etabliert hat, schickt wochentags seine Maschinen in die Lüfte, und das dröhnt, schnurrt und donnert von früh bis spät, so daß man die Fenster schließen muß vor dem Lärm. Will man im Umkreis von 30 km, gerechnet vom Berliner Zentrum, Ruhe finden, so muß man sich in den Tiergarten setzen. In der ländlichen Umgebung Berlins ist es um viele Geräusch-Einheiten lauter als am Nollendorfplatz.

1.8.37

Gretes Unfall hat auch seine guten Seiten: 1. kann sie sich jetzt ausruhen, wir haben eine Stundenhilfe genommen, die sogar kocht. Zum ersten Mal seit vier Jahren, in denen Grete ununterbrochen allein gewirtschaftet hat, eine Bedienung, und Grete genießt diese Ruhe sehr. Liest viel, hauptsächlich Proust, wozu man freilich Muße braucht. 2. erweist sich die Bekanntschaft mit dem Dr. H-berg als erfrischend, obwohl wir seinen Optimismus nicht teilen können. Er hat eine reizende junge Frau, hochblonde jüdische Dänin, und zwei Jungens, die geradezu als Reklamebilder für deutsche Jungens gelten könnten. Wir rieten ihm, als wir von den deutschen Zuständen sprachen, ins Ausland zu gehen, da nach unserer Meinung die

Lage der Juden sich eher verschlimmern als mildern würde. Er trägt aber eine gewisse ahnungslose Schnuppigkeit mit sich, oder trägt sie wenigstens zur Schau, wie man sie bei jüdischen Temperamenten so oft findet, das innere Achselzucken eines Volks, das von jahrhundertelangen, jahrtausendelangen Erfahrungen abgebrüht ist.

Der ältere seiner beiden Kleinen, der jeden Tag in die Stadt zum Privatunterricht fährt (höhere Schulen sind dem jüdischen Kind ja verschlossen), sieht aus wie ein little Lord Fauntleroy[1] und ist der Liebling des Chauffeurs, der entweder nicht ahnt, daß er einem Geschöpf des Satans den blonden Schopf streichelt, oder sich von der zutraulichen, originellen Art des Jungen absichtlich bestechen läßt. »Den Mutigen hilft Gott!« sagte der Kleine neulich zu mir, als der Chauffeur eine Kurve besonders elegant genommen hatte.

10.8.37

Im Rowohlt-Verlag, wo ich gestern vorsprach, hatte ich Gelegenheit, die sogenannte Streicher-Fibel[2] kennenzulernen. Das Ding ist für Kinder zurechtgemacht, im Fibel-Format und im Fibelstil, und behandelt ausschließlich die Juden-Frage. Vorn erscheinen im bunten Kranz die Rassen der Erde, auch die Farbigen als Geschöpfe Gottes. Als einziges Geschöpf des Teufels: der Jude. Der eigentliche Bilder-Zyklus schildert, mit Begleittexten, das teuflische Wirken dieser satanischen Rasse. So z. B. sieht man das Interieur einer »guten Stube«, darin einen älteren Herrn in Schlafrock, mit langer Pfeife, offenbar wütend über seine Tochter, die zum Ausgehen angekleidet, blond und blauäugig, darauf besteht, sich mit ihrem jüdischen »Freund« zu treffen. Nächstes Bild: Die Tochter, blond und blauäugig, Arm in Arm mit dem jüdischen Freund – durch die Kleinstadtstraßen wandelnd. Der Text dazu belehrt das kleine arische Kind darüber, wie der Jude »planmäßig« die arische Rasse mittels satanischer Blutmischung zu verderben trachtet. Übrigens figuriert der Jude auf allen Bildern in einem Typus, nach welchem jemand, der noch nie einen Juden mit Bewußtsein gesehen hätte, auch niemals einen Juden erkennen würde: denn was die Bilderzeichnerin in dieser Fibel als »jüdisch« verewigt hat, das gibt es gar nicht: olivgrüne Gesichter mit wolligem Mohrenhaar, Nasen wie Gurken und Lippen, die aussehen wie von Wespen gestochen, so dick sind sie. Der einzige, der in der ganzen Fibel wirklich etwas jüdisch aussieht, das ist Onkel Julius Streicher, der am Schluß von einer unabsehbar perspektivisch verkürzten Schar flachsblonder HJ steht, deren gänseblaue Augen nicht gerade sehr gescheit dreinblicken. Fast könnte man auf den Gedanken kommen, die Zeichnerin habe Streichers Absicht sabotiert; alle Typen wirken dermaßen karikiert, daß es schwerfällt zu glauben, es sei ernst gemeint. Aber das muß es doch wohl sein, denn Herr Streicher zeichnet als Herausgeber eines Machwerks, dessen Gesinnung seines geistigen Vaters und des *Stürmers* würdig erscheint, der ja ebenfalls der Jugend an schönen Sonntagen in die Hand gedrückt werden soll, damit sie sich an pornographischen Bildern und Artikeln erbaue. Dieser Streicher muß ein ungewöhnlich schmutziger Bursche sein ...

Das Schlimme ist, daß man als Deutscher besonders empfindlich wird gegen diese Abart rassischer Hysterie und dazu neigt, sie für eine spezifisch deutsche Krankheit zu halten. Dann müßte allerdings das deutsche Volk heute schwer erkrankt sein. Eine Erscheinung wie Streicher ist eine Art Krebsgeschwulst. Es wirft natürlich auch einiges Licht auf den Mann, der sich Führer nennt und der dieses Schwein nicht nur duldet, sondern auch noch protegiert. Wenn ein Diktator schon nicht umhinkann, bedenkliche Charaktere in seiner

Umgebung zu dulden, weil er sie braucht und weil man mit zartbesaiteten Leuten keine Diktatur aufrichten kann, so entspricht doch die Auswahl seiner Kreaturen bis zu einem gewissen Grade seinem Geiste. Dies Streichertum ist nun vom Geiste Adolf Hitlers, und das ist zweifellos die finsterste seiner Schattenseiten. Ich kann es mir nicht vorstellen, daß das gut ausgeht. Es kann nicht gutgehen, und wenn er zehnmal Flottenabkommen mit England[3] trifft, die England nichts kosten.

Die Auflage dieser Fibel soll hauptsächlich von Ausländern aufgekauft worden sein. Ich wundere mich längst, warum die Mächte, die so sehr für Gerechtigkeit und Humanität sind, nicht spätestens nach Verkündigung der Nürnberger Gesetze[43], die praktisch dem Rechtsstaat die Grundlage entzogen haben, die diplomatischen Beziehungen abgebrochen haben, warum sie diese Regierung überhaupt anerkannt haben. Wenn irgendein General in Südamerika eine Diktatur aufrichtet, so überlegen sich die USA, ob sie ihn anerkennen sollen, und unsere Herren, deren gefährliche Hinterhältigkeit, deren Absichten eigentlich jedem Menschenverstand offenbar sein sollten, erfreuen sich anscheinend der allgemeinen Achtung, statt der Ächtung. Hunderttausende von anständigen Deutschen verfluchen diese Betrüger aus ganzem Herzen, ohne etwas gegen sie ausrichten zu können, und die Männer im In- und Auslande, die die Macht gehabt hätten, ihnen das Wasser abzudrehen, ehe es zu spät ist, rühren keinen Finger und applaudieren ihnen womöglich noch, während sie vor solchen Dingen, wie den Streicherschen Sauereien, vornehm die Augen schließen, offenbar in der irrigen Meinung, das gäbe sich mit der Zeit, wenn die Herren sich etwas mehr zivilisieren. Aber zum mindesten in diesem Punkte werden sie sich nie ändern.

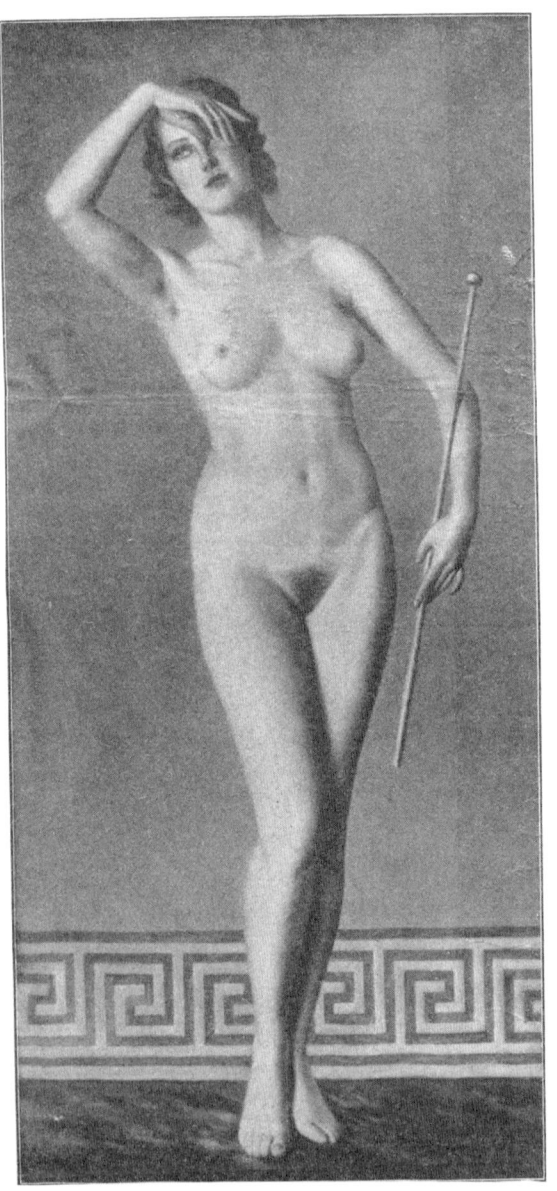

15.8.37

Prof. Schardt[5] und Frau, die wir diesen Sommer hier kennenlernten (sie haben hier in der Nähe ein Wochenendhaus), waren heute hier. Kunstwissenschaftler, Verfasser eines Buches über Franz Marc, das übrigens auf Betreiben des ebenfalls, aber unverdientermaßen mit dem Professortitel geschmückten Herrn Ziegler[6], Präsidenten der Reichskammer der bildenden Künste, verboten worden ist. Herr Ziegler, der die Führerbauten mit seinen Aktstudien ziert, hat eigentlich ganz recht, ein solches Buch zu verbieten: denn seine eigene Malerei wird darin zwar nicht ausdrücklich, aber grundsätzlich in Frage gestellt für jeden, der Augen im Kopfe hat und sieht, daß Herr Ziegler ein viertrangiger Maler und fünftrangiger Zeichner ist. Die *Berliner Illustrierte* brachte zu allgemeinem Gaudium als Schaubild Zieglers »Terpsichore«, eine ausgezogene Dame[7], die sich bemüht, eine Tanzpose einzunehmen. Der Führer, der aus eigenem Genie nicht nur alles weiß und kann, sondern noch besser weiß und kann, und sich gerade in Sachen der Kunst als oberster Sachverständiger etabliert hat, dürfte Franz Marc zu jenen »bedauernswerten« Geistesgestörten oder an Sehfehlern Leidenden rechnen, weil er blaue Pferde malte, während doch jeder gesunde Mensch weiß, daß es blaue Pferde nicht gibt. Immerhin scheint das Urteil um Franz Marc noch zu schwanken, vielleicht nur deshalb, weil Marc im vorigen Kriege gefallen ist. Die übrigen »Geisteskranken« sind in der Ausstellung entarteter Kunst in München[8] versammelt, wo vor einem Monat inmitten rauschender Festlichkeiten und erleuchtender Reden das Haus der Deutschen Kunst[9] eröffnet worden ist. In diesem Haus versammeln sich die, die nicht an Sehstörungen leiden, die endlich wieder deutsche Kunst produzieren (unter Garantie) und damit die bekannten »Ewigkeitswerte« hervorbringen, während die Bilder des alten Corinth unter die Entarteten geraten sind, nebst Lehmbruck, Barlach, Nolde, George Grosz u. a.

Hitlers Rede in München schaffte wieder einmal in der bewährten Manier Ordnung in den Begriffen, nebenbei auch Goebbels, der einstmals zu Füßen des Juden Gundolf[10] gesessen hat. Nun da das Judentum in der Kunstkritik ausgeschlossen ist und niemand anders als das Volk selbst darüber urteilen wird, was Kunst ist und was nicht, wird es vorwärtsgehen. Diese Reden: ein gut berechnetes (d. h. auf die Masse berechnetes) Gemisch von Binsenwahrheiten und faustdicken Irrtümern, dies alles auf dem Hintergrund einer Markartschen Prunkliebe[11] und im Brustton der Selbstverständlichkeit; das Widerliche dabei ist noch nicht so sehr die platte Oberflächlichkeit als die Tatsache, daß all diese Dinge in die breiteste Öffentlichkeit gezerrt werden, die sie gar nicht vertragen, und die Charlatanerie, mit der die Oberflächlichkeit als der Weisheit letzter Schluß angepriesen wird. Und der Spießer sagt natürlich dazu: endlich hat mal einer öffentlich die Dinge so beim Namen genannt, wie ich das schon immer gedacht habe.

Eine grenzenlose Verwirrung in all dem. Ich kann Prof. Schardts Meinung nicht ganz teilen, der darüber die Achseln zuckt. Man darf nicht übersehen, daß jene »entartete Kunst« und ihre Theoretiker dem Volk (nicht nur der großen Masse) unverständlich bleiben mußten, daß sich unter der Marke Expressionismus in der Tat manches Geschmier oder manches Krankhafte als Kunst empfahl, das besser in seinen vier Wänden geblieben wäre, daß überhaupt dieser ganze Kunstbetrieb, wie die Literatur, an einer gewissen ungesunden Hypertrophie litt, ja noch leidet, die in keinem Verhältnis zur wirklichen Geltung der Kunst im Leben des Volkes stand. Es ist auch keine Frage, daß im Kritikwesen, genau wie im Literarischen, vieles faul war und noch ist, daß überhaupt der ganze Komplex nach dem vorigen Kriege in eine Krise geraten war, die früher oder später von selbst auf einem toten Punkt gelandet wäre. Der tote Punkt lag nicht so sehr in der Kunst selbst als in den Voraussetzungen, und die sind unter dem Stichwort Politik zusammenzufassen – Politik im weitesten Sinne freilich.

Gerade in einer so reinen Erscheinung wie Franz Marc wurde dies deutlich: er geriet an die Grenzen der Malerei, auf einem durchaus legitimen Weg übrigens, er überschritt sie, und die Dialektik dieses Verfahrens steht am Ende vor dem Nichts, muß vor ihm stehen. Denn in ihm begann die Malerei sich selbst aufzuheben. Was für Dadaisten und ähnliche Eintagsfliegen eine anarchische Spielerei war, vollzieht sich bei Marc in tiefem Ernst einer genauen Konsequenz, aber niemand soll verkennen, daß man danach eigentlich nicht mehr malen kann, daß hier das Ende der Kunst überhaupt berührt wird.

Eben deswegen gaben die »Entarteten« so tiefe Aufschlüsse über die Existenzgrundlagen der Kunst. Es mag sein, es ist vielleicht sogar richtig, daß eine Rückkehr zum mehr Handwerklichen, zur technischen Sauberkeit des »Könnens« nunmehr fällig ist, selbst auf Kosten der Originalität und nervöser, gereizter Sonderlinge. Man wird dann sehen, was daraus wird. Das Irrsinnige liegt bloß darin, derartiges befehlen zu wollen, es regulieren zu wollen, wie einen Vierjahresplan unter sozusagen amtlichem Druck. Zumal wenn ein diktatorischer Dilettant solche Kitschisten wie Ziegler und Richard Klein[12] zu Professoren macht. Terror auf einem Gebiet, das ihn am wenigsten verträgt.

Prof. Schardt hat diesen Terror am eigenen Leibe erfahren. Sie sind ausgebootet wie wir. Er erwähnte gesprächsweise (und wovon spricht man, wenn nicht von der Politik) die Tatsache, daß Deutschland noch vor ein paar Generationen in Hunderte von Kleinstaaten zerfiel, in denen der Souverän beinahe jeden Untertanen so genau kannte wie ein ostelbischer Gutsbesitzer seine Knechte: kein Wunder, daß noch so viel Lakaiensinn verbreitet sei. Ich möchte hinzufügen: und daß dies Volk so wenig politischen Instinkt besitzt, auch in seinen gebildeten Schichten. Wo soll der auch herkommen bei jahrhundertelangem Fehlen politischer Vitamine in der geistigen Nahrung? Man lese Jean Paul, und es wird einem vieles klar. Es sind oft nicht die schlechtesten, sondern gerade die in mancher Beziehung wertvollsten Deutschen, die »Jean Paul lesen«, während irgendwelche Machthaber mit ihnen machen können, was sie wollen. Das schlimmste ist, wenn solche an sich wertvollen Menschen dann auch noch Angst haben vor der Gewalt, ich meine: auch innerlich, wesentlich Angst haben.

Der Deutsche ist an so etwas nicht gewöhnt. Er gehorchte immer sehr brav und war vom Glauben an die Autorität der Obrigkeit beseelt – aber er hielt die Obrigkeit für anständig und gerecht und durfte sie auch im allgemeinen dafür halten. Er kann sich jedenfalls nur schwer vorstellen, daß die Obrigkeit bewußt rechtlose Handlungen begeht, betrügt oder noch schlimmerer Dinge fähig ist. Was man hier und da von Konzentrationslagern murmelt, ist unkontrollierbar; woher etwa Herr Göring das Geld zu seiner luxuriösen Lebensführung nimmt oder nahm, entzieht sich der öffentlichen Kenntnis, aber der Durchschnittsdeutsche kann sich nicht denken, daß dieser Reichtum auf unrechtmäßigem Wege erworben sein könnte, einfach weil es das bisher nicht gab. Die Preußenkönige lebten einfacher als manche ihrer Feudalherren, und selbst Wilhelm II. hielt sich in legitimen Grenzen, obwohl sein Auftreten manches verscherzt hat, was seine Vorfahren an Vertrauen gesammelt hatten.

28.8.37

Mit Frau Lieske, der Aufwartefrau, die jeden Tag ein paar Stunden kommt, ist eine neue Ära in unserem Dasein angebrochen. Zuerst glaubten wir, eine Schlange in unser Paradies gelassen zu haben, denn sie erklärte nach einiger Zeit, sie betrachtete es als Pflicht gegen den Führer, jeden anzuzeigen, der etwas »gegen ihn« täte. Aber Frau Lieske entpuppte sich als gutmütig, sehr einfältig und sehr fleißig, und da sie sonst über Politik nicht spricht, wollen wir sie behalten, auch wenn Gretes Fuß wieder ganz in Ordnung ist, und wenn der Geldbeutel es irgend zuläßt. Es ist schwer, eine Hilfe zu bekommen, und da wir ja nichts »gegen ihn« tun, ist Frau Lieske weiter nicht gefährlich. Übrigens ist sie furchtbar abergläubisch und sieht auf Schritt und Tritt Vorzeichen, ein wandelndes Kompendium des Volksaberglaubens. Und so etwas hat ein Wahlrecht und kann über die Geschicke von 70 Millionen Menschen mitbestimmen. Zwischen ihrem Geschichtsbewußtsein und dem unsrigen liegen etwa 500 Jahre. Man kann das ohne jeden Hochmut feststellen, als eine Tatsache, die in der Natur der Dinge liegt und den persönlichen Wert gar nicht berührt. Hier liegt eines der Geheimnisse dieses Zeitalters. Ich weiß nicht, ob es einem Politiker in den Sinn kommt, daß zwischen der Bewußtseinslage eines, sagen wir, modernen Physikers oder Psychologen und derjenigen unendlich vieler Zeitgenossen in der Tat eine Kluft von mehreren Jahrhunderten besteht und daß dies zu den Erscheinungen gehört, die in der Geschichte zum ersten Mal in dieser Allgemeinheit auftreten.

Ich glaube, meistens begeht derjenige, der an den Quellen der heutigen Erkenntnismöglichkeiten sitzt, den Fehler, das Weltbild, über das er verfügt, auch bei jedem anderen vorauszusetzen, wenn auch sozusagen in Verkleinerung. Vielfach trifft dies auch zu. Aber in mehr Fällen, als man sich wohl vorstellt, trifft das nicht zu: man hat es dann gleichsam mit Primitiven in moderner Verkleidung zu tun. Das eigentliche Problem liegt darin, daß eine bloße »Aufklärung«, etwa populärwissenschaftlicher Art, fast nur zu negativen Resultaten führt, d. h. etwa dazu, daß Frau Lieske statt an Gott an Herrn Hitler glaubt. Das ist von grundlegenderer Bedeutung für die Beurteilung der modernen Geschichte, als man sich vielleicht klarzumachen geneigt ist.

War gestern in Spandau in der Bücherei, um mich nach Material für meinen mit dem Verlag Oldenbourg verabredeten Essay-Band umzusehen, nach Werken von Flaubert, Balzac und Zola hauptsächlich. Traf die alten Kolleginnen Frl. Köhler und Probst an und ging gleich selbst zum Magazin, um mir das Nötige herauszuholen, entdeckte aber, daß die Werke dieser Franzosen fehlten. Auf Befragen erklärten mir die Damen, Dr. Wieser habe sie alle entfernen lassen, wie die jüdische und marxistische Literatur. Warum? Sie zuckten die Achseln und wiesen mir die Buchkarten einer Menge neu angeschaffter Romane vor, die, wie sie selbst sagten, kein Mensch läse. Überhaupt sei die Benutzung außerordentlich zurückgegangen, teils weil die früheren Arbeitslosen weniger Zeit hätten, teils aber auch, weil die massenhaft eingestellte NS-Literatur wenig Leser fände. Ich sah mir den Bestand noch eine Weile an und entdeckte, daß Dr. Wieser, sei es auf höhere Anweisung, sei es aus eigener Initiative, eine der besten Büchereien, die wir gekannt haben, geradezu verwüstet hat. Dabei erfuhr ich noch, daß Dr. Schuster, unser früherer Mitarbeiter, die Leitung der neueingerichteten Horst-Wessel-Bücherei[13] in Berlin bekommen hat, also der ersten NS-Volksbücherei der Reichshauptstadt. Ich wollte es nicht glauben, aber es ist so. Dieser Schuster war vor 33 dezidierter Katholik gewesen, mit dem Dr. Wieser fast ebenso »gerungen« hat wie mit mir. Ich hatte aus Schusters Munde nie andere als entschieden nazifeindliche und betont katholische Ansichten vernommen, der Art, daß er, wie er mir einmal sagte, sogar mit persönlichen Freunden in Konflikt geraten war. Und jetzt ist dieser Mensch, dem ich nicht viel Geist, aber wenigstens einige Anständigkeit zugetraut hatte, Leiter einer NS-Bibliothek, nachdem er in die SS eingetreten ist. Eigentlich kann ich mir das nur so erklären, daß man ihm bezüglich der religiösen Haltung der SS einen blauen Dunst vorgemacht hat – die Aussicht auf die bessere Lebensstellung, die ihm sonst verschlossen geblieben wäre, kam hinzu, und so wird ein Verräter fertig. Seine einzige Entschuldigung mag die sein, daß weit klügere Leute es nicht besser gemacht haben ...

Meiner Kuriositätenmappe, die außer Benno v. Mechows verrenkter Rom-Betrachtung schon mehrere Amüsantheiten enthält, habe ich eine Glosse von Werner Finck[14] aus dem *Berliner Tageblatt* einverleibt, wie er sie allwöchentlich unter dem Titel »Von mir aus – jede Woche« erscheinen läßt:

Es war eine große Gesellschaft. Es ging sehr lebhaft zu und jemand erzählte einen guten Witz – ein anderer wußte auch einen.
"Meine Herrschaften, das Fenster ist offen", sagte ich, "und wir reden sehr laut, vielleicht ist es besser, wenn wir es zumachen." "Wenn ich ganz offen sein soll", wollte das Fenster in diesem Moment sagen und sich in die Unterhaltung einmischen –, aber es knackte nur, denn Fenster können ja nicht reden. (Wände können sich schon eher in menschliche Unterhaltung mischen, denn sie haben wenigstens Ohren.)
"Es ist eigentlich schade, jetzt schon zuzumachen", sagte die Hausfrau, "es ist eine so selten milde Luft

draußen." "Ja, wirklich", pflichtete ihr ein anderer bei, "es wäre schade. Außerdem kann es doch jeder hören, was wir uns hier erzählen." "Eben deshalb", sagte ich, "wollte ich das Fenster schließen, denn die meisten liegen schon im Bett, und wenn wir uns hier so laut unterhalten, stören wir sie" usw. usw.

Diese indirekte Methode W. Fincks, mit doppeldeutigem Jonglieren der Begriffe etwas zu bieten, was jeder versteht, bringt ihn ständig in die Nähe des Konzentrationslagers, so wie die Bemerkung im Frühling: »Wer wollte da nicht fröhlich sein?« Mit Anspielung auf die Geschichte des Filmregisseurs Fröhlich, der Goebbels geohrfeigt haben sollte[15]. Die Glosse mit dem Fenster parodiert vorzüglich die neudeutsche Art der Unterhaltung, wenn mehrere beisammen sind.

Der »deutsche Blick«: ein Schielen nach rechts und links.

5.9.37

Da Grete schon leidlich gehen kann, besuchten wir heute (Sonntag) nachmittag Dr. H-berg und Frau in seinem Haus hier in der Siedlung. Seine Frau wohnt mit den Kindern ständig hier, er hat seine Praxis in Berlin. Ein Kollege von ihm war noch da, ebenfalls Jude, ein etwas weicher, sympathischer Mensch. Nach dem Kaffee hörten wir aus dem Radio zufällig Mozart, die kleine Nachtmusik, und schwiegen eine Weile still. Der Kollege nickte vor sich hin und meinte: »Ja, das wird bleiben. Das andere, das geht vorüber. Was meinen Sie?« wandte er sich an mich. Wir beide warnten wieder dringend, die Judenpolitik der Machthaber auf die leichte Achsel zu nehmen; daß es ewig dauern könnte, glaubten wir auch nicht, aber vorläufig sei kein Ende abzusehen, und man könne jedem Nichtarier nur raten, außer Landes zu gehen, ehe es zu spät sei. Aber die beiden schienen dem Gedanken der Emigration wenig Geschmack abzugewinnen. Die Einschränkungen für Dr. H-berg sind allerdings noch so, daß er sie ertragen kann: seine Praxis geht gut, nur seine Hunde (unsympathisch aussehende Windhunde mit federndem Schritt und bissiger Miene) dürfen nicht mehr auf deutschen Hunderennen laufen. Außerdem sehen er und seine Frau so arisch aus, daß er, der übrigens protestantisch erzogen ist, sich sozusagen gar nicht jüdisch fühlt. Sein Freund ist etwas ängstlicher und leidet sichtlich schwer unter dem Druck.

Am 20. des Monats soll ich ein paar Tage zu einem Lehrgang auf die Luftschutzschule in Birkenwerder, da ich mich nun endgültig bereit erklärt habe, die hiesige Ausbildung zu übernehmen.

Zur Ablenkung lese ich abends mal wieder Siegfried Sassoons *Memoirs of a Fox-hunting Man*[1], eine wunderbare Lektüre. Ein Buch, in dem fast nichts an Handlung geschieht, die Ruhe einer Kindheit und Jugend, die Landschaft in England, es ist wunderbar, auch sprachlich ein Genuß in seiner klassischen Einfachheit und Klarheit.

Übrigens fand ich im S. Fischer-Verlag die April-Nummer der Zeitschrift *The Criterion*[2] und in der Besprechung deutscher Zeitschriften einen Hinweis auf meinen Shaw-Aufsatz in der *Neuen Rundschau*, der, wie der Referent sagt, in puncto Shaws Protestantismus »hits the nail on the head« – sehr schmeichelhaft und mich etwas melancholisch stimmend, da dies das einzige Echo war, das der Aufsatz gefunden hat – in England! Hier in Deutschland kein Wort. Immer wieder hatte ich den Eindruck, man hat Shaw hier nie verstanden, mit Ausnahme Julius Babs[3]. Fechter schrieb in seiner Kritik der *Heiligen Johanna*, es sei nun einmal keine »Dichtung«, was doch bloß Wortklauberei ist.

26.9.37
Von Montag bis gestern, Sonnabend, auf der Luftschutzschule Birkenwerder. Der Lehrgang versammelte etwa 40 Mann, zumeist Lehrer aus ländlichen Bezirken, aber auch einige Handwerker darunter. Einige Zeit vor diesem Lehrgang war ein Trupp Nonnen aus einem Berliner Kloster dagewesen, und der Ausbildungsleiter sang ein Loblied auf die bekutteten Damen, die mit Feuereifer an die Aufgabe herangegangen seien. Der Zuschnitt des ganzen war halb militärisch, aber im ganzen kameradschaftlich zwanglos. Mir ist das ganze soweit recht gut bekommen, während Grete daheim weniger erfreulich daran war. Erst kniff Jackie aus, kaum daß ich fort war, und dann kam die Nachricht von meines Schwagers Tod[4]. Unsere Nachbarn von gegenüber, ein junges Ehepaar, nahmen sich Gretes, die des Alleinseins ungewohnt war, etwas an. Der Lehrgang war mit der Gründlichkeit angelegt, mit der der Deutsche so was macht, und manches war überflüssiges Zeug, aber im ganzen doch recht instruktiv. Zweierlei ging aus der Behandlung des Gegenstandes hervor: 1. daß man mit einer gewissen Selbstverständlichkeit auf einen bevorstehenden Krieg rechnet (obgleich man das nicht direkt sagte) und 2. daß man ebenso selbstverständlich und ausdrücklich mit einem Luftkrieg gegen die Zivilbevölkerung der Heimat rechnet, mit allen Erfindungen dieser Technik des Teufels. Wie man das den Leuten beibringen soll, ohne eine Panik zu erregen, ist mir noch unklar. Es wird zwar dauernd eingeschärft, daß bei genügenden Abwehrmaßnahmen die Gefahr auf ein Minimum beschränkt werde, außerdem wird der modernen, mit dem sogenannten Kommandogerät versehenen Flakartillerie eine märchenhafte Treffsicherheit zugeschrieben. Einer der jüngeren Teilnehmer, der bei der Flak gedient hatte, erzählte einiges davon und meinte, daß ein Flugzeug, sobald es ein-

mal als Ziel erfaßt sei, auch so gut wie unbedingt getroffen werde.

Während des Lehrgangs gab es große Manöver um Berlin herum, mit allgemeiner Verdunkelung. Die letztere war eine Sensation, alles trieb sich auf den Straßen umher, um die gespensterhafte Wirkung zu sehen. Am Himmel Scheinwerferbündel, die zuweilen ein blitzendes Flugzeug erfaßten. Die Schule fuhr einen Abend nach Berlin, um sich das Treiben dort anzusehen. Da man zu den Manövern Vollmondnächte ausgesucht hatte, boten Friedrichstraße und Linden ein höchst sonderbares Bild. Massen von Menschen drängten sich in den Straßen, die in einem bläulichen Licht schwammen, es sah aus, als läge das alles auf dem Grunde eines Sees. Für das Volk war's eine halb gruselige Belustigung, die Lokale überfüllt, die Autobusse mit ihrer gespensterhaften blauen Notbeleuchtung ebenfalls gedrängt voll. Es wirkte doch im höchsten Grade unheimlich, fremdartig, exotisch, als sei plötzlich alles Natürliche gestorben und lebe nur noch geisterhaft phosphoreszierend weiter.

Merkwürdig, wie die Lehrkräfte mit diesen Dingen umgehen. Mit großer Sachlichkeit, ja mit Humor, als handele es sich nicht um etwas, das grauenhaft genug ist, um einem das Blut erstarren zu lassen. Fehlt es dem Menschen an lebendiger Einbildungskraft, oder was ist das – man spricht über Brandbomben und Giftgase, als handele es sich um Einmach-Rezepte, als sei es das Selbstverständlichste von der Welt, daß jeder Kriegführende von der Luftwaffe den rücksichtslosesten Gebrauch machen werde, nur weil die Technik den Menschen instand setzt, dies zu tun. Mir kommt das irgendwie verrückt vor. Aber was geschähe, wenn einer im Luftschutz aufstände und sagte: schlagt jeden tot, der den Luftkrieg propagiert und vorbereitet, der überhaupt vom Kriege spricht? Und zwar in allen, auch den anderen Ländern. Er käme als Narr ins Irrenhaus, in allen Ländern. Es ist verrückt, aber es ist so. Denn da ist ja die ausgeartete Technik und Wissenschaft, hemmungslos im Erfinden, raffiniert, intelligent und horndumm zugleich, und kein Gott kann sie aufhalten. Infolgedessen kann man nichts tun, als in möglichst verständiger Weise die Leute darauf aufmerksam zu machen, wie sie sich gegebenenfalls (im »Ernstfall«, wie man sagt, als gäbe es auch einen Spaßfall) gegen den Ausbruch von Wahnsinnigen schützen können.

14.10.37
Hitler hat sich verpflichtet, die belgische Neutralität unter allen Umständen zu achten[1]. Ende September war Mussolini in Berlin[2], in der Wochenschau sah man ihn bei seiner Rede im Olympia-Stadion. Gegen Hitler wirkte er entschieden menschlicher, unbefangener, gesünder, mit einem Wort: normal. Während der Rede, die er deutsch hielt, pustete er einmal, die Schultern hebend, die Luft aus, sozusagen: puh, es ist doch ein Stück Arbeit, deutsch zu sprechen. Das wirkte humoristisch unbefangen. Im Stadion eine Riesenmasse von Menschen, droben auf dem Podium ein einziger, der davorsteht wie vor einem Instrument, das er spielt. Diese Masse, als Masse und der Eine, der Spieler, was haben sie gemeinsam? Er redete sie mit »Kameraden« an. Aber man hat nicht Hunderttausende von Kameraden in einer so kompakten Massierung. Bei diesen Dimensionen verschieben sich die Begriffe, und was da mit »Kameraden« angeredet und mit geschickten Pointen zu Beifallsstürmen angestachelt wird, ist in Wirklichkeit nichts als der knetbare Rohstoff, den man braucht, zu welchen Zwecken auch immer. Man könnte sich jede beliebige Masse dazu brauchbar denken, etwa eine solche von Automaten, Robotern – es ist der ziemlich weitgehend berechenbare Automa-

tismus der Masse, der solchen Veranstaltungen die Methode und das Gepräge gibt. Ich bin überzeugt, daß Leute wie Mussolini das ganz genau wissen, auch Goebbels weiß das bestimmt, vielleicht noch besser als jener. Das ergibt ein durchaus zynisches Verhältnis zu den Massen, auf denen man spielt. Ob Hitler dies Verhältnis hat, steht dahin. Er ist Geist vom Geiste der Masse, bei ihm hat man den Eindruck: er glaubt, mindestens im Augenblick, das, was er sagt, ebenso wie die Masse, die ihm zujubelt. Während es bei Goebbels wahrscheinlich gar keine Rolle spielt, ob er seine eigenen Reden glaubt oder nicht.

30.12.37

Meine Luftschutzkurse sind im Gange und machen mir in einer Art ein gewisses Vergnügen, obwohl es ein gemischtes Vergnügen ist: es ist sozusagen ein Ersatz für meine frühere Vortragstätigkeit in der Volkshochschule. Der Kontakt mit Menschen, mit Hörern fehlte mir doch sehr. Die Schreibtisch-Einsamkeit ist mir manchmal schwer erträglich und verlangt nach einem Ausgleich. Aber es ist ein kümmerlicher Ersatz. Der Unterricht findet im Schwanenkrug statt, der hier für die Siedlung so etwas wie ein Kulturzentrum darstellt und der ganzen Sache mit seiner Atmosphäre von Wirtshaus, Sommerfrische, Tanzvergnügen am Wochenende einen gemütlichen, ländlichen Anstrich gibt. Die Zuhörer sind meist Frauen, die in Laienhelfer, Feuerwehr usw. eingeteilt sind. Da der Lehrgang jeweils 5 Doppelstunden umfaßt, ist es schwierig, den Stoff so weit auszuwalzen. An sich ließe sich das ganze viel besser in der Hälfte der Zeit bewältigen.

31.12.37

Beim Aufräumen von Schreibtisch und Regal fand ich ein *Berliner Tageblatt* sowie eine Illustrierte, die ich mir aufgehoben habe zweier Bilder von Hitler halber. Das erste zeigte ihn im Alter von 16 Jahren, nach einer Zeichnung von einem F. Sturmlechner in Steyr[1], erschienen in *Jugenderinnerungen eines zeitgenössischen Linzer Realschülers aus Adolf Hitlers Jugendzeit* von Hugo Rabitsch, Deutscher Volksverlag, München. Ich möchte wissen, ob die Zeichnung echt ist. Sehr schmeichelhaft ist sie nicht: man sieht im Linksprofil einen jungen mageren Menschen mit auffallend langem Kinn, empfindlichem Mund und schlecht gekämmten Haaren, das Gesicht sieht aus, als müßte es blaß sein. Der Blick geht irgendwohin – das ganze macht den Eindruck eines Kandidaten, etwa der Theologie, dem Irdisch-allzu-Irdisches auf die Nerven fällt, der es daher ohne jede Spur von Humor verleugnet, weil ihm dieser vergangen ist oder weil er ihn nie gehabt hat. Nicht sehr intelligent – aber man traut ihm zu, daß er von einem Glauben besessen werden kann. Doch ist das alles noch dürftig, irgendwie schwindsüchtig und hungrig. Das andere Bild: Eine Aufnahme aus diesem Jahr, wie er Mussolini bei der Abfahrt, die Hand hebend, grüßt. Imperatorische Haltung, an den Kaiser erinnernd, im Ausdruck: eine unerschütterliche Festigkeit mimende Maske. Dem Gesicht fehlt jede Unbefangenheit, alles ist strammgezogen, mit einer Korrektheit, die indessen das Imperatorische im Kern wieder aufhebt und stark an einen Bahnhofsvorsteher erinnert, zumal die Mütze auf dem Kopf sitzt, als habe er sie extra zu dieser Gelegenheit aufgesetzt. Auch hier fehlt jede Spur von Humor, man möchte auch sagen: von Intelligenz, obwohl das Gesicht nicht wie das eines ganz dummen Menschen wirkt, durchaus nicht – aber das ist kein Mann, der etwas einsieht, vielmehr ein solcher, der unfähig ist, sozusagen die Zwischenräume im

Wirklichen zu sehen. Wenn er fertig ist, ist er fertig, und der Zug hat eben abzufahren ...

Die Zeitung brachte einen Auszug aus der Biographie, wonach Adolf in der Jugend ein »ausnehmend übermütiger, von Lebenslust und Einfällen sprühender Junge« gewesen sei. Dann kommen natürlich die bekannten Bäume, deren keiner zu hoch war, um nicht erstiegen zu werden, die in ach so vielen Biographien großer Männer auftreten und beweisen sollen, daß der Junge ein wirklicher Junge gewesen. Ein sonderbarer Kontrast zu dem Bild. Wahrheitsgetreuer wirkt ein zweiter Bericht, den das B.T., vielleicht mit Absicht, daruntersetzte. Er stammt von einem Hofrat Huemer[2], in dessen Klasse Hitler als Schüler gesessen hat. Huemer weiß sich nur eines »unscheinbaren, blassen Jungen« zu erinnern, den er sehr bald aus den Augen verlor.

Mir scheint die Zeichnung doch echt zu sein.

Skizze von F. Sturmlechner, Steyr
Der Führer im Jahre 1905 im Alter von 16 Jahren,
erschienen in „Jugenderinnerungen eines zeitgenössischen Linzer Realschülers aus Adolf Hitlers Jugendzeit" von Hugo Rabitsch, Deutscher Volksverlag, München

Von Erscheinung und Lebensgewohnheiten des Knaben Adolf Hitler selber schreibt der Biograph seiner Jugendumwelt: „Adolf Hitler war damals ein ausnehmend übermütiger, von Lebenslust und Einfällen sprühender Junge. Kein Baum war zu hoch, um nicht von ihm erstiegen zu werden, kein Zaun hielt ihn beim Dahinspringen auf, und seine nackten gebräunten Beine liefen durch Regenpfützen, nasses Gras, über steinige Wege und die Nadeln des Waldbodens ebenso flink wie über Stoppelfelder und weiche Wiesen." Er teilt auch mit, dass Adolf Hitler von früher Jugend an ein Frühaufsteher war, was zum Teil auch durch seinen weiten Schulweg erzwungen wurde: „Wir müssen uns diesen Jungen vom Frühling bis zum Spätherbst immer barfüssig vorstellen. Nur zur Realschule ab Herbst 1900 trug Adolf Hitler Schuhe. Zu Hause wurden sie sofort abgelegt. Alle Jungen konnten gut klettern, waren gehärtet und gebräunt und zeigten stets zerschundene Knie, Schienbeine und Ellbogen. — Seine Kleidung bestand bis zum 17. Lebensjahre aus einer Joppe, kurzen, am Knie freien Hosen, langen schwarzen, von der Mutter selbst gestrickten Strümpfen und schwarzen hohen Schnürschuhen. Selten trug er einen Hut, nie aber eine Mütze. Im Hochsommer aber wurde meist ein Strohhut getragen, denn man war damals allgemein viel sonnenstichängstlicher als heute. Erst 1905 in Steyr ging Adolf öfters auch in langen Hosen, ohne die damals fast noch unbekannte Bügelfalte. Im Winter benutzte er einen warmen kurzen Ueberrock, niemals einen langen Mantel, und trug schafwollene Handschuhe, die ihm die Mutter oder die Schwester gestrickt hatten."

gewohnnen treuer Spiegel der geistigen, seelischen Welt ist, in welcher der Knabe Adolf Hitler heranwuchs. „Als ich noch 1901, von Wien kommend", schreibt Hofrat Huemer, „eine definitive Lehrstelle an der Staatsrealschule in Linz erhielt, wurde mir daselbst u. a. die Klasse I A zur Unterrichtserteilung in Deutsch und Französisch zugewiesen. Diesem ersten Jahrgang gehörte auch ein unscheinbarer, blasser Junge aus dem benachbarten Leonding an, dessen Name einmal die Welt aufhorchen machen sollte. Bis 1904, also volle vier Jahre, führte ich diese Abteilung auch als Klassenvorstand, konnte mir daher ein annähernd richtiges Bild von meinen Schülern verschaffen. In diesem Jahre verliess der Junge Hitler die Linzer Realschule, und die Anstalt verlor ihn ebenso aus den Augen wie hundert andere, was in dem Verhältnis von Schülern zu ihrem Lehrer leider meistens der Fall ist...

R. F.

1938

In der Politik hörs die Menner auf, sie an
auos dannes.

13.3.38

Vorgestern abend kam unser Nachbar angestürzt und berichtete mit vor Schrecken erweiterten Augen, deutsche Truppen seien in Österreich einmarschiert[1], er habe es eben im Radio gehört. Er habe ein bißchen Musik hören wollen, da sei die Sendung plötzlich unterbrochen worden mit der Sondermeldung, deutsche Truppen hätten die Grenze überschritten. Ich muß gestehen, daß es mir eiskalt über den Rücken lief. Wir sprachen noch eine Weile darüber, der Nachbar meinte, das bedeute Krieg, er war sehr betreten und erschreckt. Im Augenblick schien auch mir der Krieg fast unvermeidlich. Der Nachbar, ein junger Techniker oder Ingenieur, ist bei Siemens beschäftigt, ein stiller Mann – Grete meint, er sei Nazi, vielleicht sogar ein besonderer Agent der Nazis. Ich glaube das nicht, ich vermute eher das Gegenteil, seinem ganzen Habitus nach. Die junge Frau ist sehr nett und unbefangen, er ist fast menschenscheu und scheint Ansammlungen gern aus dem Wege zu gehen – aber über politische Dinge sprechen die beiden nie ein Wort. Bei dieser Gelegenheit kam wenigstens heraus, daß dem Manne vor dem Krieg graute ...

Daß mit Österreich etwas im Gange war, war nach der Zusammenkunft Schuschniggs mit Hitler klar, aber diese Besetzung, zwei Tage vor der von Schuschnigg[2] angekündigten Volksabstimmung, schlug doch wie eine Bombe ein. Sogar die Stimme des Seyß-Inquart[3], die im Radio die Maßnahme mehrmals ankündigte, klang wie erschüttert und unsicher. Der Teufel mag wissen, was daraus kommt.

15.3.38

Man hat keine Lust, etwas anderes zu tun, als am Radio zu sitzen, dann dreht man wieder ab, weil's einem zum Halse heraushängt, und schaltet, von Unruhe gepackt, wieder ein. Wir haben jetzt ein neues Radio, einen guten Apparat auf Abzahlung, und können so etwas wie den Einzug Hitlers in Linz bequem mit anhören. Die Sache hört sich wie ein Volksfest an, einen Krieg scheint es darum nicht zu geben.

16.3.38
Es scheint tatsächlich keinen Krieg um Österreich zu geben. Hört man so etwas wie den Einzug des Führers in Linz, so möchte man glauben, daß die Österreicher nichts sehnlicher als diesen Einzug erwartet haben. Nun, man wird schon die richtigen Leute ans Mikrophon gestellt haben, und wie viele mögen gutgläubig und wirklich aus herzlicher Überzeugung das neue Regime begrüßen. Momentweise befiel auch mich eine Art Befriedigung darüber, daß eine durch 20 Jahre erörterte Frage gelöst ist: der Anschluß. Die Nazis tun zwar so, als hätten sie den Anschluß erfunden, während die Weimarer Republik, geführt von Juden und Marxisten (wo waren eigentlich die Juden in den Regierungen von 1918 bis 1933?), sich um solche völkischen Fragen nie gekümmert hätten – dabei hat diese »verruchte« Republik niemals das Anschlußproblem verleugnet, von den Südtirolern zu schweigen. Sie hat auch niemals offiziell und feierlich für alle Zukunft auf das Elsaß Verzicht geleistet wie unser Herr, soviel ich weiß. Immerhin, der vollzogene, wenn auch mit einem Gewaltstreich vollzogene Anschluß ist ein bedeutender Erfolg, wenn er unblutig abläuft.

Am Linzer Mikrophon erzählte einer der Beteiligten, während sie auf die Ankunft des Erlösers warteten, er habe mit einer Delegation auf dem Berghof, die Adolf habe sprechen wollen, folgendes erlebt: sie seien zunächst von Adolfs Schwester empfangen worden, die bedauernd geäußert habe, man müsse noch warten, Adolf schliefe gerade, da er die Nacht durchwacht habe. In diesem Moment sei die Tür aufgegangen, und eine Stimme sei erklungen: »Adolf schläft nicht!« und das sei Adolf selbst gewesen. Dieses »Adolf schläft nicht!« wurde nun in allen Variationen durchgenommen – übrigens mit Grund, denn dieser Mensch scheint in der Tat niemals zu schlafen.

Man muß ihm lassen, daß er Situationen mit großer Entschlußkraft und Schnelligkeit auszunutzen versteht.

Aber ich fürchte, wir werden nie zur Ruhe kommen.

10.4.38

Heute »Wahlsonntag«[1] – Hitler hat ja in Aussicht gestellt, daß er sich jedes Jahr durch das Votum des Volkes die Richtigkeit seiner Politik bestätigen lassen werde. Der Trick ist so einfach wie schlau: man formuliert die Wahlfrage (»Bist du mit dem fait accompli einverstanden?«) so, daß man nicht Nein sagen kann, ohne berechtigte deutsche Belange oder einfach das fait accompli zu verleugnen, und das übrige besorgt die Partei, indem sie entweder die »Wähler« unter Druck setzt oder die Ergebnisse fälscht. Selbst hier in Schönwalde munkelte man, die Wahlurne besäße eine Vorrichtung, mit deren Hilfe die Wahlleitung die Stimmen identifizieren könne, irgendeinen doppelten Boden oder dergleichen – ich glaube das kaum, und im Wahllokal ist mir an dem Gehaben des Wahlvorstandes sowie an der Herrichtung nichts besonderes aufgefallen. Die Sache spielte sich ab wie früher auch, äußerlich ganz korrekt. Trotzdem ist das auch hier eine Farce: schließlich braucht man ja über die einzelnen Ergebnisse nur falsche Meldungen zu machen: wer will die kontrollieren oder wer wird es wagen, Einspruch zu erheben? Man denke nur an die Möglichkeit, die Wahl könne gegen die Hitlersche Politik ausfallen: was wäre dann? Glaubt irgend jemand auf diesem Erdenrund, man werde so ein Resultat bekanntgeben und die Konsequenzen daraus ziehen?

Es ist wahr: Hitlers Macht wächst ins Gewaltige, es ist vielleicht mehr, als er sich vorzustellen vermocht hat. Und er hat bis jetzt unwahrscheinliches Glück gehabt. Hat man recht, wenn man innerlich Nein sagt und das ganze ablehnt? Wer hat recht, die Gewalt oder die Wahrheit – die großen geschichtlichen Veränderungen sind durchaus nicht immer von den moralisch Besten ihres Zeitalters herbeigeführt worden, meistens im Gegenteil. Und selbst wenn die Tätigen, die Urheber persönlich einwandfrei waren als Menschen: das, was sie schufen, war nicht Recht, sondern Gewalt, Macht mit allem Beiwerk des Bösen, ja des Verworfenen, und Hekatomben von Opfern, schuldigen und unschuldigen, mußten den Abgrund schließen, bis aus Untat, Macht, Gewalt das wurde, was man Recht nennt, ein neues Recht meinetwegen ...

Wenn diese Burschen Erfolg und damit auch recht behalten, wenn sie von der Geschichte legitimiert werden? Das ist durchaus möglich. Gerade jetzt könnte ein weiser Staatsmann, ein Politiker von Format die Probe bestehen, gerade auf dem Höhepunkt des bisher Erreichten. Er müßte ein Fingerspitzengefühl dafür besitzen, das den richtigen Moment nicht nur zum Handeln, sondern auch zum Nicht-Handeln erkennt, ein Abwägen-Können der Imponderabilien, die oft so schwer wiegen.

Wenn ich nun glaube, daß es nicht gutgehen wird, im tiefsten eben dies glaube, obwohl ich an der Oberfläche zuweilen das Gegenteil glauben kann – kommt das nun daher, weil ich die Nasolisten nicht verdauen kann oder aus objektiver Einsicht? Ich weiß es nicht. Und das ist das Quälende, daß man das nicht weiß und wissen kann.

Ich weiß nur, daß mir die Nasolisten, als Typus genommen,

äußerst zuwider sind, wie eine fremde, schwer erträgliche Rasse. Die Abneigung meinerseits geht bis ins Physische, ins Instinktive. Etwas handgreiflicher ausgedrückt: ich komme mir vor wie ein Reisender, der unter irgendwelche Kannibalen geraten ist, deren Sitten, Gebräuche und Anschauungen höchst sonderbar, unverständlich und zum Teil widerlich sind. Man muß sich nur in acht nehmen, nicht ihren Argwohn zu erregen, weil man sonst aufgefressen wird, dann geht es ganz leidlich, und der einzelne entpuppt sich bei näherer Betrachtung oft als ein ganz gutmütiges Menschenwesen, das indessen gefährlich werden kann, sobald es vom »Geist« gepackt wird, den der große Medizinmann mit Trommeln und Rasseln und Schreien anfeuert.

Aber es kann ja sein, daß dies alles Vorstellungen eines hoffnungslos veralteten, überholten, individualistischen Standpunktes sind, von dem ich zugeben muß, daß er seine Schwächen hat. Wo ist die Wahrheit? Was soll man glauben?

Unter den Gegnern des Nasolismus sind manche, ich glaube sogar: viele, die ihm nur deshalb gram sind, weil sie ihre Geltung und ihren Posten verloren haben oder weil sie auch gegen berechtigte Einschränkungen ihrer persönlichen Freiheit eine unüberwindliche Abneigung haben. Selten trifft man auf einen, der wirklich wesentliche Gründe gegen die Herrschaft anzuführen hat und sich politisch was denkt. Die wenigsten, aus dem Bürgertum, wären auch dem besten Regime gegenüber gesonnen, persönliche Opfer zu bringen. Für die meisten ist der Staat tatsächlich nichts als eine Anstalt zur Versorgung und Sicherung ihrer Bedürfnisse, und wenn es damit nicht ganz klappt, schimpfen sie über ihn. Sie schimpfen über die Republik, weil sie nicht stark genug war, und sie schimpfen über das Dritte Reich, weil es zu stark ist. Erheblich legitimer erscheint es, wenn der Arbeiter den Nationalsozialismus ablehnt: er hat ihm alle politischen Rechte genommen. Das war, muß man sagen, ein Meisterstreich. Denn Hitler scheint doch bei vielen das wohltuende Gefühl auszulösen, daß er einer der Ihren sei, ein ehemaliger Arbeitsloser, ein Arbeiter, Prolet, unbekannter Soldat, der nun wie durch ein Wunder ihr Führer ist.

Und nicht nur dies: ein Knecht kann mehr sein als sein Herr, wenn er einen Führerposten in der Partei oder der SA bekleidet und sein Herr nicht. Berliner Hausbewohner können vor dem Portier zittern, wenn dieser Blockleiter ist. Irgendein Mensch, der im beruflichen Leben gar nichts darstellt, kann im politischen Leben eine Macht repräsentieren, und welche Macht! Und diese Macht steht in der Tat jedem Beliebigen offen, gänzlich unabhängig von Rang und Stand, Geburt und Reichtum. Der Reichsstatthalter von Mecklenburg ist der ehemalige Landarbeiter Hildebrandt[2]. Diese Art »Sozialismus« wiegt für manch einen den Verlust der übrigen politischen Rechte sicher bei weitem auf – es wirkt sich vielfach verheerend aus, aber es ist in der Technik der Beherrschung der Massen ein ungeheurer Aktivposten.

Wenn ich freilich daran denke, daß der stärkste Zustrom, den die Partei erhielt, nach 1933 erfolgte, daß diese Anhänger sehr unsichere Kantonisten darstellen dürften, sobald sie keine Vorteile mehr erhoffen können, daß ferner vielfach die faulen Elemente der Gesellschaft es waren, die in der Partei ihre Pöstchen suchten und fanden, so kann das Regime sich auf die Dauer nur dadurch halten, daß es Ruhe und Zeit gewinnt, in normalere Bahnen einzulenken. Dazu besteht aber wenig Aussicht, im Gegenteil, es gehört zu seinem Wesen, alles zu steigern, ins Gigantische womöglich: die Urheber haben den Steigerungsfimmel, einen Wahn, der ihnen teuer zu stehen kommen kann. Sie können also dies System nur durch Terror aufrechterhalten und durch eine Propaganda bzw. durch äußere Erfolge, die sich immer wieder rasch abnutzen. Es liegt in der Natur der Sache, in der im Grunde mechanistischen Auffassung des Lebens und der Wirklichkeit.

25.6.38

Politische Witze kursieren in großer Zahl, und manche sind sehr gut, manche sehr bösartig, wie die Geschichte mit dem Hund, den das Führerauto mit Hitler, Goebbels und anderen Paladinen im Sitz in einem Dorf totfuhr, worauf Hitler einen nach dem anderen in die Kneipe, vor der sie halten, schickt, um eine Entschädigung für den Hund zu bieten, und sich wundert, warum die Herren nicht wiederkommen. Er schickt schließlich Goebbels hinein, der nach einer Weile verdutzt wiederkommt und berichtet, er habe die anderen vergnügt saufend gefunden, und als er dem tauben Wirt ins Ohr schrie: »Der Hund ist tot«, sei auch ihm eine Runde angeboten worden ...

Sehr hübsch und bezeichnend übrigens auch die Geschichte, wie Hitler ein großes Werk in Berlin besichtigt und den Betriebsführer fragt, ob denn noch Sozialdemokraten unter der Belegschaft seien. Gewiß, antwortet der Direktor, etwa 40% – aber es seien, beruhigt er den Führer, unentbehrliche Facharbeiter. Nun, wenigstens sei der Betrieb wohl von Kommunisten gereinigt? Leider nein, die übrigen 60% seien KPD-Leute. Der Führer tobt: und wo sind die Nationalsozialisten? »Nationalsozialisten«, erwidert der Direktor verwundert, »Nationalsozialisten sind sie doch alle!«

Ja, so sieht es aus. Wer heute, ein Ausländer etwa, in Deutschland herumreist und sieht, ohne hinter die Kulissen zu gucken, der sieht in der Tat ein Land und ein Volk, das kolossal arbeitet, absolute Disziplin wahrt – er sieht Ordnung, Sauberkeit, lebhafte Bautätigkeit, die Bettler sind verschwunden, in der Jugend herrscht ein frischer Zug, sie sieht gesund und kräftig aus – von dem stillen und unsichtbaren Terror braucht er monatelang nichts zu merken, keine Spur. Selbst wenn er einem begegnet, der im KZ gewesen ist, wird er nichts erfahren: der Mann erzählt nicht einmal seiner eigenen Frau etwas. Dies mag ihm verdächtig vorkommen, aber er kann Tausende von Deutschen fragen, ob sie etwas Näheres über die Konzentrationslager wissen, und er wird nichts erfahren, denn sie wissen selbst nicht mehr als er, nämlich, daß es KZs gibt und daß Niemöller[1] immer noch in Dachau sitzen soll. Das ist alles. Und wenn der ausländische Reisende in Familien kommt, so kann es auch da Wochen dauern, bis er mal was erfährt und spürt. Er wird einen doppelten Eindruck empfangen: entweder sind alle Deutschen Nazis, oder aber die Zahl der wirklichen Nazis ist so verschwindend gering, daß man ihnen nur äußerst selten begegnet.

2.7.38

In Leipzig, bei Paula K.[1] wunderbar aufgenommen. Dies ist wirklich eine Erholung. Wir wohnen geradezu fürstlich und werden verwöhnt. Paula ist fromm geworden und haßt die Nasolisten aus Herzensgrund, bemuttert aber ihre in der HJ befindlichen kleinen Neffen als behagliche Tante. Nun, mit Kindern geht es noch; wie sie mit ihrer auf gleicher Etage wohnenden Schwester auskommt, die ernsthaft nasolistengläubig ist, das ist ihr Geheimnis. Übrigens führt diese Schwester eine vortreffliche Küche, und wir genießen das Dasein sehr für diese paar Tage. Hörten gestern den Thomanerchor eine Bach-Kantate singen, unbeschreiblich schön. Die gemeinsamen Mahlzeiten verlaufen reibungslos, aber eben nur dadurch, daß die politische Feuerzone sorgfältig gemieden wird. Das übliche Bild! Die Gläubigen dürfen alles sagen, die Ketzer nichts. Darin liegt eben die terroristische Macht: im Ersticken jeder abweichenden Meinung. Gedanken lassen sich nicht ersticken, aber Gedanken leben nicht, wenn sie sich nicht auseinandersetzen können.

Man sieht das an einem Fall wie dem des Herrn v. Einsiedel, dem Schriftleiter der *Neuen Rundschau*, der Anfang dieses Jahres wieder aus der Redaktion ausscheiden mußte. Daß dies nach Suhrkamps sehr spärlichen Andeutungen politische Gründe hatte, wonach v. Einsiedel »untragbar« wurde, ist mir hinreichend klar und auch weiter nicht verwunderlich bei seinem kochenden Temperament. Will er nicht früher oder später den Hunden des Herrn anheimfallen, so bleibt ihm nichts übrig, als ins Ausland zu gehen, und damit ist er erst recht politisch tot.

Es kriselt in der Tschechoslowakei, die begreiflicherweise sehr nervös geworden ist und am Ende unserem Hexenmeister Gelegenheit geben wird, mit »nationalsozialistischer Entschlossenheit blitzschnell« zuzugreifen[2]. Die oft betonte These, der Nasolismus wolle kein Exportartikel sein und habe keinerlei Interessen im Ausland, beruht entweder auf Selbsttäuschung oder bedeutet weiter nichts als Camouflage: bei der eigentümlichen Lage Deutschlands, seinen offenen Grenzen, die keine Volkstumsgrenzen sind, und der Tatsache, daß deutsche Gruppen beinahe überall verstreut sind, ist es unmöglich, die nationalsozialistische Doktrin auf die staatsrechtlichen Grenzen zu beschränken: es ist unmöglich, einen solchen Druck auf das Innenpolitische einzudämmen, selbst wenn die Herren das wollten. Die Außenpolitik steht unter ihren eigenen Gesetzen. Überhaupt liegen die Dinge heutzutage so, daß nirgendwo auf diesem Erdenball eine bedeutende Veränderung vor sich gehen kann, ohne daß die Folgen rund um den Erdball laufen. Das war vielleicht vor 300, nein vor mindestens 500 Jahren noch denkbar. Heute? Wenn ein Baumwollhändler in New Orleans seine Schulden nicht mehr bezahlen kann, mag ein chinesischer Kuli in Schanghai den Schock zu spüren kriegen.

Also müßte man das ganze, den ganzen Ball durchorganisieren. Man müßte sich ferner darüber klar sein, was es mit den verschiedenen »Systemen« eigentlich auf sich hat. Denn die üblichen Bezeichnungen wie Faschismus, Bolschewismus, Demokratie usw. besagen sehr wenig oder gar nichts und dienen nur als Parteifarben, als Fahnen – sowenig aber das Hakenkreuz oder sonst eine Flagge über die wirkliche Beschaffenheit des Schiffes, das unter der Flagge segelt, und seine Kommandoverhältnisse etwas aussagt, sowenig tun das jene Begriffe. Es verhält sich damit ähnlich wie mit den noch platteren Schlagworten, die die Straße beherrschen: sie haben alle einen fast ausschließlich unsachlich-emotionalen Sinn, der mit Erkenntnis sehr wenig zu tun hat, sie im Gegenteil eher verschüttet. Es ist aber sehr nötig, solche Dinge und Vorgänge auf ihren sachlichen Gehalt genau zu prüfen und zu wissen, was mit ihnen los ist.

So aber lebt die Mehrheit der Menschen, die Politiker nicht ausgeschlossen, inmitten eines Wirbels von Worten, die mit der Wirklichkeit sehr wenig zu tun haben und das Unterscheidungsvermögen im höchsten Grade vernebeln. Das scheinbar Einfachere ist keineswegs immer das Klarere und Zutreffendere: in Wirklichkeit handelt es sich nicht um Einfaches, sondern um Primitives, das immer etwas Verworrenes ist. Man weiß ja, daß etwa die Vorstellungswelt der Primitiven der Wirklichkeit gegenüber alles andere als einfach ist, sondern im Gegenteil höchst verwickelt und kompliziert. Das wirklich Einfache ist zwar ebenfalls komplex, aber es enthält das Komplexe eben auf eine einfache Weise und drückt es vor allem so aus, daß es selbstverständlich ist, sich von selbst versteht. Die Musik bietet die einleuchtendsten Beispiele dafür. Was in ihr gilt, müßte aber auch sonst gelten.

Die Schwierigkeit liegt aber auch darin, daß wir vor Lebensformen und Möglichkeiten stehen, für die es keine geschichtlichen Analogien und daher auch keine Begriffe gibt.

16.9.38

Dieser Tage konnte einem der Atem stillstehen. Vorgestern war hier der Luftschutz zu einer Sitzung einberufen, vom Ortskreisgruppenführer (oder wie er sich nennt, der Teufel finde sich in diesen Bezeichnungen zurecht), der im Schwanenkrug im Hinterzimmer Türen und Fenster schließen ließ, weil die Anweisungen, die er zu geben hätte, geheimzuhalten seien. Es stellte sich heraus, daß mit Krieg zu rechnen sei. Der Gruppenführer, im Zivil Lehrer, ein dicklich-behaglicher Mann, der sich gern selbstgefällig die Hände reibt und sich in der neugeschneiderten Luftschutz-Uniform augenscheinlich äußerst wohlfühlt – wir sollten uns hier auch jeder eine Uniform zulegen, aber ich denke nicht daran, und die anderen auch nicht –, gab allerlei für den »Ernstfall« bekannt, wobei er ihn händereibend behandelte, als sei er zwar ernsthaft, aber ungefähr so wie ein Festessen oder eine Weihnachtsüberraschung. Ich möchte wissen, ob er bloß so tat oder ob ihm wirklich so behaglich dabei zumute war. Seinem Typus nach müßte ihm sehr unbehaglich zumute sein. Aber manche fühlen sich unter dem Führer Adolf Hitler anscheinend so wohl, daß ihnen das Gefühl abhanden gekommen ist. Die übrige Gesellschaft schien doch sehr bedrückt und einsilbig. Wir saßen noch eine Weile und tranken Kaffee oder Bier, es war eine Art Lähmung zu bemerken, die den Aufbruch verhinderte, als hätte jeder Furcht davor, das Zimmer zu verlassen. Plötzlich aber, es war schon gegen 10 Uhr, erschien ein Mann, ebenfalls in Uniform, ich glaube Werkscharuniform[1] (wer kennt sich da aus!), und rief mit allen Zeichen freudiger Erregung: Chamberlain[2] kommt zum Führer!

Hörbares Aufatmen der ganzen Gesellschaft, man setzte sich behaglicher zurecht, und ein allgemeines Geplauder begann. Allgemein die Ansicht, die Kriegsgefahr sei beseitigt. Man ging nach Hause in sichtlich erleichterter Stimmung. Draußen sagte der händereibende Lehrer, der noch auf den Autobus warten wollte, zu mir: der Krieg kommt ja doch. In einem Tonfall, als müßte er's bedauern, wenn er nicht käme. Ich hätte den Kerl ohrfeigen mögen.

Die Sache mit den Sudetendeutschen scheint mir sehr verwickelt. Daß sie von den Tschechen nicht gerade sehr freundschaftlich behandelt werden, ist wohl sicher, wenn auch die Sprechchöre vor dem guten Lord Runciman[3] (Lieber Lord, mach uns frei von der Tschechoslowakei) einen allzu organisierten Eindruck machten. Wir wissen ja nur zu gut, wie man sowas macht und wie Verfolgungsgreuel propagandistisch auszuwerten sind. Auf dem Parteitag neulich wurde das Thema von Hitler ja schon weidlich durchkomponiert, so daß man den Eindruck haben konnte und auch sollte, die Sudetendeutschen ständen dicht vor der Ausrottung, wenn nicht sofort eingegriffen würde. Ich glaube wohl, daß die Temperatur dort sehr heiß geworden ist, aber es ist die Frage, wer der eigentliche Heizer ist: Herr Henlein[4] oder die Tschechen oder sonstwer. Daß man einen solchen Fall auch ganz anders behandeln kann, wenn die Politik es erfordert, das zeigt die nasolistische Behandlung der Südtiroler, die unser Hexenmeister ohne weiteres preisgab, oder der offizielle Verzicht auf das Elsaß. Es paßt ihm eben in den Kram, nun auf die Sudetendeutschen Anspruch zu erheben.

Vom völkischen Standpunkt aus mag er recht haben, aber eben die Fälle Südtirol und Elsaß beweisen, daß die völkische Frage für ihn unter Umständen keine Rolle spielt. Dabei liegt der Fall hier noch besonders prekär: das Elsaß als deutsches Volksgebiet hätte noch eine natürliche Grenze an den Vogesen, wohingegen die Sudetendeutschen geographisch vom Reich so deutlich getrennt leben wie nur denkbar. Man kann sie gar nicht ins Reich »heimholen«, ohne die Tschechoslowakei als Staat in eine höchst fragwürdige Lage zu bringen – sie ist dann endgültig in die Zange genommen. Es war wohl von vornherein ein Fehler, diesen Staat in der heutigen Gestalt überhaupt zu schaffen: es ist ein unmögliches Gebilde, wie es schließlich dieses Rumpf-Österreich auch war: lauter unhaltbare Lösungen, die die Herren von 1919 sich ausgedacht hatten in der unverständlichen Illusion, sowas könne politisch von Dauer sein. Dergleichen kann ja nur bestehen auf Grund eines föderativen Verhältnisses solcher Staaten unter einem gemeinsamen Dach. Aber bringe mal einer diese fiebernden Nationalisten unter einen Hut!

Man kann neugierig sein, wie England bzw. Chamberlain damit fertig wird. Ein Krieg würde zu Unabsehbarkeiten führen ...

24.9.38

Chamberlain ist ein zweites Mal gekommen, diesmal nach Godesberg – was da eigentlich vor sich geht, ist nicht ganz klar. Ich stelle mir vor, daß Hitler, wenn er etwas durchgesetzt hat, mit weiteren Forderungen nachdrückt. Die Atmosphäre ist mit Spannung geladen wie noch nie.

2.10.38

Das Kriegsgewitter scheint sich noch einmal verzogen zu haben, nachdem sich Hitler mit Mussolini, Daladier und Chamberlain in München[1] geeinigt hat. Die Prager Regierung hat klein beigegeben. In den Hauptstädten jubelnde Kundgebungen der Bevölkerung, aus denen man deutlich entnehmen kann, wie wenig Lust das Volk hier wie draußen hat, sich zu schlagen. Man atmet allgemein auf. Alles kommt jetzt darauf an, daß dieser Status gehalten wird, was wohl möglich sein dürfte, da England bzw. die Chamberlain-Regierung anscheinend keine Lust zum Kriege hat. Es wird auf Hitlers Benehmen ankommen, ob die Sache hält oder nicht.

Ich habe mir einige Male voll Mißtrauen meine Kriegsbeorderung angesehen, die auf den ersten Mobilmachungstag lautet. Ich habe sehr wenig Lust dazu, genauer gesagt: mir graust davor. Nicht möglicher Gefahren, sondern des organisierten Müßiggangs wegen, dem man dann anheimfällt, zumal da ich in meinem Alter wohl für den Felddienst nicht mehr in Frage komme. In einer Garnison Wache schieben oder auf der Schreibstube hocken, davor graut mir.

Wie ein Mensch, der über das Alter von zwölf, oder sagen wir: fünfzehn Jahren hinaus ist, ernstlich daran denken kann, mit Hilfe eines Krieges über politische Schwierigkeiten hinwegzukommen, ist mir unerfindlich. Im Grunde sind das völlig überholte, antiquierte, absurde Vorstellungen. Es gibt Fälle, in denen man sich seiner Haut wehren muß, gewiß. Wenn mir jemand ins Haus fällt und mich mit Raub und Mord bedroht, so tu ich am besten, den Kerl niederzuschlagen, wenn ich das kann. Auch wenn ein Volk angegriffen wird, so ist es sein gutes Recht, sich zu wehren. Aber so einfach liegen die Dinge im politischen Leben nur selten. Sie liegen meistens so verwickelt, daß man ohne Kompromisse überhaupt nicht auskommt. Was aber ein Krieg für ein Land in der Lage Deutschlands bedeutet, kann sich eigentlich jeder, der einigermaßen Verstand besitzt, an den fünf Fingern abzählen.

Die eigentliche Gefahr liegt in den Rüstungen. Es ist ja nicht nur die Drohung mit der Gewalt, die man in Fingern hat und die den Inhaber dieser Machtmittel in Versuchung führt: auch das Machtmittel selbst in seiner fortlaufenden technischen Entwicklung, seinen riesigen Kosten, Interessenverflechtungen, die ja bis tief in die Wissenschaft hineinreichen, drängt sozusagen von sich aus zur Benutzung. Schließlich unterhält man – und das gilt ja für alle gerüsteten Nationen, ausnahmslos – einen so ungeheuer kostspieligen Apparat von Menschen, Maschinen, beweglichen und unbeweglichen Anlagen, Kapitalien, Vorräten und fortlaufender Produktion nicht ausschließlich dazu, k e i n e n Gebrauch von ihm zu machen. Die Vorstellung, daß ein Dutzend Staaten fortwährend in Waffen dieser Art starren, um gerade das zu verhindern, was diese Waffen voraussetzt, ist von so grotesker Absurdität, daß man über die flache Unlogik in der Anwendung des römischen Grundsatzes des »Si vis pacem para bellum« auf unsere modernen Verhältnisse nur in Erstaunen geraten kann. In Wirklichkeit will man damit den Krieg, wer es auch sei, der sich an diesem Wahnsinn beteiligt, oder genauer gesagt: der Wille, den Krieg ernstlich zu verhindern und den Frieden zu erhalten, ist bestenfalls mit sehr starkem Vorbehalt zu verstehen und im Grunde so schwach fundiert, daß sein Effekt gleich Null wird und allenfalls nur taktischen Wert hat.

Dazu kommt noch der Generationswechsel: immer wieder wachsen Menschen auf, die den Krieg aus eigener Erfahrung nicht kennen, die Erfahrung der Älteren in den Wind schlagen und geneigt sind, ihn für ein erfrischendes Abenteuer zu halten oder gar für eine Gelegenheit, hohe Tugenden zu entwickeln. Ich vergesse so leicht nicht einen Vormittag in der Bücherei, als ein Kollege und ich, am Katalog beschäftigt, in ein Gespräch über die damals massenhaft auftretenden Kriegsromane kamen, die ja zum größten Teil eine im Grunde kriegsgegnerische Haltung einnehmen. Wir beide waren uns ohne Pathetik ziemlich einig, als ehemalige Teilnehmer, daß der Krieg eine »Schweinerei« sei und daß man von dem einen Male für sein Leben genug habe. Da mischte sich die kleine Praktikantin F. ein und behauptete keck, der Krieg habe doch auch etwas Erhebendes. Wieso? fragte ich; die Kleine, ein zartes hübsches Ding, obendrein ein bißchen verwachsen, keine 20 Jahre alt, verblüffte uns ordentlich. Wieso? Aber der Krieg rufe doch die besten Eigenschaften hervor: Opfersinn, Kameradschaft, Mut. Was sollte man darauf sagen? Mein Kollege bemerkte brummig, sie möge die »Schweinerei« erst mal selbst erleben – aber damit kommt man dem Argument eines idealistischen Kükens nicht bei, und die Antwort darauf ist regelmäßig ein verächtlich wegwerfender Gesichtsausdruck, vielleicht sogar mit Recht. Ich versuchte ihr zuzureden: in früheren Zeiten habe es Seuchen gegeben, Pest, Cholera z. B., welche auch Gelegenheiten boten, menschliche Tugenden zu entfalten: Hilfs- und Opferbereitschaft usw. Ob man es um dieser Tugenden willen bedauern solle, diese Seuchen mit Erfolg aus der Welt geschafft zu haben? Die Kleine schwieg darauf, aber sehr überzeugt hat sie das noch nicht. Wenigstens holte sie immerhin nicht das dümmste aller Argumente hervor, mit dem manche Leute immer noch hausieren gehen: Kriege waren immer, also werden sie immer sein. Die Idiotie dieser Logik tritt immer erst dann hervor, wenn Millionen von Menschen sie mit ihrem Leben bezahlt haben.

16.10.38

Sonntagabend – wir hörten im Radio Bachs *Musikalisches Opfer*, diese unbegreiflich vollkommene Musik, unbegreiflich, weil der Mensch in den wichtigsten Dingen des Lebens, die man mit dem Wort Politik umschreibt, offenbar nicht imstande ist, eine solche Vollkommenheit auch nur entfernt zu erreichen, während ihm das in der Kunst zuweilen gelingt. Vielleicht ist das der Grund, warum ein Kunstwerk eine Art Trauer erregt. Doch ist die Politik die größte Aufgabe, die dem Menschen gestellt ist, man könnte sagen: d i e Aufgabe schlechthin.

22.10.38

Es liegt ja in der Luft des modernen Menschen etwas wie der Keim einer totalen Verwesung, einer bewußten Zersetzung. Eine Haltung, die, scheinbar von einer sehr ausgebildeten Ratio kommend, sich selbst und die letzten Existenzgrundlagen des Menschen in Frage stellt und vielleicht im Tiefsten des Bewußtseins geradezu zu vernichten bestrebt ist. Ein vollendeter Mangel an Naivität, an Gesundheit, eine Hypertrophie eben des Geistes, der unsere moderne Zivilisation geschaffen hat. Ich kann manchmal, augenblicksweise, schaudernd verstehen, wie es bei James Joyce zum *Ulysses* kam, und vielleicht war das notwendig. Man schaudert aber noch viel mehr, wenn man bedenkt, daß diese Gefahr nicht nur als literarisches Experiment, als eine Haltung, gegen die die Prometheus-Auflehnung des ausgehenden 18. Jahrhunderts kindlich erscheint, in einigen Personen des geistigen Verkehrs auftritt, sondern überdies im Wirklichen des Lebens, des politisch-sozialen Lebens lauern mag. In gewissen Augenblicken kommt mir manchmal der Gedanke, daß dies alles einmal auf einem Punkt landet, an welchem jede Sicherheit, die in bloßen Vorstellungen besteht, jeder Gedanke, jede Ordnung und schlechthin alles, was heute dem Menschen mehr als das nackte Leben verspricht, verschwunden sein wird, und nichts wird übrigbleiben als der harte Boden elementarer Tatsachen oder wie man das nennen will.

Ich weiß nicht einmal, wie ich das nennen soll, was ich meine. Nicht einem öden Spenglerismus[2] zuliebe, obwohl Spengler mit dreiviertel seiner Thesen wahrscheinlich recht hat: im entscheidenden versagt er völlig, nämlich mit der Frage, was der Mensch sei. Seine Prognosen sind sicher im ganzen richtig – was er dafür an Menschlichem empfiehlt, ist der Bankerott eben des Menschlichen und wird ebenso nackt dastehen wie die Werte, die längst keine Werte mehr sind. Wir werden früher oder später – und ich merke, daß jener Augenblicksgedanke mir längst zur Überzeugung geworden ist – nichts mehr besitzen in einem Zustand, in dem neun Zehntel der Fragen und Wünsche, die jetzt noch so das tägliche Leben der Menschen ausmachen, lächerliche Unmöglichkeiten sein werden, in einem Ausmaß, von dem die wenigsten auch nur eine traumhafte Ahnung haben mögen. Auch ich kann's mir nicht konkret vorstellen. Aber irgendeine gespenstige Flüchtigkeit dessen, was uns noch als reales Drum und Dran alles dessen erscheint, was unser Leben ausmacht, einschließlich der ganzen Geschichte und Überlieferung und Ideen, diese undefinierbare Unhaltbarkeit –

Man muß das von sich weisen, sonst löst sich alles auf, und man kann nichts mehr tun – man würde verrückt.

6.11.38

Heute nachmittag fiel mir beim Suchen nach irgendeiner entspannenden Lektüre das Bändchen in die Hand, das Noli Pfeiffer uns einmal geschenkt hat, das Markus-Evangelium in der Übersetzung von Roman Woerner[1], der behauptet, das Original in formaler Hinsicht getreuer getroffen zu haben als die überlieferte Bibelübersetzung. Es interessierte mich, wieso das der Fall sein sollte, ich blätterte darin, wurde aber bald von dem Inhalt gefesselt, den ich seit meiner Schulzeit nicht mehr zu Gesicht bekommen habe. Die Geschichten sind mir seitdem wohlvertraut geblieben, aber jetzt ging mir etwas auf, was nur dem Erwachsenen aufgehen kann: die unermeßliche Bedeutung dieser Gestalt. Wir sprachen lange darüber. Hauptsächlich über die Frage, ob sie wirklich gelebt habe oder nicht. Aber wenn dieser Mensch nie gelebt hat, dann müßte der Dichter, der diese Figur erfand, bis zur Unbegreiflichkeit und über alle, auch die größten Maße genial gewesen sein, das geht nicht, es ist unmöglich, etwas Derartiges zu erfinden. Und erzählt die Geschichte Wirkliches, so bleibt nur eine Alternative: entweder war der Mann ein Wahnsinniger von hohen Graden, dann erübrigt sich jede Diskussion außer derjenigen, die die Gründe dafür erörtert, wieso daraus eine Weltreligion entstehen konnte. Oder der Nazarener vollendete das Menschliche in seiner Gestalt in einer Norm, die das übrige Menschliche als abnorm unter sich läßt. Die Sache ist aber die, daß dies gar keine Alternative ist. Entweder man sieht dies als Wirkliches, oder man sieht's nicht: wenn man's aber sieht, so blickt man ins Zentrum der Frage: was ist der Mensch? und hat zugleich die Antwort darauf.

Ich bin sehr glücklich über diesen Fund. Hatte das Gefühl, als könnte einem mit dieser Kenntnis nichts geschehen. Es wird sich wieder verlieren, aber schlimmstenfalls bleibt doch die Erinnerung an die Quelle, aus der man einmal getrunken hat. Aber kann man's verlieren, wenn man einmal die Wahrheit gesehen hat? Die Wahrheit!

Ich kam plötzlich darauf, daß das, was man Glauben nennt, in der Tat zuallermeist nichts ist als ein »Fürwahrhalten dessen, was man nicht sieht«. Wenn man aber sieht? Credo quia absurdum[2] – was heißt das, was soll das heißen als: ich »glaube«, was ich als Wahrheit und Wirklichkeit sehe, obgleich es außerhalb jeder sonstigen Erfahrung steht. Darüber sollte man eigentlich schreiben. Aber das ist wiederum falsch: man müßte, man muß darin leben, ganz einfach, und zwar ohne sonderbar zu werden.

Es gibt mir so oft zu denken, daß gerade bei solchen Büchern, wie denen von Hughes[3] oder Faulkner, ihre Wirkungen nicht entfernt ihrer Bedeutung entsprechen. Nach Jahrzehnten kommen erst einige Literaturhistoriker darauf, daß solche Bücher die Dinge sahen, wie sie sind, und sozusagen Warnungen enthielten, auf die niemand achtete. Kein Buch, kein Schriftsteller kann erreichen, daß seine Warnungen und Voraussichten entscheidenden Einfluß erlangen. Er kann nur sehen und aussprechen, was mit dem Menschen los ist: wie ein Arzt, der am Bett des neugierig zu ihm aufblickenden Kranken die Diagnose stellt, worauf der Kranke ihn für den Kunstgenuß bezahlt und genau so darauflosleb wie vorher, oder noch schlimmer: den Quacksalber holen läßt.

15.11.38

Fuhr heute mit der Stadtbahn an der ausgebrannten Synagoge vorbei. Die Pogromtage[4] der letzten Woche als spontaner Ausbruch der »kochenden Volksseele« frisiert: man faßt sich an den Schädel und fragt sich, ob unsere Herren und Gebieter den Verstand verloren haben. Der antisemitische Programmpunkt der NSDAP kann jetzt freilich ohne Hemmung verwirklicht werden: Schließen der jüdischen Gewerbebetriebe, Ausschluß der Juden aus den Hochschulen (von denen sie praktisch ohnehin schon ausgeschlossen waren), aus den kulturellen Veranstaltungen ... Die Vernichtungskampagne beginnt. Unser Dr. H-berg ist noch gerade rechtzeitig nach Frankreich gegangen, er hätte gleich bis nach Amerika gehen sollen. Frau und Kind hat er hiergelassen; wir reden ihr zu, sobald als möglich nach Dänemark zu gehen und es nicht darauf ankommen zu lassen: lieber mittellos nach Kopenhagen als mit Geld hierbleiben. Aber sie kann sich nicht entschließen.

Herr Dr. Ley auf der vorgestrigen Führertagung in Koblenz: »Mit dem Taktgefühl der feinen Leute kommt man diesen Parasiten nicht bei ... Es darf kein Problem geben, das die Partei nicht angreift. Eine Angst vor dem Problem kennen wir nicht. Je mehr dem Menschen die Natur offenbar wird, desto besser ist das für unsere Idee. Wir lassen uns von niemandem die Existenz unserer Rasse verleugnen!« Ja, das stimmt: mit dem Taktgefühl der feinen Leute kommt man den Nazis nicht bei ...

Sie besitzen das Taktgefühl, die Juden die Kosten für die von den eigenen Banditen verursachten Pogromschäden tragen zu lassen. Sie benutzen die Gelegenheit, ihnen eine Milliarde Reichsmark abzuknöpfen,[5] weil ein unkluger Bursche in Paris, namens Grünspan, den Pg. vom Rath[6] erschossen hat. Und Herr Goebbels, der taktvollste, der seinerzeit den Geschmack besaß, dem Juden in der menschlichen Gesellschaft den Rang eines Flohs in der tierischen anzuweisen, schreibt im *Völkischen Beobachter*: »Wie hätte diese Reaktion erst ausgesehen, wäre sie organisiert gewesen! Sie wurde weder organisiert, noch vorbereitet, sie brach spontan aus der Nation heraus. Die Nation folgte dabei dem gesunden Instinkt ... In Stundenfrist sind Demonstrationen und Aktionen zum Schweigen gebracht worden ...« Mit diesem Satz hat er sich übrigens verraten. Bei einer wirklichen Empörung des ganzen Volkes, noch dazu einer der Regierung an sich willkommenen Empörung, wäre es auch der diktatorischsten Regierung unmöglich gewesen, sie »in Stundenfrist« zum Schweigen zu bringen. In Wirklichkeit glaubt das kein Mensch. Man hört im Gegenteil, daß sogar Angehörige der Partei sich von der Sache innerlich distanzieren möchten, und die Bevölkerung im ganzen läßt eher Unwillen erkennen als Zustimmung. Man erzählt von Taxichauffeuren, die flüchtenden Juden ihren Wagen umsonst zur Verfügung stellten, von SA-Leuten, die am Abend vorher einzelne Juden gewarnt haben, und ob es wahr ist oder nicht: daß man das allgemein erzählt, das allgemeine Kopfschütteln über dies gemeine Verfahren sagt genug.

Und das Tollste ist, daß diese wahnwitzigen Teufel so etwas in einem Zeitpunkt veranstalten, in welchem unsere außenpolitische Position so belastet wie möglich und der Friede nur mühsam gewahrt ist. Ich kann mir nichts anderes denken, als daß sie die Katastrophe wollen, unter allen Umständen erzwingen wollen. Oder sind die Herren bereits so von ihrer Allmacht überzeugt, daß sie glauben, sich eine so plumpe Demonstration leisten zu können, die dem Ausland ein einzigartiges Material zur Hetzkampagne liefert? Unbegreiflich ...

Und auf uns allen bleibt das sitzen. Herr Goebbels bestellt sich seine Claqueure zum Eintopfessen in die Germaniasäle und spricht mal wieder »goldene Sätze«: »Man wollte einen deutschen Diplomaten niederschießen, um damit eine Trübung des Verhältnisses zwischen Deutschland und den europäischen Großmächten herbeizuführen und so die aufhellende internationale Atmosphäre aufs neue zu stören ...« Wenn das stimmt, so konnte Grünspan Herrn Goebbels keinen besseren Dienst leisten, denn nichts scheint ihm und seinen Kumpanen ungelegener zu kommen als eine »Aufhellung der Atmosphäre«. Ferner hat der Herr Propagandaminister die bemerkenswerte Feststellung getroffen, das deutsche Volk sei

»von einer nie dagewesenen Empörung erfüllt« gewesen, und es habe sich übrigens nicht gegen die Personen, sondern nur gegen die Sachen gewandt. Göring habe nicht »gefackelt« und das Problem »beim Schopfe gefaßt«. »Diese Verordnungen sind erlassen, weil nach nationalsozialistischer Staatsauffassung das Handeln der Regierung sich stets in Übereinstimmung mit dem Willen des Volkes befinden muß.« Es gäbe nun keine Möglichkeit mehr, durch Aktionen gegen Geschäfte oder Unternehmungen den Juden überhaupt zu treffen, »da sein Besitz in kürzester Frist in deutsche Hände gelangt«. Die beste Gelegenheit zum Diebstahl also. Und die Judenfrage, erklärte der Prophet des Herrn, »werde in kürzester Frist einer das deutsche Volksempfinden befriedigenden Lösung zugeführt! Das Volk will es so, und wir vollenden nur seinen Willen.«

Dazu kann man nur bemerken, daß alle diese Sätze eine glatte Umdrehung der wirklichen Verhältnisse bedeuten. Von »einer nie dagewesenen Empörung« des Volkes anläßlich der Ermordung v. Raths kann gar keine Rede sein. Derartige Reaktionen des Volkes über Einzelereignisse gehören seit langem der Vergangenheit an. In den Tagen des Ruhrkampfes, da gab es noch spontane, einmütige Reaktionen, wenn auch nur in den betroffenen Gebieten. Auch Ereignisse wie die Ermordung Rathenaus konnten noch eine allgemeine Erregung auslösen. Der Kapp-Putsch scheiterte an dem einhelligen Widerstand von neun Zehnteln des Volkes, vor allem an der prompten Aktion der Arbeitermassen. Das war so ziemlich die letzte spontane und nicht durch einen Propagandaminister gelenkte Reaktion. Seit die Propagandisten sich der Sache bemächtigt haben, vollends seit 1933, gibt es Derartiges nicht mehr. Den Machthabern ist es gelungen, mit Hilfe eines raffinierten Apparates, noch dazu eines monopolisierten Apparates, jede selbständige Regung oder gar Kundgebung nicht nur äußerlich zu verhindern, sondern auch die psychologischen Voraussetzungen dazu aus der Welt zu schaffen. Das Volk als Ganzes ist längst so weit, daß es auf Ereignisse, gleichgültig welcher Art, nur noch passiv reagieren kann, auch gefühlsmäßig. Eine zur Vollkommenheit ausgebildete Technik der Massenbeherrschung hat es dahin gebracht, daß der Satz: »Das Handeln der Regierung muß sich stets in Übereinstimmung mit dem Willen des Volkes befinden« genau ins Gegenteil zu verkehren ist, um das wirkliche Verhältnis zu kennzeichnen. Ja, noch mehr und richtiger: von einem Willen des Volkes kann gar keine Rede sein. Wenn Herr Goebbels behauptet, er vollende nur den Willen des Volkes, so ist das eine glatte Unwahrheit. Man könnte eher sagen: es bedeutet, daß er die Verantwortung dem Volke zuschieben möchte. Dies Volk aber ist längst jeder Verantwortung enthoben; denn es ist kein Volk mehr, sondern nur noch Masse, ein knetbarer Teig in den Händen der Machthaber, die mit ihm machen können, was ihnen beliebt.

4.12.38

Gestern großer Sammeltag[1], Straßensammlung, für Berlin ein riesiger Rummel. Denn die Prominenten waren aufmarschiert, es fehlte bloß, daß Hitler persönlich mitgesammelt hätte. Einen Monat nach dem Pogrom amüsiert sich die Berliner Bevölkerung damit, Ministern, Boxern, Schauspielern, SS-Führern usw. die Groschen in die Büchsen zu stecken und ein Lächeln der Gewaltigen zu erhaschen.

> "Hier sammelt Reichsminister v. Ribbentrop! Der Minister lachte und freute sich, wie die Berliner opferten. Manch herzhaftes Wort flog durch die Menge. Manch freundli-

cher Gruß wurde laut. Die Groschen klangen. Die Kapelle spielte das Lied von der märkischen Heide, zwei Arbeiter tanzten auf der Straße, andere sangen das Lied mit."

Besonderen Zulauf scheint Frau Goebbels gefunden zu haben:

"Ein Mann, der durch das Gedränge glücklich hindurchgekommen war, überreichte der Sammlerin eine Rose, die sie sich anheftete. Als ein Polizist sagte: Weitergehen, meine Herrschaften, ertönte eine weibliche Stimme: Ich muß ihr doch mal in die Augen sehen! Mitglieder der Reichsschrifttumskammer wandelten in orientalischer Tracht durch die Leipziger Straße. Auch ein Emir befand sich unter ihnen."

Wie wird der Aschermittwoch dieses Karnevals aussehen? Wir sitzen hier fern vom Betrieb in unserem Wohnzimmer beim Tee, ringsum herrscht sonntägliche Stille, die Luft ist diesig, Winterluft in dem kahlen Geäst der Eichen. Fast möchte man wünschen, ebenso gedächtnisschwach wie die Menge sein zu können, ebenso kindisch, einen Blick in die Augen der Frau Magda Goebbels erhaschen zu wollen, auf der Straße zu tanzen, als orientalischer Scheich umherzubummeln und das Gefühl zu genießen, einem Minister einen Groschen zustecken zu dürfen. Von dergleichen ist man ausgeschlossen. Vor 25 Jahren trieb es mich in München und Frankfurt in die Volksmengen und auf die Straßen und Plätze, weil eine große Verbundenheit, ein starkes Gefühl des Rechts und der Gemeinsamkeit ein Volk zusammenhielt, das wirklich nur an seine Verteidigung dachte, das nicht um des Kaisers willen, sondern um des Vaterlandes willen in den Krieg ging und sich darin zum ersten Mal einig wußte, und die wenigen, die sich davon ausschlossen, das waren entweder utopische Ideologen oder Drückeberger. Es war wirklich eine Begeisterung gewesen, in dem älteren Sinne des Worts, der noch nicht soviel mit Hysterie zu tun hat. Und wir Jungen hatten das dunkle Gefühl gehabt, daß so etwas kommen mußte, aus tieferen Gründen als denen der Politik. Was wußten wir damals von Politik? So gut wie nichts. Propaganda? War nahezu unbekannt. Wir liebten nicht den Krieg um des Krieges willen. Wir hatten ein Schicksal vor uns, vor dem manchem von uns im stillen graute, wir empfanden den Schauder des Ungeheuren: aber wir bejahten das Schicksal, weil wir es für gerecht hielten. Mit einer gewissen Plötzlichkeit, wie einem die Binde von den Augen gerissen wird, war uns bewußt geworden, daß wir ein Volk seien und daß es sich um uns handelte, um das Volk, und so fragten wir wenig nach den »Führern« – sie hatten die Sache zu leiten, aber sie waren keine Halbgötter. Was dann kam, war eine schwere Schule der Enttäuschung, des Lernens.

Damals bin ich Deutscher geworden, aus einem Amerikaner, der sein Geburtsland aus eigener Anschauung kaum kannte, aber die Dinge doch in manchem anders ansah als die deutschen Kameraden selbst. Vielleicht etwas kosmopolitischer oder doch wenigstens so, daß mir das Bewußtsein, daß »hinterm Berge« auch gute Leute wohnen, nie abhanden gekommen ist. Besser gesagt: daß ich mit einer Vorbehaltlosigkeit Deutscher sein konnte, die jedem Lokalpatriotismus und Parteiwesen unzugänglich geblieben ist. Denn es gibt neben oder vielmehr über den vielen deutschen Lokalpatriotismen auch einen generellen oder zentralen Kantönligeist, der sich einbildet, am deutschen Wesen soll die Welt genesen, ohne zu merken, daß die Welt dazu keinerlei Neigung hat. Aber ich habe im Kriege den deutschen Arbeiter und Bauern kennengelernt und weiß, was an ihm dran ist. Ich habe gelernt, nichts zu idealisieren und Idealen mit Mißtrauen zu begegnen. Aber ich habe nicht verlernt, ein Deutscher zu sein. Obgleich mir vollkommen klar ist, daß eben dies einen Deutschen isolieren, ja gefährden kann. Isoliert sind wir bereits längst, hier in unserem Häuschen, wir stellen es öfters fest. Mir geht für die Ideologie der heutigen Machthaber jedes Verständnis ab, außer dem einzigen: daß sie eben Machthaber sind und ihre Macht mit allen Mitteln, ob erlaubt oder unerlaubt, erhalten. Was hat das mit dem Volk zu tun? Gar nichts, wenn das Volk nicht zur bloßen Menge, zur bloßen Masse degeneriert, und es ist auf dem besten Wege dazu. Wie wird es bestehen, wenn es zum Kriege kommt?

10.12.38

Um die Juden zieht sich der Ring immer enger. In Berlin sind Sperrbezirke[2] eingerichtet, die die Juden nicht betreten dürfen. Man hat ihnen nahegelegt, gewisse Wohnungen im Berliner Westen zu räumen und in Stadtviertel zu ziehen, die anscheinend für sie reserviert bleiben, also der Anfang der Ghettoisierung. Verwundern kann dies nur den, der nicht sieht, daß die nasolistischen Machthaber ihr Programm nur dort verwirklichen, d. h. in ihrer nun sattsam bekannten Art »zuschlagen«, wo sie des geringsten Widerstandes sicher zu sein glauben. In etwas widerspricht freilich ihre Behandlung des Judenproblems ihrer eigenen Theorie: wenn die Juden nach ihrer Meinung wirklich eine Weltmacht bilden, wie die Nazis vorgeben, so binden sie eben mit einer Weltmacht an. Aber wie so vieles bei ihnen verworren ist, so auch dies. Die Taktik, den jeweils schwächsten Gegner zu schlagen, geht Hand in Hand mit einer vielleicht nicht bewußten Sucht, eine Katastrophe großen Stils heraufzubeschwören.

Hitler ist die ungereimteste Figur der Weltgeschichte, tief

verworrenen Wesens. Ich gewinne den deutlichsten Eindruck aus seinen Reden, die man hören, nicht lesen muß. Die Stimme ist mir ausgesprochen unangenehm, und nicht nur, wenn sie zu kreischen anfängt. Trotzdem wird man oft gefesselt, beeindruckt durch die Leidenschaft des Sprechers, die zweifellos echt ist. Er hat manchmal ausgezeichnete Einfälle, schlagfertige Formulierungen, überhaupt eine gewisse Gabe, Kontrastwirkungen geschickt hervorzubringen. Überdies muß er eine Menge gelernt haben seit seinen Anfängen: sein Wortschatz ist nicht gering, und er verwendet ein beträchtliches Material an Kenntnissen und Begriffen, und in einer Form, die dem Naiveren eine umfassende Bildung vortäuscht. Zweifellos hat er eine natürliche Begabung, rasch aufzufassen und zu kombinieren, eine Art Schauspielerbegabung, wie sie seinem Volksstamm eigentümlich ist, aber eben sie verhindert die Vertiefung des erworbenen Bildungsgutes.

Er verfügt genau über den Bildungsumfang, den ein begabter Mensch, ohne sich um die Grundlagen zu bemühen, sozusagen en passant sich erwerben kann, was ihn instand setzt, über alles mitzureden, ohne irgendetwas wirklich zu können: die verhängnisvolle Geltung der Halbwahrheiten, die immer für unwiderleglich gehalten werden, weil sie so leicht eingehen. Dies im Verein mit Hitlers Schlagfertigkeit und oratorischer Leidenschaft gibt seinen Reden zuweilen auch für den kritischeren Hörer eine suggestive Augenblicks-Kraft, die sogar das abscheulich papierene Deutsch, dessen er sich bedient, übertönt. Dies Deutsch stammt aus den 80er Jahren des vorigen Jahrhunderts, der Periode, als selbst Gelehrte wie Erich Schmidt[3] und Wilamowitz-Moellendorff[4] es verlernt hatten, gutes Deutsch zu schreiben. Besonders die auffallende Neigung, das Attribut mit dem unbestimmten Artikel hinter das Subjekt zu setzen (»diese Leistung ist eine gewaltige«), gibt seinem Stil ein geradezu altmodisches Gepräge, unbeschadet typischer Modernismen wie der ständige Gebrauch von substantivierten Zeitwörtern. Daß diese Sprachunarten in Presse und Schriften Schule machen, versteht sich von selbst, und die inflationistische Entwertung des Sprachguts macht reißende Fortschritte.

Alles in allem: er macht den Eindruck eines sehr komplizierten, widerspruchsvollen, verworrenen Charakters, außerordentliche Energie und Willenskraft bei pathologisch labilem Innenleben. Äußerlich bescheiden und krankhafte Geltungssucht. Naivität und tiefe Verschlagenheit. Guter Taktiker und ahnungsloser Stratege – dies alles zusammengefaßt von einer manischen Besessenheit, sich selbst durchzusetzen. Denn das ist seine »Idee«: er selbst, seine Fähigkeit, ein ganzes Volk hinter sich herzureißen über alle Widerstände hinweg. Man möchte manchmal glauben, er sei kein natürlicher Mensch, sondern ein Dämon. Und etwas Dämonisches steckt in ihm, etwas, was ihn treibt, ohne daß er es weiß, und zwar zum Verhängnis treibt.

Er hielt einmal eine Rede, die gerade dafür sehr bezeichnend war, ich weiß nicht mehr genau, wann. Die Rede war an die Adresse Englands gerichtet und dazu bestimmt, unsere Lage und unseren Standpunkt in der Verständigungsfrage klarzulegen. Die erste Hälfte war gut, man horchte unwillkürlich auf: verständige Propositionen, eine durchaus tragfähige Basis schaffend. Vielleicht stammte das nicht von ihm, oder er hatte sich unter dem Einfluß vernünftiger Ratgeber zusammengenommen. Wie dem auch sei: man konnte ihm im wesentlichen nur zustimmen. Dann aber kam er wieder auf seine eigene Leistung bzw. die des Nationalsozialismus zu sprechen, auf das »Wunder«, das ihn nie losläßt, und damit war's aus: er redete von Dingen, die gar nicht zur Sache gehörten, z. B. vom deutschen Theaterwesen, das auf einer einsamen »Welthöhe« stehe, und wie glücklich wir darüber seien, endlich den verfluchten Parlamentarismus losgeworden zu sein usw., kurz: er riß mit der linken alles wieder ein, was er mit der rechten Hand aufgebaut hatte, und man konnte innerlich nur abwinken, mit dem hoffnungslosen Gefühl: es hilft alles nichts, dieser Reklamechef hat noch nicht einmal die Elemente politischen Verhaltens begriffen. Das war typisch für ihn.

Da erscheint der Dämon, der ihm das Gefühl der Einzigartigkeit suggeriert, das Gefühl, der »Einmalige« zu sein, der alle vor ihm und nach ihm in den Schatten stellt.

Mit Herrn v. Einsiedel, dem früheren Leiter der *Neuen Rundschau*, hatte ich einmal ein Gespräch über die schwerbegreifliche Tatsache, daß so viele Menschen anscheinend nicht merken, woran sie mit diesen Gewalthabern sind. Ich meinte, man solle sich die Witzblätter ansehen, den Typus, der dort zeichnerisch sichtbar werde: diese Figuren, die im Grunde gar nicht witzig sind, geschweige denn komisch, sondern grotesk auf eine Weise, die einem den Humor gründlich austreiben kann. Diese kugelköpfigen Alptraumfiguren sind zwar Karikaturen, aber die Karikatur eines Einheitstyps von untermenschlicher Seelenlage: dämonisch, wenn auch spießerhaft. Bezeichnenderweise habe ich übrigens noch nie einen Menschen, der im Friseurladen oder im Café solche Blätter ansieht, über der Spalte »Humor« lachen oder auch nur lächeln sehen. Von Einsiedel meinte, ich sollte mal einen Artikel darüber schreiben. Aber das ist ein gefährliches Gebiet. –

Suhrkamp hat mir das Angebot gemacht, im Verlag S. Fischer als Lektor für englische und amerikanische Literatur mitzuarbeiten. Gegen ein Monatsfixum von 300,– RM zunächst versuchsweise bis zum Ende März 39.[5] Ich kann zu Hause arbeiten und brauche nur einmal die Woche in den Verlag zu kommen. Mir erscheint das Angebot geradezu generös. Jedenfalls befreit es mich vorderhand aus der ewigen Klemme, ich weiß jetzt, daß wir nächsten Monat etwas einnehmen werden, was ich vorher nie genau wußte. Und ich kann vielleicht in größerer Ruhe meinen eigenen Plänen nachgehen. Ich bin Suhrkamp wirklich dankbar dafür.

1939

Es ist nun dauernd im Krieg: danach kann man sich nicht vorstellen, wie der Krieg zu Ende gehen könnte, – jetzt kann sich nicht denken, wie daraus irgend ein Friede erhalten werden sollte.

25.3.39

Soll ich noch Tagebuch führen? Ich muß mich förmlich dazu zwingen, unter diesem Katarakt von Ereignissen meines unbedeutenden Daseins innezuwerden.

Hitler heimste einen Erfolg nach dem anderen ein, aber nun hat er die Schattenlinie überschritten. Die Besetzung der Tschechoslowakei[1], sechs Monate nach der emphatischen Erklärung dieses Führers, er dächte gar nicht daran, tschechisches Volksgebiet zu besetzen, bedeutet den Wendepunkt in der Geschichte des Dritten Reichs. Wenn es im Auslande Leute gab, die ihm trotz allem trauten, so dürften sie endgültig enttäuscht worden sein, und die ihm Unheil wünschten, dürften die erste Morgenluft wittern. Grete und ich sahen uns an, als das Radio am 15. März den Einmarsch deutscher Truppen in Prag meldete, und waren ohne viel Worte einer Meinung: das ist die verhängnisvolle Wendung. Jetzt kommt der Stein ins Rollen. Hitler kann ihn vielleicht noch steuern und bremsen, aber aufhalten kann er ihn nicht mehr. Wohin er rollt, kann man nicht übersehen, aber abzuwenden sind die Folgen nicht.

Was ist das für eine Politik – aber mit Politik hat das ja nur noch eine entfernte Ähnlichkeit. Was eigentlich dahintersteckt: welche Pläne, Absichten – ob Wahnsinn, ob Verzweiflung, Ausweglosigkeit, die nur noch den Weg in die Katastrophe um jeden Preis offenläßt, wer kann das sagen? Es ist, als fühle sich dieser Dämon gehetzt von Angst, wenn er nicht jeden Monat eine neue Sensation zu bieten hat, wie im Fieber, das nur auf den Augenblick gekühlt wird: propagandistisch gesehen nutzt sich die Wirkung nach ein paar Tagen ab.

Nur soviel läßt sich sagen: die Besetzung der Tschechoslowakei ist ein glatter Bruch, sogar mit den nationalsozialistischen Grundsätzen, und es wirkt nur albern, wenn man nun mit allerlei historischen Gründen beweisen will, wie »legal« die Einverleibung Böhmens sei. Der Schritt bedeutet aber ferner einen krassen Bruch mit den Grundsätzen, um derentwillen man den Kampf gegen Versailles geführt hat. Darin liegt das Verhängnisvolle der Wendung, die über die Zukunft entscheidet.

Immer wieder grübelt man nach über diesen Mann, der Erfolg auf Erfolg häuft und offenbar nicht merkt, daß gerade solche Erfolgsserien, solche Glückssträhnen es in sich haben: die unsichtbare Grenzlinie nämlich, jenseits deren das Glück sich ins Gegenteil zu verkehren pflegt. Die Griechen wußten, warum sie immer wieder vor dem Überschreiten dieser Grenze warnten: sie hatten's am eigenen Leibe erfahren. Das Fatale daran ist, daß niemand diese Linie zu sehen bekommt. Er muß es spüren, wenn er sich ihr nähert. Und von solchem Spürsinn scheint unser Hexenmeister weit entfernt zu sein. Er scheint das entsprechende Organ nicht zu besitzen. Aber gerade ein Politiker müßte es haben, und wenn nicht, was dann? Soll ein Volk von 80 Millionen hinter ihm dreintaumeln »auf gut Glück«?

Versucht man sich die Lage sachlich klarzumachen, soweit man das ohne ausreichende Kenntnis der diplomatischen Vorgänge vermag – und diese Kenntnis ist beinahe gleich Null, da unsere Berichterstattung a priori keinerlei Quellenwert besitzt –, so muß man sich wohl sagen, daß der Schlüssel, der die nächste Tür öffnet, bei England liegt. Die Chamberlain-Regierung wollte jedenfalls keinen Krieg; die Frage ist, wie sie jetzt gesonnen ist einem Lande gegenüber, dessen Regierungschef unglaubwürdige Versicherungen abzugeben pflegt. Hitler hat sich als ein Mann erwiesen, mit dem Verträge zu schließen zwecklos ist, wenn man ihn nicht eindeutig zwingen kann, die Verträge zu halten. Er seinerseits wird wohl darauf bauen, daß England, ungenügend gerüstet, sich auch weiterhin nicht rühren wird. Frankreich wird, so mag er kalkulieren, trotz seines Abkommens mit Rußland ohne England nichts unternehmen. Aber was ist mit Rußland? Offenbar handelt es sich darum, die alte Weltkriegskoalition, deren Bildung im Bereich der Möglichkeiten liegt, auseinanderzuhalten. Dies könnte aber nur, da eine weitere Verständigung mit England nach diesen Ereignissen mehr als zweifelhaft ist, auf dem Wege einer Annäherung an Rußland geschehen. Aber wie soll man sich eine solche Annäherung denken, nachdem man die kompromißlose Feindschaft gegenüber dem Sowjetstaat jahrelang als A und O der politischen Grundsätze des Nationalsozialismus betont hat, mit entsprechender Antwort der Gegenseite, die nicht müde wurde, auf Hitlers Eroberungsabsichten im Osten hinzuweisen, die er in *Mein Kampf* offen dargelegt hat?

Eine Annäherung an Rußland würde einen noch tieferen Bruch mit der nationalsozialistischen Tradition darstellen als die Besetzung der Tschechoslowakei. Es ist grotesk, wie das politische Kaleidoskop mit den Kombinationen spielt: man sieht daran, wie wenig Politiker unser Herr und Meister ist. Er ist auf lauter Glückszufälle angewiesen, genauer gesagt: er muß ständig Taktik üben, um die strategischen Fehler auszugleichen. Eine Weile mag das gutgehen, und er hat den großen Vorteil für sich, mit ungleich größerer, weil gesammelter Schlagkraft agieren und so das jeweilige Überraschungsmoment ausnutzen zu können. Ehe die anderen sich klargeworden sind, kann er einen neuen unvermuteten Zug tun, auf den sie nicht vorbereitet sind. Aber dies ist auf die Dauer ein ungeheuer gefährliches Spiel. –

Im Januar erschien mein Buch *Deutsche Tragiker*[2] bei Oldenbourg. Viel Ertrag wird es nicht bringen, das meiste ging im Vorschuß drauf, und die kleine Auflage wird sich ohnehin nicht so rasch verkaufen. Die Frankfurter Zeitung hat sich an mich gewandt und Beiträge erbeten, das ist mir sehr wertvoll.

17.4.39[1]

Es ist wie im vorigen Kriege: damals konnte man sich nicht vorstellen, wie der Krieg ein Ende finden sollte, jetzt kann man sich nicht denken, wie dieser sogenannte Frieden erhalten werden soll. Die Riesenerfolge der letzten unblutigen Eroberungen: Österreich im März 38, Sudetenland im September 38, Tschechei und Mähren plus Slowakei im März 39 haben das Zweischneidige aller Gewalterfolge in sich: sie zeitigen Folgen, und die auffälligste ist die, daß die Dynamik des Nationalsozialismus sich total nach außen gewandt hat, womit er mit eigenen Prinzipien gebrochen hat. Die Einverleibung der Protektorate ist ein glatter Bruch der Rechte, die Deutschland im Kampf gegen Versailles beansprucht hat. Damit verbunden: Erklärungen Hitlers sind so gut wie wertlos, wenn sie nicht eindeutig erpreßt werden. Der Versuch solcher Erpressung hat aber erneute Dynamik zur Folge u.s.f., nicht ad infinitum, sondern ad finitum. Der Bürgerkrieg in Spanien ist freilich zu Ende. Aber Italien hat sich Albanien einverleibt[2]. – Dr. E. M.[3], der uns mit seiner Frau ab und zu besucht, war wütend und warf die Frage auf, ob Mussolini verrückt geworden sei. Er hielt früher verhältnismäßig viel von dem Duce, schüttelt aber den Kopf über ihn, seit Mussolini in Hitlers Kielwasser segelt, und man kann in der Tat den Kopf darüber schütteln. Diese Usurpatoren haben, wie alle Usurpatoren vor ihnen, die Neigung zu Gewaltmaßnahmen, die unter Umständen riesige Veränderungen einleiten, gegen die die übrige Welt sich begreiflicherweise auflehnt. Man kann freilich nicht verkennen, daß, geschichtlich gesehen, ohne die Usurpatoren, d.h. Leute, die plötzlich aus der Reihe tanzen, seit Adam und Eva auf keinem Gebiete etwas Produktives geschehen wäre. Man sehe den Völkerbund an, der dazu bestimmt war, eine neue Ära einzuleiten, eine Art Heilige Allianz. Die Mächte des Bestehenden geraten nach einer Weile immer ins historische Hintertreffen, und das Rezept ist noch nicht gefunden, aus Bestehendem das notwendige Neue reibungslos zu entwickeln. Die Widerstände sind zu groß, und gerade diese scheinen es zu sein, die schließlich die enfants terribles aus der Ecke locken, die dann alles durcheinanderbringen ...

Das Neuartige bei Hitler war dies, daß er sozusagen als Religionsgründer auftrat, als politischer Religionsgründer. Nur kann man sich fragen, ob die verkündeten Prinzipien je ernstgemeint waren, ob nicht die Leute recht haben, die von einem Streben nach Weltherrschaft reden. Wahrscheinlich verhält es sich damit viel verwickelter, als die feindlichen Propagandisten wahrhaben wollen oder können, da sie, wie alle Propagandisten, die Welt ungefähr so ansehen, wie sie auf den Plakaten der Verkehrsreklame erscheint. Daß Hitler Deutschland von vornherein als europäische Vormacht im Sinne hatte, ist kaum zu bezweifeln, vielleicht aber unter der Vorstellung, daß das übrige Europa nach seinem Beispiel ebenfalls nationalsozialistisch werden würde. Bei seinem Mangel an politischer Psychologie (abgesehen von der Massenpsychologie, die er unheimlich gut versteht), wäre das recht gut denkbar. Wahrscheinlicher aber ist es mir, daß dieser sehr verschlagene, vieldeutige und undurchsichtige Charakter in den Tiefenschichten seines Bewußtseins mehrere einander überlagernde Konzeptionen gehabt hat, Konzeptionen auftauchender Möglichkeiten, die zeitweise, je nach Konjunktur, verschwinden, wieder erscheinen usw. in einem dauernden Wechselspiel. Der innerste Antrieb ist das Machtgefühl – das ist die dämonisch gesteigerte Krankheit dieses Zeitalters, die Geltungssucht des modernen Menschen, der ohne sie fast nicht leben zu können scheint. Dieser Machttrieb ergreift die Möglichkeiten, wie sie sich bieten, gewissermaßen blind vor den weiteren Konsequenzen, die er seinem bewährten »Glück« oder, in seiner Sprache zu reden, der Vorsehung überläßt. Dabei glaubt er im Augenblick wirklich das, was er sagt. Er spricht immer aus Überzeugung, sie mag so oft wechseln, wie sie will. Er gehört allem Anschein nach zu den nicht selten auftretenden Naturen, die selbst dann ehrlich zu sein glauben, wenn sie lügen. Das ist das Primitive in ihm, das, was ihn in geistiger Beziehung auf eine recht tiefe Stufe des Menschlichen stellt. Daher auch die herzbewegenden Töne, wenn er in seinen Reden den Unverstandenen mimt: das ist ganz echt empfunden, er begreift wirklich nicht, wieso man seinen Absichten nicht traut. Diese herzbewegenden Töne in seinen Reden gehören zu den mächtigsten Mitteln, die auf die Masse wirken, und irgendwie weiß er das auch. Der Mann ist sehr verschlagen. Es ist was Feminines darin: die Instinktschlauheit, die eigene Person, besonders eine scheinbare Unschuldigkeit wirken zu lassen.

Die Bevölkerung ist im allgemeinen abgestumpft und ausgelaugt. Die Propaganda mit ihren Kunststückchen nutzt sich außerordentlich schnell ab und muß dauernd auf Hochtouren gehalten werden. Auf allen lastet der schwere Druck einer drohenden Gefahr, auch auf denen, die sie nicht wahrhaben wollen und sie aus dem Bewußtsein zu verdrängen suchen. Diese werden vielleicht die ersten sein, die im kritischen Moment zusammenbrechen.

28.5.39

Gestern abend Vortrag eines Propaganda-Redners im Schwanenkrug, zu dem die Partei die Siedler eingeladen hatte. Ich ging, nach anfänglichem Schwanken, hin, um mir das anzusehen. Als Luftschutzonkel habe ich eine Extra-Aufforderung erhalten. Ich hatte, wie gesagt, zuerst keine Lust, aber es lohnte sich. Es lohnt sich anscheinend überhaupt, ab und zu diese Leute zu beobachten. Es wird einem zwar übel dabei, aber das muß man in Kauf nehmen.

Der Redner: ein noch verhältnismäßig junger Pg., anscheinend »alter Kämpfer«, denn er ist jetzt Bürgermeister einer benachbarten kleinen Stadt. Aber so hab ich noch keinen dieser Burschen reden hören, und wenn man bedenkt, daß er auf höhere Weisung redet, so war das doch in mehr als einer Hinsicht aufschlußreich. Nicht daß er über die Lage etwas Tatsächliches zum besten gegeben hätte: davon kein Wort. Insofern war der Vortrag alles andere als aufklärend. Er sprach fast ausschließlich vom Führer und vom Verhältnis des Volkes zu ihm, in einer Weise, die mich geradezu erschüttert hat. Danach nämlich ist die neue Religion fertig konfektioniert. Der Redner verstieg sich in biblische Ausdrücke, wörtlich: seine Gedanken sind nicht unsere Gedanken, seine Wege sind unerforschlich usw., nicht etwa Gottes Gedanken, sondern diejenigen Adolf Hitlers. In diesem Vortrag figurierte Hitler nicht nur metaphorisch, sondern buchstäblich als Gottheit. Ich muß an das Kindergartengebet denken, das mir einmal in Berlin erzählt wurde und das ich für einen Witz hielt:

Händchen falten, Köpfchen senken
und an Adolf Hitler denken,
der uns gibt das täglich Brot
und uns führt aus aller Not …

Nun, der Witz ist kein Witz, Allah ist Allah und Goebbels sein Prophet – aber die Sache hat nach allem anderen noch den bemerkenswerten Sinn, daß es nun aus ist mit den Volksabstimmungen, bei denen das Volk kundgeben kann, ob es mit der Politik dieses Gottes einverstanden ist. Es ist klar, daß man mit solchen Mitteln die Bevölkerung auf etwas vorbereitet, das an ihre Nerven große Anforderungen stellen wird, d.h. auf den Krieg. Und bei dem wird das Volk nicht erst befragt werden. Man wird einen absolut blinden Gehorsam fordern, der nicht einmal insgeheim nachdenkt.

Ob dies letztere gelingt, scheint mir doch sehr zweifelhaft. Ich bin ganz gewiß nicht der einzige, der sich weigert, diesem »Gott« zuliebe das selbständige Denken aufzugeben. Das ist unmöglich. Im übrigen sind die Deutschen, bei allen Fehlern, kein Volk der Fanatiker, und das ist gerade einer seiner Vorzüge. Das Derwischhafte der Nazis liegt ihm eigentlich nicht im Blute, man fühlt das auch bei einer solchen Versammlung: die Resonanz fehlt, die eigentlich vorauszusetzen wäre. Trotzdem wirkt das Gift in seiner Art, wenn auch mehr als Opiat denn als Stimulans. Denn die Leute fühlen sich angesichts solcher Allmacht der Verantwortung enthoben.

Ich kam deprimiert nach Hause und fragte mich und Grete: wie konnte dieser Geist ausgerechnet bei uns aufkommen? Irgendjemand in Berlin erzählte mir – ich glaube, es war Dr. K.K.[1] von der *Neuen Rundschau* –, man schätzte in Regierungs- bzw. leitenden Parteikreisen die Anzahl der absolut zuverlässigen Parteigenossen in Großdeutschland, also einschließlich Österreich, auf etwa 20 000! An sich ist das gar nicht erstaunlich. Unter gewissen Voraussetzungen ist es einer verschwindend kleinen Minderheit leicht, Millionen zu beherrschen. Womit beherrschen die Engländer Indien, womit beherrschten die Mandschus China? Und doch liegt der Fall hier anders, und etwas Rätselhaftes bleibt doch darin, ein Widerspruch, der sich nicht erklären läßt.

In gewissen Bewegungen des heutigen Lebens ist freilich das dynamische Motiv, dem auch der Nationalsozialismus folgt, mit Händen zu greifen: das Motiv der Massen, das »sozialistische« Motiv des Kollektivgeistes, der Mechanik, der Vergesellschaftung, des Terrors, den das Kollektiv auf die Einzelperson auszuüben imstande ist. Das ist ein Motiv des modernen Lebens, das in den sogenannten Demokratien fast ebenso wirksam ist wie in den autoritären Systemen. Vieles bei uns mutet amerikanisch an, und manches darunter ist nicht mal das Schlechteste, bedenkt man die Organisationsfähigkeit, die ein solches System besitzt. Aber woher kommt das so eigentümlich undeutsch wirkende Element im Nasolismus, das Derwischhafte, diese, man muß schon sagen: Sucht, sich einem orientalisch anmutenden Despotismus vor die Füße zu werfen? Und wenn die Derwische auch eine vergleichsweise geringe Minderzahl bilden, wie können sie eine solche Macht erlangen, ein Volk so betäuben, das sonst soviel, beinahe zuviel gesunden Realismus aufwies? Was mir aus dem vorigen Kriege erinnerlich ist an Erfahrung mit dem deutschen Soldaten, das war neben seiner fast unerschöpflichen Geduld und seinem Fleiß, seiner Sachtreue, die damals noch unbeeinflußbare realistische Gesinnung. Aber es ist wohl so, daß 20 Jahre Wirrnis, das Auf und Ab der Krisen, das jahrelange Arbeitslosenelend und der Mangel an wirklicher Führung, der sture Interessen- und Klassenegoismus gewisser Kreise dem Volke mehr zugemutet haben, als es vertragen konnte. Und nicht zu vergessen die Folgen jener Friedensregelung von 1919, die einen unmöglichen Zustand schuf.

Trotzdem: das alles erklärt nicht bis zum Letzten die rasende Geschwindigkeit, mit der ein Mensch, der mit Deutschtum kaum mehr als die Sprache gemeinsam hat, zu einer solchen Macht gelangte, wie sie in Deutschland, in Europa kaum einer, überhaupt niemand, besessen hat. Es gibt schlechterdings keine Instanz über ihm und außer ihm. Er allein ist die höchste und letzte Instanz über Recht und Unrecht, Leben und Tod. Seine Wege sind »unerforschlich«. An dieser Stelle sieht man übrigens, was da nicht stimmt: nämlich, daß diese Macht, so ungebeugt sie erscheint, gerade im wesentlichen hohl ist.

Man muß solche Versammlungen besucht haben, um in der Überzeugung bestärkt zu werden, daß diese Macht in Wirklichkeit hohl ist und eines Tages irgendwie zusammenbrechen muß. Es steigt das elementare Gefühl in einem auf: das kann unmöglich gutgehen, und es kann deshalb nicht gutgehen, weil es irgendetwas im Grundbestand des menschlichen Lebens, der menschlichen Wirklichkeit bis zur völligen Lüge umbiegt. Es ist ja einfach nicht wahr, daß ein Sterblicher die letzte Instanz über Wahr und Falsch, Recht und Unrecht, Leben und Tod sein kann. Es ist einfach nicht wahr, daß ein Sterblicher »immer« recht hat. Eben das, was seine absolute Macht begründet, ist die Quelle des Verhängnisses. Diese Macht ist massiv und hohl zugleich.

Man soll sich freilich nicht darüber täuschen, daß diese Macht zur Zeit und vielleicht, wahrscheinlich auf lange hinaus unangreifbar ist. Man muß sich nur die Möglichkeit überlegen, wie sie von innen heraus gestürzt werden könnte, um sehr schnell einzusehen, daß das unmöglich ist: vielleicht könnte ein entschlossener General das zuwege bringen, wenn er genügend Wehrmacht hinter sich hat. Aber selbst das ist, auch wenn es einen solchen Mann gäbe, unwahrscheinlich, abgesehen davon, daß Generäle selten oder nie den Mut zur Selbstverantwortung aufbringen, eine solche Insubordination zu begehen. Und wenn auch, woher käme einer, der sofort die Autorität besäße, um das zunächst ausbrechende Chaos zu bändigen? Die Sache muß ihren Lauf nehmen, und es ist nicht abzusehen, wohin sie ihren Lauf nehmen wird ...

Denn dazu kommt noch eins, was übrigens den wenigsten ins Bewußtsein zu dringen scheint: einen halbwegs normalen Friedenszustand kann man sich unter der Leitung dieser Herren nicht vorstellen. Es paßt nicht zu ihnen, selbst wenn sie ihn wollten. Es ist was Gesetzloses in ihnen, es sind Typen, die zum größten Teil nie eine normale Arbeit geleistet, nie durch eigene Arbeit sich ihr redlich Brot verdient haben. Hitler, ehemals stellungsloser »Künstler«, mit dem ganzen Ressentiment des Stehkragenproletariers, der nirgendwo normal einzuordnen ist – eine Aufnahme aus seiner Soldatenzeit inmitten seiner Kompanie öffnete mir einmal die Augen: das war genau der Typus, der in fast jedem Truppenteil in einem Exemplar auftrat: der »Angeber«, der immer auf sich selbst bezogene Einzelgänger, unerträglich viel schwatzend, rechthaberisch und irgendwie verstiegen, von den Kameraden geduldet, aber nicht eben sehr beliebt ... Göring, stellungsloser Offizier mit dem Operettensprung vom Hauptmann zum General, der in einem gestohlenen Schloß wohnt mit gestohlenen Kunstschätzen (man sehe sich die Liste der Hochzeitsgeschenke an, die er im Jahre 1935 erhielt, als er Emmy[2] heiratete, Geschenke in einer Menge und Kostbarkeit, die einen Fürsten zum Erröten gebracht hätte) – Goebbels: Prototyp des in allen Revolutionen auftretenden intellektuellen Intriganten und Glücksritters – Streicher, verkrachter Lehrer – und wer da sonst noch aus dem Dunkel auftauchen mochte, weil er in einer streng sachlichen Luft nicht zu atmen vermochte.

Diese ehemaligen Kriegsvagabunden kennen nur den Kampf. Sie sagen das selbst, und ein normaler Zustand wäre ihnen allen ausnahmslos unerträglich. Sie müssen ständig etwas zum Bekämpfen haben, die Juden, die Freimaurer, die Kirche, die Bolschewiken, Gott weiß was – sie müssen dauernd leisten, sie müssen rudern, um nicht unterzugehen. In einem normalen Leben wären sie nie hochgekommen, im Gegenteil. Selbst im Kriege, der ja innerhalb der Heeresverfassung noch »normal« war, fielen sie nicht besonders auf. Daß Hitler trotz EK I nicht mal Unteroffizier wurde, spricht nicht gerade für ein günstiges Urteil seiner Vorgesetzten über seine militärischen Führerqualitäten.

Sie sind dem Wahn unendlich progressiver Steigerung verfallen: Steigerung der Leistung, der Sammlungsergebnisse, des Sports, der Kunst, des Fanatismus, der Bauten – nebenbei: der charakteristische Baufimmel der Cäsaren, fast wie ein Symptom dafür, daß man die Vergangenheit übertrumpfen und nach dem möglichen Untergang wenigstens etwas hinterlassen will, das nicht so glatt aus dem Wege geräumt werden kann. Der Maßstab des Gigantischen. Auch der selbstgeschaffene Ruhm wird ständig gesteigert, die Propaganda, die dauernd Feuerungsmaterial nachlegen muß, damit die Temperatur nicht sinkt – und dieser Fieberzustand soll einmal in einen normalen, gesunden Frieden übergehen, in etwas, was d a u e r n soll? Das ist ganz ausgeschlossen, das ist zum mindesten so lange ausgeschlossen, als diese Herren, Hitler an der Spitze und vor allen, am Leben sind.

30.8.39

Ich hatte lange die Lust verloren, diese Aufzeichnungen fortzusetzen, ich habe die Lust verloren, überhaupt etwas zu tun. Wir sind mitten im Katarakt und treiben unaufhaltsam der Katastrophe zu: alle Anzeichen sprechen dafür, daß sie nicht mehr aufzuhalten ist und daß man sie auch nicht mehr abwenden will. Die Bevölkerung lebt in einer dumpfen Einsilbigkeit, nur auf Massenversammlungen das übliche Getobe der Aufgehetzten. Eine Sensation bildete der Nichtangriffspakt mit Rußland[1], dazu Bilder in der Illustrierten: Ribbentrop in Moskau mit Molotow und Stalin. Am Moskauer Flughafen flatterten die Hakenkreuzfahnen. Es ist, als stände alles auf dem Kopf. Die Verblüffung war groß, die ganze Sache war monatelang in Geheimnis gehüllt. Man kann sich fragen, ob dieses Bündnis unter zwei Partnern, die sich jahrelang unermüdlich als erklärte Todfeinde anbellten, auch nur halbwegs ehrlich gemeint ist. Zweifellos ist es ein Erfolg, und einen Augenblick dachte ich, es könne vielleicht doch den Frieden sichern. Was ich in Berlin höre, stimmt aber alles sehr pessimistisch.

Seit März lautet meine Wehrmachtsorder nicht mehr auf den ersten Mobilmachungstag, sondern ich habe an meinem Wohnort abzuwarten, bis man mich einberuft. »Freiwillige Meldungen sind zwecklos und sind zu unterlassen.« Da können sie lange warten, bis ich mich freiwillig zu diesem Wahnsinn melde. Das hab ich einmal getan und bekam einen Fußtritt dafür.

Draußen herrscht eine trockene Hitze, eine regungslose Luft, zum Ersticken. Der Garten sieht wüst aus, ich habe keine Lust mehr.

31.8.39

(Aus Gretes Aufzeichnungen): Gestern kam ein Brief von Sophiechen: Heinz ist am Sonntagabend eingezogen worden, mußte sich mit seinem Motorrad melden ... Immer noch mag ich nicht glauben, daß Deutschland Krieg zu führen gewillt ist. Die Menschen hier sind es gewiß nicht. Die Stimmung ist sehr schlecht ... Man hört nur Klagen und Schimpfen, allerdings mehr unter vier Augen, treten andere hinzu, so herrscht Schweigen, oder es werden ungefährliche Worte gewechselt. Wir wissen noch zu genau, was ein Krieg bedeutet. Von Montag an bekommen wir die Lebensmittel auf Bezugscheine. Kartoffeln und Mehl sind frei, auch Brot und Eier, aber es gibt keine Eier. In Berlin und anderen Städten sollen die Leute schon in langen Schlangen anstehen. – Hermann war bei seinem Verleger, der weiter zahlt, aber wie lange, ist nicht abzusehen. Wenn der Verleger seinen Betrieb schließt, hören unsere Einnahmen auf. Aber es ist nutzlos, daran zu denken. Wenn der Krieg kommt, wird er so grauenvoll werden, daß alles andere gleichgültig ist.

1.9.39

Um 7 Uhr morgens am Radio: die deutschen Truppen haben die polnische Grenze zum »Gegenangriff« überschritten. Um 10 Uhr hörten wir Hitlers Rede im Reichstag (wozu eigentlich dieser Reichstag?), dann kam ein Brief aus Frankfurt mit der Nachricht, daß Heinz wieder entlassen wurde. Er war irgendwie versehentlich einberufen worden.

Noch am Vormittag kündete die Sirene die allgemeine Verdunkelung an. Ich mußte abends auf einer Kontrollfahrt mit dem Amtsvorsteher die Siedlung und Dörfer abklappern, wegen der Verdunkelung, die stellenweise miserabel war. Bin todmüde. (Aus Gretes Aufzeichnungen): Im Kaufladen der Siedlung ging es lebhaft zu. Alle Frauen berichteten über ihre Angehörigen und eiferten sich über die Lebensmittelrationen. Es gibt pro Kopf und Woche 7 g Bohnenkaffee, dazu Gerstenkaffee, 90 g Butter, 125 g Käse, 125 g Fett, 700 g Fleisch, etwas Seifenpulver oder Persil. Toilettenseife nur auf besonderen Schein, ebenso Scheuerlappen, Kleidung, Schuhe oder Leder. – Wir werden noch zurückgezogener leben als bisher und noch sparsamer.

Anhang

1. Bibliothekskurse

[Geschrieben – auf dem Kopf stehend – am Ende des 2.Tagebuchheftes, später durchgestrichen]

Bibliothekskurs (Schöne Literatur)
Sommer-Semester 1933
　Mittwoch 10-½12

In den bisherigen Stunden (3.5. / 10.5. / 17. 5.) wurde der Entwicklungsroman behandelt. Am 10.5. zwei kurze Referate (Frl. Schacht und Frl. Michally) über die Geschichte des Entwicklungs- und Bildungsromans von Wolframs *Parzival* bis zur Gegenwart; allgemeine Charakteristik dieser Formgattung, ihre Eigentümlichkeit als spezifisch deutsch und die Abwandlung des Motivs »Der Einzelne und die Gemeinschaft« vom Mittelalter bis zur Gegenwart.

Sodann, am 17.5., vorläufige Besprechung des sogenannten »Gesellschaftsromans«, zuerst im Hinblick auf die Ausleihe, Besprechung des Kitsch-Typus und etwa möglichen Ersatzes (Fontane). Verteilung von Einzelreferaten im Anschluß an die allgemeine Besprechung des Entwicklungsromans, und zwar:

　Billinger: *Die Asche des Fegefeuers* (Frl. Heye)
　Carossa: *Der Arzt Gion* (Frl. [Name nicht lesbar])
　Felix Braun: *Der unsichtbare Gast* (Frl. Nitsch)
　Jos. Conrad: *Schattenlinie* (Herr Wilkens)

P. Ernst: *Weg z. Glück* (Frl. Weinbert)
H. Hesse: *Narziß und Goldmund* (Frl. Zerner)
Thiess: *Abschied vom Paradies, Tor zur Welt* (Frl. Sammesrauther)
O. Ernst: *Semper der Jüngling / Semper der Mann* (Frl. Scharre)
Frenssen: *Dummhans* (Frl. Feuerherd)
Am 24.5.: Referate: Frl. Weinberg über Thiess. Genügend in der Form, inhaltlich gut. Anschließend Aussprache Frl. Weinberg hatte Carossa zum Vergleich herangezogen bzw. zum Kontrast. Allgemein ergab die Aussprache eine Ablehnung der Thiess'schen Jugendpsychologie als konstruiert. Der Anspruch der Allgemeingültigkeit / ein pädagogischer Anspruch des Autors wurde allgemein abgelehnt. Thiess als Literat bezeichnet. Hinweis auf seine Stammesherkunft und die damit in Verbindung zu bringende Entwurzelung. Eine Schülerin baltischer Herkunft (Frl. Bender?) bezeichnete Thiess ergänzend und berichtigend als Angehörigen dekadenter Rigaer Kreise. Ein erotisches Motiv wie die Geschwisterliebe in den *Verdammten* wäre im Baltikum-Deutschtum unmöglich, vor allem nicht auf dem Lande. Anschließend Referat von Frl. Nitsch über Felix Braun *Der unsichtbare Gast*. Genügend. Kurze Aussprache über das Österreichertum, mit Hinweis auf Musils *Mann ohne Eigenschaften*.

Im ganzen erfreulich lebhafte Beteiligung. Sehr oft mehrere Wortmeldungen zugleich.

[*Weitere Notizen enthalten nur Referate-Verteilung*]

2. Honorare
[*Am Ende des 3. Tagebuchheft – Honorare für Artikel*]

1936
Die Dichter des Imperiums (Kipling) Börsenzeitung   15,–
24.1.36

Das Verhör (Nachdruck) *Frankf. Ztg.* (Stadtbl.)	9,20
Der historische Roman (*Neue Rundschau* April)	150,–
Das Volksbuch u. s. Sprache (*Dtsche Presse-Korrespondenz*)	20,–
Das Wunder v. d. Auge d. Technik (*Berl. Börsen. Ztg.* 18.4.36)	20,–
Die Begegnung (*Dtsche Presse-Korrespondenz*)	35,–
Poesie u. Prosa (*Berl. Börsenztg.*)	
Innere Unruhe (Englische Bücher: *Berl. Börsenztg.*)	70,–
B. Shaw (*Neue Rundschau*)	80,–
Bruder Gustav (*Dtsch. Presse-Korr.*)	25,–
Großaufnahme. – Kuß (*Berl. Börs. Ztg.*)	
In Frankfurt auf der Penne (*Frank. Ztg. Stadt-Blatt*)	14,40
Fragen d. engl. Lit. (*Berl. Börs. Ztg.*)	
In Frankfurt auf der Penne (*Frank. Ztg. Stadt-Blatt*)	27,–
	9,–
	9,–
Zwischen Leben u. Tod (*Neue Rundschau*)	90,–
Obelisk-Verl. Hon.-Vorschuß	70,–

Aufsätze 1934

Das Volksbuch u. s. Sprache (*Berl. Börsen-Ztg.* 9.9.34)	35,–
Das nüchterne Abenteuer (*Deutsches Wollen* 7.9.34)	7,50
	42,50

1935

Raum u. Zeit i. d. Epik (*Neue Rundschau* Maiheft)	90,–
Natascha (Filmkritik *Deutsches Wollen*)	1,50
Das Verhör (Erz. *Deutsches Wollen*) August	12,–
Ballspiel v. Mackinaw (*Velhagen & Klasing*)	150,–
Englische Lyrik	25,–
Das mod. England im Roman	25,–
	303,50

Nachwort

Wie viele Bücher über die Zeit des Nationalsozialismus nach dem 8. Mai 1945 bis heute in deutscher Sprache erschienen sind, hat wohl noch nie jemand genau beziffert. Doch ein Blick ins *Verzeichnis lieferbarer Bücher* (VlB), dem digital verfügbaren Katalog des deutschen Buchhandels, läßt erahnen, wie hoch die Zahl insgesamt sein muß. Denn allein die Eingabe des Begriffs »Nationalsozialismus« führt derzeit zu 14 716 Treffern. Und damit sind nur jene Buchtitel erfaßt, die tatsächlich verfügbar sind oder deren Erscheinen für die nähere Zukunft angekündigt ist. Die in der Vergangenheit erschienenen, aber nicht mehr lieferbaren Titel werden aus diesem Verzeichnis automatisch gelöscht.

Über 14 700 Bücher also, und nun kommt ein weiteres hinzu, eines, das zu allem Überfluß schon einmal erschienen ist, zumindest in großen Teilen, 1948, unter dem Titel *Von Jahr zu Jahr*. Aufzeichnungen des Schriftstellers und Übersetzers Hermann Stresau, die zwischen 1933 und 1945 entstanden sind. Muß man so etwas lesen? Gehen sie uns heute noch etwas an? Erzählen sie uns grundlegend Neues über diese dunklen und folgenschweren Jahre deutscher Geschichte? Etwas, was wir nicht längst wissen oder zumindest wissen müßten?

Erstaunlicherweise tun sie das. Die Tagebücher Hermann Stresaus, die wie sein literarisches Werk heute nahezu vergessen sind und auch bei Erscheinen nur eine sehr überschaubare Leserschaft erreichten, legen die Zeit auf eindrucksvolle

Weise frei. Sie beschreiben den Alltag der Menschen in der sich konsolidierenden Diktatur und begleiten diese in dem nun vorliegenden ersten Band dieser Wiederveröffentlichung bis zum Beginn des Krieges. Stresau hat den genauen Blick für die kleinen Dinge und registriert mit seismographischem Gespür die zwischenmenschlichen und gesellschaftlichen Veränderungen und Stimmungen. Zugleich vermag er diesen alle Lebensbereiche beeinflussenden Zivilisationsbruch politisch, kulturhistorisch und philosophisch zu deuten und jenseits propagandistischer Nebelkerzen zum Kern der Geschehnisse vorzudringen. Welche Auswirkungen dies für ihn und seine Frau hatte, spielt in seinen Aufzeichnungen eine bedeutende Rolle, und auch wenn er große Teile seines Privatlebens ausgeklammert oder lediglich gestreift hat, erfährt man erstaunlich viel über beider Lebensumstände. Aber noch wesentlicher ist der unverstellte Blick, den Stresau auf sein Denken, Fühlen und Handeln gewährt. Und – das macht diese Aufzeichnungen so kostbar – hier schreibt einer aus einer Haltung heraus, die zwischen 1933 und 1945 nur sehr wenige in Deutschland für sich in Anspruch nehmen konnten, als jemand, der sich den neuen Machthabern verweigerte und der die Folgen dieser Verweigerung bewußt auf sich nahm.

Hermann Stresau war gleichwohl weit davon entfernt, aktiv Widerstand geleistet zu haben. Womöglich hat er sogar trotz seiner Verachtung für die Nationalsozialisten der Weimarer Republik keine Träne nachgeweint. Auch war er kein Pazifist, und den bis heute verehrten »Heinrich Manns, Tucholskys, Kerrs und Konsorten« konnte er, um ihn selbst zu zitieren, offenbar wenig abgewinnen. Man ahnt bei der Lektüre, daß Stresau auch darüber hinaus mitunter Meinungen vertrat, die mit dem Demokratieverständnis heutiger Prägung kollidieren könnten. Stresau wurde während des Kaiserreichs sozialisiert, er zog freiwillig als Soldat in den Krieg, war Patriot. Etliche der Autoren und Bücher, die er ab 1933 liest und in seinen Tagebüchern erwähnt, lassen sich dem nationalkonservativen Spektrum zuordnen oder sogar dem nationalrevolutionären Denken etwa eines Ernst Niekisch. Aus Stresaus frühen Aufzeichnungen geht nicht immer hervor, ob die Beschäftigung mit derlei Ideen aus bloßem Interesse oder wirklicher Verbundenheit geschah, doch gerade Irritationen wie diese machen Stresaus Zeitzeugenschaft umso lehrsamer, denn sie rekrutiert sich aus Erlebnissen und Beobachtungen einer auch nach dem Ersten Weltkrieg und bis zur Machtergreifung schon stark radikalisierten Gesellschaft, in der sich die Weimarer Republik und ihre Institutionen vielen Feinden gegenübersah. Stresau unterwirft, was er sieht, hört oder liest, stets einem analytischen Denken, das sich aus dem enormen Wissen eines Intellektuellen speist, der sich dem Rationalismus und den Grundsätzen des Humanismus verpflichtet fühlt. Das erdet ihn bei allem, was er denkt und tut, was aber nicht heißt, daß er nicht mitunter in anderen Kategorien gedacht und gehandelt hat als wir, die wir seine Tagebücher heute lesen und unter gänzlich anderen Vorzeichen leben und agieren.

Stresau ist meinungsstark, er ist standfest, er ist ein erstaunlich präziser Beobachter und er ist erfreulich uneitel, was das Lesen seiner Tagebücher zum Vergnügen macht, denn hier schreibt ein großer Stilist und kein egomanischer Welterklärer. Aber es sind nicht die Aufzeichnungen eines politisch Verfolgten, eines Widerständlers oder ins Exil Vertriebenen, die sich hier wiederentdecken lassen, sondern die eines Menschen, den wir – ob angemessenerweise oder zu Unrecht, das bliebe zu diskutieren und wird am Ende dieses Nachworts noch einmal thematisiert – im Untertitel dieser Buchausgabe mit dem ohnehin umstrittenen Etikett des inneren Emigranten versehen haben. Sein Mut bestand vor allem darin, dieses Tagebuch zu führen, und das eben nicht nur für sich, sondern mit dem Ziel, Rechenschaft über diese Zeit abzulegen und sie für Menschen, die sie nicht oder nicht hautnah miterlebten, erfahrbar zu machen.

Nicht deshalb erduldete und lebte er im Schatten der von ihm verachteten Macht, aber er ging ein sehr hohes Risiko ein, denn seine Einschätzung trifft sicher zu: Hätte jemand diese Tagebücher entdeckt, wäre die Inhaftierung und ab einem bestimmten Zeitpunkt auch die Hinrichtung Stresaus wahrscheinlich gewesen. Es ist nicht bekannt, wie er seine schmucklosen schwarzen Kladden verbarg, ob er sie wie Erich Kästner verwahrte, der seine blau eingebundenen und unbeschrifteten Kriegstagebücher in der eigenen Bibliothek umgeben von 4000 anderen Bänden quasi unsichtbar werden ließ, oder ob er sie wie Victor Klemperer außerhalb seiner Wohnung versteckte. Vielleicht war das auch gar nicht nötig. Womöglich stand er nie im Fokus der Gestapo. Zwar hatte er sich ab den späten 1920er Jahren als Literaturkritiker im Rundfunk und bei der *Frankfurter Zeitung* sowie als Essayist der *Neuen Rundschau* sowie als Autor anderer Zeitschriften einen Namen gemacht und trat bald auch als Übersetzer in Erscheinung – er war also kein unbeschriebenes Blatt –, aber nach seiner Entlassung aus dem Bibliotheksdienst wurde er nicht mit weiteren Berufs- oder Arbeitsverboten belegt. Auch seine beiden historischen Romane, *Erben des Schwertes – ein Nibelungenroman* (1940) und *Adler über Gallien* (1942), ein als Fortsetzungsroman in der Frankfurter Zeitung abgedruckter, zur Zeit des Gallischen Krieges spielender Roman, dessen Handlung sich an Julius Caesars Bericht *De bello Gallico* orientierte, landeten nicht auf dem Index. Und falls sie von der Reichsschrifttumskammer intensiv geprüft worden sein sollten, so hat Stresau nichts davon erfahren, denn sonst hätte er das in seinem Tagebuch wohl erwähnt. Dabei arbeitete er bei beiden Romanen mit Mitteln der Camouflage und übte durchaus Kritik an den bestehenden Verhältnissen – der Nibelungenroman am Germanenkult der Nazis, über den sich Stresau auch in seinem Tagebuch lustig macht, und bei seinem Kriegsroman lassen allein schon Themenwahl und Erscheinungstermin aufhorchen. Doch vielleicht war diese Kritik zu subtil, um von den Zensoren wahrgenommen oder als bedrohlich empfunden zu werden.

Thomas Mann nannte in seiner berühmt gewordenen, am 17. Oktober 1930 im Berliner Beethovensaal gehaltenen *Deutschen Ansprache* den Nationalsozialismus »eine Riesenwelle exzentrischer Barbarei und primitiv-massendemokratischer Jahrmarktsrohheit« und beschrieb ihn als »Massenkrampf, Budengeläut, Halleluja und derwischmäßigem Wiederholen monotoner Schlagworte, bis alles Schaum vorm Munde hat«. Auch Stresau widerte die plumpe, hohle und selbstentlarvende Rhetorik der neuen Machthaber an, doch ihn faszinierte zugleich, daß sie ihr Ziel dennoch oder gerade deshalb erreichte. So steht er nicht fassungslos vor der Begeisterung der Massen, die genau dieser Rhetorik und ihren maßgeblichen Protagonisten verfallen sind, vielmehr versucht er sie zu begreifen, und deshalb geht er immer wieder den Fragen auf den Grund, was genau diese Begeisterung hervorruft und was der Schlüssel zu diesem Erfolg ist. Gleichzeitig sieht er die gemachten Fehler der bürgerlichen Eliten, die diesen Prozeß maßgeblich begünstigten: »den ursächlichen Zusammenhang z. B. zwischen dem politischen Versagen der bürgerlichen Intelligenz und dem Aufkommen des Nationalsozialismus« habe die bürgerliche Intelligenz, attestiert er in seinem Tagebuch, »bis heute noch nicht bemerkt«. Dieses Scheitern macht er neben vielen anderen Faktoren mit dafür verantwortlich, daß der Prozeß der Willensbildung erheblicher Teile der Bevölkerung schon vor der Machtergreifung beinahe ausschließlich von der nationalsozialistischen Agenda und Propaganda gespeist wurde.

Der Art und Weise, wie Hitler die Wünsche des einfachen Volkes nicht nur zu antizipieren, sondern sich auch als derjenige zu inszenieren wußte, der sie als einziger zu erfüllen in der Lage ist, zollt er Respekt. »Wie diese Zeit nun einmal ist, muß ein Mensch wie Hitler als ein solcher angesehen werden, der ihr mit richtigem Instinkt diejenige Seite abgesehen hat, die sich formen läßt, und das kann man in einer bestimmten Beziehung genial nennen. [...] Er hat tatsächlich alles erfaßt, was in dieser Zeit an ›Bedürfnis‹ vorliegt, und er drückt es in einer Weise aus, die die Massen verstehen können. Daß das keiner so kann wie er, verleiht ihm die Überlegenheit.« Das völlige Versagen der gesellschaftlichen Mitte, das Stresau in den ersten Monaten nach der Machtergreifung immer wieder mit Bestürzung registriert, ist aber nicht nur der Überlegenheit Hitlers und der Rigorosität seines Machtsystems geschuldet, sondern auch dem vorauseilenden Gehorsam und der willfährigen Bereitschaft selbst sehr einflußreicher und damit zunächst noch kaum gefährdeter Träger der bürgerlichen Kultur, diese ohne Not preiszugeben.

Sehr reibungslos funktionierte das im Sinne der neuen Machthaber in Stresaus direktem Umfeld. Die Schilderungen seiner Entlassung aus dem Bibliothekarsdienst machen im kleinen deutlich, wie Kolleginnen und Kollegen oder Vorgesetzte daran mitwirkten und wie der Dreiklang aus Denunziation, skrupellosem Karrieredenken und echter Begeisterung für die Ziele und Politik der Nazis seine Wirkung entfalten konnte.

Noch weit folgenreicher und verheerender waren andere Aktivitäten von Stresaus direkten Vorgesetzten sowie zweier seiner Bibliothekarskollegen, denn sie mündeten in die deutschlandweiten Bücherverbrennungen vom 10. Mai 1933, die zwar auf Initiative der Deutschen Studentenschaft (DSt) durchgeführt, aber vom Börsenverein des Deutschen Buchhandels und dem Verband Deutscher Volksbibliothekare tatkräftig unterstützt wurden. Und bereits ab Mitte Februar hatte die Preußische Akademie der Künste damit begonnen, sich dem nationalsozialistischen Staatskommissar für Kunst, Wissenschaft und Volksbildung in Preußen, Bernhard Rust, zu unterwerfen, und trug so ihren Teil dazu bei, daß bereits wenige Wochen nach der Machtergreifung von der Freiheit der Kunst keine Rede mehr sein konnte. Schriftstellerinnen und Schriftsteller sowie Kunstschaffende anderer Disziplinen mußten aus rassistischen und politischen Gründen zunächst aus der Akademie austreten und wurden geächtet, womit die Verfolgung zahlloser Kunstschaffender in Deutschland ihren Anfang nahm. Wie das Zusammenspiel der Akteure funktionierte und welche Rolle die Volksbibliothekare dabei einnahmen, hat das zur Universität Potsdam gehörige Moses Mendelssohn Zentrum für europäisch-jüdische Studien (MMZ) auf der von ihm betriebenen Internetseite verbrannte-buecher.de sehr anschaulich publiziert. Die folgenden Fakten sind u. a. dieser Dokumentation und der Website buecherverbrennung33.de entlehnt, deren Inhalt auf einem Ausstellungsprojekt der Berliner Humboldt-Universität basiert.

Die inszenierten öffentlichen Bücherverbrennungen vom 10. Mai bildeten den Abschluß einer von der DSt auf vier Wochen angelegten »Aktion wider den undeutschen Geist«, die am 13. April 1933 mit der Veröffentlichung von zwölf Thesen »wider den undeutschen Geist« begann, um die spätere

Verbrennung marxistischen und »jüdisch zersetzten Schrifttums« vorzubereiten. Fast zeitgleich, nämlich nur einen Tag später, war im Berliner Börsen-Courier unter der Überschrift »Säuberung der Stadtbibliothek« zu lesen, Oberbürgermeister Heinrich Sahm habe einen Ausschuß zur Neuordnung der Berliner Stadt- und Volksbüchereien ins Leben gerufen, um die »kulturelle Erneuerung der Nation« voranzutreiben und eine Liste von zu indizierenden Büchern erstellen zu lassen, die »ausgemerzt« gehörten. Sahm berief Hermann Stresaus direkten Vorgesetzten Max Wieser, Hans Engelhardt, den Leiter der Stadtbibliothek Berlin-Köpenick, und Wolfgang Herrmann, den Leiter der Zentralstelle für das deutsche Bibliothekswesen, in diesen Ausschuß und beauftragte sie mit der Erarbeitung der »Schwarzen Listen«. Treibende Kraft war Wolfgang Herrmann, der mit seinen Kollegen die Bücher nicht nur zum internen Gebrauch indizierte, sondern mit dem Berliner Hauptamt für Presse und Propaganda der Deutschen Studentenschaft kooperierte und diesem ab dem 26. April 1933 die Ergebnisse zur Verfügung stellte: beginnend mit einer Liste »Schöne Literatur«, die er in den folgenden Tagen noch einmal überarbeitete, bis 127 Autorinnen und Autoren erfaßt waren, deren Werk im ganzen oder teilweise indiziert bzw. bei den Bücherverbrennungen verbrannt werden sollte. Es folgten Listen zu den Themengebieten Kunst, Politik und Staatswissenschaft, Geschichte, Religion, Philosophie, Pädagogik, Literatur und Jugendschriften, versehen mit dem Hinweis, diese würden vom preußischen Kultusminister Rust für alle Volksbüchereien in Preußen als verbindlich erklärt werden, was im Laufe des Monats Mai auch geschah. Das Hauptamt für Presse und Propaganda der Deutschen Studentenschaft versandte diese Listen an die örtlichen Studentenschaften zahlreicher Universitätsstädte, ergänzte sie durch einen detaillierten Ablaufplan und fügte ihnen außerdem neun sogenannte »Feuersprüche« hinzu, denn die Bücherverbrennungen sollten überall nach der gleichen Blaupause vonstatten gehen. Und so hieß es am 10. Mai landauf, landab beispielsweise: »Gegen Dekadenz und moralischen Verfall! Für Zucht und Sitte in Familie und Staat! Ich übergebe der Flamme die Schriften von Heinrich Mann, Ernst Glaeser und Erich Kästner.«

Neunzehn der reichsweit geplanten Bücherverbrennungen konnten am 10. Mai stattfinden, andere, beispielsweise in Köln oder Freiburg, wurden wetterbedingt verschoben und später nachgeholt. Viele fanden, wie in Berlin, in unmittelbarer Nähe der Universitäten statt, aber es gab auch welche in den Stadtzentren, in Bonn oder Göttingen etwa. Oft wurden sie mit einem Fackelzug und Musik einer SA-Kapelle begleitet, im Troß der Rektor der Universität, der Oberbürgermeister, der Polizeipräsident, die NSDAP-Kreis- und Gauleiter.

Bei der verschobenen Bücherverbrennung in Freiburg hielt Martin Heidegger höchstselbst eine Ansprache, in der es unter anderem hieß: »Flamme künde uns, leuchte uns, zeige uns den Weg, von dem es kein Zurück mehr gibt! Flammen zündet, Herzen brennt!« »Höhepunkt« der Berliner Bücherverbrennung am Opernplatz, an der bis zu 70 000 Menschen teilgenommen haben sollen, war eine Rede von Joseph Goebbels am Ende der barbarischen Zeremonie. Für das Autodafé hatten Studenten allein aus dem Raum Berlin 20 000 Bücher aus öffentlichen Bibliotheken, Leihbibliotheken, Buchhandlungen und privaten Haushalten zusammengetragen; Universitätsbibliotheken und Institutsbestände blieben weitgehend verschont, mit einer Ausnahme: Bereits am 6. Mai plünderten etwa hundert Studenten die Bibliothek des 1919 von Magnus Hirschfeld gegründeten Instituts für Sexualwissenschaft im Berliner Stadtteil Tiergarten. Die Bibliothek umfaßte ca. 20 000 Bücher, 35 000 Photographien und 40 000 Erfahrungsberichte bzw. biographische Briefe.

Auch der Börsenverein des Deutschen Buchhandels unterstützte die studentische Aktion tatkräftig, und bereits am 12. April 1933 beschloß der Vorstand des Börsenvereins ein zehn Punkte umfassendes Sofortprogramm, das eine Solidarisierung mit dem NS-Staat enthielt. Weiterhin wurde Loyalität dem Regime gegenüber zur Bedingung der Mitgliedschaft im Börsenverein erhoben, und der Vorstand sicherte der Reichsregierung außerdem zu, deren Anordnungen bezüglich der »Judenfrage [...] ohne Vorbehalt durchzuführen«. Dieses Sofortprogramm wurde am 3. Mai im brancheneigenen *Börsenblatt* publiziert, am 10. Mai folgte eine Liste mit den Namen von zwölf Schriftstellern, die »für das deutsche Ansehen als schädigend zu erachten sind«, es waren die Namen von Lion Feuchtwanger, Ernst Glaeser, Arthur Holitscher, Alfred Kerr, Egon Erwin Kisch, Emil Ludwig, Heinrich Mann, Ernst Ottwalt, Theodor Plivier, Erich Maria Remarque, Kurt Tucholsky und Arnold Zweig. Am 16. Mai erschien dann im *Börsenblatt* ein Aufsatz von Wolfgang Herrmann mit dem Titel »Prinzipielles zur Säuberung der öffentlichen Bibliotheken«, der neben etlichen Erläuterungen zum Vorgehen bei der Auswahl der indizierten Bücher Herrmanns Liste »Schöne Literatur« enthielt.

Am 11. April notiert Hermann Stresau in sein Tagebuch: »Diese Gesellen« (gemeint sind Wieser, Herrmann und Engelhardt) »sind kommissarisch beauftragt, die Berliner Büchereien zu reorganisieren; dabei sind mindestens zwei von ihnen so geartet, daß sie sich nicht lange vertragen werden.« Und am 26. April schreibt er zu den angekündigten Bücherverbrennungen: »Auf dem Platz vor dem Staatstheater sollen also mehrere hundert Bücher von etwa 20 Autoren verbrannt werden, an den Schandpfahl genagelt usw. Unter den Autoren befinden sich Heinrich Mann, Feuchtwanger, Glaeser, Stefan und Arnold Zweig; hauptsächlich Juden.

Die Universitätsbehörden waren nicht imstande, einen Anschlag der Studentenschaft am Schwarzen Brett zu verhindern, in dem u. a. die Forderung erhoben wurde, die Werke jüdischer Autoren als ›Übersetzung aus dem Hebräischen‹ zu kennzeichnen. Als Studentenulk auf der Bierbude wäre das geschmacklos, als öffentliche Kundgebung ist das überhaupt nicht zu qualifizieren. Die Deutschen werden bald ernstere Sorgen kriegen als solche Kindereien.

Rückfall ins Mittelalter? Auf der anderen Seite sieht man zuweilen Erfreuliches, ab und zu in der Erscheinung wirklich neue Zeit. Aber fast nie in dem, was rednerisch zutage kommt. Die Redelust der Verantwortlichen ist allem Anschein nach unhemmbar, auch die Feierei nimmt kein Ende. Riesenfeuerwerk in Tempelhof am 1. Mai […].«

Der Ton, in dem Stresau diese Vorkommnisse kommentiert, zeugt von Betroffenheit, aber auch von der lakonischen Distanz und intellektuellen Überlegenheit, die er bis zum Ende seiner Aufzeichnungen im April 1945 nicht ablegt. Er beobachtet Ereignisse mitunter aus der Halbperspektive, nicht so, als gingen sie ihn nichts an, aber doch mit dem Gefühl, in keiner Weise daran beteiligt zu sein: physisch nicht und auch nicht emotional. Immer aber nimmt er sich die Zeit, das Geschehen gedanklich zu ordnen und die größeren Zusammenhänge nicht aus dem Blick zu verlieren, und so wird er zum Chronisten und Analysten der stetig voranschreitenden Gleichschaltung und aller darauf folgenden Entwicklungen.

Gleichzeitig lebt er am Rand der Weltmetropole und genießt die Abgeschiedenheit, die ländliche Unaufgeregtheit und die ihn umgebende Natur. Seine Frau und er reden über tagespolitische Themen, aber vor allem lesen sie und diskutieren das Gelesene: Literatur ebenso wie Sachbücher oder philosophische Abhandlungen. Das ist ein wichtiger Teil ihres Privatlebens, ihr eigentliches Lebenselixier, wenn man so will. Aber es liegt in der Natur der Sache, daß ihre Auseinandersetzung mit Büchern und Schriften den Lauf der Welt und die Menschheitsfragen nicht zugunsten weltabgewandter Innerlichkeit ausklammert, sondern im Gegenteil permanent mitdenkt und thematisiert. Es sind keine bewußten Fluchten, die sie lesend unternehmen, sie ergänzen durch die Lektüren bereits angeeignetes Wissen, wenden es an und erweitern ihren Horizont, und zwar parallel zu dem allgemeinen von den Nationalsozialisten initiierten Verfall der Kultur. Das ist ein großes selbsterstrittenes Privileg, denn es bedeutet Freiheit. Freiheit des Geistes, die es Stresau und seiner Frau erst ermöglicht, »inmitten eines grandios aufgeblähten Machtsystems zu leben, inmitten eines geistigen Terrors, einer phantastischen Lügenhaftigkeit, innerlich abseits, bemüht, sich nicht blenden zu lassen, auch nicht von scheinbaren Vorzügen und Erfolgen«.

Den Verlust der Arbeit in der Bibliothek und ab 1934 in der Bibliothekarsschule kompensiert Stresau mit dem Schreiben von Kritiken und Essays sowie der Übersetzung von Romanen aus dem Englischen, wovon der erste 1937 erscheint. Er schreibt an Theaterstücken und an eigenen Romanen, er führt Tagebuch. Man ist geneigt, ihn sich als disziplinierten Arbeiter vorzustellen, der erst zu den im Tagebuch häufig beschriebenen Spaziergängen aufbricht, wenn das Tagespensum geschafft ist. Ab Mitte der 1930er Jahre beginnt sich Stresau als Autor und Übersetzer zu etablieren, ohne, wie er es in einem Tagebucheintrag selbst benennt, gegenüber »der NS-Ideologie Zugeständnisse zu machen«. Aber waren der Nibelungen- und der Kriegsroman oder sein 1939 erschienenes Buch *Deut-*

sche Tragiker — Hölderlin, Kleist, Grabbe, Hebbel wirklich Herzensangelegenheiten, wurden sie aus völlig freien Stücken geschrieben? Und wenn ja, wie stark war die Selbstzensur, damit diese Bücher überhaupt erscheinen konnten? Dies läßt sich nicht wirklich beantworten. Zum einen, weil unbekannt ist, was Stresau darüber hinaus in diesen Büchern hätte schreiben wollen oder was für andere Bücher er eigentlich im Kopf gehabt hat, und zum anderen, weil der Grenzverlauf zwischen Erlaubtem und Verbotenem nicht so klar abgesteckt war, daß sich im nachhinein immer sagen ließe, was von dem Niedergeschriebenen mutig, was ungefährlich gewesen ist. Eindeutig ist jedenfalls, daß ihm die Hinwendung zum historischen Roman überhaupt erst ermöglichte, indirekt Kritik an den bestehenden Verhältnissen zu üben. Erstaunlich ist schon — und man darf das wohl als trotzigen Akt des Aufbegehrens gegen Denkverbote und Einschränkungen bezeichnen —, was für Themen Stresau wählte, nämlich solche, für die die Nationalsozialisten selbst die Deutungshoheit beanspruchten oder deren Bedeutung sie umzuinterpretieren versuchten. Unangepaßt war auch, daß er sich mit Joseph Conrad beschäftigte und über ihn geschrieben und Texte von ihm übersetzt hat, denn zur Rezeptionsgeschichte Conrads in Deutschland gehört, daß er während des Nationalsozialismus von Autoren gelesen wurde, »die sich zur inneren Emigration rechneten oder nicht mehr mit dem System konform gehen wollten: Lothar G. Buchheim, Ernst Jünger, Gottfried Benn, Heimito von Doderer, Heinz Piontek, Ludwig Hohl oder Wolfgang Koeppen«[1]. Wahr ist aber auch, daß die Geistesgeschichte des Nationalsozialismus wegen Stresaus eigenen bis 1945 erschienenen Buchpublikationen nicht umgeschrieben werden muß. Das gilt für die allermeisten Werke, die aus der Haltung der inneren Emigration heraus bis 1945 in Deutschland geschrieben und publiziert worden sind. Ihre Wirkung war sehr begrenzt, auch Literatur, die Kritik übte, wurde den Machthabern nicht wirklich gefährlich. Thomas Mann ließ sich bei dem ab 1946 ungemein bissig und kontrovers geführten Streit über die äußere und innere Emigration, der eng mit seinem Namen und dem von Frank Thiess und Walter von Molo verknüpft ist, zu der Aussage hinreißen: »Es mag Aberglaube sein, aber in meinen Augen sind Bücher, die von 1933 bis 1945 in Deutschland überhaupt gedruckt werden konnten, weniger als wertlos und nicht gut in die Hand zu nehmen. Ein Geruch von Blut und Schande haftet ihnen an. Sie sollten alle eingestampft werden.« Dabei vergaß er einerseits, daß seine Bücher bis zu seiner Ausbürgerung 1936 ebenfalls noch verlegt worden sind, andererseits fällt er aus heutiger Perspektive ein wohl zu hartes Urteil über jene wenigen Schriftstellerinnen und Schriftsteller, die sich nichts zuschulden kommen ließen und neben den sicherlich oft zu harmlosen und belanglosen Büchern, die sie während der NS-Zeit veröffentlichten, andere vorbereiteten, die nach dem Mai 1945 erschienen und sich mit den Jahren der Diktatur, mit dem Krieg, der Verfolgung und Ermordung von Juden, Sinti und Roma, Homosexuellen und politisch Verfolgten, mit eigener Schuld beschäftigten. Das ist ein bedeutender Beitrag für den kulturellen und gesellschaftlichen Neuanfang in Deutschland. Er tilgt die Versäumnisse nicht und wäscht nicht jene rein, die ihr Handeln im Nationalsozialismus im nachhinein schönfärbten, aber eine solche Sichtweise würdigt die Aufrichtigen, die es gab.

Hermann Stresau war bei Kriegsende 49 Jahre alt. Sein Tagebuch, in dem er die Zeit festzuhalten versuchte und das Erlebte in Sprache überführte, ist nicht das einzige verschriftete Zeugnis, in dem sich Stresau mit jenen Jahren beschäftigte. Bereits ein Jahr vor den Tagebüchern erschien im

Minerva Verlag sein beeindruckender Roman, *An der Werkbank*, in dem er seine Erfahrungen als zum Fabrikdienst verpflichteter Hilfsarbeiter in den Optischen Werken Schneider & Co. in Weende bei Göttingen fiktionalisierte. Und 1954 kam mit *Das Paradies ist verriegelt* ein ebenfalls in Göttingen angesiedelter Roman heraus, der die Spätfolgen von Diktatur und Krieg anhand einiger Figuren aufzeigt. In einer Rezension in der *Zeit* hieß es dazu, Diktatur und Krieg hätten einen Zusammenbruch der Gemeinsamkeit bürgerlicher Illusionen bewirkt. Deshalb lägen die Last dieser Erlebnisse und das Gefühl unerlösbarer Schuld am Unrecht der Welt auf den Seelen von Stresaus Protagonisten, »wenn auch nicht im Bewußtsein jedes einzelnen, und dies um so bedrückender, als es keine aus gemeinsamem Impuls herrührende geistige Orientierung gibt«. Das Buch, das mit dem Literaturpreis der deutschen Industrie ausgezeichnet wurde, erhielt etliche begeisterte Besprechungen. Der Literaturkritiker Wolfgang Grözinger hielt es für einen bedeutenden Zeitroman und verglich Stresau mit Fontane, weil Stresau ebenso wie jener das Zeug zum Romancier der Gesellschaft habe. Aber da es in Deutschland keine Gesellschaft mehr gäbe, sei das Verbindende und Gemeinsame ein Jenseitiges geworden, ein verlorenes Paradies, zu dem der Zugang erst durch eine Reise um die Welt, gedacht als Summe aller Schicksale, wiedergefunden werden könne.

Das gibt die Intention Stresaus gut wieder. Er selbst formulierte es im Vorwort zu seinem Tagebuch ähnlich. Es sei nämlich, schrieb er, eine Illusion, daß das Bessere oder gar das Gute einfach nur wieder seinen Platz einzunehmen brauche, denn es sei längst klar, daß das Bessere erst wieder geschaffen werden müsse. Und das setze voraus, daß man überhaupt daran glaube. Die Heilung, mahnte er, könne nur aus dem Geist und der Wahrheit kommen, niemals aus Illusionen. Mit seinem eigenen Werk hat Hermann Stresau versucht, die Realität abzubilden und in aller Bescheidenheit die von ihm herbeigesehnte Heilung mit einzuleiten, wohl wissend, daß Wunden zurückbleiben, in den Seelen der Menschen, im gemeinschaftlichen Miteinander, in der Sprache selbst.

Anmerkungen

Vorwort
1 Hermann Stresau arbeitete seit 1929 in der Spandauer Bibliothek, die am 25. Oktober 1920 im ersten Stock des Kaufhauses Grand (Am Markt 4) eröffnet wurde.
2 Am 6. April 1933 beginnt Stresau mit seinen Aufzeichnungen, die er, wenn auch sehr rudimentär, nach 1945 fortführt und erst 1964 beendet. In der ersten Kladde, die er für seine Tagebucheinträge verwendet, finden sich zudem Notizen seiner Frau Grete, die ab 1924 sporadisch Lektüreerlebnisse und Gespräche mit Hermann Stresau aufgezeichnet hat.

1933

April 1933
1 Seit 2003 Schönwalde-Glien, zusammengefaßt aus den Gemeinden Schönwalde, Paaren im Glien, Pausin, Perwenitz, Wansdorf und Grünefeld.
2 Bauunternehmer, der Stresau übel mitspielt. Auch wenn Stresau klar im Recht zu sein scheint, kann er (selbst auf Rat seines Anwalts) nichts unternehmen: Vollmann schützt seine Mitgliedschaft in der NSDAP.
3 Dipl.-Ing. Gerhard Helgen. Stresaus betrügerischer Architekt, seinerzeit zudem Sachreferent für Siedlungswesen, Städtebau und Landesplanung im Kampfbund für deutsche Kultur und der Zunft der freischaffenden Architekten. Wohl auch Mitglied der NSDAP.
4 Stresaus Frau Margarete (12. April 1885 – 7. Juli 1958), geborene Dubislav. Grete bringt ihren Sohn Heinz Beutin aus erster Ehe mit; der Vater ist als Offizier im Ersten Weltkrieg gefallen, wie man im Tagebucheintrag vom 30. August 1933 erfährt. Hermann und Grete heiraten am 4. April 1925.
5 Ein Kollege Stresaus in der Spandauer Bibliothek.
6 Dr. Max Wieser (1890–1945), Stresaus direkter Vorgesetzter. Zu seiner

Rolle hinsichtlich der Neuordnung der Bibliotheken und Buchbestände nach der Machtergreifung siehe das Nachwort.

7   Arbeitskollege Stresaus in der Bibliothek.
8   Wolfgang Herrmann (1904–1944 oder 1945). Mit Wieser und Dr. Hans Engelhardt die treibende Kraft hinter den »Schwarzen Listen« zur Bücherverbrennung.
9   In Halle brannten die Bücher auf dem Universitätsplatz erst am 12. Mai nach dem »Auftakt« in 22 deutschen Universitätsstädten am 10. Mai 1933.
10 Vermutlich Dr. Gerhard Hermann (1901–1946), Leiter der Stadtbücherei Berlin-Friedrichshain, der ebenfalls 1933 entlassen wurde und danach zunächst mit seiner Frau nach Prag emigrierte.
11 Gemeint ist wohl die Rede »Nationalismus und Sozialismus« auf der Kundgebung der Nationalsozialistischen Betriebszellenorganisation (NSBO) im Berliner Sportpalast am 9. April 1933, die 1942 auch Eingang in eine Buchausgabe mit Görings Reden und Aufsätzen fand.
12 Ein früh gestorbener Sohn Stresaus, wie aus einem Tagebucheintrag zu seinem Todestag am 9. April 1941 hervorgeht.
13 Dr. Hans Engelhardt, Leiter der Stadtbibliothek Berlin-Köpenick, der mit Stresaus Chef Wieser und Wolfgang Herrmann den Zentralen Ausschuß zur Neuordnung der Berliner Stadt- und Volksbüchereien bildete. Engelhardt war zwar Parteimitglied, trat aber im Ausschuß kaum in Erscheinung. Die einschlägige Literatur kennt nicht einmal seine Lebensdaten.
14 Marcus Aemilius Lepidus (um 90–12 v. Chr.). Römischer Politiker und Feldherr. War Anhänger Caesars und bildete nach dessen Ermordung mit Octavian (dem späteren Kaiser Augustus) und Marcus Antonius das zweite Triumvirat. Galt als Verhandlungsmeister und Friedensstifter.
15 Gesetz zur Wiederherstellung des Berufsbeamtentums, kurz Berufsbeamtengesetz (BBG). Es wurde am 7. April 1933 erlassen und diente nicht allein der Gleichschaltung des öffentlichen Dienstes, sondern auch dazu, jüdische und politisch »unzuverlässige« Beamte zu entlassen.
16 Der englische Schriftsteller D. H. Lawrence (1885–1930), dessen bekanntestes literarisches Werk *Lady Chatterley's Lover* (*Lady Chatterleys Liebhaber*) bis in die 1960er Jahre in Großbritannien verboten war,

stelle die menschliche Sexualität in den Mittelpunkt seines erzählerischen und theoretischen Werks.

17 Unveröffentlichtes, nie aufgeführtes Stück Stresaus. Das Manuskript liegt im DLA Marbach.

18 Adolf Holtzmann (1810–1870). Deutscher Germanist und Indologe. Seine *Indischen Sagen* erschienen 1845 und wurden bis in die 1950er Jahre immer wieder aufgelegt.

19 Hans Hennecke (1897–1977) war Essayist, Literaturkritiker und Übersetzer und arbeitete ab 1930 als Lektor in Berlin. Insbesondere nach dem Zweiten Weltkrieg übersetzte er zahlreiche Werke aus dem Englischen ins Deutsche. Darunter Autoren wie William Faulkner und Henry James.

20 Die Totenfeier fand am 20. Februar 1927 statt. Gewürdigt wurde Rilke insbesondere von Stefan Zweig in einer langen Rede, die unter dem Titel *Abschied von Rilke – eine Rede* 1928 im Rainer-Wunderlich-Verlag, Tübingen, erschien.

21 Zitat aus der »Ersten Elegie« von Rainer Maria Rilkes 1923 im Insel Verlag erschienenen *Duineser Elegien*.

22 Für die Verbrennung auf dem Bebelplatz waren allein aus dem Raum Berlin 20 000 Bücher von 140 Autoren bei Sammelaktionen in öffentlichen (es gab rund 40 000 Leihbibliotheken) und privaten Bibliotheken zusammengekommen; Universitätsbibliotheken und Institutionsbestände blieben dagegen weitgehend verschont. Vorgegangen wurde nach »Schwarzen Listen«, die Wolfgang Herrmann erstellt hatte. Diese Listen waren in folgende Sachgebiete unterteilt: Schöne Literatur (71, dann 127 Autoren und vier Anthologien), Geschichte (51 Autoren und vier Anthologien), Kunst (acht Werke und fünf Monographien), Politik und Staatswissenschaften (121 Autoren und fünf Werke ohne Verfasser), Literaturgeschichte (neun Autoren) und Religion, Philosophie, Pädagogik (diese Liste wurde erst am 10. Mai verschickt und kam in Berlin nicht zur Anwendung). Trotz markiger Feuersprüche und tausender Exemplare wurden die meisten Bücher nicht verbrannt, sondern entweder zu herabgesetzten Preisen im Ausland verkauft, um den Autoren und den Exilverlagen zu schaden, oder in Papiermühlen gefahren, die bereitwillig auch die LKWs zum Transport stellten. 1935 wurde eine Liste 1 des schädlichen und unerwünschten Schrifttums erstmals als selbständige Publikation von der Reichsschrifttumskammer herausgegeben; 1938 waren 4175 Einzeltitel von 565 Autoren indiziert.

Mai 1933

1 Die Feier zum »Tag der nationalen Arbeit« auf dem Tempelhofer Feld war eine der größten Massenveranstaltungen der Nationalsozialisten. Offiziell sollen mehr als 1,5 Millionen Besucher teilgenommen haben; die Feierlichkeiten dauerten den ganzen Tag und bis in die späten Abendstunden an. Gegen 20:00 Uhr betrat Hitler begleitet von dem Lied »Der Gott, der Eisen wachsen ließ« die Rednerkanzel. Vor dem Feuerwerk, das Stresau erwähnt, verwandelte Albert Speer das Tempelhofer Feld mit über 150 Flakscheinwerfern in einen »Lichtdom«, eine Inszenierung, die er bei den Olympischen Spielen 1936 wiederholte.

2 Anna Stresau, geborene Kommrusch (24. Mai 1863 – 4. September 1935). Sie stammte aus Bromberg aus der Provinz Posen. Obwohl die Eltern nach Stresaus Aussage 20 oder 30 Jahre in Amerika lebten, hat die Mutter nie richtig Englisch gelernt. 1900 übersiedeln die Eltern mit Stresaus 14 Jahre älterer Schwester wieder nach Deutschland, wo der Vater in Frankfurt/M. Generalvertreter einer amerikanischen Lederfirma wird. Stresaus 15 Jahre älterer Bruder bleibt in den USA und studiert an der Technischen Hochschule in Boston.

3 Das Lied »Wir treten zum Beten« wurde 1877 aus dem Altniederländischen ins Deutsche übertragen und unter Wilhelm II. Bestandteil des Großen Zapfenstreichs. Die Nationalsozialisten wollten mit der Darbietung des Lieds bei Massenveranstaltungen – u. a. nach der Rede Hitlers zum sogenannten Anschluß Österreichs am 9. April 1938 in Wien – die Kontinuität des Dritten Reiches mit dem Deutschen Reich unterstreichen.

4 Stresau bezieht sich hier vermutlich auf Jüngers vieldiskutierte Schrift *Der Arbeiter – Herrschaft und Gestalt* (1932), in der er den Arbeiter zu einer das Bürgertum zerstörenden Macht stilisiert.

5 Auch dieses Lied sollte vor allem Kontinuität und Tradition beschwören. Bekannt seit dem Siebenjährigen Krieg und während der Befreiungskriege populär geworden, wurde es u. a. nach der Schlacht von Sedan 1870, der Mobilmachung 1914 und nach der Schlacht von Tannenberg gespielt. Die Nationalsozialisten ließen den Choral bei den Feierlichkeiten zur Eröffnung des Reichstags am 21. März 1933 (Tag von Potsdam) spielen. Bertolt Brecht bewog dies zu seiner aus sechs Liedern bestehenden Parodie *Hitlerchoräle*.

6   Nicht ermittelt.
7   Luisenbund, eine 1923 in Halle gegründete monarchistische Vereinigung, die als eine der ersten Frauenorganisationen die NSDAP offen unterstützte und 1934 im Zuge der Gleichschaltung abgeschafft wurde.
8   Major Reinhard von Risselmann. Ab 1932 verkaufte der damalige Rittergutsbesitzer einen Teil des Waldgeländes an die Berliner Immobilienfirma Schrobsdorf. Meist erwarben Berliner Interessenten die Grundstücke. – Schon Theodor Fontane kannte das Geschlecht der von Risselmanns, er erwähnt in seinen *Wanderungen* durch das Osthavelland die »Risselmann von Schönwalde«. Sie entstammen einer Bremer Kaufmannsfamilie. Schönwalde wurde in der ersten Hälfte des 18. Jahrhunderts von Johann Conrad Risselmann als Gutsbesitz erworben.
9   Herman Wirth (1885–1981). In Deutschland wirkender niederländischer Wissenschaftler und nationalsozialistischer Funktionär. Mitbegründer der Forschungsgemeinschaft Deutsches Ahnenerbe der SS. Er wollte das Christentum im völkischen Sinne umdeuten und propagierte einen »nordischen Ursprung« des ursprünglichen Monotheismus.
10 Am 25. Juni 1930 hatte das preußische Staatsministerium jede »Teilnahme« – also auch die bloße Mitgliedschaft – eines Beamten in der NSDAP und der KPD untersagt. Dieser Beschluß wurde 1932 in Bezug auf die NSDAP-Mitgliedschaft für verfassungswidrig erklärt.
11 Die Namen sind in der Handschrift nicht zweifelsfrei zu entziffern.
12 Nachdem der 1. Mai zum Tag der nationalen Arbeit erklärt war und gesetzlicher Feiertag wurde, lösten die Nazis einen Tag danach die Gewerkschaften auf. Gewerkschaftshäuser wurden von SA und SS besetzt, Gewerkschafter verhaftet und Gewerkschaftsbesitz beschlagnahmt. An die Stelle der Gewerkschaften setzten die Nationalsozialisten die Deutsche Arbeitsfront (DAF), gegründet am 10. Mai 1933.
13 Nationalsozialistische Betriebszellenorganisation – eine betriebsbezogene Organisationsform der NSDAP. Sie wurde nach dem Vorbild der Organisationsstruktur der KPD aufgestellt.
14 Bezug nimmt Stresau hier vermutlich auf die am 5. Mai 1933 auf Geheiß Hitlers in Moskau ratifizierte Verlängerung des 1926 von Stresemann geschlossenen Freundschaftsvertrags zwischen der UdSSR und der Weimarer Republik, die eigentlich bereits 1931 unter Reichskanzler Heinrich Brüning hätte stattfinden sollen.

15 Walter Bauer (1904–1976). Schriftsteller. Hatte bei Kritik und Publikum mit *Stimme aus dem Leunawerk* (1930 bei Malik) einen Riesenerfolg. Das Buch wurde bis heute immer wieder aufgelegt. *Ein Mann zog in die Stadt*, sein erster Roman, abgelehnt von Malik, erschien 1931 bei Bruno Cassirer.

16 Gemeint ist Stefan, nicht Arnold Zweig.

17 Frank Thiess (1890–1977). Schriftsteller. Nachdem zwei seiner Romane öffentlich verbrannt worden waren, schrieb er 1933 für einen Roman ein neues Vorwort, um sich den Nazis zu empfehlen. Er fühlte sich immer als Vertreter der inneren Emigration; seine Auseinandersetzung mit dem Emigranten Thomas Mann in der Nachkriegszeit hat ihn vor der völligen Vergessenheit bewahrt.

18 Otto Flake (1880–1963). Schriftsteller, Essayist und Übersetzer. Er war regelmäßiger Mitarbeiter der *Neuen Rundschau* und gehörte zu den auflagenstärksten Autoren der Weimarer Republik. Tucholsky hielt Flake für den bedeutendsten Essayisten neben Heinrich Mann. 1933 unterschrieb er eine Ergebenheitsadresse an Hitler, darum hatte ihn sein jüdischer Verleger S. Fischer gebeten. Außerdem war Flakes Ehefrau »Halbjüdin«.

19 Ernst Niekisch (1889–1967). Politiker (USPD, SPD) und Schriftsteller. Er war einer der führenden Köpfe des Nationalbolschewismus und beeinflußte den Strasser-Flügel der NSDAP. Niekisch wandte sich öffentlich gegen Hitler und organisierte den Widerstand gegen das NS-Regime. 1926 hatte er die Zeitschrift *Widerstand* gegründet (1934 verboten), an der u. a. Ernst Jünger, Friedrich Georg Jünger und Ernst von Salomon mitarbeiteten. 1937 wurde er verhaftet und 1939 vom Volksgerichtshof zu lebenslanger Haft verurteilt. Nach Kriegsende trat er der SED bei, die er 1955 verließ. 1963 übersiedelte er nach West-Berlin.

20 Otto Petras (1886–1945). Ehemaliger evangelischer Pfarrer und Schriftsteller. Vor seinem bekanntesten Werk *Post Christum* (1935) hatte Ernst Niekisch im Widerstand-Verlag bereits zwei Bücher von ihm publiziert.

21 Stiefsohn Heinz Beutin und seine damalige Freundin Ilona.

22 Stresaus Schwager war der Philosoph und Mathematiker Walter Dubislav (1895–1937), der ab 1931 eine Professur an der TU Berlin innehatte und die Berliner Gesellschaft für empirische Philosophie mitbegründete. Er verfaßte u. a. die Werke *Die Definition* (1931), *Naturphilosophie*

(1933) und *Die Philosophie der Mathematik in der Gegenwart* (1934). 1936 emigrierte er nach Prag, wo er sich 1937 das Leben nahm.
23 Zitat aus Schillers *Braut von Messina*.
24 Martin Stritte (1877–1963). Bezirksbürgermeister von Spandau. Unterhielt nach 1933, als er aus dem Amt entfernt wurde, enge Beziehungen zu Wilhelm Külz, dem ehemaligen Reichsinnenminister und Bürgermeister von Dresden (1931–1933), der ab 1935 in Berlin als Anwalt arbeitete. Stritte und Külz waren im Juli 1945 Mitbegründer der Liberal-Demokratischen Partei (LDP).
25 Abbazia (heute Opatija), deutsch: Sankt Jakobi ist ein Seebad auf der Halbinsel Istrien im Nordwesten Kroatiens, das schon während der Donaumonarchie beliebt war.
26 Gottlieb Fritz (1873–1934). War ab 1900 Organisator und Leiter der städtischen Büchereien in Charlottenburg. Als 1901 eine Bücherei mit großem Lesesaal gebaut wurde, setzte sich die Stadt in der »Bücherhallenbewegung« an die Spitze. 1922 wurde Fritz Direktor der Groß-Berliner Büchereien und übernahm 1924 auch die Leitung der wissenschaftlichen Stadtbibliothek. In Aufsätzen gab Fritz einen Überblick über alle Volksbildungsansätze jener Zeit; sie erschienen dann in Buchform: *Jahrbuch der deutschen Volksbüchereien*.
27 Wilhelm Robert Georg Schuster (1888–1971). Germanist, Bibliothekar und Verbandsfunktionär. 1928 übernahm er den Vorsitz des Verbands Deutscher Volksbibliothekare, am 1. April 1929 wurde er stellvertretender Leiter der Berliner Bibliothek – daher kannte Stresau ihn. Schuster war auch Leiter der Berliner Bibliotheksschule. Er blieb aber nur kurz in Berlin: Zum 1. April 1931 wurde er Direktor der Hamburger Bücherhallen. Sofort nach der Machtergreifung der Nazis stellte sich Schuster dem neuen Regime zur Verfügung und sorgte noch vor den »Schwarzen Listen« dafür, daß die Bestände »bereinigt« wurden – und schrieb darüber u. a. im *Hamburger Tageblatt*. Schuster trat auch dafür ein, daß die Volksbüchereien dem Erziehungsministerium von Bernhard Rust unterstellt werden sollten. Als Verbandsvorsitzender schrieb er es sich persönlich auf die Fahnen, als es 1935 dazu kam. – Gottlieb Fritz kam über einen von Paul Zech angerichteten Ankaufsbetrug nicht hinweg und verstarb 1934. Damit war der Weg für Schuster frei, der bis 1945 auf seinem Posten blieb. Nach seiner Amtsenthebung 1945 dauerte es nur fünf Jahre, bis er 1950 als Referent die wissenschaftliche Zentralbi-

bliothek im Westteil Berlins mit aufbaute. Er lehrte auch wieder an der Bibliotheksschule.

28 Über das geplante Denkmal berichtete u. a. am 18. Mai 1933 die *Berliner Morgenpost*: »Der Berliner Magistrat beschäftigte sich in seiner gestrigen Sitzung unter anderem mit der Errichtung eines Denkmals der Arbeit in Berlin. Das Denkmal soll ein wuchtiges Gebilde aus Stein und Bronze werden von riesigen Ausmaßen, fast drei Stockwerk hoch auf einer Grundfläche von 625 Quadratmetern. Das Denkmal soll einen Arbeiter darstellen. Um ihn werden sich der Gelehrte, der Bauer, der Soldat, der Handwerker, der Künstler, der Gewerbetreibende, die Mutter mit dem Kind und der Greis gruppieren. Der Bau wird etwa eine Million Mark kosten und soll aus freiwilligen Spenden zusammengetragen werden. Bauherr ist die Stadt Berlin.«

29 Die jüdische Firma A. Zuntz sel. Wwe. (»selige Witwe«), gegründet 1837 in Bonn, entwickelte sich zu einer der größten Kaffeeröstereien Deutschlands. 1879 eröffnete die erste Filiale in Berlin. 1932 betrieb die Firma neben Niederlassungen in Hannover, Dresden und Antwerpen 55 Filialen und 12 Kaffeestuben und beschäftigte 800 Mitarbeiter. Mit der Machtergreifung der Nationalsozialisten setzte die Arisierung des Unternehmens ein. Nach dem Krieg übernahm die Dallmayr-Gruppe das Unternehmen.

30 Bernhard Rust (1883–1945). Leitete 1933 bis 1934 das preußische Kultusministerium, danach bis 1945 das Reichsministerium für Wissenschaft, Erziehung und Volksbildung. Schon nach dem Ersten Weltkrieg wandte er sich der völkischen Bewegung zu. Rust beschäftigte sich seit den 1930er Jahren intensiv mit einer Rechtschreibreform, deren Regelwerk auf seine Initiative hin zum Schuljahr 1944/1945 eingeführt werden sollte – zu dieser kam es allerdings auf Befehl Hitlers nicht, weil sie als nicht kriegswichtig galt. Ein Teil der Rust'schen Vorschläge fand in der Rechtschreibreform von 1996 Eingang. – Das erwähnte Buch konnte nicht ermittelt werden.

31 Wilhelm Heinrich Wackenroder (1773–1798). Jurist und Schriftsteller. Mitbegründer der deutschen Romantik.

32 Paul Ernst (1866–1933). Nationalkonservativer Schriftsteller. Schrieb zahlreiche Romane, Erzählungen und Dramen. Kurz vor seinem Tod am 13. Mai 1933 wurde er auf einen der frei gewordenen Plätze der Preußischen Akademie der Künste gesetzt, nachdem 41 Mitglieder aus

politischen oder antisemitischen Gründen ausgeschlossen worden
waren.

33 Die am 17. Mai 1933 im Deutschen Reichstag in der Krolloper gehaltene sog. Friedensrede, in der Hitler die Öffentlichkeit über seine politischen Absichten täuschen wollte. Er kritisierte zwar den Versailler Vertrag, stellte aber in den Vordergrund, seine »Revolution« habe nur der Zurückschlagung des Kommunismus und der Wiederherstellung sozialer und staatlicher Wohlfahrt gedient. Die *Times* schloß aus der Rede, Hitler habe sich der Welt erstmals als Staatsmann gezeigt.

34 Bereits § 133 des preußischen Strafgesetzbuchs von 1851 hatte eine »falsche Anschuldigung« unter Strafe gestellt. Mit Wirkung zum 26. Mai 1933 wurde die Strafnorm überarbeitet, um die weitverbreitete Denunziation mißliebiger Mitbürger einzudämmen. Eine Mindestfreiheitsstrafe von drei Monaten drohte dem Täter, der sich oder einem anderen durch die Tat einen Vorteil zu verschaffen suchte. »Ist die falsche Anschuldigung (Abs. 1,2) nicht wider besseres Wissen, aber vorsätzlich oder leichtfertig begangen, so ist die Strafe Gefängnis bis zu einem Jahre oder Geldstrafe«, heißt es in Abs. 5.

35 In einem 1932 verfaßten Verzeichnis hatte Wolfgang Herrmann geschrieben: »Hitlers Selbstbiographie [...] enthält keine geistig originellen und ›theoretisch‹ durchdachten Gedanken.« 1936/37 mußte er sich einem Parteigerichtsverfahren stellen: Man beschuldigte ihn des systematischen Angriffs auf den Führer. Herrmann scheint aber auf oberster Parteiebene einen Schutzengel gehabt zu haben: Das Verfahren wurde 1938 eingestellt.

36 Vermutlich die Bibliothekare Walter Hofmann (1879–1952) und Johannes Beer (1901–1972). Beide arrangierten sich mit den Nazis.

37 Assessor Günther Legart; wurde im Februar 1933 am Kammergericht zugelassen. Er war auch nach dem Krieg als Anwalt tätig.

38 Anspielung auf Alfred Hugenbergs Eröffnungsrede zur Berliner Landwirtschaftsausstellung am 20. Mai 1933. Bei steigender Milchproduktion mußte sich die Butter gegen die billigere Margarine durchsetzen, deren Rohstoffe zollfrei eingeführt werden konnten. U. a. durch den Zwang, der Margarine Butter beizumischen, sollte der Butterpreis hochgehalten werden. Mit einer »Ausgleichsabgabe« wurde seit März 1933 zudem Margarine verteuert.

39 Wie in seiner »Friedensrede« vor dem Reichstag am 17. Mai 1933 unter-

strich Hitler seine friedlichen Absichten: »Die Deutsche Regierung wünscht, sich über alle schwierigen Fragen mit den Nationen friedlich auseinanderzusetzen.«

40 Ein auf Initiative Mussolinis zustandegekommenes Abkommen zwischen Italien, Frankreich, Großbritannien und Deutschland, das am 15. Juli 1933 unterzeichnet, aber nie ratifiziert wurde. Der Pakt sollte dazu verpflichten, alle sich ergebenden völkerrechtlichen Fragen gemeinsam zu beraten und den Frieden zu wahren.

41 Das nach dem Ersten Weltkrieg entstandene Bündnissystem zwischen Tschechoslowakei, Jugoslawien und Rumänien, das bis 1938 bestand und ungarische, bulgarische und italienische Revisionsforderungen abwehren sollte.

42 Das Lied »Puppchen, du bist mein Augenstern« stammt aus der Feder des jüdischen Komponisten und Dirigenten Max Winterfeld, Künstlername Jean Gilbert. Er emigrierte 1933 zunächst nach Spanien und Frankreich und 1939 nach Buenos Aires.

43 Hans Heinz Ewers (1871–1943). Schriftsteller und umstrittener Bestsellerautor des Kaiserreichs und der Weimarer Republik. Er trat 1931 der NSDAP bei, war mit Goebbels und Hitler bekannt, eckte aber mit dem bei Cotta erschienenen Buch *Horst Wessel. Ein deutsches Schicksal* an, das er auf Geheiß der Nationalsozialisten geschrieben hatte, denn es war der Partei nicht antisemitisch genug. 1934 erließ Goebbels ein generelles Publikationsverbot gegen ihn. Ewers stand im selben Jahr im Zusammenhang mit dem Röhm-Putsch auf einer Todesliste der SS, konnte aber untertauchen.

44 *Die Neue Literatur* (vor 1931 *Die schöne Literatur*) war die führende nationalsozialistische Literaturzeitschrift. Herausgeber war 1923 bis 1943 Will Vesper.

45 Walter Bloem (1868–1951). Auflagenmillionär und einer der meistgelesenen Autoren seiner Zeit. 1931 wurde er Vorsitzender der Arbeitsgemeinschaft nationaler Schriftsteller. Da er sich in Sachen Antisemitismus nicht instrumentalisieren ließ, spielte er im Literaturbetrieb der Nazis bald kaum noch eine Rolle.

46 Will Vesper (1882–1962). Daß Thomas Mann ihn für einen der ärgsten nationalistischen Narren hielt, ist nachvollziehbar. Seit 1931 in der NSDAP, rückte er 1933 in die Preußische Akademie der Künste auf. In seiner Zeitschrift *Die schöne Literatur* schaltete und waltete er selbst-

herrlich: Wer ihm (rassisch oder politisch) nicht paßte, wurde niedergemacht. Nach dem Krieg konnte er unbehelligt für Bertelsmann arbeiten.

47 Wahrscheinlich der Volksbibliothekar Erik Wilkens, der nach dem Krieg u. a. die Bibliothek in Rendsburg leitete und ab 1947 zahlreiche Veröffentlichungen über das Bibliothekswesen vorlegte.

Juni 1933

1 Ernst Wiechert (1887–1950). Autor der inneren Emigration. 1938 wurde er ins KZ gesteckt, nach seiner Entlassung direkt zu Goebbels gebracht und von ihm gezwungen, am propagandistisch aufgezogenen Weimarer Dichtertreffen teilzunehmen. Trotz Gestapo-Überwachung gehört Wiechert zu den meistgelesenen Autoren in Deutschland. Sein Roman *Jedermann*, der die Geschichte eines Namenlosen erzählt, erschien bereits 1931.

2 Mit diesem Roman erreichte Wiechert 1932 seinen literarischen Durchbruch.

3 Ludwig Roselius (1874 bis 1943). Kaffeehändler und Gründer der Bremer Firma Kaffee HAG. Unterstützte als Mäzen Paula Modersohn-Becker und andere Mitglieder der Worpsweder Künstlerkolonie und ließ in Bremen von 1922 bis 1931 die etwa 110 Meter lange Böttcherstraße im Stil des Expressionismus bauen. Schriften zum »1.« (1933) und »2. Nordischen Thing« (1934) brachte er in seinem eigenen Verlag, dem Angelsachsen-Verlag, heraus.

4 Beliebtes Symbol im Nationalsozialismus: Ein Reisigkranz wird an einen Baumstamm befestigt, sog. Quasten (Reisigbündel) an den Seiten des Kranzes.

5 Während Hitler wußte, daß er bürgerliche Bündnispartner brauchte, die den Nationalsozialismus allmählich akzeptierten (weshalb er die »Revolution« am 6. Juli 1933 für beendet erklärte), begann Ernst Röhm mit dem verstärkten Ausbau der SA als dritter Macht neben Polizei und Reichswehr – und zur Sicherung seiner eigenen Stellung. Seine Bestrebungen endeten 1934 mit dem sog. Röhm-Putsch, bei dem an die 100 SA-Leute sowie Röhm selbst von Angehörigen der SS ermordet wurden.

6 Wurde am 21. September 1933 vor dem IV. Strafsenat des Reichsgerichts in Leipzig im Großen Saal eröffnet. Der Reichstag war in der

Nacht vom 27. auf den 28. Februar 1933 angezündet worden, die Nazis nutzten die Gelegenheit, um massiv gegen Gegner Hitlers vorzugehen und die Grundrechte zu beschneiden. Beendet wurde der Prozeß am 23. Dezember 1933 mit der Verurteilung von Marinus van der Lubbe.

7 Nicht zweifelsfrei zu entziffern.

8 See im Südwesten Berlins am Rande des Grunewalds.

9 Stresau scheint nicht an seinem zehn Jahre alten Stück *Der Heilige Hain* gearbeitet zu haben. Am 8. August 1933 notiert er im Tagebuch: »Der *Heilige Hain* war zu pathetisch und hohl, eine grausame Sprache war das, dieses Gemisch aus Hebbel und Stefan George.« Statt dessen arbeitet er an *Ilion*, einem Text, der im Literaturarchiv Marbach überliefert ist. Ende 1935 ändert er den Titel in *Götter und Menschen*, aber Anfang 1936 firmiert das Stück wieder unter *Ilion*.

10 Otto Pniower (1859–1932). Literaturwissenschaftler, 1918 bis 1924 Leiter des Märkischen Museums in Berlin. Er war mit Fontanes Söhnen befreundet, und 1902 erwarb er Fontanes Nachlaß für das Museum, der Grundstock für ein Fontane-Archiv. Ein geschlossener persönlicher Nachlaß Pniowers existiert nicht.

11 Diese Schätzung hat der Schriftsteller und Berliner Hilfsbibliothekar Paul Zech vorgenommen, der noch heute wegen seiner freien Übertragungen der Lyrik von Rimbaud und François Villon bekannt ist. »Als die Sammlung in der Bibliothek ankam, fehlten über 8000 Bücher, darunter die wertvollen Erstausgaben, die beim Schätzpreis den Ausschlag gegeben hatten«, schreibt Hans-Albert Walter in Band 1,2 seiner *Deutschen Exilliteratur 1933–1950* (Metzler 2017, S. 586 f.) über diesen Fall. Und weiter: »In einem langwierigen Untersuchungsverfahren erwies sich die Unschuld des Bibliotheksdirektors, der als Sozialdemokrat zuerst bezichtigt und auch bereits aus dem Dienst entlassen worden war. Der Verdacht richtete sich nun gegen den für Stiftungsbibliotheken zuständigen Hilfsbibliothekar Zech […] Als dann im Frühsommer 1933 Exemplare aus der Sammlung in Berliner Antiquariaten auftauchten, erstattete der entlassene Direktor Anzeige gegen Zech, der denn auch am 31. Juli als Täter überführt wurde: Eine überraschende Haussuchung in seiner Wohnung förderte 37 durchweg wertvolle Bücher zutage, die der Bibliothek gehörten […]« Zech verließ Deutschland im August 1933 Hals über Kopf.

12 Im Rahmen des am 7. April 1933 erlassenen »Gesetzes zur Wiederher-

stellung des Berufsbeamtentums« mußten alle Angestellten mit Beamtenstatus einen sogenannten Ariernachweis erbringen und belegen, daß sie keine jüdischen Vorfahren hatten. Dafür mußten die eigene Geburtsurkunde, die Geburts- oder Taufurkunden der Eltern und Großeltern sowie die Heirats- oder Trauurkunden der Eltern und Großeltern vorgelegt werden.

13 Schwarz-gelb war die Flagge des österreichischen Kaiserhauses und auch die Nationalflagge der österreichischen Reichshälfte der Doppelmonarchie.

14 Theodor Duesterberg (1875–1950). Langjähriger Vorsitzender des paramilitärischen Stahlhelmbundes. Bei der Wahl zum Reichspräsidenten 1932 stellte ihn die DNVP als Kandidaten auf, er schnitt jedoch schlecht ab und zog seine Kandidatur zurück. Obwohl er als »Vierteljude« galt, bot man ihm 1933 den Posten als Arbeitsminister im Kabinett Hitler an, den aber dann Franz Seldte bekam. Wegen der Gleichschaltung des Stahlhelms gab Duesterberg den Vorsitz auf.

15 Nicht zu ermitteln. Der Name ist auch in der Handschrift abgekürzt.

16 Mappe mit 55 politischen Zeichnungen, Malik-Verlag 1921.

17 Gemeint ist der Pianist Wilhelm Backhaus (1884–1969), der Hitler 1933 persönlich kennenlernte und 1936 von diesem zum Professor ernannt und als Ehrengast zum Reichsparteitag geladen wurde. In der Zeitschrift *Die Musikwoche* hatte Backhaus im März 1936 mit Blick auf die bevorstehende Reichtagswahl gesagt: »Niemand liebt die deutsche Kunst und insbesondere die deutsche Musik glühender als Adolf Hitler […]«

18 Die NS-Führung mißbilligte das Rauchen. Verbote galten für Straßenbahnen, Busse und S-Bahnen, und die Tabaksteuer wurde erhöht. Die Nazis verhängten Beschränkungen bei der Tabakwerbung und beim Rauchen im öffentlichen Raum sowie in Restaurants. Erfolg hatte die Kampagne nicht: In den Jahren 1933 bis 1939 stieg der Tabakkonsum.

19 Der Kampfring junger Deutschnationaler wurde am 21. Juni 1933 mit anderen deutschnationalen Jugend- und Selbstschutzverbänden wegen angeblicher kommunistischer und sozialdemokratischer Unterwanderung aufgelöst. Er gehörte zu Hugenbergs Deutschnationaler Volkspartei (DNVP). Daraufhin trat Hugenberg am 27. Juni zurück. Noch am selben Tag löste sich die DNVP auf. Ihre Reichstagsabgeordneten schlossen sich der NSDAP-Fraktion an.

20 Gemeint ist der Young-Plan, der letzte Reparationsplan, der die Zahlungsverpflichtungen des Deutschen Reichs auf Grundlage des Versailler Vertrags regeln sollte. Er war am 17. Mai 1930 rückwirkend zum 1. September 1929 in Kraft getreten. Bis 1988 sollten jährlich rund zwei Milliarden Reichsmark in Devisen gezahlt werden.

21 Hermann Rauschning (1887–1982). Der Senat unter seiner Führung bildete vom 20. Juni 1933 bis 23. November 1934 die Regierung der Stadt Danzig. Ab 1934 wurde er zum Kritiker des NS-Regimes. Sein Buch *Gespräche mit Hitler* (1939) erregte Aufsehen, die Gespräche erwiesen sich später jedoch als Fälschungen.

22 Hier spielt Stresau auf die im Berliner Widerstands-Verlag verlegten Schriften von Ernst Niekisch an. Gemeint sind wohl insbesondere die Aufsätze *Der sterbende Osten. Das Gift der Zivilisation* (1929) und *Der politische Raum deutschen Widerstandes* (1931).

23 Goebbels spricht am 21. Juni 1933 vor Vertretern der Presse und betont dabei den »rein nationalsozialistischen Charakter« der »gegenwärtigen Revolution«, womit er den alleinigen Herrschaftsanspruch der Nationalsozialisten auch gegenüber den deutschnationalen Kampfbünden unterstreicht. Einen Tag später, am 22. Juni, wurde die SPD im gesamten Reich verboten. Mit dem Reichskonkordat, geschlossen am 20. Juli 1933 zwischen dem Heiligen Stuhl und der Deutschen Reichsregierung, wurde der Herrschaftsanspruch auch gegenüber der katholischen Kirche durchgesetzt. Die Gleichschaltung der protestantischen Kirche verlief parallel dazu.

Juli 1933

1 Wilhelm Dibelius (1876–1931). Anglist. Begründete mit seinem Werk *England* (1923) die moderne Englandkunde in Deutschland.

2 »England. Literatur der Gegenwart«. In: *Weltliteratur der Gegenwart*. Hrsg. Wilhelm Schuster und Max Wieser. Sieben-Stäbe-Verlag 1931.

3 Mangels Besserem.

4 Carl Ludwig Schleich (1859–1922). Chirurg und Schriftsteller. Sein Werk *Besonnte Vergangenheit. Lebenserinnerungen eines Arztes* erschien 1920 bei Rowohlt. Sein Vater war der Augenarzt und Geheime Sanitätsrat Carl Ludwig Schleich (1823–1907).

5 Dr. Adolf Waas (1890–1973). Bis zu seiner Entlassung Leiter der Städtischen Volksbüchereien Frankfurt am Main.

6 Dr. Ernst Möring (1886–1973). Bis zu seiner Entlassung Leiter der Städtischen Volksbüchereien und Lesehallen in Breslau.

7 Die Ex-Kollegen, die Stresau zum Abschied Dibelius' Werk *England* geschenkt hatten.

8 Hitlers Rede vor den Reichsstatthaltern am 6. Juli 1933. Darin hieß es: »Man darf daher nicht einen Wirtschaftler absetzen, wenn er ein guter Wirtschaftler, aber noch kein Nationalsozialist ist; zumal dann nicht, wenn der Nationalsozialist, den man an seine Stelle setzt, von der Wirtschaft nichts versteht. In der Wirtschaft darf nur das Können ausschlaggebend sein.«

9 Herbert Blank (1889–1958). Veröffentlichte unter dem Pseudonym Weigand von Miltenberg die ironische Abhandlung *Adolf Hitler, Wilhelm der Dritte* (1931 bei Rowohlt), obwohl er langjähriges NSDAP-Mitglied war. Er wurde 1933 verhaftet und bis 1945 in verschiedenen KZs eingesperrt. Nach dem Krieg wurde er einer der ersten Mitarbeiter des Nordwestdeutschen Rundfunks.

10 Das Gasthaus Lübke im Forsthaus Ziegenkrug im Wald zwischen Bötzow und Wansdorf war seinerzeit ein beliebtes Ausflugslokal. Das Gebäude wurde in den 1970er Jahren abgerissen.

11 Am 11. Juni 1933 erklärt Reichsinnenminister Wilhelm Frick in einem Rundschreiben an alle Reichsstatthalter und Landesregierungen die »deutsche Revolution« für »abgeschlossen«. Die »gesetzmäßige Aufbauarbeit« werde gefährdet, wenn »weiterhin noch von einer Fortsetzung der Revolution oder von einer zweiten Revolution geredet wird«.

12 Philipp Scheidemann (1865–1939). SPD-Politiker, 1919 zum Ministerpräsidenten gewählt.

13 Nicht ermittelt.

14 Haus Escherde ist ein Ortsteil von Gronau (Leine) im niedersächsischen Landkreis Hildesheim.

15 Das »Gesetz gegen die Neubildung von Parteien« vom 14. Juli 1933, das als einzige politische Partei die NSDAP zuließ.

16 Am 21. März 1933 gab Heinrich Himmler in einer Pressekonferenz die Errichtung eines politischen Konzentrationslagers bei der Stadt Dachau bekannt. Der *Völkische Beobachter* schrieb: »Am Mittwoch wird in der Nähe von Dachau das erste Konzentrationslager mit einem Fassungsvermögen für 5000 Menschen errichtet werden. Hier werden die gesamten kommunistischen und, soweit dies notwendig ist, Reichsbanner und sozialdemokratischen Funktionäre, die die Sicherheit des Staates gefährden, zusammengezogen.«

17 Teichoskopie (auch Mauerschau) nennt man im Epos und Schauspiel den mündlichen Bericht einer Figur, die von erhöhter Position aus Vorgänge beobachtet und wiedergibt, die auf der Bühne nicht darzustellen sind.

18 Am 28. Juli 1933 wurde nicht nur besagte Eiche abgesägt, sondern von den (flüchtigen) Tätern auch ein Polizeibeamter angeschossen. Die Gestapo setzte 1000 Mark Belohnung für die Ergreifung der Täter aus.

19 Ernst Graf zu Reventlow (1869–1943). Deutscher Seeoffizier, Schriftsteller, Journalist und deutschvölkischer bzw. nationalsozialistischer Politiker. Als Gefolgsmann Gregor Strassers kaltgestellt. Fanny zu Reventlow war seine Schwester. Gab die Zeitschrift *Reichswart. Wochenschrift für nationale Unabhängigkeit und deutschen Sozialismus* heraus, die 1920 bis 1943 erschien. Ab 1937 wirkte er im Beirat der Forschungsabteilung »Judenfrage« im »Reichsinstitut für Geschichte des neuen Deutschlands«. Herausgeber der antisemitischen Zeitschrift *Der Weltkampf.*

20 Johann von Leers (1902–1965). NS-Publizist und Jurist, auch Universitätsprofessor für Geschichte. Er war ein glühender Antisemit.

August 1933

1 Wohl Stresaus Schwester, von der wenig später noch die Rede sein wird, allerdings nennt er sie nie wieder »Mietze«. Name und Lebensdaten nicht ermittelt.

2 Damit könnte Richard Strauss gemeint sein, der für seine aberwitzigen Honorarforderungen bekannt war. Staatssekretär Walter Funk nannte sie in einer Aktennotiz »Phantasiepreise«. Nicht zu verwechseln mit Reichswirtschaftsminister und Reichsbankpräsident Walther Funk.

3 Karl Benno von Mechow (1897–1960). Kriegsfreiwilliger und Schriftsteller. *Das Abenteuer. Ein Reiterroman aus dem großen Krieg* erschien 1930 bei Langen-Müller und erlebte mehrere Auflagen. Kurt Tucholsky besprach den Roman für die *Weltbühne*: »Das Buch ist wunderhübsch geschrieben; wenn es als Märchen herausgekommen wäre, wärs gar nicht übel. Es ist ein ästhetischer Krieg; ein pflaumenblauer Herbst-Krieg, mit Ritten durch die regenschweren Baumalleen des Ostens […]«

4 Otto Gmelin (1886–1940). Verfasser hauptsächlich historischer Romane und Erzählungen. Trat 1936 dem nationalsozialistisch gesinnten Bamberger Dichterkreis bei.

5 Die Dienst- und Vollzugsordnung vom 1. August 1933, die in § 6 »Vergeltung und Sühne« als neue Grundprinzipien benennt. Die Haftbedingungen wurden verschärft. Am 1. August wurden Bruno Tesch, Walter Möller, Karl Wolff und August Lütgens in Altona wegen angeblichen gemeinschaftlichen Mordes an zwei SA-Männern mit dem Handbeil geköpft. Es waren die ersten politischen Hinrichtungen seit Hitlers Machtergreifung. Arnold Zweig verarbeitete den Vorfall später in seinem Roman *Das Beil von Wandsbek*.

6 Die Brüder Franz und Erich Sass waren berühmt-berüchtigte Berliner Bankräuber. Als sie 1929 nach einem spektakulären Einbruch in der Diskontobank am Wittenbergplatz aus Mangel an Beweisen wieder freigelassen wurden, gaben sie im Nobelrestaurant Lutter & Wegner eine Pressekonferenz. Bis 1932 war ihnen nichts nachzuweisen. 1940 wurden sie im KZ Sachsenhausen ermordet.

7 Vermutlich Bücher des Historikers Karl Hampe, der durch seine Tagebücher aus dem Ersten Weltkrieg bekannt wurde, sowie des Literaturhistorikers Wolfgang Golther, der Standardwerke zur germanischen Mythologie und zur Literatur des Mittelalters verfaßte.

8 Unklar, wer gemeint ist. Schöningh gehört eigentlich zu den »Getreuen«, Schuster wurde entlassen. Der Hinweis auf Sch. findet sich auch nicht in der Handschrift, sondern nur in der Druckfassung von 1948.

9 Bereits im März 1933 hatten 40 Gemeinden des Bezirksamts Starnberg Hitler die Ehrenbürgerwürde verliehen. Hitler erhielt rund 4000 solcher »Auszeichnungen«.

10 Ein Versroman »in drei Kreisen« von Albrecht Schaeffer (1885–1950), der 1922 im Insel-Verlag erschien.

11 1932 und 1933 kam es überall in der Sowjetunion zu Versorgungsengpässen; in der Ukraine, in Kasachstan, dem Wolgagebiet, dem Nordkaukasus und anderen Regionen herrschte eine durch Stalins Politik verschuldete Hungerkatastrophe, der zwischen fünf und sieben Millionen Menschen zum Opfer fielen. Die meisten Menschen (3,3 Millionen) starben in der Ukraine, bis heute gibt es dort den Begriff *Holodomor* = »Töten durch Hunger«. Die Hungersnot war eine direkte Folge der Zwangskollektivierung ab 1929. Nach der guten Ernte von 1930 legten die Moskauer Planer für 1932 noch höhere Ertragspläne fest. Ein erheblicher Teil der Ernte sollte ins Ausland verkauft werden. Auch Futtergetreide für das Vieh und Saatgut wurden beschlagnahmt.

12 Wahrscheinlich Hans Julius Wolff (1898–1976). Verwaltungswissenschaftler und Richter. Wolff arbeitete in der Hochschulabteilung des preußischen Innenministeriums und erhielt 1933 einen Ruf nach Frankfurt, durfte aber seine Professur auf Betreiben der NSDAP nicht antreten.
13 Nicht ermittelt.
14 Wahrscheinlich Kurt Stavenhagen (1884–1951). Deutsch-baltischer Philosoph und Hochschullehrer, der von 1904 bis 1909 in Göttingen studierte. Vertreter der phänomenologischen Philosophie, der nicht in die NSDAP eintrat.
15 1883 gründete Hermann Mütze mit der Eröffnung der Altdeutschen Weinstube (bekannt unter dem Namen Die alte Mütze) einen Weinhandel. Die Stadt Göttingen erwarb das Gebäude 1930 und stellte es dem Kreishandwerkerbund als Gaststätte zur Verfügung.
16 Ernst »Noli« Pfeiffer (1893–1986). Privatgelehrter, Schriftsteller. Lernte 1931 Lou Andreas-Salomé kennen, bei der er eine Lehranalyse durchführen lassen wollte. Ab 1933 entwickelte sich aus der flüchtigen Bekanntschaft eine langjährige Freundschaft, Andreas-Salomé übertrug ihm 1934 alle Rechte an ihrem literarischen Nachlaß, um den er sich nach ihrem Tod kümmerte.
17 Max Hildebert Boehm (1891–1968). Völkischer Politiker, Soziologe und Publizist. Das Buch *Das eigenständige Volk. Volkstheoretische Grundlagen der Ethnopolitik und Geisteswissenschaften* war 1932 erschienen.
18 Wilhelm Heinrich Riehl (1823–1897). Journalist, Novellist und Kulturhistoriker, 1883 geadelt. Gilt als wissenschaftlicher Begründer der Volkskunde.
19 Justus Möser (1720–1794). Jurist, Staatsmann, Schriftsteller und Historiker. Gilt als Vater des heutigen deutschen Rechtssystems.
20 Curt Corrinth (1894–1960). Schriftsteller, Drehbuchautor. 1933 erschienen, angeführt von Hanns Heinz Ewers und Erwin Riethmann, zahlreiche Publikationen über Horst Wessel, ein Wessel-Buch von Corrinth ist nicht nachweisbar. Wegen seines gegen Antisemitismus gerichteten Schauspiels *Trojaner* (1929) verboten die Nazis 1933 seine Werke. Ein Jahr verbrachte er in Schutzhaft, ehe er 1934 wieder publizistisch tätig werden durfte.
21 Pandaros: Griechischer Heerführer im Kampf um Troja.
22 Heinrich Brüning (1885–1970). Konservativ-nationaler Politiker, 1930 bis 1932 Reichskanzler. Er war der letzte auf verfassungsgemäßer

Grundlage regierende Kanzler der Weimarer Republik, stützte sich aber bereits auf zahlreiche Notverordnungen, die an die Stelle normaler Gesetzgebung im Reichstag traten.

23 Die Einkreisungstheorie geht auf die Zeit vor dem Ersten Weltkrieg zurück, als sich das deutsche Volk von Feinden umzingelt wähnte. Nach dem Ersten Weltkrieg wurde der Einkreisungsvorwurf als Bedrohungsszenario von Moskau übernommen.

September 1933

1 Vom 30. August bis 3. September 1933 fand in Nürnberg der sog. Reichsparteitag des Sieges statt. Dabei schwor Hitler 160 000 Amtswalter der NSDAP auf die Erziehung der Deutschen zu einem »Volk mit einer Idee und einer Willensäußerung« ein.

2 Ferdinand Kürnberger (1821–1879). Österreichischer Schriftsteller.

3 Brot und Spiele, Zitat aus einem Werk des römischen Dichters Juvenal.

4 Mittels Anerbenrecht wird eine Hofstelle auf einen einzigen Erben übertragen, damit sie geschlossen auf den neuen Besitzer übergeht.

5 Edgar Hennecke (1865–1951). Evangelischer Pfarrer und Theologe, studierte u. a. bei Adolf Harnack. Lebte später in Göttingen.

6 Stiefsohn Heinz Beutin und Ilona. Später heiratet er Sophie Hänssig und arbeitet zunächst als Amtsarzt in Frankfurt, in den 1950er Jahren auch als Röntgenologe in Frankfurt-Sachsenhausen.

7 Der Staatsrat war am 8. Juli 1933 in seiner bisherigen Funktion aufgelöst worden. Der neue Preußische Staatsrat wird am 15. September 1933 mit einer Militärparade Unter den Linden in Berlin eröffnet. Zu diesem Anlaß wird auch das neue preußische Wappen, ein friderizianischer Adler mit Hakenkreuz, vorgestellt.

8 Edwin Erich Dwinger (1898–1981). Schriftsteller. 1933 eckte er mit einem pazifistischen Schauspiel an, feierte aber bald mit regimekonformen Romanen wieder große Erfolge. Lange Zeit »Prototyp eines nationalistischen und faschistischen Schriftstellers«, erhielt er 1943 Schreibverbot und stand kurzzeitig unter Hausarrest. *Wir rufen Deutschland* erschien 1932. Es ist der letzte Band einer Trilogie und beschreibt die Rückkehr aus russischer Kriegsgefangenschaft.

9 Walther Darré (1895–1953). Agrarpolitiker, Schriftsteller und SS-Funktionär. Neben seinem Amt als Reichsbauernführer war er 1933 bis 1942 Reichsernährungsminister.

10 Bezieht sich wahrscheinlich auf seine Erbschaft, von der später die Rede ist.

11 Gehalten am 23. September 1933 zum ersten Spatenstich für den Bau der Reichsautobahn bei Frankfurt: »Wir stehen heute am Beginn einer gewaltigen Arbeit. Sie wird in ihrer Bedeutung nicht nur für das deutsche Verkehrswesen, sondern in weitestem Sinne für die deutsche Wirtschaft erst in späteren Jahrzehnten vollständig gewürdigt werden.« Und: »Dann sorgt Ihr dafür, daß durch Eure gesteigerte Konsumkraft wieder hunderttausend andere in Fabriken und Werkstätten Arbeit bekommen. Es ist unser Ziel, die Konsumkraft der Massen langsam zu heben.«

12 Die Genfer Abrüstungskonferenz tagte mit Unterbrechungen seit dem 2. Februar 1932 (bis 11. Juni 1934). Deutschland hatte gedroht, sie zu verlassen, wenn die Großmächte nicht in die Anerkennung der militärischen Gleichberechtigung des Deutschen Reiches einwilligten. Anfang 1933 hatten die Briten für Deutschland ein 200 000-Mann-Heer und gleichzeitig die Abrüstung der Nachbarn vorgeschlagen, was Frankreich ablehnte: Es solle für die nächsten vier Jahre bei dem bisherigen 100 000-Mann-Heer bleiben. Deutschland verließ die Konferenz am 14. Oktober 1933.

13 Das Gesetz zur Wiederherstellung des Berufsbeamtentums vom 7. April 1933 hatte hauptsächlich dazu gedient, jüdische und politisch mißliebige Beamte entlassen zu können. Im Gesetz vom 22. September 1933 hieß es nun: »Die Entlassung aus dem Amte, die Versetzung in ein anderes Amt und die Versetzung in den Ruhestand wird durch die oberste Reichsbehörde oder den Reichsstatthalter, in Preußen durch den Ministerpräsidenten oder die oberste Landesbehörde ausgesprochen, die endgültig unter Ausschluß des Rechtswegs entscheiden.«

14 Unklar, wer gemeint ist. Naheliegend wäre der am 8. August 1933 erwähnte Bibliothekar Johannes Beer aus Frankfurt. In der Druckfassung seines Tagebuches 1948 hat Stresau nicht nachvollziehbar aus Beer »Dr. W.« gemacht. Natürlich ist ein Versehen Stresaus nicht auszuschließen.

15 Der Reichstagsbrandprozeß wurde am 21. September 1933 am Reichsgericht in Leipzig eröffnet. Vorsitzender Richter war Wilhelm Bünger. Der mitangeklagte KPD-Politiker Ernst Torgler (1893–1963) hatte sich gegen den Willen der KPD-Führung selbst gestellt, um sich gegen seine angebliche Beteiligung zu verwahren. Da er keinen ihm politisch nahe-

stehenden Verteidiger fand, willigte er in die Verteidigung durch einen NS-Juristen ein – dafür schloß ihn die KPD 1935 aus der Partei aus. Torgler wurde aus Mangel an Beweisen freigesprochen.

16 In seinem Tagebuch lobt sich Goebbels am 25. September 1933 selbst: »Hellste Begeisterung. Ich rede in bester Form. Arbeit und Frieden! Großer Erfolg.« Am 25. September begann in Genf die ordentliche Tagung des Völkerbundes. Für Deutschland nahm neben Goebbels Außenminister Konstantin von Neurath (1873–1956) teil; er war seit 1932 im Amt und blieb es bis 1938.

17 In Genf hatte Stresemann mit einer Rede am 8. September 1926 erreicht, daß Deutschland acht Jahre nach Ende des Ersten Weltkrieges wieder vollwertiges Mitglied der Staatengemeinschaft wurde.

18 John Simon (1873–1954). Britischer Jurist und Politiker. Wurde 1931 Vorsitzender der Nationalliberalen und später Außenminister, 1935 Innenminister und unter Chamberlain 1937 Chancellor of the Exchequer (bis 1940). Er war bei Parteifreunden und Politikern unbeliebt und galt als Opportunist, der sich überall anbiederte.

19 Nicht ermittelt.

20 Der von Wilhelm Gottlieb Korn (1739–1806) gegründete Verlag in Breslau. Heute Bergstadtverlag Wilhelm Gottlieb Korn. Augenscheinlich hat es Max Wieser in diesem Fall bei einer Ankündigung belassen. Vor dem Krieg ist er allerdings Mitherausgeber einer *Weltliteratur der Gegenwart* und tritt auch mehrfach als Autor hervor.

21 Der Entwurf eines Allgemeinen Strafgesetzbuchs (Referentenentwurf) wurde am 25. September 1933 an die Landesjustizverwaltungen übersandt.

22 Beigaben für Quiz und Spiele, die der populären Zigarettensorte beilagen.

23 Georg Schmidt-Rohr (1890–1945 verschollen, 1949 für tot erklärt). Germanist und Soziologe. Leiter der sprachsoziologischen Abteilung der SS im SS-Ahnenerbe. *Mutter Sprache. Vom Amt der Sprache bei der Volkwerdung* erschien 1933 bei Diederichs.

Oktober 1933

1 Hitler veranlaßte, daß der Erntedanktag jeweils am ersten Sonntag im Oktober stattfand. 1933 wurde er erstmals auf dem Bückeberg bei Hameln auf einem von Albert Speer geplanten 120 000 m² großen Festplatz gefeiert, der später als Reichsthingplatz eingerichtet wurde.

Mehr als 500 000 Menschen sollen teilgenommen haben. Symbolischer Höhepunkt war die Übergabe einer Erntekrone durch eine Bäuerin an Adolf Hitler, begleitet durch die Worte: »Mein Führer! Sie schützen mit starker Hand / unser Land, unser Volk, unseren Stand! Als unseres Dankes bescheidenes Zeichen / wir Ihnen die Erntekrone reichen.«

2 Herbert Blank (1899–1958). Schriftsteller mit mehreren Pseudonymen, u. a. Karsthans. *Die Bauern marschieren* erschien 1931 im Stalling Verlag. Trat 1926 der NSDAP bei, arbeitete beim Kampf-Verlag. 1933 verhaftet, weil er sich mit Strasser gegen Hitler wandte. Arbeitete dann als Zensor, wurde 1934 abermals verhaftet und 1935 wegen Hochverrat verurteilt. 1939 bis 1945 im KZ Sachsenhausen. Nach dem Krieg arbeitete er als Journalist.

3 Gustav Landauer (1870–1919). Schriftsteller, der während der Novemberrevolution von 1918/19 an der Münchner Räterepublik beteiligt war. Nach ihrer Niederschlagung wurde er von Freikorps-Soldaten in der Haft ermordet. Posthum erschienen seine Vorträge über Shakespeare (1920 bei Rütten & Loening, 2 Bände), die Landauer während des Krieges gehalten hatte. Stresau wird ihn auch bei weiteren Shakespeare-Lektüren zurate ziehen.

4 Möglicherweise der Aufsatz über Hermann Hesse, von dem am 19. Juni 1933 die Rede ist.

5 Nicht zweifelsfrei zu klären, worauf Stresau anspielt.

6 In diesem Tagebuchheft hat Stresau im Mai seinen Bibliothekskurs »Schöne Literatur« skizziert. Auch wenn es sich nur um anfängliche Aufzeichnungen handeln dürfte, stehen sie doch in engem Zusammenhang mit diesem Tagebuch und werden im Anhang veröffentlicht.

7 Am 19. Oktober 1933 kündigte Deutschland seine Mitgliedschaft im Völkerbund, nachdem es nur Tage zuvor die Genfer Abrüstungskonferenz verlassen hatte. Hitler hatte den Beschluß der Reichsregierung schon am 14. Oktober 1933 bekanntgegeben. Gleichzeitig kündigte er an, den Reichstag aufzulösen, »um dem deutschen Volk Gelegenheit zu geben, selbst zu den Schicksalsfragen der deutschen Nation Stellung zu nehmen«. Die Neuwahlen fanden am 12. November 1933 statt. Die NSDAP erhielt 92 Prozent der Stimmen. Den Austritt Deutschlands aus dem Völkerbund befürworteten 95 Prozent der Wähler.

8 Anspielung auf den römischen Feldherrn Quintus Fabius Maximus Verrucosus, Beiname Cunctator (der Zögerer), seit er im Zweiten Puni-

schen Krieg (218 v. Chr. – 202 v. Chr.) sein Heer mit einer Taktik des hinhaltenden Widerstandes in die Schlacht geführt hatte.
9   Publius Cornelius Scipio Africanus. Staatsmann der Römischen Republik und Feldherr im Zweiten Punischen Krieg. In die Geschichte ging er ein als Sieger über Hannibal, einen der größten Feldherrn der Antike.
10 Werner Hegemann (1881–1936). Städteplaner, Architekturkritiker und politischer Schriftsteller. Beschäftigte sich als Autor mehrfach mit Friedrich dem Großen.
11 In einer Meldung gab die *Vossische Zeitung* am 26. Oktober 1933 bekannt: »88 deutsche Schriftsteller haben durch ihre Unterschrift dem Reichskanzler Adolf Hitler das folgende Treuegelöbnis abgelegt: Friede, Arbeit, Ehre und Freiheit sind die heiligsten Güter jeder Nation und die Voraussetzung eines aufrichtigen Zusammenlebens der Völker untereinander.« Die Liste der Unterzeichner war lang, unter ihnen Arnolt Bronnen, Max Halbe, Hans Friedrich Blunck, Gottfried Benn und Hanns Johst. Erstaunlich, daß Stresau dies im Tagebuch nicht zur Kenntnis nimmt. Auch in Victor Klemperers Tagebuch hat es keine Spuren hinterlassen.
12 Dr. Wolfgang Herrmann war, wie Stresaus Eintrag vom 2. Mai 1933 zu entnehmen, von nur geringer Körpergröße.

November 1933

1   Der in niederdeutscher Sprache verfaßte Roman *Ut mine Stromtid* des Schriftstellers Fritz Reuter (1810–1874).
2   *Die Geschichten Jaakobs*, der erste Band der Tetralogie *Joseph und seine Brüder*, erschien 1933. Er war ein ursächlicher Grund, daß sich Thomas Mann nicht früher öffentlich gegen den Faschismus stellte – er wollte das Erscheinen seiner Bücher in Deutschland nicht gefährden.
3   Andreas Rudolff Bodenstein, genannt Karlstadt (1486–1541). Reformator. In Wittenberg promovierte er 1512 Martin Luther zum Doktor der Theologie.
4   Johannes Reuchlin (1455–1522). Philosoph und Diplomat. Er gilt als der erste deutsche Hebraist.
5   Dietrich Eckart (1868–1923). Publizist und Verleger. Nach dem Ersten Weltkrieg zeitweise Mentor Hitlers. Er prägte den Begriff »Drittes Reich«, wurde 1921 Chefredakteur des *Völkischen Beobachters*, war aber nie NSDAP-Mitglied.

6 Der Wartburgkreis, die Deutsche Dichterakademie, wurde im Mai 1932 von Börries von Münchhausen als Gegenkraft zur liberalen Preußischen Akademie der Künste ins Leben gerufen. Auf der Wartburg sollten sich nationalistische Schriftsteller und Politiker treffen. Im Sängersaal wurde als Auszeichnung die sog. Wartburg-Rose verliehen.

7 Ministerpräsident Hermann Göring (1893–1946) blamierte sich nach seiner Vernehmung im Reichstagsbrandprozeß am 4. November 1933 beim verbalen Schlagabtausch mit dem angeklagten bulgarischen KP-Politiker Georgi Dimitroff (1882–1949): »Sie haben wohl Angst vor meinen Fragen, Herr Ministerpräsident?«, war Dimitroffs letzte Frage, ehe er aus dem Saal geschleppt wurde. Zuerst war der Prozeß in Leipzig mit Lautsprechern auf die Straßen übertragen worden. Als Dimitroff Göring aber immer wieder in die Rolle des Angeklagten drängte, verschwanden die Lautsprecher.

8 Die Hitlerrede im Dynamowerk in Berlin-Siemensstadt hat sich als Film erhalten.

9 Zur Eröffnung der Reichskulturkammer in der Berliner Krolloper hielt Joseph Goebbels die Rede. Er ernannte die Präsidenten und Präsidialräte der sieben Kulturkammern: Für »Schrifttum« waren das Friedrich Blunck (Präsident) sowie Hans Grimm, Hanns Johst, Friedrich Oldenburg, Theodor Fritsch und Heinrich Wismann. Die RKK entstand auf Goebbels' Betreiben zur Gleichschaltung aller Bereiche des Kulturlebens und zur Regelung sämtlicher Belange der Kulturschaffenden.

10 Ironischer Bezug auf ein Zitat Ulrich von Huttens, der am 25. Oktober 1518 an den Nürnberger Patrizier Willibald Pirckheimer schrieb: »Du nimm den Strick, Barbarei, und mache dich auf Verbannung gefaßt!«

11 Zu Weihnachten sollten im Rahmen einer »Gnadenaktion« etwa 6000 Häftlinge aus verschiedenen Konzentrationslagern entlassen werden.

12 Heinz Steguweit (1897–1964). Schriftsteller, der im Oktober 1933 mit 87 weiteren Autoren ein an Hitler gerichtetes Gelöbnis treuester Gefolgschaft unterzeichnete. Er blieb dem Regime bis zum Ende treu.

13 Die mit der Wartburg-Rose Ausgezeichneten.

14 Auch wenn der Name dreimal hintereinander auftaucht, ist er nicht mit Sicherheit zu entziffern. Es könnte auch Röhling heißen.

15 Ab Oktober begannen zehn Verhandlungstage im Reichstag selbst; der Saal des Haushaltsausschusses war vom Brand nicht betroffen.

16 Inszeniert von James Klein (1884–1943), Theaterproduzent und Direktor

der Komischen Oper Berlin, die in den 1920er Jahren eine Operettenbühne war. 1928 führte Klein hier besagte Revue auf.

17 Gegründet als Gesellschaft für empirische Philosophie, ab 1931 wirkte man in Berlin unter dem Namen Gesellschaft für wissenschaftliche Philosophie. Ihre Keimzelle war der sog. Wiener Zirkel, 1924 gegründet von dem Philosophen Moritz Schlick, dem Mathematiker Hans Hahn und dem Soziologen Otto Neurath. Führende Mitglieder der Berliner Gruppe waren Kurt Grelling, Hans Reichenbach und Stresaus Schwager Walter Dubislav. Beide Gruppen waren maßgeblich an der Entwicklung einer modernen Wissenschaftstheorie beteiligt, die sich auch deshalb internationalisierte, weil viele Mitglieder emigrieren mußten und nach 1933 in den USA und anderswo tätig waren.

18 Jesus Sirach (Ben Sira, Siracides, Sophia Seirach) heißt nach seinem Autor eine Schrift des Alten Testaments (etwa 175 v. Chr.), die zu den Apokryphen zählt.

Dezember 1933

1 Für diesen Tag gibt es keine Aufzeichnung.

2 Rudolph Schildkraut (1862–1930). Österreichischer Schauspieler, der bereits 1920 in die USA auswanderte. Seinen Shylock (1905 und 1913 bei Max Reinhardt) feierte Schauspielerkollege Fritz Kortner als »Monument der Schauspielkunst«.

3 Das Geheimnis um den Verbleib Richard III. dagegen wurde erst 528 Jahre nach seinem Tod gelüftet: Unter einem öffentlichen Parkplatz in Leicester stießen Archäologen am 12. September 2012 auf sein Skelett.

4 Bezieht sich auf Thersites' Ausspruch in Shakespeares Stück (V,2): »Wie der Unzuchtteufel mit dem feisten Arsch und dem Kartoffelfinger die zwei zusammenkitzelt.« (Schlegel/Tieck).

5 Anspielung auf die von Delia Bacon 1856 zum ersten Mal erhobene Behauptung, Francis Bacon habe die Shakespeare-Werke geschrieben – eine Auffassung, die die Bacon-Gesellschaft bis heute aufrechterhält. Ihr zufolge soll eine Autorengruppe (Francis Bacon, Sir Walter Raleigh, Edmund Spenser) Urheberin von Shakespeares Stücken sein.

6 Stresau hat über seine Artikel Buch geführt (siehe Anhang). Der Artikel *Das Volksbuch und seine Sprache* erschien am 9. September 1934 in der *Berliner Börsen-Zeitung* und brachte ein Honorar von 35 Mark.

7 Adolf von Grolman (1888–1973). Schriftsteller. Er schrieb seit 1925 in

der von Will Vesper herausgegebenen Zeitschrift *Die schöne Literatur* (ab 1931: *Die neue Literatur*) unzählige Rezensionen und Abhandlungen, ohne Vespers expliziten Schwenk in Richtung Nationalsozialismus mitzuvollziehen. 1944 wurde er von der Gestapo verhaftet, kam aber noch vor dem Zusammenbruch des Dritten Reichs frei.

8 Walter Flex (1887-1917). Schriftsteller. Seine autobiographische Erzählung *Der Wanderer zwischen beiden Welten* (1916) wurde das erfolgreichste Buch eines deutschen Schriftstellers im Ersten Weltkrieg.

9 Hanns Johst (1890-1978). Schriftsteller und ab 1935 Präsident der Reichsschrifttumskammer. Am 29. Dezember 1933 hatten die *Hamburger Nachrichten* gemeldet: »Wie wir erfahren, ist der Intendant des Staatlichen Schauspieles, Hanns Johst, bis zur endgültigen Regelung der allgemein schwebenden Fragen der Staatstheater um seine einstweilige Beurlaubung eingekommen.« Johst kehrte nicht wieder aus seinem »Urlaub« zurück – sein Nachfolger wurde Gustaf Gründgens.

10 Die *Ura-Linda-Chronik* ist eine literarische Fälschung, die 1872 zum ersten Mal vollständig und in Übersetzung erschien. Es geht darin um ein matriarchalisches Paradies namens Altland, das in den nacheiszeitlichen Fluten unterging. Wirth beschäftigte sich 1922 damit und veröffentlichte 1933 eine eigene deutsche Übersetzung. Einigen Esoterikern gilt sie bis heute als echt.

11 Friedrich Ranke (1882-1950). Germanistischer Mediävist und Volkskundler. Wegen seiner »halbjüdischen« Frau nahm er 1938 eine Professur in Basel an.

12 Vermutlich Giles Lytton Strachey (1880-1932). Britischer Biograph, Kritiker und Schriftsteller, dessen Essay- und Porträtbände *Portraits in Miniature and Other Essays* und *Books and Characters* 1931 auszugsweise unter dem Titel *Geist und Abenteuer. Sieben Bildnisse* bei S. Fischer erschienen waren.

1934

Januar 1934

1 Ludwig Renn (1889-1979). Eigentlich Arnold Friedrich Vieth von Golßenau, Schriftsteller, der dem Adel entstammt, sich aber den Kommunisten anschloß. 1914 bis 1918 Soldat im Ersten Weltkrieg (Kompanieführer). Weigerte sich 1920 beim Kapp-Putsch, auf Arbeiter zu schießen,

und quittierte den Dienst. Seinen literarischen Durchbruch hatte er 1928 mit dem Roman *Krieg*. Renn kämpfte im Spanischen Bürgerkrieg, emigrierte nach Mexiko, kehrte 1947 nach Deutschland in die SBZ zurück, wo er sich streng an die Parteilinie hielt.

2 Eine 1893 gegründete Angestelltengewerkschaft, Abkürzung DHV, mit z.T. völkischen und antisemitischen Tendenzen, die 1933 gleichgeschaltet und in die Deutsche Arbeitsfront integriert wurde.

3 Joseph E. Drexel (1896–1976). Gab ab 1935 einen illegalen Informationsdienst heraus, wurde 1937 verhaftet und im Januar 1939 wegen Vorbereitung zum Hochverrat zu drei Jahren und sechs Monaten Zuchthaus verurteilt. Nach dem Attentat vom 20. Juli 1944 wurde er erneut verhaftet und mit dem Vermerk »Rückkehr unerwünscht« ins KZ Mauthausen überstellt. 1945 bekam Drexel die Lizenz Nr. 3 in Bayern für einen Zeitungsverlag und gründete die *Nürnberger Nachrichten*.

März 1934

1 Name ist nicht eindeutig zu entziffern.
2 Unklar, um welches Projekt es geht.
3 *Die Bücherei. Zeitschrift der Reichsstelle für das Büchereiwesen* erschien 1934 bis 1944. Die Reichsstelle wechselte im Laufe der Jahre den Namen in *Reichsstelle Volkstümliches Büchereiwesen* und *Reichsstelle für das Volksbüchereiwesen*.
4 Josef Magnus Wehner (1891–1973). Schriftsteller und Bühnenautor. Hatte 1930 mit seinem Roman *Sieben vor Verdun*, der in bewußtem Gegensatz zu Remarque die guten Seiten der Kriegserfahrung darstellen wollte, seinen größten Erfolg. Seit 1933 Mitglied der NSDAP; wurde im Mai 1933 in die Preußische Akademie der Künste berufen. Er unterzeichnete mit 87 weiteren Schriftstellern im Oktober 1933 das »Gelöbnis treuester Gefolgschaft« für Hitler.

April 1934

1 Friedrich Kayssler (1874–1945). Film- und Theaterschauspieler, Schriftsteller und Komponist. Auf der sog. Gottbegnadeten-Liste rangierte er als »unersetzlicher Künstler«.
2 Bis zum Sankt-Nimmerleins-Tag.
3 Louis Paul Lochner (1887–1975). Amerikanischer Journalist. Kam 1921 als Deutschland-Korrespondent nach Berlin, seit 1924 im Berliner Büro

der Associated Press (AP) tätig, das er 1928–1942 leitete. Er interviewte Hitler zweimal: 1930 und 1933. Als kritischer Berichterstatter hatte er auch Kontakte zum Widerstand.
4 *Der junge Joseph* von Thomas Mann erschien 1934 bei S. Fischer.
5 Hypnopädie, also die Methode des Lernens im Schlaf, wird in Huxleys Roman zur Abrichtung und Beeinflussung (Konditionierung) von Menschen benutzt.
6 Gemeint ist wohl die Neue Wache Unter den Linden 4, die in den Jahren 1816 bis 1818 nach Plänen von Karl Friedrich Schinkel und Salomo Sachs errichtet wurde.
7 Eine von Otto Haenisch begründete Heilslehre mit zarathustrischen, christlichen und hinduistisch-tantrischen Elementen. Neben Meditations- und Atemübungen spielt der Vegetarismus eine bedeutende Rolle. Der explizit rassistische Mazdaznan-Kult hatte auch am Bauhaus viele Anhänger, etwa Alma Mahler, Walter Gropius und vor allem Johannes Itten, der als einer seiner fanatischsten Jünger selbst einen rassentheoretischen Text verfaßte.

August 1934

1 Stresaus 200 Seiten starke Monographie *Joseph Conrad. Der Tragiker des Westens* erscheint 1937 im Verlag Die Runde.
2 Am 30. Juni 1934 ließ Hitler beim sog. Röhm-Putsch die gesamte SA-Führung liquidieren. Damit verlor die SA ihre politische Bedeutung. Vielfach wurden dabei auch alte Gegner, die nichts mit Röhm zu schaffen hatten, aus dem Weg geräumt.
3 1920 war das Saarland zur Wiedergutmachung französischer Kriegsschäden zum Mandatsgebiet des Völkerbundes geworden. Für die Abstimmung sah der Versailler Vertrag drei Optionen vor: 1. Beibehaltung der gegenwärtigen Rechtsordnung, 2. Vereinigung mit Frankreich, 3. Vereinigung mit Deutschland. Sechs Monate vor der Abstimmung, im Juli 1934, entschied sich die KPD im Saargebiet zur Bildung einer Einheitsfront mit der SPD, um für die Fortsetzung des Völkerbundmandats zu kämpfen.
4 Hindenburg starb am 2. August 1934.
5 Die Volksabstimmung über das Staatsoberhaupt des Deutschen Reichs vom 19. August 1934. Hitler ließ sich die Zusammenlegung der Ämter des Reichskanzlers und des Reichspräsidenten in seiner Person

als Führer und Reichskanzler bestätigen. Trotz deutlicher Zustimmung blieb das Abstimmungsergebnis hinter den Erwartungen zurück.

6 Während Hitler schon in den 1920er Jahren Mussolini-Fan war (und über die italienischen Behörden sogar – vergeblich – versuchte, ein Autogramm zu ergattern), war der Duce, der sich als weltmännischer Staatsmann und imperialer Feldherr gab, 1933/34 noch wenig von Hitler angetan. Er wollte keine Verpflichtungen eingehen, sah sich eher als Vermittler zwischen England, Frankreich und Deutschland. 1934 besetzte Mussolini Libyen, 1935 begann er den Eroberungsfeldzug gegen Abessinien, hatte sich damit aber deutlich übernommen. Für Hitler war das der perfekte Zeitpunkt, Mussolini enger an sich zu binden. Er lieferte den Abessinern Waffen, um den Krieg zu verlängern. Schon 1936 schloß Italien mehrere Bündnisse mit Deutschland. Und am 1. November 1936 wurde die »Achse Rom–Berlin« verkündet.

7 Der österreichische Bundeskanzler Engelbert Dollfuß wurde beim erfolglosen Juliputsch der österreichischen Nationalsozialisten am 25. Juli 1934 ermordet.

September 1934

1 *Deutsches Wollen* (nicht zu verwechseln mit der 1939 bis 1941 erscheinenden Zeitschrift der NSDAP-Auslandsorganisation gleichen Namens) wurde 1933 als »Wochenzeitung für Preußentum und Sozialismus« gegründet. Ab Nr. 161 vom 5. Juli wurde der Untertitel in »Wochenzeitung für das junge Reich« geändert. (Siehe Anhang).

2 Die *Berliner Börsen-Zeitung BBZ*. Sie war 1855 von Bismarck initiiert worden und erschien bis 1944 zweimal wochentäglich als Morgen- und Abendausgabe.

3 Stresaus Aufsatz »Das Volksbuch und die Sprache« erschien am 9. September 1934 in der *Berliner Börsenzeitung*.

4 Diese Bestrebungen gipfelten 1935 im von Heinrich Himmler gegründeten Lebensborn e. V.

5 Wohl eine Anspielung Stresaus auf das lateinische »unda« (Welle).

6 Der Reichsparteitag, der vom 5. bis 10. September 1934 stattfand. Im nachhinein wurde er Reichsparteitag der Einheit und Stärke oder Reichsparteitag der Macht genannt.

7 Französisch: Antiklerikaler Ausruf Voltaires: Zermalmt das Niederträchtige.

1935

Februar 1935

1 Gertrud Dubislav, Lebensdaten nicht ermittelt. Walter Dubislav wurde davon wohl nun völlig aus der Bahn geworfen, wie sich in den nächsten Monaten zeigen sollte. Am 17. September 1937 setzte er seinem Leben ein Ende.
2 Sir Harold George Nicolson (1886–1968). Britischer Diplomat, Autor und Politiker, der mit der Schriftstellerin Vita Sackville-West verheiratet war. Besagtes zweibändiges Werk erschien 1933 in der Übersetzung von Hans Reisiger bei S. Fischer.
3 Sicher versehentlicher Doppeleintrag eines Tages.
4 Hans Joachim Flechtner (1902–1980). Feuilletonist, Kulturkorrespondent und Autor. Arbeitete 1934 beim *Stettiner Generalanzeiger* und beim *Berliner Tageblatt*. In Stresaus Auflistung seiner Artikel (siehe Anhang) findet sich nichts, was auf einen solchen Beitrag verweist.
5 Im Münchner Hofbräuhaus. Hier feiern führende Vertreter der NSDAP den Jahrestag der Verkündung des 25-Punkte-Programms, in dem schon damals Schwerpunkte wie Aufhebung des Versailler Friedensvertrags, Entzug der deutschen Staatsbürgerschaft von Juden sowie Stärkung der Volksgemeinschaft gesetzt worden waren. Hitler betonte, daß seine ersten Regierungsjahre nur ein Vorgeschmack dessen gewesen seien, was noch kommen werde. – Am 24. Februar 1920 war im Hofbräuhaus die öffentliche Bekanntgabe der neuen Partei durch Umbenennung der Deutschen Arbeiterpartei (DAP) in Nationalsozialistische Deutsche Arbeiterpartei (NSDAP) erfolgt, die offizielle Ummeldung war schon am 20. Februar 1920 vollzogen.
6 Friedrich Percyval Reck-Malleczewen (1884–1945). Arzt und Schriftsteller. Setzte zunächst einige Hoffnungen in den Nationalsozialismus, wandte sich aber bald angewidert ab. Aufgrund einer Denunziation wurde er 1944 verhaftet, wieder freigelassen, erneut angeschwärzt und Anfang 1945 ins KZ Dachau verbracht, wo er an Typhus gestorben sein soll. *Acht Kapitel für die Deutschen* erschien 1934. Sein *Tagebuch eines Verzweifelten* (1936–1944) ist bis in die jüngste Zeit als »Zeugnis einer inneren Emigration« immer wieder aufgelegt worden.

März 1935

1 Der Völkerbundsrat bestimmte mit Wirkung zum 1. März 1935 die Rückgliederung. Für die Vereinigung mit Deutschland hatten über 90 Prozent der Wähler gestimmt, für die Angliederung an Frankreich 0,4 Prozent, für den Status quo 8,87 Prozent.

2 Im Versailler Vertrag war festgelegt, daß das 1871 abgetretene Elsaß Frankreich angegliedert wurde. Am 14. Mai 1940 besetzte die deutsche Wehrmacht das Elsaß und schloß es mit dem Gau Baden zum Gau Baden-Elsaß zusammen.

3 Bei einer Unterredung Hitlers und Hindenburgs mit dem französischen Botschafter François-Poncet am 15. September 1933 hat Hitler die Elsaß-Lothringen-Frage als nicht existent für Deutschland erklärt.

4 In seiner Ansprache in Saarbrücken bezeichnete Hitler den Tag als »Glückstag für die ganze Nation«.

5 Peter Suhrkamp trat 1933 in den S. Fischer Verlag ein, zunächst als Herausgeber der *Neuen Rundschau*. Im Herbst 1933 rückt er in den Vorstand auf. Nach dem Tod Samuel Fischers 1934 führt er den Verlag zunächst mit Fischers Schwiegersohn Gottfried Bermann Fischer weiter, bis dieser 1936 mit einem Teil des Verlages ins Exil geht.

6 Stresau war Autor der 1890 gegründeten Literaturzeitschrift *Neue Rundschau*. Sie wurde erst kurz vor Kriegsende 1944 verboten, aber bereits 1945 wiedergegründet. 1935 hat die *Neue Rundschau* laut Stresaus Aufzeichnungen (siehe Anhang) nur einen Beitrag von ihm gedruckt: »Raum und Zeit in der Epik« im Maiheft.

7 Wilhelm Furtwängler hatte im März 1934 mit den Berliner Philharmonikern Paul Hindemiths Sinfonie *Mathis der Maler* uraufgeführt und damit einen heftigen Meinungsstreit entfacht. Zum Eklat kam es, als Furtwängler am 25. November 1934 in seinem Artikel *Der Fall Hindemith* in der *Deutschen Allgemeinen Zeitung* den Komponisten in Schutz zu nehmen versuchte. Als Furtwängler in der Saison 1934/35 auch noch die Oper *Mathis der Maler* uraufführen wollte, ließ Göring die Premiere auf Hitlers Geheiß verbieten (sie wurde erst 1938 in Zürich uraufgeführt). Der gemaßregelte Furtwängler trat als Opernchef und Vizepräsident der Reichsmusikkammer zurück. Allerdings ließ er sich am 28. Februar 1935 von Goebbels empfangen und erklärte, er habe nicht die

Absicht gehabt, »in die Leitung der Reichskunstpolitik einzugreifen«. Danach konnte er ab April 1935 wieder auftreten.
8 Goebbels hatte am 6. Dezember 1934 eine Brandrede gegen Komponisten atonaler Musik gehalten (ohne Hindemith namentlich zu nennen). Richard Strauss telegraphierte ihm daraufhin: »Zur großartigen Kulturrede sende herzlichen Glückwunsch und begeisterte Zustimmung. In treuer Verehrung, Heil Hitler, Richard Strauss.« Die Kontroverse spielte sich vor einem Hintergrund ab, der nichts mit Hindemith und Furtwängler zu tun hatte: Goebbels und Alfred Rosenberg rangen handfest miteinander um die Hoheit im deutschen Kulturbetrieb.

Mai 1935
1 Nicht zu ermitteln, da auch in der Handschrift nur die Abkürzung steht.

September 1935
1 Gemeint ist Fräulein Z., der Schwager Walter Dubislav ein Auge ausgeschlagen hatte.
2 Theodor Ludwig Wiesengrund/Theodor W. Adorno (1903–1969). Ein Hauptvertreter der Kritischen Theorie (Frankfurter Schule). Im Herbst 1933 von den Nationalsozialisten mit Lehrverbot belegt (er galt obendrein als »Halbjude«), verkannte er zunächst den Ernst der Lage. Wirkte ab 1934 am Merton College in Oxford, behielt aber seinen Frankfurter Wohnsitz bei. Max Horkheimer (1895–1973) holte ihn schließlich ans Institut für Sozialforschung in die USA.
3 Französische Filmkomödie aus dem Jahr 1931.

November 1935
1 Die Siedlung Eichkamp liegt im Berliner Ortsteil Westend des Bezirks Charlottenburg-Wilmersdorf. Max Taut plante sie gleich nach dem Ersten Weltkrieg als Siedlung für Arbeiter und Beamte mit geringem Einkommen. Hier wohnten u. a. Taut selbst, Ludwig Marcuse und Arnold Zweig.
2 Robert Ley (1890–1945). Parteimitglied seit 1923, wurde er 1934 in Nachfolge des ermordeten Gregor Strasser Reichsorganisationsleiter der NSDAP. Ley war glühender Antisemit und dafür bekannt, sich in Rage zu reden, wobei der Sinn gern auf der Strecke blieb. So kündigte

er die kurz bevorstehende Eroberung des Mondes an. Er war bis 1945 Leiter der 1933 gegründeten Deutschen Arbeitsfront (DAF). Wegen seines bekannten Alkoholproblems auch »Reichstrunkenbold« genannt. Verlor ab 1939 zusehends an Einfluß.

3 Emil Ludwig (1881-1948) hat mehrfach über Goethe gearbeitet. Vermutlich liest Stresau die 1931 bei Zsolnay erschienene Biographie *Goethe. Geschichte eines Menschen*.

4 Hans Ludwig Rothe (1894-1977). Schriftsteller und Dramaturg. Er übersetzte alle Dramen Shakespeares ins Deutsche. War Dramaturg bei Max Reinhardt am Deutschen Theater Berlin und wurde Chefdramaturg der UFA. Ab 1934 kam es zu ideologischer Kritik an seinen Shakespeare-Übersetzungen, 1936 wurden sie von Goebbels persönlich verboten, später wieder gespielt. Rothe emigrierte 1936 nach Spanien und ging später in die USA.

5 Theodor Loos (1883-1954). Theater- und Filmschauspieler. 1935 von Goebbels zum Reichskultursenator, 1937 von Hitler zum Staatsschauspieler ernannt. Kam 1944 auf die »Gottbegnadeten-Liste« unentbehrlicher Künstler.

6 Illustrierte Zeitschrift, begründet 1886.

7 Die nordirische Schriftstellerin und Übersetzerin Helen Waddell (1889-1965). *Peter Abelard. A Novel* war 1933 im Original erschienen.

8 Archibald Joseph Cronin (1896-1981). Schottischer Schriftsteller. Sein von Richard Hoffmann (1892-1961) übersetzter Roman *The Stars Look Down* erschien 1935 auf Deutsch unter dem Titel *Die Sterne blicken herab* bei Zsolnay.

9 Thomas Hardy (1840-1928). Britischer Schriftsteller. Sein Buch *A Group of Noble Dames* erschien auf Deutsch (*Ein Kranz edler Frauen. 10 Erzählungen*) 1935 bei Schünemann. Die Übersetzer sind nicht angegeben.

10 Vielleicht in seinem Aufsatz *Das moderne England im Roman*, den Stresau für das Jahr 1935 verzeichnet (siehe Anhang).

11 Wilhelm Westecker war der hier von Stresau gemeinte Redakteur im Feuilleton der *Börsen-Zeitung*. Er war seit 1933 NSDAP-Mitglied. Unter seiner Federführung wurde der Literaturteil erweitert und mit dem Titel *Kritische Gänge* zur wöchentlichen Beilage, die zudem kostenlos an den Buchhandel verschickt wurde.

Dezember 1935

1 Werner Krauß (1884–1959). Ein so wandlungs- wie anpassungsfähiger Schauspieler. Als Antisemit ließ er sich vom NS-Regime vereinnahmen. Trauriger Höhepunkt war seine Mitwirkung im Propagandafilm *Jud Süß* (1940).

2 Herbert Ihering (auch Jhering, 1888–1977). Dramaturg, Regisseur, Journalist und Theaterkritiker. Großer Anhänger Brechts und Antipode des Großkritikers Alfred Kerr.

3 In der Sage ist Gyges der Jugendfreund von Sadyattes (Kandaules). Dieser war auf die Schönheit seiner Frau so stolz, daß er sie Gyges nackt vorführte. Die beleidigte Königin befahl Gyges, entweder Suizid zu begehen oder Kandaules zu ermorden – was der mit Hilfe eines unsichtbar machenden Ringes in Szene setzte.

4 Name nicht eindeutig zu entziffern.

5 Die Zeitschrift geht auf Friedrich Theodor Vischer (1807–1887) zurück, sie erschien zuerst 1844. Sie erschien ab 1931 als kostenlose Literaturbeilage der *Berliner Börsen-Zeitung*, die auf Kosten des Langen Müller Verlags an 1200 Buchhandlungen verteilt wurde.

6 Kommunistische Boulevard-Tageszeitung, die von August 1922 bis September 1933 erschien.

7 Werner Sombart (1863–1941). Soziologe und Volkswirt. Der *Deutsche Sozialismus* wurde, obwohl er sich im Vorwort zu Hitlers Regierung bekannte und die Entrechtung der Juden forderte, also durchaus nationalsozialistische Gesinnung vertrat, von den Nazis abgelehnt. 1938 distanzierte sich Sombart von der NS-Rassenideologie.

8 Also dem Tag des sog. Röhm-Putschs.

9 Es kann sich dabei um Oberleutnant zur See Ulrich von Ritgen (1894–1965) oder Leutnant zur See Bruno Schulze (geb. 1895) handeln, deren Biographien – im Gegensatz zu denen der anderen Beteiligten (die nie ernstlich belangt wurden) – lückenhaft überliefert sind.

10 Heinrich Sahm (1877–1939). Politiker und Diplomat. War 1931 bis 1935 Oberbürgermeister von Berlin. Nach der Machtübernahme blieb er zunächst im Amt, bekam allerdings mit Julius Lippert einen sog. »Staatskommissar« zur Seite gestellt. Sahm war seit November 1933 Mitglied der NSDAP. Am 9. Dezember 1935 trat er zurück, er wurde danach Botschafter in Norwegen.

11 Diese Kunstmesse fand zugunsten des Winterhilfswerks im Berliner Rathaus statt.
12 Goebbels hatte die Propagandawirkung des Films früh erkannt. Er engagierte sich als »Filmminister«, stand in diesem Bereich jedoch in permanenter Konkurrenz mit Göring.
13 Filmkomödie von 1935. Regie: Hans Steinhoff. Das Drehbuch basiert auf Max Dreyers historischem Schwank *Das Tal des Lebens* von 1902.
14 Das unter dem Slogan »Vielfach nachgeahmt! – Niemals erreicht!« beworbene Potenzmittel wurde ab 1926 in Berlin hergestellt und vertrieben. Es gab »Okasa Silber« für den Herrn und »Okasa Gold« für die Dame. Das Präparat verkaufte sich so erfolgreich, daß es schnell Einzug in die Populärkultur fand. So etwa in Friedrich Hollaenders satirischem Couplet *An allem sind die Juden schuld* aus dem Jahr 1931.
15 John Millington Synge (1871–1909). Irischer Dramatiker. Sein Stück *The Playboy of the Western World* (*Der Held der westlichen Welt*) sorgte bei seiner Uraufführung 1907 für einen der ersten großen Theaterskandale in Irland.
16 Haile Selassi (1892–1975). Der letzte Kaiser von Abessinien, der sich als den 225. Nachfolger König Salomos sah. Am 2. Oktober 1935 hatte Italien Abessinien den Krieg erklärt und war einen Tag später einmarschiert. Der Krieg endete am 9. Mai 1936 mit der Annexion Abessiniens. Haile Selassi floh nach dem Angriff nach Großbritannien und leitete von dort den Widerstand.
17 Pierre Laval (1883–1945). Französischer Politiker. War 1935 bis 1936 Premierminister und setzte sich für Zugeständnisse an Italien in Äthiopien ein.
18 Stanley Baldwin (1867–1947). Britischer Politiker, der am 14. November 1935 zum dritten Mal zum Premier gewählt wurde. Stand sowohl Hitler als auch Stalin kritisch gegenüber.
19 Der britische Außenminister Anthony Eden (1897–1977) präzisierte den bereits seit August 1935 auf dem Tisch liegenden Plan, nach dem Großbritannien selbst im Falle ein Nichtverzichts Italiens auf den Hafen Assab seinerseits auf den Hafen Zeila verzichten wollte.
20 Georgios Kondylis (1879–1936). Griechischer General und Politiker. War von Oktober bis November 1935 Ministerpräsident Griechenlands. Befürworter der Monarchie.

21 Beniamino Gigli (1890–1957). Italienischer Opernsänger und Filmstar. *Vergiß mein nicht* (1935) war der erste einer ganzen Reihe von Spielfilmen, in denen Gigli mitwirkte.

22 Die Rolle wurde von Siegfried Schürenberg (1900–1993) gespielt, einem der letzten Schüler von Max Reinhardt.

23 Joachim Ribbentrop (1893–1946), den Adelstitel von Ribbentrop erwarb er 1925 durch Adoption. Ab 1938 Reichsaußenminister. Unterzeichnete 1939 den sog. Hitler-Stalin-Pakt.

24 Reginald Clifford Allen, 1st Baron Allen of Hurtwood (1889–1939). Britischer Politiker und prominenter Pazifist. Glaubte trotz Hitlers Rhetorik an dessen Friedenswillen. In besagtem Brief geht es um ein Schreiben, in den sich Allen für die Freilassung des Rechtsanwalts Hans Litten verwendet hat. Ribbentrop antwortete ihm öffentlich im *Völkischen Beobachter*, daß er »die von Ihnen vorgeschlagene Lösung zu empfehlen« nicht in der Lage sei.

25 Spenser Wilkinson (1853–1937). Britischer Militärhistoriker und Journalist. In Politik und Militär angesehener Experte.

26 Dokument, mit der die Heimatgemeinde das Heimatrecht (mit Siegel) bestätigt.

27 1929 bis 1944 eines der größten Berliner Varietés, das 3000 Zuschauern Platz bot (daher auch der Name *Theater der 3000*), im ehemaligen Ostbahnhof (heute Franz-Mehring-Platz 1).

28 Nicht eindeutig zu entziffernder Name.

29 Robert Graves' Buch, erzählt in Form einer Autobiographie des alternden römischen Kaisers Claudius, erschien zunächst in England in zwei Bänden, *I, Claudius* (1934) und *Claudius the God* (1935). Die deutsche Erstausgabe erschien 1934 (eingekürzt auf einen Band) im Paul List Verlag in Leipzig unter dem Titel *Ich, Claudius, Kaiser und Gott*.

30 George Bernard Shaws deutscher »Hausübersetzer« war Siegfried Trebitsch (1868–1956); beide kannten sich persönlich. Obwohl Trebitschs Übersetzungen heftig kritisiert wurden, hielt Shaw fest zu ihm. Zu Trebitschs 50. Geburtstag übersetzte Shaw sogar ein Theaterstück von ihm. Stresau verfaßte nach dem Krieg eine Shaw-Biographie für Rowohlts Monographienreihe und übersetzte den Briefwechsel mit dessen Freundin Stella Patrick Campbell.

1936

Januar 1936
1 Nicht ermittelt.
2 Von 1927–1945 Hirschberg im Riesengebirge (heute Jelenia Góra). Stadt in Niederschlesien.
3 Stresau feiert am 19. Januar seinen 42. Geburtstag. Rilkes *Briefe aus Muzot 1921–1926* waren bei Insel erschienen.
4 Rede auf dem Berliner Gautag am 17. Januar 1936, im *Völkischen Beobachter* am 19. Januar veröffentlicht. Der Begriff »Kritikaster« ist nicht neu in Goebbels' Vokabular: Er benutzte ihn auch am 11. Mai 1934. Da eröffnete er mit einer Rede im Berliner Sportpalast einen »Feldzug gegen Miesmacher und Kritikaster, gegen Gerüchtemacher und Nichtskönner, gegen Saboteure und Hetzer«.
5 Am 1. Dezember wurde dann das Gesetz über die Hitlerjugend erlassen. In §1 heißt es: »Die gesamte deutsche Jugend innerhalb des Reichsgebietes ist in der Hitlerjugend zusammengefaßt.« In §2: »Die gesamte deutsche Jugend ist außer in Elternhaus und Schule in der Hitlerjugend körperlich, geistig und sittlich im Geiste des Nationalsozialismus zum Dienst am Volk und zur Volksgemeinschaft zu erziehen.«
6 Rudyard Kipling starb am 18. Januar 1936.
7 »Der historische Roman«. In: *Die neue Rundschau* 47/1936, S. Fischer.
8 Kipling war anfangs ein entschiedener Befürworter des Krieges und stark antideutsch eingestellt. Seine Haltung änderte sich, als 1915 sein ältester Sohn John im Alter von 18 Jahren in der Schlacht von Loos fiel.
9 Wochenzeitschrift *Deutsche Zukunft* (DZ). Die erste Nummer erschien am 15. Oktober 1933. Mitbegründer war Paul Fechter.
10 Paul Fechter (1880–1958). Kritiker, Redakteur und Schriftsteller. Wurde 1914 mit seinem Buch *Der Expressionismus* bekannt. Nach dem Ersten Weltkrieg war er Feuilletonredakteur der *Deutschen Allgemeinen Zeitung*. Schrieb und verhielt sich im Dritten Reich systemkonform, ohne ein Nazi zu sein.
11 Nicht mit letzter Sicherheit zu entziffern.
12 Oskar Loerke (1884–1941). Dichter und seit 1917 Lektor bei S. Fischer. Wurde 1933 aus der Preußischen Akademie der Künste ausgeschlossen, unterschrieb jedoch, um seinen Verleger Samuel Fischer zu

schützen, das »Treuegelöbnis« und wurde wieder Mitglied der Dichter-Akademie. Er blieb bis zum Lebensende Cheflektor des Verlags.
13 Nicht zweifelsfrei zu entziffern.
14 *Allgemeiner deutscher Briefsteller*, 1793 erschienenes Werk des Schriftstellers Karl Philipp Moritz (1756–1793).

Februar 1936

1 Baldur von Schirach (1907–1974). Reichsjugendführer der NSDAP. Der Studienabbrecher (Germanistik, Kunstgeschichte) war mit reicheren geistigen Gaben als Ley gesegnet und auch nicht wie Ley wegen Unfähigkeit (oder Alkoholproblemen) verschiedentlich gefeuert worden: Seit seinem 17. Lebensjahr war er getreuer Gefolgsmann Hitlers.
2 Jacob Otto Dietrich (1897–1952). Seit 1931 Reichspressechef der NSDAP, seit April 1933 Vorsitzender des Reichsverbandes der Deutschen Presse (RDP). SS-Obergruppenführer. Konkurrierte mit Goebbels um die Hoheit im Pressewesen.
3 Nicht ermittelt.
4 Artikelauflistung Stresaus siehe Anhang.
5 1934 bis 1944 in München bei Albert Langen/Georg Müller monatlich erscheinende Literaturzeitschrift, herausgegeben von den Schriftstellern Paul Alverdes (1897–1979) und Karl Benno von Mechow (1897–1960).
6 Beitrag von K. B. von Mechow in Heft 4 des zweiten Jahrgangs.
7 1930 bei Albert Langen/Georg Müller; bis in die späten 1980er Jahre immer wieder aufgelegt.
8 Spielfilm von Frank Wysbar (1936). Goebbels war wenig angetan von dem Film, Himmler fand ihn aus »rassehygienischer Sicht« unzureichend (u. a. weil die Hauptdarstellerin dunkelhaarig war).
9 Veröffentlicht in der *Berliner Börsen-Zeitung* am 18. April 1936. Siehe Anhang.
10 Einer der beiden Maler, die Stresaus Wohnung gestrichen haben.
11 Gottfried Benn, *Der neue Staat und die Intellektuellen*. Zwei Rundfunkreden, die die Deutsche Verlags-Anstalt 1933 in Fraktur druckte und in Leinen band.

März 1936

1 Am 7. März 1936 begann mit 30 000 Wehrmachtssoldaten der deutsche Einmarsch in das entmilitarisierte Rheinland. Garnisonen wurden in Aachen, Trier und Saarbrücken errichtet.

2 Hitler rechtfertigte den Einmarsch mit Verweis auf das deutsche Selbstbestimmungsrecht und einen im Mai 1935 zwischen Frankreich und der Sowjetunion geschlossenen Beistandspakt, den er als Bruch des Locarno-Pakts interpretierte.

3 Die Machtlosigkeit des Völkerbunds hatte sich 1935 beim italienischen Angriff auf Abessinien erwiesen. Die verhängten Sanktionen blieben wirkungslos.

4 Am 14. März 1936 ist in London der Völkerbundrat zusammengetreten; Deutschland wird eingeladen, als Unterzeichner des Locarno-Vertrages an den Sitzungen des Rates teilzunehmen. Es geht um die Beschlüsse über den deutschen Einmarsch im Rheinland. Deutschland nimmt die Einladung grundsätzlich an, fordert aber Verhandlungen über Vorschläge zur allgemeinen Friedenssicherung. Am 16. März endet die Sitzung ergebnislos.

5 Sir Harold George Nicolson (1886–1968). Britischer Diplomat und Politiker. Zunächst Parteigänger Oswald Mosleys, von dem er sich 1932 abwandte, als dieser die British Union of Fascists (BUF) gründete. Er zog 1935 als Abgeordneter der National Labour Party ins Unterhaus ein. Er wurde parlamentarischer Privatsekretär des Informationsministers in der Regierung Churchills.

6 Lateinisch: Wenn du Frieden willst, bereite den Krieg vor.

7 Ein aus Bunkern bestehendes Verteidigungssystem entlang der französischen Grenze zu Belgien, Luxemburg, Deutschland und Italien, das 1930 bis 1940 gebaut wurde. Im November 1936 waren rund 1000 Kilometer fertiggestellt. Genützt hat es freilich nichts.

8 Die Reichstagswahl vom 29. März 1936 und gleichzeitig die nachträgliche Volksabstimmung über die Ermächtigung zur Rheinlandbesetzung. Da nur eine Einheitsliste der NSDAP zugelassen war, stand das Ergebnis von vornherein fest.

Juli 1936

1 Nicht klar, um welchen Text es sich handelt.

2 Gegründet von Ludwig Staackmann (1830–1896). Verlegte u. a. Friedrich Spielhagen und Peter Rosegger. Stresau veröffentlichte nichts in diesem Verlag.

September 1936
1 Bei Hans Holfelder (1891–1944), einem der versiertesten Radiologen seiner Zeit. Allerdings war der strammer Antisemit und trat 1933 als Anwärter in die SS ein. In Polen war er aktiv an der »Ausrottung der Juden« beteiligt.

Oktober 1936
1 Obelisk Verlagsgesellschaft in Berlin (1922 gegründet, 1940 erloschen). 1934 und 1935 kooperierte der Verlag mit der Deutschen Verlagsanstalt. In den Anfangstagen firmierte der Verlag, der sich auf russische Literatur spezialisiert hatte, noch als Verlag A. S. Kagan; so hieß der kaufmännische Geschäftsführer. Zeitweise hat wohl auch Nabokovs Frau Vera im Verlag gearbeitet. Über »Herrn V.« hat sich nichts ermitteln lassen.
2 Vermutlich Erich Müller, der ehemalige Bibliothekskollege.

Dezember 1936
1 Der Spanische Bürgerkrieg, der von Juli 1936 bis April 1939 zwischen der Regierung der Zweiten Spanischen Republik und den Falangisten unter General Francisco Franco geführt wurde. Die Falange siegte, nicht zuletzt durch die militärische Unterstützung Deutschlands und Italiens, es begann die bis zu Francos Tod 1975 anhaltende franquistische Diktatur.
2 Kommunistische Internationale, abgekürzt Komintern oder KI (auch Dritte Internationale). Der Zusammenschluß der kommunistischen Parteien zu einer weltweiten Organisation erfolgte 1919 auf Lenins Geheiß. Stalin löste die KI 1943 auf, um den USA und Großbritannien in der Anti-Hitler-Koalition entgegenzukommen.

1937

Januar 1937
1 Die Übersetzung erschien 1938 und wurde bis in die 1990er Jahre immer wieder nachgedruckt – auch in der DDR.
2 Der Revolutionär Karl Radek (1885–1939) wurde 1937 als Anhänger Trotzkis im zweiten Moskauer Schauprozeß zu zehn Jahren Lagerhaft verurteilt (wo er von Mithäftlingen umgebracht worden sein soll). Einer

der Prozeßbeobachter (und leidenschaftlicher Befürworter des Prozesses) war Lion Feuchtwanger. Sein »Unbuch« *Moskau 1937. Ein Reisebericht für meine Freunde* erschien im selben Jahr (Querido, Amsterdam).

3 Die in der Weimarer Republik öffentlich geführte Debatte über die Frage der Schuld am Ersten Weltkrieg.

Februar 1937

1 Peter Fleming (1907–1971). Britischer Schriftsteller, Bruder des James-Bond-Autors Ian Fleming. Rowohlt veröffentlichte in der 1930er Jahren seine Reisebücher.

März 1937

1 Name ist nicht zweifelsfrei zu entziffern.

2 Wolfgang von Einsiedel (1903–1967). Lektor, Literarhistoriker, Übersetzer und Komponist. 1937 Redakteur der *Neuen Rundschau*, wurde nach einem halben Jahr aufgrund seiner Homosexualität inhaftiert. Peter Suhrkamp intervenierte, von Einsiedel konnte nach Großbritannien emigrieren.

3 Wilhelm Stapel (1882–1954). Publizist und bekennender Antisemit. Seit 1919 Chefredakteur und Herausgeber der Monatszeitschrift *Deutsches Volkstum*, einem führenden antisemitischen Organ noch aus der Weimarer Republik. »Der englisch schreibende Jude Josef Conrad [sic] z. B. wurde auf diese Weise auch in Deutschland zu einer vielgelesenen Berühmtheit, und noch heute wird er in bestimmten Literaturblättern Deutschlands unter Verschweigung seines Judentums propagiert«, schrieb Stapel in *Die literarische Vorherrschaft der Juden in Deutschland 1918 bis 1933*. Auf Intervention der Fischer Verlags strich Stapel diesen Satz in der 2. Auflage seines Buches, erklärte aber in Nr. 4 seines *Deutschen Volkstums*, daß es gute Gründe gegeben habe, Conrad als Juden anzusehen: nämlich durch die Art, *wie* über ihn geschrieben wurde und *wer* (nämlich jüdische und linke Autoren) über ihn geschrieben habe und weil er polnischer Abstammung sei. Und er ist so dreist, bei Fischer die Bücher Conrads anzufordern, weil er sie bisher noch nicht kenne.

4 Ab hier fehlen wohl zwei Hefte der handschriftlichen Tagebücher. Bei der Drucklegung 1948 muß Stresau sie aber zur Hand gehabt haben, denn im gedruckten Buch gibt es keine zeitliche Lücke. Man kann sicher ausschließen, daß diese beiden Hefte zufällig verloren gingen oder von Stresaus Erben etwa »unterschlagen« wurden: Vorn im Heft des aktuellen Tagebuch liest man von Stresaus Hand den Vermerk: »August 1934-April 1939« Auf der letzten Seite ist ein Eintrag vom 17. April 1939 zu finden, gefolgt von einigen eingeklebten Artikeln.

April 1937

1 Der Verlag Die Runde wurde 1930 von Edwin Maria Landau und Wolfgang Frommel in Berlin gegründet, beteiligt war Percy Gothein. Die »Runde« um Frommel und Co. fühlte sich vor allem Stefan George verbunden. 1933 trat aus finanziellen Gründen Gerhard Bahlsen, Sohn des Hannoveraner Keksfabrikanten, als Teilhaber in den Verlag ein. Bis 1940 erschienen neue Bücher, 1943 bekam der Verlag kein Papier mehr und wurde aus dem Handelsregister gelöscht.

2 Der R. Oldenbourg Verlag, gegründet 1858. Schwerpunkte des Buch- und Zeitschriftenverlags waren Wissenschaft, Technik und Schulbücher.

Juni 1937

1 Der 1931 vom Stapel gelaufene Panzerkreuzer Deutschland wurde am 29. Mai 1937 auf der Reede von Ibiza von Flugzeugen der Republikaner angegriffen. 31 Menschen starben, es gab 75 Verwundete.

2 Michail Nikolajewitsch Tuchatschewski (1893–1937), auch bekannt als der »rote Napoleon«. Einer der ersten sowjetischen Militärbefehlshaber, der den Säuberungen Stalins zum Opfer fiel.

3 Sechs Erzählungen unter dem Titel *Das blaue Hotel* (Mitübersetzer Hans Reisiger), erschienen 1937.

4 Offensichtlich hat Stresau den Auftrag doch angenommen: *Ein Kardinal der Medici. Die Memoiren der unbekannten Mutter des Kardinals Ippolito de Medici* erschien 1938.

Juli 1937

1 Reichsluftschutzbund.

2 Da die handschriftliche Vorlage fehlt, ist diese Abkürzung nach der Druckfassung nicht zu ermitteln. Es könnte sich um Dr. Bahlsen handeln.

3 Die Konditorei Telschow war eine Berliner Institution mit zeitweise

sechs Filialen. Das Stammhaus befand sich in den 1930er Jahren im sogenannten Telschow-Haus in der Potsdamer Straße 141, einem der modernsten, Ende der 1920er Jahre im Stil der Neuen Sachlichkeit gebauten Gebäude der Straße.

4 1934 nahm das Reichsluftfahrtministerium ein Gelände von rund 100 Hektar in Besitz, um den Fliegerhorst Schönwalde mit Flugplatz und Fliegerschule zu errichten. 1939 waren dort bis zu 3000 Soldaten untergebracht. Nach dem Krieg übernahm die Sowjetunion den Standort.

August 1937

1 Hauptfigur aus Frances Hodgson Burnetts Roman *Der kleine Lord* (1886), der international erfolgreich war und mehrfach verfilmt wurde.

2 *Trau keinem Fuchs auf grüner Heid und keinem Jud bei seinem Eid! Ein Bilderbuch für Groß und Klein.* Von Theodolinde Elvira Bauer (geb. 1915) gezeichnetes antisemitisches Kinderbuch, das 1936 im Stürmer Verlag von *Stürmer*-Herausgeber und Gauleiter Julius Streicher (1885–1946) erschien. Selbst dem NSDAP-eigenen Eher-Verlag war Bauers Machwerk zu suspekt.

3 Das Flottenabkommen vom 18. Juni 1935 legte ein Stärkeverhältnis der deutschen und britischen Seestreitkräfte von 35 zu 100 fest; bei U-Booten war Parität möglich. Die Stärke der deutschen Flotte hatte sich am Umfang der britischen Flotte zu orientieren.

4 Erlassen am 15. September 1935. Sie waren die rechtliche Grundlage für die Verfolgung der Juden in Deutschland. Antisemitismus war fortan gesetzlich vorgeschrieben.

5 Alois Jakob Schardt (1889–1955). Kunsthistoriker und Museumsdirektor. Baute 1926 als Direktor des Städtischen Museums Moritzburg in Halle (Saale) eine der bedeutendsten Sammlungen moderner Kunst auf. 1933 wurde er Direktor der Neuen Abteilung im Kronprinzenpalais Berlin, kehrte aber 1934 wieder nach Halle zurück und schrieb seine Monographie über Franz Marc (mit einem ersten Werkverzeichnis). Seine Frau Maria war Marcs Witwe. Das Buch erschien 1936 im Rembrandt-Verlag. 1936 wurde Schardt verhaftet und in den Ruhestand versetzt. Als er 1939 in Los Angeles eine Propagandaausstellung organisieren sollte, nutzte er die Gelegenheit und blieb mit seiner Familie in Amerika.

6 Adolf Ziegler (1892–1959). Maler und Präsident der Reichskammer

der bildenden Künste. Er tat sich vor allem bei Beschlagnahme von moderner Kunst in deutschen Museen hervor.

7 Eine Abbildung dieses Machwerks hat Stresau hinten in das Tagebuchheft 1934–1939 eingeklebt.

8 Die Ausstellung »Entartete Kunst« in München wurde am 19. Juli 1937 eröffnet – sie lief bis November. Ihr folgte bis 1941 eine gleichnamige Wanderausstellung durch zwölf Städte. Organisiert hat die Münchner Ausstellung Adolf Ziegler, der auch die Beschlagnahmung der Bilder geleitet hatte. Gezeigt wurden rund 600 Werke, die mit Schmähschildern versehen waren. Über zwei Millionen Besucher machten »Entartete Kunst« zu einer der bis dato meistbesuchten Ausstellungen moderner Kunst.

9 Einen Tag vor der Ausstellung »Entartete Kunst« eröffnete die »Erste Große Deutsche Kunstausstellung«. Bis 1944 gab es im hierfür gebauten Haus der Deutschen Kunst in München acht Ausstellungen gleichen Titels. Die 1937er Ausstellung hatte rund 600 000 Besucher.

10 Friedrich Gundolf (1880–1931). Dichter und Literaturwissenschaftler. Bei ihm wollte Goebbels ursprünglich seine Dissertation schreiben, wurde von ihm aber an den ebenfalls jüdischen Max Freiherr von Waldberg (1858–1938) verwiesen, der Goebbels ein rite superato (ein besseres Ausreichend) verpaßte.

11 Hans Makart (1840–1884). Maler und Dekorationskünstler. Mit seinem Pomp traf er den Geschmack des Wiener Großbürgertums der Gründerzeit.

12 Richard Klein (1890–1967). Maler, Bildhauer, Grafiker und Medailleur. War ab 1935 Direktor der Staatsschule für angewandte Kunst in München.

13 Hier irrt Stresau, wie Jan-Pieter Barbian in seinem Buch *Literaturpolitik im NS-Staat* (S. Fischer 2010, S. 437) nachgewiesen hat. Vielmehr handelt es sich um die Dietrich-Eckart-Bücherei, die freilich 1935 im Berliner Verwaltungsbezirk Horst Wessel gegründet wurde.

14 Werner Finck (1902–1978). Kabarettist und Schriftsteller. Wurde 1935 ins KZ Esterwegen gesteckt, wo auch Carl von Ossietzky saß. Göring ließ ihn, um Goebbels zu ärgern, im Juli 1935 entlassen. Finck erhielt zwar Arbeitsverbot, veröffentlichte aber bald wieder im *Berliner Tageblatt* seine Kolumne. 1939 wurde er aus der Reichskulturkammer ausgeschlossen, weshalb er sich freiwillig zum Kriegsdienst meldete.

15 Diese Ohrfeige war sehr privater Natur. Goebbels hatte der mit

dem populären Schauspieler Gustav Fröhlich liierten Schauspielerin Lída Baarová (die dann tatsächlich Goebbels' Geliebte wurde) nachgestellt, da wurde Fröhlich handgreiflich. Emil Jannings, der »Tatzeuge« gewesen sein will, hat die Geschichte seinem Freund Friedrich Percyval Reck-Malleczewen allerdings ganz anders erzählt: Fröhlich habe seine untreue Freundin geohrfeigt und sich bei Goebbels bedankt, daß er nun wisse, was für eine Kokotte sie sei. So zumindest Reck-Malleczewen in seinem *Tagebuch eines Verzweifelten*.

September 1937
1 Siegfried Sassoon (1886–1967). Britischer Dichter. *Memoirs* … ist der erste (und preisgekrönte) Teil seiner halbfiktiven Autobiographie *The Complete Memoirs of George Sherston*. Sassoon ist bis heute nicht ins Deutsche übersetzt.
2 Englische Literaturzeitschrift, gegründet von T. S. Eliot, der sie 1922 bis 1939 herausgab. Der Ausschnitt ist im DLA Marbach erhalten.
3 Julius Bab (1880–1955). Dramatiker und Theaterkritiker. Er war eng mit Siegfried Jacobsohn (*Weltbühne*) befreundet.
4 Gemeint ist der Selbstmord Walter Dubislavs in Prag am 17. September 1937. Das *Prager Tagblatt* vom 18. September 1937 berichtete über den Vorfall, der zu Dubislavs Selbstmord führte, unter der Überschrift: »Tragödie in Prag: Hochschulprofessor ersticht Malerin«.

Oktober 1937
1 Das stimmt nicht ganz: Es war ein Notenaustausch zwischen dem Reichsaußenminister und dem belgischen Botschafter in Berlin, in dem Deutschland die Unverletzlichkeit Belgiens garantierte.
2 Am 27. September 1937 besichtigen Hitler und Mussolini die Krupp-Werke in Essen, danach treffen sie unter dem Jubel der Bevölkerung in Berlin ein. Mussolini kehrt am 29. September nach Rom zurück.

Dezember 1937
1 Eine Zeichnung seines Schulkameraden aus dem Jahr 1905 (Realschulzeit in Steyr). Stresau hat beide Bilder im Tagebuch 1934–1939 am Ende eingeklebt.
2 Dr. Eduard Huemer, Hitlers Deutsch- und Französischlehrer sowie Klassenlehrer. Wurde zu einem fanatischen Hitler-Anhänger.

1938

März 1938
1 Der Einmarsch erfolgte in der Nacht vom 11. auf den 12. März 1938. Am 13. März setzte Arthur Seyß-Inquart im Auftrag Hitlers den »Anschluß« auch administrativ um. Damit begann die völlige Integration der »Ostmark«, wie Österreich nun hieß, ins Deutsche Reich.
2 Bundeskanzler Kurt Schuschnigg (1897–1977) saß bis Kriegsende als »Schutzhäftling« der Nazis in verschiedenen Konzentrationslagern.
3 Arthur Seyß-Inquart (1892–1946) wurde nach dem »Anschluß« österreichischer Bundeskanzler und Reichsstatthalter. Ab 1940 war er Reichskommissar der Niederlande. Er wurde 1946 als Kriegsverbrecher hingerichtet.

April 1938
1 Am 10. April 1938 fanden die »Wahl« zum Großdeutschen Reichstag und die Volksabstimmung über den »Anschluß« Österreichs statt. Offiziell stimmten 99,73 Prozent der Österreicher und 99,01 Prozent der Deutschen der Frage zu: »Bist Du mit der am 13. März vollzogenen Wiedervereinigung Österreichs mit dem Deutschen Reich einverstanden und stimmst Du für die Liste unseres Adolf Hitler?«
2 Friedrich Hildebrandt (1898–1948). Gauleiter der NSDAP, SS-Obergruppenführer; wurde bei der Reichstagswahl 1930 Abgeordneter und behielt sein Mandat bis 1945. 1933 wurde er Reichskommissar für beide Mecklenburg sowie Reichsstatthalter für Mecklenburg-Schwerin, Mecklenburg-Strelitz und Lübeck. Seit 1933 war er auch NSDAP-Reichsredner. Wurde als Kriegsverbrecher zum Tode verurteilt.

Juni 1938
1 Martin Niemöller (1892–1984). Evangelischer Theologe. 1933 begrüßte er die Einführung des Führerstaates. Da sich der Nationalsozialist nicht scheute, Unrecht zu benennen, kam es 1935 zu einer ersten Verhaftung. Eine weitere erfolgte 1937. Am 2. März 1938 wurde Niemöller zu sieben Monaten Haft verurteilt, die er durch seine Untersuchungshaft bereits abgesessen hatte. Frei kam er trotzdem nicht, sondern wurde ins KZ Sachsenhausen gebracht, als persönlicher Gefangener Hitlers.

Ein Todesurteil konnte nur durch ausländische Intervention abgewendet werden; weil zahlreiche Werke von ihm in Großbritannien und den USA erschienen waren, genoß Niemöller dort große Popularität und galt als herausragender Repräsentant des deutschen Widerstands. Nach Dachau wurde Niemöller erst 1941 verlegt.

Juli 1938
1 Nicht zu ermitteln.
2 Das wird bald passieren. Das Münchner Abkommen zwischen Deutschland, Großbritannien, Frankreich und Italien vom 29. September 1938 sah vor, daß die Tschechoslowakei das Sudetenland ans Deutsche Reich abzutreten habe – es mußte binnen zehn Tagen geräumt werden. Die Wehrmacht marschierte am 1. Oktober 1938 ein.

September 1938
1 Amt Werkschar und Schulung war eine Unterabteilung der Deutschen Arbeitsfront, dem Einheitsverband der Arbeitnehmer und Arbeitgeber.
2 Chamberlain war am 15. September 1938 angereist. Am 18. September marschieren deutsche Truppen an der tschechoslowakischen Grenze auf. Der nächste Gesprächstermin mit Chamberlain wird für den 22. September in Bad Godesberg vereinbart, wo sich Hitler in Sachen Sudetengebiet immer auftrumpfender gebärdet. Präsident Edvard Beneš ordnet die Generalmobilmachung der tschechoslowakischen Armee an.
3 Walter Runciman (1870–1949). Britischer Politiker, der als Minister mehreren Regierungen angehörte. Vom 3. August bis 5. September 1938 war er zur Vermittlung in der Sudetenkrise in die Tschechoslowakei geschickt worden.
4 Konrad Henlein (1898–1945). NS-Politiker. Er gründete 1933 die Sudetendeutsche Heimatfront, die spätere Sudetendeutsche Partei (SdP). In Absprache mit Hitler schürte er 1938 die Sudetenkrise. Ab Oktober 1938 war er Gauleiter und Reichsstatthalter im neuen Sudetengau.

Oktober 1938
1 Nachdem Hitler unverhohlen mit Krieg gedroht hat, wird in Europa auf diplomatischem Wege alles versucht, das zu verhindern. Das Münchner Abkommen, das die Tschechoslowakei preisgibt (und ihr auch die Schuld

an der von Hitler forcierten Krise zuweist), wird sich als Pyrrhussieg erweisen.
2 Oswald Spenglers unter dem Eindruck des Ersten Weltkrieges entstandenes und schon bei Erscheinen (Band 1 1918, Band 2 1922) höchst kontrovers diskutiertes kulturphilosophisches Werk *Der Untergang des Abendlandes – Umrisse einer Morphologie der Weltgeschichte* war seinerzeit mit über 200 000 verkauften Exemplaren eines der erfolgreichsten Sachbücher in Deutschland.

November 1938
1 Roman Woerner (1863–1945). Literaturwissenschaftler, Übersetzer und Herausgeber. Übertrug auch Sophokles ins Deutsche.
2 Credo quia absurdum est. Lateinisch: Ich glaube, weil es unvernünftig ist.
3 Richard Hughes (1900–1976). Britischer Autor. Stresau schrieb über ihn 1938 in der Neuen Rundschau (»der Hurrikan«).
4 Bei den Pogromen vom 7. bis 13. November 1938 wurden etwa 800 Juden ermordet, 400 allein in der Nacht vom 9. auf den 10. November – der sog. Reichskristallnacht. Über 1400 Synagogen, tausende Geschäfte, Wohnungen und auch jüdische Friedhöfe wurden zerstört.
5 Zu Beginn des Jahres 1938 lag das staatliche Haushaltsdefizit bei zwei Milliarden Reichsmark. Damit waren die Kriegsvorbereitungen gefährdet. Göring ordnete als »Sühne« die Zahlung von einer Milliarde Mark (»Judenbuße«) an: Jeder jüdische Bürger, der mehr als 5000 Reichsmark besaß, mußte 20 Prozent seines Vermögens dem Staat abgeben.
6 Herschel Grynszpan (1921–1945). Polnischer Staatsbürger, in Deutschland geboren und aufgewachsen. Verübte am 7. November 1938 in Paris ein Attentat auf den deutschen Diplomaten Ernst vom Rath (1909–1938), was den Nazis als Vorwand für die Novemberpogrome diente.

Dezember 1938
1 Der Tag der Nationalen Solidarität wurde 1934 eingeführt. Am 3. Dezember 1938 kamen 15,5 Millionen Reichsmark zusammen, 75 Prozent mehr als im Vorjahr.
2 Seit dem 28. November 1938 konnten die Regierungsbezirke Juden den Zutritt zu bestimmten Orten zu bestimmten Zeiten untersagen. Am 3. Dezember erfolgte die »Verordnung über den Einsatz des jüdischen

Vermögens«, die allen Juden vorschrieb, ihre Betriebe und ihren Grundbesitz zu veräußern; Wertpapiere mußten bei einer Devisenbank hinterlegt werden. Juwelen, Edelmetalle und Kunstgegenstände durften nicht mehr frei verkauft werden. Die Teilnahme am Kulturleben (Theater, Kino usw.) hatte Goebbels schon zuvor untersagt. Am 14. November wurde zudem die sofortige Entlassung jüdischer Schüler aus deutschen Schulen angeordnet – Hochschulen durften sie schon vorher nicht mehr besuchen.

3 Erich Schmidt (1853–1913). Literaturwissenschaftler, 1885 bis 1887 Direktor des Goethe-Archivs in Weimar. 1887 wurde er Professor für deutsche Sprache und Literatur in Berlin.

4 Ulrich von Wilamowitz-Moellendorff (1848–1931). Klassischer Philologe. Lehrte in Greifswald, Göttingen und Berlin. Mit seiner Erneuerung der Textkritik und Textinterpretation prägte er die klassische Philologie des 20. Jahrhunderts. Er war Präsident der Preußischen Akademie der Wissenschaften.

5 Diesen Versuch dürfte Stresau bestanden haben. Mit Peter Suhrkamp verbindet ihn bis in die Nachkriegszeit ein freundschaftliches Verhältnis. Seine Lektorenstelle verliert er aber trotzdem alsbald wieder, wie er am 4. Februar 1940 in einem Brief an Wolf von Niebelschütz schreibt: »Die Hauptschwierigkeit war, daß mit dem Krieg meine Beschäftigung bei S. Fischer als engl.-amerikanischer Lektor gegenstandslos wurde, was die ja bei den gespannten Beziehungen zu England schon vorher war. Meine Arbeit dort hatte also ein Ende.«

1939

März 1939

1 Am 15. März 1939 hatten deutsche Truppen die sog. Rest-Tschechei besetzt: Es wurde das Protektorat Böhmen und Mähren errichtet. Edvard Beneš bildete ab 1940 in London eine Exilregierung.

2 Der Band enthält Biographien von Hölderlin, Kleist, Grabbe und Hebbel.

April 1939

1 Dieser Eintrag beschließt das 3. Tagebuchheft, gefolgt von einer Reihe Zeitungsausschnitte (auf die er – wie vermerkt – z. T. in anderen Tagebuchbeiträgen Bezug nimmt; wir haben sie an entsprechender Stelle

eingeordnet) und Leerseiten. Die restlichen Einträge des Jahres 1939 haben sich nur in der Druckfassung erhalten. Am 5. Januar 1940 beginnt Stresau ein neues Heft – und ab da sind die handschriftlichen Vorlagen lückenlos erhalten.

2   Im April 1939 besetzte Italien das Königreich Albanien. Bis 1944 führten die Albaner einen erbitterten Partisanenkrieg gegen die italienischen und später die deutschen Besatzer. 1944 wurde das Land befreit, und Enver Hoxha errichtete seine kommunistische Diktatur.

3   Vermutlich der ehemalige Kollege Erich Müller.

Mai 1939

1   Karl Korn (1908–1991) arbeitete ab 1934 als Redakteur beim *Berliner Tagblatt* und wechselte 1937 zur *Neuen Rundschau*. 1940 wurde er Feuilletonredakteur der neu gegründeten Wochenzeitung *Das Reich*, aber aufgrund eines kritischen Artikels über eine große Kunstausstellung in München bereits nach einem halben Jahr wieder entlassen und mit Berufsverbot belegt. Ab 1948 war er als Mitherausgeber und Feuilletonleiter der *Frankfurter Allgemeinen Zeitung* tätig.

2   Emmy Göring, geb. Sonnemann (1893–1973). Schauspielerin, ausgebildet in Hamburg bei Leopold Jessner. Am 10. April 1935 heiratete sie in zweiter Ehe mit großem Pomp Hermann Göring, hielt sich aber in der Politik zurück.

August 1939

1   Bekannt als Hitler-Stalin-Pakt. Er wurde am 24. August 1939 (mit Datum vom 23. August) in Moskau von Joachim von Ribbentrop und Wjatscheslaw Molotow in Anwesenheit Stalins unterzeichnet. Im geheimen Zusatzprotokoll wurden Ostpolen, Finnland, Estland und Lettland zur sowjetischen, Westpolen und Litauen zur deutschen Interessensphäre erklärt.

Nachwort

1   Frank Förster: *Die literarische Rezeption Joseph Conrads im deutschsprachigen Raum*, Leipzig 2005.

Biographie

Hermann Friedrich Stresau wird am 19. Januar 1894 als Sohn deutscher Eltern in Milwaukee, Wisconsin, geboren. 1900 zieht die Familie zurück nach Deutschland und wird in Frankfurt am Main ansässig. Dort besucht Stresau die Schule und macht sein Abitur. 1912 beginnt er Germanistik, Kunstgeschichte, Philosophie und Geschichte zu studieren, unterbricht das Studium aber 1914, weil er sich freiwillig zum Kriegsdienst meldet. Sein Studium führt ihn an die Universitäten von Berlin, Frankfurt, München, Greifswald und Göttingen, allerdings schließt er es nie ab. Ab 1928, vielleicht auch schon früher, rezensiert er regelmäßig für die *Bücherstunde im Rundfunk*. 1929 beginnt er seine Tätigkeit an der Spandauer Bibliothek, Anfang 1933 wird er aus politischen Gründen entlassen. Kurz unterrichtet er noch an den Bibliothekarsschulen in Berlin und Stettin, aber auch diese Beschäftigung muß er 1934 aufgeben. Er schreibt von da an für die *Frankfurter Zeitung* und die *Neue Rundschau*, lektoriert für den S. Fischer Verlag und beginnt damit, Romane aus dem Englischen ins Deutsche zu übertragen. Der erste erscheint 1937 im Berliner Herbig Verlag. Bereits auf den ersten Seiten seines Tagebuchs, das 1933 einsetzt, erwähnt Stresau die eigene literarische Tätigkeit. Während seine Theaterstücke unveröffentlicht bleiben und nicht zur Aufführung kommen, erscheinen in den nächsten Jahren mehrere Bücher von ihm: *Joseph Conrad – Der Tragiker des Westens* (1937), *Deutsche Tragiker – Hölderlin, Kleist, Grabbe, Hebbel*

(1939), *Erben des Schwertes — Ein Nibelungenroman* (1940) sowie der Roman *Adler über Gallien* (1942). Ende 1939 folgt der Umzug von Berlin nach Göttingen, wo Hermann Stresau ab Februar 1943 und bis zum Einmarsch der Amerikaner zwangsweise als Hilfsarbeiter in den Optischen Werken Schneider & Co. arbeiten muß. Diese Erfahrungen verarbeitet er nach dem Krieg in dem Roman *An der Werkbank*, der 1947 im Minerva Verlag erscheint. Ebenfalls im Minerva Verlag kommen 1948 seine Tagebuchaufzeichnungen *Von Jahr zu Jahr* heraus. Neben seinem literarischen Schaffen und der Übersetzungsarbeit, die er nach dem Krieg wiederaufnimmt und bis zu seinem Tod fortführt, erscheinen in den 1950er und frühen 1960er Jahren aus Stresaus Feder etliche Monographien u.a. über Ernest Hemingway, George Bernard Shaw sowie Thomas Mann und Heinrich Böll. Außerdem ist Stresau für die *Frankfurter Allgemeine Zeitung* tätig, für die er unter anderem Theaterkritiken schreibt. Ab 1957 gehört er dem PEN-Zentrum und der Deutschen Akademie für Sprache und Dichtung an. Nach dem Tod seiner Frau zieht er 1958 in die Nähe der Familie seines Stiefsohns ins hessische Waldacker, wo er am 21. August 1964 stirbt.

Von oben nach unten: I. Undatiertes Foto, wahrscheinlich aus der Göttinger Zeit; II. Hermann Stresau um 1954; III. Mit seiner Frau Grete im Wohnzimmer; IV. In seiner Göttinger Wohnung im Friedländer Weg 32

Editorische Notiz

Die wichtigste Entscheidung, die die Herausgeber des Tagesbuchs zu treffen hatten, war die Frage: Soll es ein kommentierter und ansonsten unveränderter Nachdruck von Herman Stresaus 1948 herausgegebener Erstausgabe, also eine »Ausgabe letzter Hand« werden, oder eine Neuausgabe, die alle Tagebuchnotizen enthält. Indes stellte sich schnell heraus, daß eine solche Entweder-oder-Entscheidung nicht in Betracht kommen konnte, sondern daß wir eine Fassung erarbeiten mußten, die man als Kompilation des gedruckten »Urtextes« bezeichnen kann, der durch die von Stresau ausgelassenen Passagen ergänzt worden ist. Diese Form der Neuausgabe war notwendig, weil wir einerseits die von Stresau für den Druck (stilistisch) sorgfältig bearbeitete Ausgabe unangetastet lassen, andererseits aber dem Leser die vom Autor gestrichenen Passagen – immerhin ein Drittel des jetzigen Umfangs – nicht vorenthalten wollten. Die Schwierigkeit bestand darin, daß der Autor bei der Erstausgabe nicht nur ganze Tage weggelassen hat, er hat auch innerhalb der ins Buch aufgenommenen Tage mitunter ganze Absätze gestrichen oder hin und wieder im Text einen Satz (oder eine Passage) ausgelassen, die wir für die nun vorliegende Fassung natürlich wieder ergänzen wollten. Da es uns als Herausgeber aber nicht um eine textkritische Ausgabe ging und der Lesefluß möglichst unbeeinträchtigt bleiben sollte, haben wir uns entschlossen, die Einfügungen nicht (typographisch) kenntlich zu machen.

Über Familie, Verwandtschaft und Kollegen hat sich einiges, aber längst nicht alles ermitteln lassen. So ist es leider unabänderlich, daß manche Anspielung und mancher Name im Dunkeln bleiben muß, denn auch nicht abgekürzte Namen waren beispielsweise mitunter so unleserlich, daß sie nicht eindeutig zu entziffern gewesen sind. Aber abweichend zu Stresaus Erstpublikation haben die Herausgeber, wo immer es möglich war, eingegriffen und die durch sie identifizierten Klarnamen zu besserer Lesbarkeit ausgeschrieben.

Eine Besonderheit des von Stresau bearbeiteten Textes ist es, daß er nicht, wie so viele Tagebuchschreiber dieser Zeit, in Nachhinein klüger dastehen wollte, als er es zur Zeit der Niederschrift sein konnte. Seine Bearbeitungen sind ausschließlich stilistischer Natur; an machen Stellen hat er einen Absatz eingefügt, um dem Leser der Nachkriegszeit Zusammenhänge, die sich aus dem Tagebuchtext nicht ergeben, zu verdeutlichen. Aber auch an solchen Stellen findet keine »Umdeutung« des ursprünglichen Textes statt. Einige Einträge hat Stresau umdatiert, um sie näher an das eigentliche Geschehen zu rücken – vermutlich, weil er in der Zeit der Niederschrift nicht jeden Tag am Text gearbeitet hat.

Eigenheiten der Stresauschen Schreibweise (wie z. B. Scene statt Szene) wurden nicht angetastet. Die von Stresau eingeklebten Zeitungsausschnitte wurden faksimiliert und an entsprechender Stelle aufgenommen. Vereinheitlicht wurden hingegen Stresaus Abweichungen von der damals gebräuchlichen Rechtschreibung (z. B. »im Allgemeinen« oder »zu Mute« wurde zurückkorrigiert in »im allgemeinen« und »zumute«, ebenso diverse Zusammen- oder Auseinanderschreibungen).

Offensichtliche Druck- und Schreibfehler der Erstausgabe und in der Handschrift wurden stillschweigend korrigiert.

Dank schulden die Herausgeber dem Deutschen Literaturarchiv in Marbach für die Digitalisierung des kompletten Konvoluts. Unverzichtbar war die Arbeit von Gudrun Bernhardt vom DLA, die nicht allein einen Großteil der Auslassungen erfaßt hat, sondern auch eine unentbehrliche Hilfe bei der Entzifferung war.

Schönwalde (Mark) 6.4.33.

Am Montag (3.4.) sind wir hier herausgezogen. Kleine Sommerwohnung beim Bäcker Hirt. Mussten viel Hausrat abstossen, der Rest einer früheren 7-Zimmerwirtschaft ist immer noch zu viel für zwei Personen.

Der Umzug war scheusslich. Kalter Regen usw. Ich fuhr mit der ersten Ladung mit Mercedes, am Abend kam Puck. Es war schon finster als ich ankam. Draußen war ich an der Baustelle unseres verunglückten Hauses, es sah trostlos aus. Ging dabei über die Felder mit dem Gefühl, als sei dicke Luft.

Am Dienstag in der Frühe kam Ernst Müller anmarschiert und brachte die „Hiobspost" meiner Kündigung. Unterhielten uns beim Frühstück über die Vorlage, die mich wenig anspricht; auch Puck war nicht gerade erbaut davon. Wir haben zu oft von der Vaterschein lieblicher Dinge gesprochen. Vorher lang hatte ich das erwartet, obgleich ich nichts getan hatte, unserm Vieser gegenüber erklärte, dass ich der N.S.D.A.P. mit starkem Vorbehalt misstraue und von allen

Quellennachweise

Berliner Illustrierte Zeitung (22. Juli 1937): S. 296 (Im Original befinden sich an dieser Stelle zwei weitere Gemälde, die in diese Ausgabe nicht übernommen wurden.)
Berliner Tageblatt (30. Oktober 1934, August 1937): S. 206, S. 303/304
Deutsches Literaturarchiv Marbach (DLA): S. 2, S. 11, S. 165, S. 195, S. 235, S. 277, S. 313, S. 347, S. 434, S. 438